XI Brazilian Symposium in Information and Human Language Technology and Collocated Events (STIL 2017)

Uberlandia, Brazil
2 – 5 October 2017

Editors:

Vladia Pinheiro
Gustavo Henrique Paetzold

ISBN: 978-1-5108-5290-7

Vládia Pinheiro
Gustavo Henrique Paetzold

STIL 2017

XI Brazilian Symposium in Information and Human Language Technology and Collocated Events

Proceedings of the Conference

October 2 to 5, 2017.
Uberlândia, Minas Gerais.

Editors' addresses:

Universidade de Fortaleza
Av. Washington Soares, 1321, Edson Queiroz
Fortaleza, CE - Brasil, 60811-905
vladiacelia@unifor.br

University of Sheffield
Western Bank
Sheffield, United Kingdom, S10 2TN
g.h.paetzold@sheffield.ac.uk

XI Brazilian Symposium in Information and Human Language Technology

This volume contains the papers presented at the XI Symposium in Information and Human Language Technology (STIL 2017) and at the V Workshop on Portuguese Description (JDP), held on October 2-5, 2017 in Uberlândia, Brazil.

STIL is the bi-annual Language Technology event supported by the Brazilian Computer Society (SBC) and by the Brazilian Special Interest Group on Natural Language Processing (CE-PLN). The conference has a multidisciplinary nature and covers a broad spectrum of disciplines related to Human Language Technology, such as Linguistics, Computer Science, Psycholinguistics, Information Science, and others. It aims at bringing together both academic and industrial participants working on those areas.

The topics of interest centered around work in human language technology in general, such as Natural Language Resources & Tools, Corpus Linguistics, Text Classification, Sentiment Analysis and Opinion Mining, Information Extraction & Retrieval, Statistical and Machine Learning Methods, Natural language interfaces, Summarization, Terminology, Lexicology and Lexicography, to name a few.

We received 51 submissions from Brazil, Portugal, Spain, USA and Denmark. Each paper was reviewed by at least two members of the Program Committee, which had 48 members from 6 countries and 30 institutions. After a rigorous reviewing process, 14 papers were selected for oral presentation, and 6 papers were selected for poster presentation.

We thank the authors for their submissions, the program committee for their hard work, invited speakers, SBC staff and the Local and General Chairs of STIL 2017.

October 2017

Vládia Pinheiro
Gustavo Henrique Paetzold

Acknowledgments

The Program Committee chairs acknowledge the financial support to the conference provided by the Brazilian Computer Society (SBC), and the Federal University of Uberlândia (UFU). We thank the Program Committees of the XI Brazilian Symposium in Information and Human Language Technology and Collocated Events for the reviews that they produced. Last but not least, we are grateful to the local organization led by Prof. Gina Maira Barbosa de Oliveira (BRACIS 2017 General Chair) and Paulo Henrique Ribeiro Gabriel (STIL 2017 Local Chair).

October 2017

Vládia Pinheiro
Gustavo Henrique Paetzold

Program Chairs

Vládia Pinheiro (Universidade de Fortaleza - UNIFOR, Brazil)
Gustavo H. Paetzold (Universidade de Sheffield, UK)

Local Chair

Paulo Henrique Ribeiro Gabriel (Federal University of Uberlândia - UFU, Brazil)

Program Committee

Alberto Simões (University of Minho – UMinho, Portugal)
Alexandre Rademaker (Fundação Getúlio Vargas – FGV & IBM Research, Brazil)
Aline Villavicencio (Federal University of Rio Grande do Sul – UFRGS, Brazil)
Andre Adami (University of Caxias do Sul – UCS, Brazil)
Antonio Branco (University of Lisbon – ULisboa, Portugal)
Arnaldo Candido Junior (Federal Technological University of Paraná – UTFPR, Brazil)
Carlos A. Prolo (Federal University of Rio Grande do Norte – UFRN, Brazil)
Carlos Ramisch (Aix Marseille Université – AMU, France)
Cassia Trojahn dos Santos (IRIT & University of Toulosse 2 – UTM2, France)
Christopher Shulby (University of São Paulo – USP/ICMC, Brazil)
Clarissa Xavier (Pontifical Catholic University of Rio Grande do Sul – PUCRS, Brazil)
Cláudia de Freitas (Pontifical Catholic University of Rio de Janeiro – PUC-Rio, Brazil)
Daniel Lucrédio (Federal University of São Carlos – UFSCar, Brazil)
Daniel Muller (Federal University of Rio Grande do Sul – UFRGS, Brazil)
Diana Santos (Linguateca & University of Oslo – UiO, Norway)
Eraldo Fernandes (Federal University of Mato Grosso do Sul – UFMS, Brazil)
Erick Maziero (University of São Paulo – USP/ICMC, Brazil)
Gustavo H. Paetzold (University of Sheffield, UK)
Helena Caseli (Federal University of São Carlos – UFSCar, Brazil)
Heliana Mello (Federal University of Minas Gerais – UFMG, Brazil)
Hugo Gonçalo Oliveira (University of Coimbra – UC, Portugal)
Ivandré Paraboni (University of São Paulo – USP/EACH, Brazil)
Jorge Baptista (University of Algarve – UAlg, Portugal)
Leandro Mendonça de Oliveira (Brazilian Agricultural Research Corporation – EMBRAPA, Brazil)
Leonel Alencar (Federal University of Ceará - UFC, Brazil)
Livy Real (Universidade Federal do Paraná, Brazil)
Lucelene Lopes (Pontifical Catholic University of Rio Grande do Sul – PUCRS, Brazil)
Luciano Barbosa (IBM Research, Brazil)
Marcelo Finger (University of São Paulo – USP/IME, Brazil)
Maria das Graças Nunes (University of São Paulo – USP/ICMC, Brazil)
Márcio Dias (Federal University of Goiás – UFG, Brazil)

Mário Silva (INESC-ID, Instituto Superior Técnico, Universidade de Lisboa, Portugal)
Nelson Neto (Federal University of Pará - UFPA, Brazil)
Norton Roman (University of São Paulo – USP/EACH, Brazil)
Osvaldo de Oliveria Jr. (University of São Paulo, Brazil)
Paloma Moreda (University of Alicante – UA, Spain)
Pedro Balage Filho (University of São Paulo – USP/ICMC, Brazil)
Renata Vieira (Pontifical Catholic University of Rio Grande do Sul – PUCRS, Brazil)
Roseli Ap. Francalin Romero (University of São Paulo – USP/ICMC, Brazil)
Ruy Milidiú (Pontifical Catholic University of Rio de Janeiro – PUC-Rio, Brazil)
Sandra Aluísio (University of São Paulo – USP/ICMC, Brazil)
Sérgio de Freitas (University of Brasília – UnB, Brazil)
Stella Tagnin (University of São Paulo – USP/FFLCH, Brazil)
Thiago Pardo (University of São Paulo – USP/ICMC, Brazil)
Valéria Feltrim (State University of Maringá – UEM, Brazil)
Valeria de Paiva (Nuance Communications, USA)
Vera Lúcia Strube de Lima (Pontifical Catholic University of Rio Grande do Sul – PUCRS, Brazil)
Vládia Pinheiro (University of Fortaleza – UNIFOR, Brazil)

Natural Language Processing Steering Committee

Vládia Pinheiro (coordinator) (Universidade de Fortaleza - UNIFOR, Brazil)
Maria Cláudia de Freitas (Pontifícia Universidade Católica do Rio de Janeiro - PUC-Rio, Brazil)
Valéria Delisandra Feltrim (Universidade Estadual de Maringá - UEM, Brazil)
Carlos Augusto Prolo (Universidade Federal do Rio Grande do Norte - UFRN, Brazil)
Alexandre Rademaker (Fundação Getúlio Vargas - FGV & IBM Research, Brazil)

Contents

II V Jornada de Descrição do Português 181

3 Papers 184

Part I

Conference Papers

Chapter 1

Short Papers

Uma Ferramenta para Identificar Desvios de Linguagem na Língua Portuguesa

Jonathan Nau[1], Aluizio Haendchen Filho[1], Guilherme Passero[1,2], Vinicius Cavaco[1]

[1]Núcleo de Inteligência Artificial e Sistemas Inteligentes (NIASI)
Centro Universitário de Brusque (UNIFEBE) – Brusque, SC – Brasil

[2]Laboratório de Inteligência Aplicada (LIA)
Universidade do Vale do Itajaí (UNIVALI) – Itajaí, SC – Brasil

`{jonathan.naau,aluizio.h.filho,guilherme.passer,vinicavaco3}@gmail.com`

***Abstract.** The revision of formal texts is a complex task and occurs in several areas. The objective of this work is to create a tool to support the revision of texts and promote studies in automatic correction of descriptive texts. We propose a reviewer for automatic identification of language deviations in formal descriptive texts using natural language processing techniques. A case study was carried out to evaluate the proposed approach in a public set of essays. The tool identified 3,255 deviations in a universe of 762 essays.*

1. Introdução

Os desvios de linguagem são palavras ou construções que ferem as normas gramaticais e costumam ocorrer por descuido ou desconhecimento das regras da língua [Leal 2012, Pliger 2009]. De acordo com Rino et al. (2002), o público-alvo dos revisores gramaticais tem se revelado insatisfeito com a restrição de intervenção aos problemas ortográfico-sintáticos, exigindo a consideração de problemas relacionados ao estilo, muito mais vinculados à eficácia comunicativa do que a simples adequação à norma gramatical.

Nesse contexto, este trabalho apresenta uma ferramenta para identificação de desvios de linguagem em textos descritivos formais. Uma ferramenta com tal finalidade pode ter várias aplicações, tanto no âmbito acadêmico quanto empresarial, desde sistemas de correção automática de redações até revisão de artigos e documentos. Em pesquisas na literatura, identificamos a ferramenta LanguageTool [Miłkowski 2010] que detecta apenas alguns tipos de desvios considerados nesta pesquisa.

2. Desvios de Linguagem

Dentre os problemas relacionados ao desvio de linguagem, podem ser citados [Pinheiro 2007]: o uso de clichês/chavões, o emprego de marcas de oralidade, a repetição exagerada de palavras, sentença longa, palavras inadequadas e os vícios de linguagem. Os vícios de linguagem citados na literatura [Leal 2012, Pliger 2009] abrangem os seguintes tipos: (i) ambiguidade: uso de palavras com duplo sentido; (ii) arcaísmo: abrange expressões que caíram em desuso; (iii) barbarismo: emprego desnecessário de palavras estrangeiras; (iv) cacófato: abrange junção de palavras que resultam em som desagradável ou obsceno; (v) colisão: aproximação de sons consonantais idênticos ou semelhantes; (vi) eco: repetição desagradável de terminações iguais; (vii) hiato: aproximação de vogais idênticas; (viii) plebeísmo: abrange qualquer desvio que caracteriza a falta de instrução (p. ex. gíria); (ix) pleonasmo: repetição desnecessária da palavra ou da ideia contida nela; (x) preciosismo: uso excessivo de palavras para exprimir ideias simples; e (xi) solecismo: desvio em relação à sintaxe.

3. Proposta de Solução

O Quadro 1 mostra o escopo da proposta de solução e as técnicas empregadas para cada tipo de desvio. Conforme o quadro, desvios como ambiguidade e preciosismo não foram considerados, visto que exigem técnicas de natureza semântico-pragmática, relacionados a níveis maiores do que a oração [Rino 2002]. O solecismo é um tipo de desvio já resolvido por alguns corretores gramaticais, p. ex. o ReGra [Rino 2002]. Os procedimentos adotados para a coleta, análise e desenvolvimento da solução estão divididos em duas partes: (i) construção dos catálogos e (ii) aplicação das técnicas.

Quadro 1. Proposta para Identificação de Desvios de Linguagem

	Tipo	Proposta de solução	Catálogo	Técnica		
				Stopword	Lematização	N-gramas
Vícios de linguagem	Ambiguidade	Não	-	-	-	-
	Arcaísmos	Sim	x	x	x	x
	Barbarismo	Sim	x	-	-	x
	Cacófato	Sim	x	-	-	x
	Colisão	Sim	-	-	-	x
	Eco	Sim	-	-	-	x
	Hiato	Sim	-	-	-	x
	Plebeísmo	Sim	x	-	-	x
	Pleonasmo	Sim	x	-	x	x
	Preciosismo	Não	-	-	-	-
	Solecismo	Não	-	-	-	-
Clichês/chavões		Sim	x	-	x	x
Marcas de oralidade		Sim	x	-	-	x
Repetição exagerada de palavras		Sim	-	x	-	x
Sentença longa		Sim	-	-	-	x
Palavras inadequadas		Sim	x	-	-	x

Para a construção do corpus para teste, obteve-se 762 redações do Banco de Redações UOL (https://educacao.uol.com.br/).

3.1. Criação dos catálogos

Os catálogos são listas de palavras e expressões para detecção dos tipos de desvios relacionados, que foram elaborados com buscas de palavras e expressões em livros que tratam do assunto e complementados com pesquisas na *internet*, posteriormente foram revisados por um especialista da língua portuguesa.

O catálogo de arcaísmos foi construído utilizando expressões que não são mais utilizadas em textos formais, como "quiçá", "jórnea", "fatexa" e outras. Composto por 570 palavras, foi embasado na obra de Viterbo (1993), obtido na literatura portuguesa. Na construção do catálogo de barbarismo, foram utilizadas palavras estrangeiras que já possuem expressões em português, como por exemplo: *"show", "ok", "stop"* etc. Foi compilado com base em Gobbes & Medeiros (2009), sendo composto por 1428 verbetes.

Para construir o catálogo de cacófatos foi elaborada uma lista de palavras que juntas causam a ocorrência de uma nova palavra, alguns exemplos são, "culpa nela", "vez passada" e outras, como base para a construção do catálogo foi usado a obra de Tatiana Belinky (2010) e obtido 100 expressões. O catálogo de plebeísmo foi criado utilizando expressões que caracterizam a falta de instrução, como por exemplo, "saco cheio", "cacete", "nas quebradas" e outras formas. Composto por 265 verbetes, foi obtido com pesquisas na *Internet e* complementada por Gobbes & Medeiros (2009).

O catálogo de pleonasmo é uma lista de expressões redundantes, como "Cego dos olhos", "Regra geral", "Fato verídico", entre outras. Possui 340 expressões com base na obra de Krivochein (2015), complementadas por pesquisa na Internet. No catálogo de clichês e chavões foram adicionadas expressões bastante conhecidas, por exemplo, "via de regra", "caixinha de surpresas" e outras formas. Como base para a construção, foi usado a obra de Valente et al. (2004) e obtido 629 expressões.

Para construir as marcas de oralidade foram identificadas expressões comuns da fala e também os regionalismos, como por exemplo, "né", "aí", "tchê", "pa tu", "mermão" e outras expressões. Composto por 1121 palavras, foi embasado na obra de Negreiros (2009), intitulado Marcas de oralidade na poesia de Manuel Bandeira, e complementado por pesquisas na *Internet*. Por fim, na construção do catálogo de palavras inadequadas, foi utilizado o livro de Souto Maior (2010) intitulado Dicionário do Palavrão e Termos Afins. Neste dicionário, estão incluídos mais de 3 mil termos de uso inadequado em textos formais, que são utilizadas nas diversas regiões do Brasil, dos quais foram selecionados 654 termos para compor o catálogo.

3.2. Técnicas Utilizadas

As técnicas são aplicadas em duas fases: no pré-processamento e no processamento. No pré-processamento, o algoritmo transforma nos corpora todas as palavras para minúscula e realiza a remoção dos acentos. Na etapa de processamento são aplicadas técnicas de remoção de *stopwords* e lematização para a análise de alguns tipos de desvios. Também são extraídos os n-gramas presentes no texto e é aplicado um conjunto de procedimentos específicos para cada tipo de desvio.

A técnica de remoção das *stopwords* é utilizada para remover palavras que não contribuem para o processamento da linguagem natural. Esta técnica foi utilizada para extrair palavras não significativas no arcaísmo e repetição exagerada de palavras.

Lematização é o processo de deflexionar uma palavra para determinar o seu lema. Para Chrupala et al. (2008), a lematização é particularmente crítica para linguagens morfologicamente ricas, como o português, sendo útil para lidar com a escassez de formas não-modificados. A lematização foi utilizada para auxiliar na identificação de arcaísmos, clichês e chavões.

De acordo com Broder et al. (1997) nos campos da linguística computacional e da probabilidade, um n-grama é uma sequência contínua de "n" itens de uma dada sequência de texto ou fala. Os itens podem ser fonemas, sílabas, letras, palavras ou pares de bases de acordo com a aplicação. A técnica de n-grama foi utilizada em todos os tipos de desvios e vícios de linguagem para obter uma sequências de palavras no texto.

Foram gerados trigramas para identificar vícios de colisão, eco e hiato, que caracterizam repetição de sons consonantais idênticos em sequência, repetição desagradável de terminações iguais, e aproximação de vogais idênticas no início de palavras, respectivamente. Para detectar sentença longa sem ocorrência de um sinal pontuação, considerado um desvio, foi utilizado o limite de 45 palavras. Para identificar repetição exagerada, foram gerados unigramas que verificam a ocorrência mais de duas vezes de palavras (excluídos pronomes, artigos e preposições) na mesma sentença ou em sentenças próximas.

4. Resultados e Discussões

Numa amostragem de 762 redações, foram identificados pela ferramenta 3.255 desvios. O Quadro 2 apresenta a quantidade de desvios por tipo detectados nas redações. Além disso, para ilustrar, mostra alguns exemplos de desvios encontrados em cada tipo.

Quadro 2. Quantidade de desvios encontrados por tipo

Desvios	Quantidade de erros encontrados	Exemplos encontrados	
Arcaísmo	48	Libertinagem	Quiçá
Barbarismo	235	Buffet	Free
Cacofato	12	Desde então	Por tal
Colisão	273	Pequena parte possui	Nas novas necessidades
Eco	928	Os avanços tecnológicos	As mudanças trazidas
Hiato	636	Para alcançar a	Determina a autorização
Plebeísmo	22	Muitas das vezes	Troço
Pleonasmo	85	Ha muito ano atras	Si mesmo
Cliche	42	Abrir mão	Via de regra
Marcas de oralidade	300	De primeiro	Dai
Repetição exagerada	134	-	-
Sentença Longa	540	-	-

Observa-se que pequenos desvios podem comprometer a qualidade de um texto descritivo formal. Por se tratar de problemas que exigem um nível maior de atenção, estes desvios passam muitas vezes despercebidos pelos corretores humanos. Importante salientar que a maioria desses desvios não são detectados pelos editores comerciais.

Existem poucas ferramentas disponíveis na língua portuguesa para a detecção de desvios de linguagem. Uma delas é a LanguageTool [Miłkowski 2010], uma ferramenta de código aberto adaptada para vários idiomas, incluindo o português. Apesar de não utilizar uma gramática totalmente formalizada nem um analisador profundo [Miłkowski 2010], pode detectar erros de ortografia, bem como erros gramaticais e estilísticos. Verificou-se que ela detecta alguns desvios, tais como pleonasmo, marcas de oralidade, barbarismo e sentença longa. Entretanto, além de arcaísmos e cacófatos, outros desvios com muitas ocorrências, tais como eco, hiato e colisão não foram detectados. Verificou-se também que a ferramenta possui limitações na detecção de erros gramaticais, além de significativa quantidade de falsos positivos.

5. Considerações Finais

A solução se mostrou apta a encontrar vícios e desvios de linguagem, e com isso, tem potencial para apoiar avaliadores humanos e reduzir o tempo e esforço empregado para correção. Além da correção dos textos, a ferramenta poderá ser utilizada em outras soluções, como por exemplo, a avaliação da Competência 1 do ENEM (norma culta da língua portuguesa) na correção automática de redações.

A ferramenta será incorporada a um aplicativo em desenvolvimento no NIASI para auxiliar a correção de textos descritivos formais, tais como TCCs, artigos, trabalhos acadêmicos e textos em geral. Além de erros ortográficos, em testes preliminares constatou-se que o aplicativo poderá identificar considerável quantidade de erros gramaticais não detectados pelos corretores e editores em uso na língua portuguesa.

Referências

Belinky, T. (2010) Cacoliques, Editora Melhoramentos

Broder, A. Z. et al. (1997) Syntactic Clustering of the Web. Journal Computer Networks and ISDN Systems, Amsterdam, p. 1157-1166, Sep. 1997.

Chrupala, G. et al. (2008) Learning morphology with Morfette. In: Language Resources and Evaluation, 2008, Marrakech. Proceedings of LREC, 2008, p. 2362-2367.

Gobbes, A.; Medeiros, J. B. (2009) Dicionário de Erros Correntes da Língua Portuguesa - Conforme Nova Ortografia. Editora Atlas, 5ª Ed.

Krivochein, N. (2015) A Senhorita Redundância e o Senhor Pleonasmo, Editora Brasil

Leal, E. S. (2012) Vícios de Linguagem e Idiotismos: A Fala Como Unidade de Estudos nas Gramáticas Normativas Brasileiras em Língua Portuguesa Revista Uniletras.

Negreiros, G. R. C. (2009) Marcas de Oralidade na Poesia de Manuel Bandeira, Editora Paulistana.

Maior, M. S. (2010) Dicionário do Palavrão e Termos Afins. Belo Horizonte: Editora Leitura, 2010.

Miłkowski, M. (2010) Developing an open-source, rule-based proofreading tool. Journal of Software Practice and Experience, New York, p. 543-566. Jun. 2010.

Pinheiro, G. M. (2007) "Redações do ENEM: estudo dos desvios da norma padrão sob a perspectiva de corpus". Dissertação apresentada à Faculdade de Filosofia, Letras e Ciências Humanas da Universidade de São Paulo. São Paulo, 2007.

Pliger, D. B. (2009) "Vícios de Linguagem e a Norma Culta". Trabalho de Conclusão de Curso apresentado à Faculdade de Educação São Luís. São Paulo, 2009.

Rino, L. H. M. et al. (2002) Aspectos da Construção de um Revisor Gramatical Automático para o Português. Revista Estudos Linguísticos. 2002.

Viterbo, J. S. R. (1993) Elucidário das Palavras, Termos e Frases Que em Portugal antigamente Se Usaram e Que hoje regularmente Se Ignoram, Civilização Editora.

Valente, A. et al. (2004) Homem Chavão, Panda Books.

Estudo exploratório de categorias gramaticais com potencial de indicadores para a Análise de Sentimentos

Júlia Santos Nunes Rodrigues, Adriana S. Pagano, Emerson Cabrera Paraiso

Universidade Federal de Minas Gerais (UFMG) – Belo Horizonte, MG – Brasil

Pontifícia Universidade Católica do Paraná (PUCPR) – Curitiba, PR – Brasil

`juliasnrodrigues@ufmg.br, apagano@ufmg.br, paraiso@ppgia.pucpr.br`

Resumo: Este trabalho apresenta uma pesquisa em andamento sobre categorias gramaticais que podem ser exploradas como indicadores de emoção em textos escritos. Diferentemente de pesquisas sobre análise de sentimentos que se concentram em itens lexicais, este estudo baseia-se na gramática sistêmico-funcional [Halliday e Matthiessen 2014] a fim de mapear padrões de escolhas em sistemas gramaticais que podem ser associadas à construção de emoções na linguagem. A metodologia baseia-se na anotação manual de amostras de textos do tipo notícia por meio de planilhas de acordo com categorias dos principais sistemas gramaticais no nível da oração da escala de ordens. A frequência das categorias anotadas e dos agrupamentos das mesmas é investigada para verificar quais as categorias mais produtivas para a análise de sentimentos.

Abstract: This paper reports on work in progress on grammatical categories that may be explored as indicators of emotion in written text. Unlike state-of-the-art research on sentiment analysis focused on lexical items, this study draws on systemic-functional grammar [Halliday & Matthiessen 2014] in order to map patterns of choice in grammatical systems that can be linked to emotion construal in language. The methodology is based on manual annotation of news report text samples carried out on a spreadsheet with categories pertaining to the main grammatical systems at clause level in the rank scale. Frequency of annotated individual categories and category clusters is examined with a view to identifying the most productive categories to probe sentiment in text.

1. Introdução

A anotação de textos em pesquisas sobre Análise de Sentimentos é feita com intervenção de seres humanos, visando-se o aprendizado de máquina para rotulação sem intervenção humana. Em geral, a anotação é ad-hoc por não estar pautada em teorias linguísticas suficientemente abrangentes para explicar os distintos recursos que na linguagem humana constroem sentimentos. O índice de concordância entre anotadores tende a ser baixo, o que retarda a criação de um sistema automático eficaz para a Análise de Sentimentos [Dosciatti et al. 2015].

Há também pesquisas que fazem uso da prosódia semântica das palavras para auxiliar a anotação automática. São desenvolvidos glossários de palavras com distribuição de valores númericos que indicam a intensidade da positividade ou da negatividade da palavra no co-texto do *corpus* [Taboada et al. 2011]. Os estudos privilegiam o polo lexical do que pode ser teorizado como um contínuo, sendo o polo gramatical, sistemas que dizem respeito ao Modo, à Transitividade e ao Tema-Rema da oração.

Este trabalho explora uma metodologia para a Análise de Sentimentos baseada numa teoria linguistica abrangente que contempla o polo lexical e o polo gramatical. Prevê uma etapa inicial de anotaçao por humanos, a qual subsidiará uma futura implementaçao automática, contribuindo para que o processo de anotação seja menos subjetivo e utilize um aporte teorico linguístico que fundamente as escolhas do anotador.

2. As Emoções Humanas e a Análise de Sentimentos

Segundo [Ekman 1970] há seis emoções básicas universais – alegria, surpresa, medo, raiva, repugnância e tristeza, as quais podem funcionar como rótulos para a análise de textos no escopo da Análise de Sentimentos.

De acordo com [Dosciatti et al. 2015] a Análise de Sentimentos é uma área de pesquisa voltada para o estudo e identificação de emoções em diferentes midias, que surgiu da necessidade de se buscar, de forma automática, opiniões manifestadas na *internet*. Tal necessidade requer a análise de textos e a identificação de itens na linguagem que apontem para avaliações por parte dos usuários.

A maioria dos métodos desenvolvidos para a Análise de Sentimentos visa a análise de dados textuais. O tipo de texto mais analisado são manifestações espontâneas em blogs, foruns e chats. Textos jornalísticos escritos geralmente não são objeto desse tipo de análise. Eles apresentam desafios adicionais, pois neles pode não haver ocorrências de itens claramente associados a uma emoção em particular, como em: " 'Brasil poderá ter uma presidente mulher', diz Dilma: Declaração foi dada após encontro com Michelle Bachelet em SP."

Uma dificuldade adicional diz respeito à identificação de emoções predominantes, quando há palavras associadas a emoções contraditórias. Em "Andorinhas mudam rotina em cidade paraense: Elas chegam a Parauapebas e dão espetáculo no céu. Entretanto, sujeira deixada pelas aves incomoda moradores.", o texto como um todo pode gerar no leitor humano a emoção *surpresa*. Todavia, para uma implementação automática, a máquina deveria ser instruída sobre quais indicadores linguísticos seriam prototipicos da emoção *surpresa*. De fato, cada oração poderia ser atribuída a uma emoção distinta: Andorinhas mudam rotina em cidade paraense (*surpresa*); Elas chegam a Parauapebas e dão espetáculo no céu (*alegria)*; Entretanto, sujeira deixada pelas aves incomoda moradores (*repugnância*).

3. A Teoria Sistêmico-Funcional como arcabouço teórico para a Análise de Sentimentos

A Teoria Sistêmico-Funcional [Halliday e Matthiessen. 2014] considera a linguagem como um conjunto de sistemas utilizados para produzir significado e possibilitar a interação e representação da experiência humana. A organização da linguagem é estratificada: significados no estrato da semântica são realizados no estrato da gramática que por sua vez são realizados no estrato da fonologia.

No estrato da gramática, os sistemas que organizam escolhas estão organizados num contínuo, pelo qual escolhas progressivas em sistemas gramaticais concluem em um item lexical. Por exemplo, dentre os tipos de Processos que realizam orações de fala estão os Processos verbais, e dentro deles, os Processos verbais que constroem significados de semiose, dentro dos quais estão os Processos verbais que relatam eventos de forma neutra, sendo um dos verbos prototípicos para essa subespecificação o verbo "dizer".

A unidade de análise é a oração, na qual confluem os sistemas de Transitividade, Modo e Tema, relativos às três Metafunções fundamentais da linguagem: Ideacional, responsável pela representação da experiência humana; Interpessoal, pela troca de relações sociais entre falante/escritor e ouvinte/leitor e Textual, pela organização da mensagem, compreendendo aspectos relativos à coesão do texto. O Quadro 1 ilustra a análise de uma oração de acordo com as funções em cada Metafunção.

QUADRO 1 – Análise Sistêmica e Estrutural de uma oração

ESTRUTURA METAFUNÇÃO SISTEMAS	*Andorinhas*	*mudam*	*rotina*	*em cidade paraense*
TEXTUAL	TEMA	REMA		
INTERPESSOAL MODO INDICATIVO SUJEITO: PLURAL: RECUPERADO	SUJEITO	PREDICADOR	COMPLEMENTO	ADJUNTO
	MODO	RESÍDUO		
IDEACIONAL EXPERIENCIAL MATERIAL: ORAÇÃO TRANSITIVA EFETIVA	PARTICIPANTE: ATOR	PROCESSO MATERIAL	PARTICIPANTE: META	CIRCUNSTÂNCIA DE LOCALIZAÇÃO: ESPACIAL
IDEACIONAL LÓGICA ORAÇÃO SIMPLES, FINITA				

4. Anotação manual de um *Corpus* de notícias

Examinamos dados obtidos de um *corpus* composto de 2.000 linhas finas retiradas de notícias, extraídas automaticamente da Internet através da ferramenta FeedReader[1] e originalmente escritas em português brasileiro. O *corpus* foi compilado por pesquisadores da Pontifícia Universidade Católica do Paraná (PUCPR), que trabalham com aprendizagem de máquina aplicada para a rotulação de sentimentos [Dosciatti et al. 2015]. As linhas finas do *corpus* apresentam, em média, 23 *tokens* cada uma, abordam temas internacionais, políticos, policiais e economicos e foram rotuladas de acordo com as emoções de [Ekman 1970] por anotadores voluntários, todos profissionais com experiência em linguística da PUCPR e da Universidade Tecnológica Federal do Paraná (UTFPR).

Para o presente estudo, uma amostra de aproximadamente 10% dos textos desse corpus que apresentaram concordância total entre os anotadores foi segmentada em 371 orações e estas anotadas manualmente de acordo com funções gramaticais. A anotação foi feita em planilhas eletrônicas, processadas no ambiente R [R Core Team 2017] para extração de frequências e identificação de coseleções de duas ou mais categorias. Os padrões observados foram identificados como candidatos passíveis de informar algoritmos a serem usados na análise de outras amostras do corpus.

5. Resultados Preliminares

---

[1] http://feedreader.com/

Dentre os resultados obtidos, destacamos os Processos mais frequentes para os textos
rotulados com a emoção *raiva* e *alegria*, dispostos nas Tabelas a seguir:

**TABELA 1 – Frequência de ocorrência de Tipo de Processo em textos rotulados
com emoção *raiva***

Emoção predominante	Tipo de Processo	Exemplo	Frequência	
			Absoluta	Relativa
Raiva	Material	"Garota de 14 anos **engravidou** do próprio pai em Itariri, no interior de SP."	32	60,4%
	Verbal	Mãe **confessa** [ter matado recém-nascido à tesouradas.]".	9	17%
	Relacional Atributivo	"Filhos **são** suspeitos [de abandonar pai idoso]"	7	13,2%
	Mental	"Polícia **crê** [que além do pai e do padrasto, outros estupraram a menina]"	4	7,5%
	Relacional identificativo	"Stuart Hall, de 83 anos, **é** um "predador oportunista.	1	1,9%
Total			53	100%

**TABELA 2 – Frequência de ocorrência de Tipo de Processo em textos rotulados
com emoção *alegria***

Emoção predominante	Tipo de Processo	Exemplo	Frequência	
			Absoluta	Relativa
Alegria	Material	"No local, 200 barracas devem ser **montadas**/para **vender** comidas e bebidas "	43	81,1%
	Relacional Atributivo	"Segundo o ministro do Planejamento, governo **está** otimista."	5	9,4%
	Verbal	"[Brasil já saiu da crise] **diz** Paulo Bernardo".	3	5,7%
	Relacional identificativo	"André Cintra, paulistano de 34 anos, **tornou-se**, nesta sexta-feira, o segundo brasileiro..."	2	3,8%
Total			53	100%

Os Processos mais frequentes para a emoção *raiva* foram: Material (60,4%), Verbal
(17%), Relacional Atributivo (13,25%). Já os Processos com maior número de ocorrências
para a emoção *alegria* foram: Material (43%), Relacional Atributivo (9,4%) e Verbal (5,7%).
Esses resultados sugerem semelhanças em relação ao tipo de Processo mais frequente para
as emoções *raiva* e *alegria*. Contudo, a emoção *alegria* tem maior probabilidade de
apresentar orações com Processo Material, já que a porcentagem desse tipo de Processo nos
textos de tal emoção é maior. Uma diferença entre as emoções *raiva* e *alegria* é a ocorrência
do Processo Mental (7,5%), presente apenas na emoção *raiva*.

6. Conclusão

Os achados iniciais apontam para características dos textos rotulados com uma dada emoção,
as quais podem ser mais investigadas para efeitos da Análise de Sentimentos.

7. Referências

Dosciatti, M. M., Ferreira, L. P. C., Paraiso, E. C. (2015) Anotando um Corpus de Notícias
para a Análide de Sentimento: Um relato de experiência. In Proceedings of Symposium
in Information and Human Language Technology (STIL), 121-130.

Ekman, P. (1970) Universal Facial Expressions of Emotion. California Mental Health
Research Digest.

Halliday, M. A. K., Matthiessen, C. M. I. M. (2014) An Introduction to Functional
Grammar. Routledge, London.

Taboada, M. et al. (2011) Lexicon-based Methods for Sentiment Analysis. In: Journal
Computational Linguistics, 267-307.

Geração de perguntas e respostas para a base de conhecimento de um chatterbot educacional

Joyce Martins, Camila V. Martins

Departamento de Sistemas e Computação
Universidade Regional de Blumenau (FURB) – Blumenau, SC – Brazil

`joyce@furb.br, camila.viviani@outlook.com`

Abstract. *This paper presents a chatterbot that answers or asks questions in Portuguese about a basic education text. From an input text composed of simple sentences, the questions and answers are generated in the chatterbot knowledge base. For this purpose, a morphosyntactic analysis is made and the semantic roles of each word are obtained. Seven semantic roles are treated, from which is defined what pronoun or adverb should be used to elaborate the question. Although with limitations, due to the complexity of Portuguese, it is possible to generate questions and answers from any text composed of simple sentences, and not only from those of basic education.*

Resumo. *Este artigo apresenta um chatterbot que responde ou faz perguntas em língua portuguesa sobre um texto da educação básica. A partir de um texto de entrada composto por sentenças simples, são geradas as perguntas e as respostas da base de conhecimento do chatterbot. Para tanto, efetua-se a análise morfossintática e obtêm-se os papéis semânticos de cada palavra que compõe o texto. São tratados sete papéis semânticos, a partir dos quais define-se o pronome ou o advérbio interrogativo que deve ser usado para elaborar a pergunta. Embora com limitações devido à complexidade da língua portuguesa, é possível gerar perguntas e respostas para qualquer texto composto por sentenças simples, e não apenas para os da educação básica.*

1. Introdução

Estudos mostram que o uso de perguntas/respostas no processo de ensino-aprendizagem é benéfico [Chi et al., 1994 apud Le; Kojiri e Pinkwart, 2011]. Os autores afirmam que fazer perguntas específicas ajuda a identificar a falta de conhecimento sobre determinado assunto. Descrevem também aplicações educacionais que, com o uso de perguntas e respostas geradas automaticamente, têm por objetivo: a aquisição de habilidades, a avaliação do conhecimento ou o diálogo com tutores.

Dentre as diversas ferramentas computacionais disponíveis, é possível encontrar os *chatterbots*. Segundo Comarella e Café [2008], um *chatterbot* é um software que simula uma conversação com um ser humano, proporcionando para o usuário, no caso, o estudante, uma experiência semelhante a que teria numa conversa on-line com um especialista de uma determinada área. De maneira simplista, um *chatterbot* possui uma interface para entrada das perguntas (ou mensagens) formuladas pelo usuário. Em seguida, procura a resposta correspondente na sua base de conhecimento, que, se for encontrada, será apresentada ao usuário. Caso contrário, uma resposta padrão do tipo

Desculpe, não entendi o que você falou! será emitida. Souza e Moraes [2015] afirmam que é necessário despender um tempo considerável para criar manualmente uma base de conhecimento de um *chatterbot*. Afirmam ainda que "Por esta razão, têm surgido abordagens que procuram gerar automaticamente as bases desses agentes a partir de *corpora* existentes, inclusive a partir de informações disponíveis na *web*" [Souza e Moraes, 2015].

Assim sendo, este trabalho também apresenta uma proposta para gerar automaticamente perguntas e respostas da base de conhecimento de um *chatterbot* educacional a partir de um texto da educação básica. Nas seções seguintes a arquitetura do *chatterbot* e o processamento do texto de entrada são descritos, bem como as considerações finais do trabalho são apresentadas.

2. Arquitetura do ChatterEDU

O processamento realizado pelo *chatterbot*, chamado de ChatterEDU, se dá em etapas. Primeiro o usuário deve entrar com um texto com conhecimentos da educação básica. O texto de entrada passa por um processamento onde são obtidos o papel semântico[1] e a classificação morfossintática de cada palavra, de forma similar à abordagem proposta por Amancio, Duran e Aluisio [2011]. Em seguida, a partir das sentenças de entrada são geradas perguntas e respostas, as quais são gravadas em uma base de conhecimento Artificial Intelligence Markup Language[2] (AIML), de forma a ser possível realizar uma conversação em linguagem natural o mais próximo possível de uma conversa entre seres humanos.

Finalizado o processamento do texto, o usuário é direcionado para a interface de conversação com o ChatterEDU. O usuário pode iniciar a conversação com uma mensagem de saudação ou diretamente com uma pergunta relacionada ao texto inserido. A mensagem (ou a pergunta) é enviada para o *chatterbot*, que utiliza o interpretador Program AB [Wallace, 2013] para buscar a resposta correspondente nas bases de conhecimento AIML previamente criadas. Se for encontrada uma resposta correspondente à mensagem (ou pergunta), a mesma será retornada, caso contrário, será informado que o *chatterbot* não possui conhecimento sobre a mensagem (ou pergunta) inserida. O ChatterEDU possui três bases de conhecimento: uma com saudações, outra com respostas a serem usadas quando o *chatterbot* não consegue responder às perguntas do usuário e a terceira com perguntas e respostas sobre o texto de entrada. As duas primeiras foram criadas manualmente enquanto a última é gerada automaticamente.

3. Processamento do Texto de Entrada

A complexidade da aplicação desenvolvida está no processamento do texto de entrada para gerar automaticamente as perguntas e as respostas e, em seguida, criar a base de

---

[1] Kipper [2005 apud Scarton, 2013, p. xv] diz que os papéis semânticos "descrevem a relação semântica subjacente entre um verbo (ou predicador) e seus argumentos e são usados para descrever padrões léxicos e semânticos no comportamento dos verbos."

[2] A AIML é uma linguagem de marcação baseada na eXtensible Markup Language (XML), usada para especificar as bases de conhecimentos dos *chatterbots* [Wallace, 2013]. Algumas *tags* básicas da linguagem são: `<category>`, agrupa perguntas e respostas; `<pattern>`, define uma possível pergunta ou mensagem; `<template>`, indica a resposta correspondente a um determinado `<pattern>`.

conhecimento AIML. Primeiramente, o texto de entrada é dividido em sentenças, que são enviadas para o *parser* Palavras[3] [Bick, 2000]. Nesse processamento é utilizada a opção *semantic roles*, que determina o papel semântico de cada palavra. Para exemplificar, tem-se a frase *Blumenau sofreu uma grande enchente em 2008*. Toma-se a análise do *parser* para a palavra *Blumenau* (Quadro 1). Destacam-se as seguintes informações: (a) classe gramatical: PROP (nome próprio); (b) flexões: M/F (masculino/feminino), S/P (singular/plural); (c) função sintática: @SUBJ> (sujeito); (d) papel semântico: §AG (agente).

> **Blumenau** [Blumenau] **PROP** M/F S/P @SUBJ> §AG #1->2
> **sofreu** [sofrer] <fmc> **V** PS 3S IND VFIN @FS-STA §PRED #2->0
> (...)
> **em** [em] **PRP** @<ADVL #6->2
> **2008** [2008] <card> **NUM** M/F P @P< §LOC-TMP #7->6

Quadro 1. Análise morfossintática

A segunda etapa do processamento consiste em verificar qual o papel semântico de cada palavra para definir a pergunta que será feita. Os pronomes e os advérbios interrogativos usados para cada papel semântico podem ser vistos no Quadro 2. Para delimitar o escopo do projeto, dentre os papéis semânticos identificados pelo *parser* Palavras, foram selecionados os mais comuns em textos da área de conhecimento Geografia. Assim, os papéis semânticos tratados pelo ChatterEDU são: (a) AG: agente; (b) LOC: lugar; (c) LOC-TMP: localização temporal (dia, mês, ano, indicação de tempo); (d) ORI-TMP: origem temporal (dia, mês, ano, indicação de tempo); (e) EXT: extensão ou quantidade; (f) EXT-TMP: período de tempo; (g) TH: tema.

papel semântico	pronome / advérbio	frase de entrada	pergunta formulada
AG – voz ativa	Quem	Os barrigas-verdes moram em Santa Catarina.	Quem mora em Santa Catarina?
AG – voz passiva	Por quem	Santa Catarina é habitada por barrigas-verdes.	Santa Catarina é habitada por quem?
LOC	Onde	Santa Catarina fica na região sul.	Onde Santa Catarina fica?
LOC-TMP	Quando	Blumenau sofreu uma grande enchente em 2008.	Quando Blumenau sofreu uma grande enchente?
ORI-TMP	Desde quando	Desde 1852 foram registradas 64 enchentes em Blumenau.	Desde quando foram registradas 64 enchentes em Blumenau?
EXT	Quanto	O estado mede 95703 quilômetros quadrado.	O estado mede quanto?
EXT-TMP	Quanto tempo	A tragédia durou por duas semanas.	A tragédia durou quanto tempo?
TH	O que	Florianópolis tem cerca de 421 mil habitantes.	O que tem cerca de 421 mil habitantes?
TH – verbo ser	Qual	Blumenau é a terceira maior cidade de Santa Catarina.	Qual é a terceira maior cidade de Santa Catarina?
TH – humano	Quem	Ele foi empregado em diversas missões.	Quem foi empregado em diversas missões?

Quadro 2. Papéis semânticos e pronomes / advérbios interrogativos

No Quadro 2 é possível notar que para alguns papéis semânticos pode-se elaborar mais de um tipo de pergunta, dependendo de outros termos linguísticos

---

[3] Disponível em <http://visl.sdu.dk/visl/pt/parsing/automatic/parse.php>.

presentes no texto de entrada. No caso do papel semântico AG, por exemplo, é verificado se o verbo está na voz ativa ou passiva, para então definir se será utilizado *quem* ou *por quem*. Além disso, é feito um tratamento em casos específicos para gerar perguntas com conjugação verbal correta. Todos os verbos regulares são tratados, assim como alguns verbos irregulares (ser, ir, estar e dar), no presente, pretérito perfeito, pretérito imperfeito e pretérito-mais-que-perfeito.

Independente do papel semântico, são geradas três tipos de perguntas: a pergunta que o usuário pode fazer ao ChatterEDU, o tema sobre o qual o usuário deseja que o *chatterbot* faça perguntas e a pergunta do *chatterbot* sobre um determinado tema. Para elucidar como são geradas as perguntas e respostas, considera-se a frase do Quadro 1, na qual foram identificados dois dos papéis semânticos tratados: AG e LOC-TMP. Nesse caso, são geradas as seguintes perguntas: (a) pergunta do usuário (AG) - *^quem^sofreu^ enchente^2008^*; (b) pergunta do usuário (LOC-TMP) - *Quando^Blumenau sofreu^ enchente^*; (c) tema (AG) - *^sobre^quem^ sofreu^enchente^2008^*; (d) tema (LOC-TMP) - *^sobre^quando Blumenau sofreu^ enchente^*; (e) pergunta do *chatterbot* (AG) - *Quem sofreu uma grande enchente em 2008?*; (f) pergunta do *chatterbot* (LOC-TMP) - *Quando Blumenau sofreu uma grande enchente?*

Observa-se que tanto para a pergunta do usuário quanto para o tema da pergunta, é usado o caracter ^, que em AIML representa um ponto da sentença que pode ou não possuir mais de uma palavra qualquer, permitindo uma maior gama de perguntas reconhecidas. Por exemplo, se a sentença *Eu quero saber quem sofreu uma enchente em 2008.* estiver na base de conhecimento AIML, o usuário tem que entrar exatamente com essa frase para ser possível encontrar a resposta correspondente. Mas, se a sentença gravada for *^quem^sofreu^enchente^2008^*, o usuário pode entrar com uma variação da pergunta, tal como: *Eu gostaria de saber quem sofreu uma grande enchente em 2008.* ou *Quem sofreu uma enchente no ano de 2008?*.

Para o tema da pergunta utiliza-se a mesma ideia, mas com a palavra *sobre* na frente. Então, quando o usuário quiser responder a perguntas feitas pelo ChatterEDU, deve entrar com uma frase tal como *Quero falar sobre quem sofreu enchente em 2008.* Nesse caso, o ChatterEDU faz a pergunta (do *chatterbot*) referente ao assunto solicitado pelo usuário. Já a pergunta do *chatterbot* é a mais simples de ser elaborada. Isto porque não há necessidade de substituir nenhuma palavra por curinga, uma vez que a pergunta que o ChatterEDU deve fazer para o usuário deve estar completamente gravada na base de conhecimento. Desta forma, é adicionado o pronome ou o advérbio interrogativo no início ou no final da frase, excluindo da sentença a resposta desejada, como exemplificado no Quadro 2.

Quanto às respostas, são geradas duas: uma resposta curta e outra completa (a própria sentença de entrada). Também são geradas respostas padrões para indicar para o usuário que ele acertou ou errou ao responder uma pergunta feita pelo ChatterEDU. Por fim, é possível entrar com a frase *Faça perguntas sobre o texto.*, onde as palavras *sobre* e *texto* são obrigatórias. Nesse caso, o ChatterEDU fará aleatoriamente uma das perguntas existentes na sua base de conhecimento e verificará se a resposta informada está ou não correta. O último passo realizado é gravar a base de conhecimento AIML. Cabe ressaltar que cada vez que ocorrer esse processamento, a base de conhecimento anteriormente criada será sobrescrita. Então, se o usuário inserir um texto e logo após outro, o ChatterEDU manterá uma conversação apenas sobre o último texto inserido.

4. Considerações Finais

Esse trabalho descreveu o desenvolvimento do ChatterEDU, uma aplicação desktop que interage com o usuário em língua portuguesa. A partir do processamento de um texto, em princípio, da educação básica na área de conhecimento Geografia, gera automaticamente, com base nos papéis semânticos das palavras que o compõem, perguntas e respostas da base de conhecimento, possibilitando que o usuário faça ou responda perguntas sobre o texto. Um texto para ser processado deve estar gramaticalmente correto e ser composto apenas por sentenças simples.

Apesar da limitação quanto ao tipo de sentença e papéis semânticos tratados, o uso desses permitiu gerar perguntas e respostas de textos de qualquer área de conhecimento. Mas, mesmo com as restrições estabelecidas, existem sentenças que não são processadas adequadamente, gerando perguntas inconsistentes (incompletas ou contendo parte da resposta), com erros ortográficos ou erros de concordância verbal. Por fim, observou-se demora em processar os textos de entrada, já que é necessário acesso on-line ao *parser* Palavras para efetuar a análise morfossintática e determinar os papéis semânticos. Para processar uma frase com sete palavras, a aplicação leva em média 6s (segundos), já um texto com quarenta e uma palavras, leva em torno de 15s. Além disso, a linguagem AIML tem suas próprias limitações que forçam o usuário a fazer perguntas e fornecer respostas utilizando os termos da base de conhecimento. Por conta disso, mesmo que o usuário responda corretamente uma pergunta, o *chatterbot* pode retornar erro se a resposta não estiver exatamente como gravada na base AIML.

Referências

Amancio, M. A.; Duran, M. S.; Aluísio, S. M. (2011), Automatic question categorization: a new approach for text elaboration. Procesamiento del Lenguaje Natural, v. 46, p. 43-50, 2011.

Bick, E. (2000), The parsing system PALAVRAS: automatic gramatical analysis of Portuguese in a constraint grammar framework. Aarhus University Press.

Comarella, R. L. e Café, L. M. A. (2008), "Chatterbot: conceito, características, tipologia e construção", Informação & Sociedade: estudos, João Pessoa, v. 18, n. 2, p. 55-67, maio/ago. 2008.

Le, NT.; Kojiri, T. e Pinkwart, N. (2011), "Automatic question generation for educational applications: the state of art". In: van Do, T.; Thi, H. e Nguyen, N. (eds) Advanced computational methods for knowledge engineering. Springer, Berlin.

Scarton, C. (2013), VerbNet.Br: construção semiautomática de um léxico verbal online e independente de domínio para o português do Brasil. Mestrado. Instituto de Ciências Matemáticas e de Computação, USP.

Souza, L. S. e Moraes, S. M. W. (2015), "Construção automática de uma base AIML para chatbot: um estudo baseado na extração de informações a partir de FAQs". In *Anais do XII ENIAC*. Natal, RN. p. 137-141.

Wallace, R. S. (2013), "ALICE A.I. Foundation". http://alicebot.blogspot.com.br/.

A study on irony within the context of 7x1-PT *corpus*

Silvia M. W. Moraes[1], Rackel M. Machado[1],
Matheus S. Redecker[1], Rafael G. Cadaval[1] and Felipe R. Meneguzzi[1]

[1]Pontíficia Universidade Católica Rio Grande do Sul (PUCRS),
Avenida Ipiranga, 6681. Prédio 32, CEP 90619-900. Porto Alegre, RS-Brasil

{silvia.moraes, felipe.meneguzzi}@pucrs.br
{rackel.machado, matheus.redecker, rafael.cadaval}@acad.pucrs.br

Abstract. *The increasing use of social networks to express consumer opinions yields a large amount of potentially useful information for organizations to gauge consumer perception of their products. Nevertheless, gauging information by assigning polarities to opinionated text is not a trivial task, especially when dealing with short and ironical text. In this paper, we evaluate the presence of irony at the sentence level within a Portuguese corpus extracted from Twitter.*

1. Introduction

Social media is a popular communication channel through which users often express their opinions on products and services. In this virtual environment, both customers and organizations can find useful information. While customers can use the information to decide if they should buy a product or not, organizations can improve their products and services based on customer feedback and public opinion. The interest in social networks is greater in Brazil than in other countries [Banks 2015], and although most Brazilian posts are photos and videos, much text in Portuguese circulates in such networks, especially Twitter. Portuguese is among the top 10 most spoken languages in the world, around 240 million people communicate in this language[1], what makes it an interesting topic for research. The automatic extraction of opinions is a difficult task, regardless of the language, especially when the source of information is web text [Kiritchenko et al. 2014]. Sentiment Analysis, or Opinion Mining [Liu 2012], is the area that performs such task, determining the evaluative nature of a text and defining whether it expresses a positive, a negative, or a neutral sentiment [Kiritchenko et al. 2014]. [Liu 2010] calls this orientation of sentiment polarity, which can be treated, basically, in three granularity levels: text, sentence, and entity. Text level Sentiment Analysis defines the polarity of a document as a whole, being especially suitable for product reviews since, in this case, a broader perspective about a product is more important than an opinion about its components. Sentence level Sentiment Analysis determines the polarity of sentences, for example, a Twitter post or part of it. Entity level Sentiment Analysis identifies positive and negative aspects of a particular entity. For example, a user can praise the screen of a computer (entity) for its quality (aspect) but criticize it for its size (aspect). In this paper, we focus on Sentiment Analysis at the sentence level. One of the challenges in this analysis process is detecting irony. Irony is a figure of speech, often used implicitly, that inverts the polarity of the sentiment that one expresses. When building automatic systems for irony detection, brief text messages

---

[1]Information obtained from http://www.brasil.gov.br and https://www.washingtonpost.com

pose a greater obstacle than reviews, for example, given the lack of contextual information. The identification of context is of great help in detecting irony. A *corpus* can provide an overall context or a specific one to each sentence that composes it. In this paper, we describe a work in progress whose aim is to study irony detection in web texts. For this purpose, we carry out the analysis of the 7x1-PT *corpus*, which contains around 2,700 tweets in Brazilian Portuguese posted during the football match between Germany and Brazil in the 2014 FIFA World Cup. Our goal is to study and annotate tweets in which this linguistic phenomenon occurs, discuss the concept of irony, and the difficulties in the annotation of this phenomenon.

2. Irony

According to Wilson [Wilson 2013], verbal irony has three distinctive features: a characteristic attitude, normative bias, and tone of voice. Wilson discusses the echoic and pretense accounts of irony, given that verbal irony necessarily involves the former, but does not necessarily involves the latter. Contrarily to the traditional account of irony, in which the speaker says one thing meaning the opposite, according to the echoic account, actually, the speaker echoes a thought. Through an ironical utterance, the speaker criticizes or complains about a situation or an event that does not fulfill his or her norm-based expectations, that is, the speaker's ideas about how such situation or event should be. To the echoic account, an utterance is ironical when it expresses the speaker's mocking, scornful, or contemptuous attitude toward the echoed thought. In this sense, Wilson's [Wilson 2013] experimental work does not consider phenomena such as hyperbole, jocularity, banter, teasing, understatement, and rhetorical questions as forms of irony, since they do not display any of the distinctive features of irony. Nevertheless, while some of these phenomena are similar to irony in form (*e.g.*, banter), others can be combined to irony (*e.g.*, hyperbole), giving a cue to the speaker's characteristic ironical attitude. When performing an utterance, the speaker's facial expression and intonation can also indicate an ironical attitude; in written text, the 'tone of voice' might be expressed by splitting a word into syllables to convey an exaggerated monotone, or using exclamation marks to show excessive enthusiasm, for instance. Since irony cannot be recognized only by its linguistic form, Wilson and Sperber [Wilson and Sperber 1992] describes the role of Relevance in explaining that to understand an ironical utterance, one needs linguistic form and context. Context, in sum, is the information that the receptor access (prior knowledge) in the moment that the communicator produces an utterance. This interaction between form and context determines verbal comprehension.

3. 7x1-PT *Corpus*

Moraes *et al.* [Moraes et al. 2015] built the 7x1-PT *corpus*[2] that we use in this study. The *corpus* consists of 2,728 tweets in Brazilian Portuguese posted during the match in which Brazil lost 7-1 to Germany in the 2014 FIFA World Cup Brazil. The tweets are mostly about Brazil football players and political issues concerning the event. Two human annotators from the Computer Science area manually annotated the *corpus* considering three classes: negative, neutral, and positive. The *kappa* coefficient, which measures inter-rater agreement, was of 0.53. Although Moraes *et al.* [Moraes et al. 2015] annotated

---

[2]A *corpus* is a large collection of written material in a machine-readable format; thus, *corpora* are linguistic resources commonly used for research in Natural Language Processing (NLP).

ironical tweets in 7x1-PT *corpus* as neutral, they mentioned that the number of tweets expressing irony in their *corpus* was significant. We chose, therefore, to annotate 7x1-PT *corpus*, besides, we could analyze the tweets into an overall context, of football and politics, which is crucial for irony recognition and classification.

3.1. Our Annotation

A human annotator from the Linguistics area revised the annotation of the *corpus* considering irony as a fourth class alongside positive, negative, and neutral. Table 1 shows the polarity distribution in the *corpus*. In this annotation, we considered the broader definition of irony (including hyperbole, jocularity, banter, and the like), since it can give hints about the user's ironical attitude. The results show a considerable number of ironical tweets (40%) in the *corpus*.

	[Moraes et al. 2015]'s classification	Our Classification
Polarity	#Tweets(%)	#Tweets(%)
Negative	800 (29%)	757 (27%)
Positive	1,771 (65%)	251(09%)
Neutral	157 (0,6%)	636 (23%)
Irony	-	1,804 (40%)

Table 1. Number of tweets in the 7x1-PT *corpus* according to the classification of Moraes *et al.* [Moraes et al. 2015] and our classification.

3.2. The Role of Context

We align information of the time in which a user posts a tweet with a timetable of goals scored during the match between Germany and Brazil. In this way, considering Wilson's [Wilson 2013] features of verbal irony, we can infer the information users want to convey through their utterances; in other words, we can understand their attitude or reaction toward the echoed thought. Since the *thought* is the norm-based expectation, the context helps to form such expectations. First, we need to consider that Brazil is widely known as the country of the football for its love for the sport (prior knowledge). Most Twitter users who posted within the period in which the tweets were collected, expected Brazil to win and to become the six-time champion of the 2014 FIFA World Cup (this is the *norm*, a socially shared idea). During the match, Brazil's performance did not live up to users' expectations who, consequently, started to complain about the situation and criticize the team (this is the *attitude*). In the 7x1-PT *corpus*, the information about the goals scored throughout the match works as the context for each tweet. Figure 1 shows the number of ironic tweets in the *corpus* during the match so that, from the fifth goal to the end of the second half of the match, the figure shows the highest peaks regarding user input. The following tweets illustrate the importance of context when analyzing irony: (1) *"SOU BRASILEIRO E VOU CANTAR COM MUITO ORGULHO COM MUITO AMOR ESSE JOGO VAI VIRAR EU QUERO SER O VENCEDOR"* ("I'M BRAZILIAN AND I'LL PROUDLY AND PASSIONATELY SING [.] [BRAZIL] WILL REVERSE THE SCORE [.] I WANT TO BE THE WINNER"). (2) *"Vamo que da pra vira AAHAUSHAUSHAU"* ("Come on there is still time to reverse the score HAHAHA") (3) *"Copa das Copas"* ("Cup of the Cups") (4) *"Quem diria que a seleção brasileira faria o maior protesto contra os gastos da copa"* ("Who would've thought that Brazil squad would make the biggest demonstration against the Cup costs") (5) *"Vem cá não era hj q os jogadores iam vir com mais garra pelo Neymar?!"* ("Hold on wasn't it today that the players would show their vigor for Neymar?!"). Considering that Brazil was playing at home and its background on sports as a context for the tweets, we can infer that most of the users were supporting Brazil. Thus, when the score stood at 1-0 in Germany's favor, we can classify (1) as positive, since it might express a genuine belief in Brazil's victory. When the score stood at 7-1, at the end of the match, we can classify (2) as ironic, since a belief in Brazil's victory might be not genuine at all. One of the most frequent expressions in the *corpus* was (3), meaning that this Cup would be the best of all Cups. At the beginning of the match, we can classify (3) as positive, although at the end of the match, we can classify (3) as ironic. (4) and (5) express irony; while in (4) the sentiment is toward the political issues involving the Cup costs that resulted in various demonstrations across Brazil, in (5) the sentiment is toward Brazil squad's performance, since they had promised to play vigorously for Neymar, who was injured. Only when we put all these pieces of information together, within a context, we can classify the polarity of the sentences accurately.

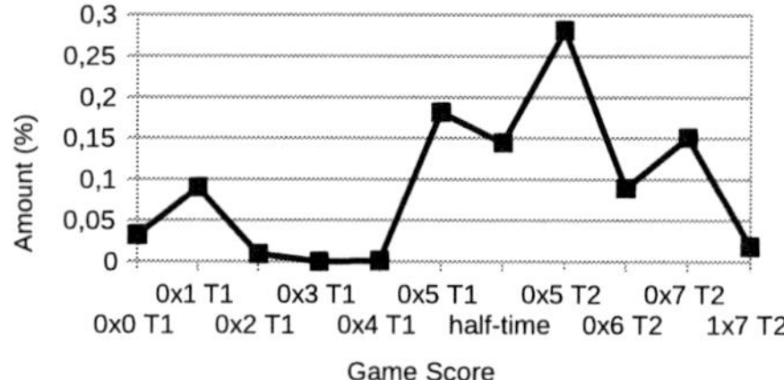

Figure 1. Ironic tweets throughout the match.

4. Related Work

In works involving studies on irony as a sentiment analysis task, authors usually give different definitions of irony, which makes the techniques highly dependent on context. Freitas *et al.* [de Freitas et al. 2014] understand irony more as a complex mechanism than merely as an unexpected property in an event. For them, sarcasm is a type of irony that combines with jocularity, hyperbole, rhetorical questions, and understatements. They also mention the importance of considering the speaker's expectations to understand better the implications of ironic utterances. Additionally, Freitas *et al.* establish thirteen patterns for irony identification in *corpora*. Although these patterns are not closely related to irony, they might help in detecting it. For example, when users express an ironic utterance, they frequently use laughter expressions (pattern 1), emoticons (pattern 2), and punctuation marks (pattern 12) to make it clear. Nevertheless, we do not recognize irony by this kind of hint, but by the context in which the utterance is expressed. Reys and Rosso [Reyes and Rosso 2011] perform automatic detection of irony applying techniques that use linguistic patterns to identify irony, such as n-grams and part-of-speech n-grams. These patterns try to symbolize low-level and high-level properties of irony. In the paper, the authors argue that irony is divided into two categories: verbal and situational. Verbal irony expresses the opposite meaning of what is stated in a sentence, while situational irony is a sentence that expresses a state of the world perceived as ironic. Their work focuses on verbal irony, and they consider a sentence as ironic if its meaning intentionally denies what is expressed. They state that irony is a challenge not only for automatic but also for manual detection.

5. Final Considerations

In our work, we explain the linguistic phenomenon of irony and its particularities within the context of 7x1-PT *corpus*. We also discuss the difficulties in irony detection due to its dependence on context, which has an essential role in conveying more complexity to the annotation especially when it comes to automatizing irony detection in short messages like tweets. In the analysis of the 7x1-PT *corpus*, we could verify such dependence as we compared similar tweets that, when posted in different moments of the match, expressed a different attitude toward the event. Additionally, we discussed how previous knowledge is essential to understand a context making it easier to identify irony. Without such pieces of information, it is impossible to recognize an ironic attitude based only on code. Regardless of Portuguese being one of the most spoken languages of the world, the number of Portuguese *corpora* that are available for linguistic studies is still low, particularly *corpora* that consider irony detection. The objective of our work is to provide a *corpus* with an annotation of irony that can be of help to other studies on this subject. As for future work, we intend to carry out an in-depth analysis of irony considering it as positive or negative.

6. Acknowledgments

Our thanks to Dell and PUCRS (EDITAL N. 01/2016 - Programa de Apoio à Atuação de Professores Horistas em Atividades de Pesquisa) for the financial support of this work.

References

Banks, A. (2015). Brasil digital future in focus 2015. `http://blog.aotopo.com.br/wp-content/uploads/2015/02/Futuro-Digital-do-Brasil-em-Foco-2015-ComScore.pdf`.

de Freitas, L. A., Vanin, A. A., Hogetop, D. N., Bochernitsan, M. N., and Vieira, R. (2014). Pathways for irony detection in tweets. In *Proceedings of the 29th Annual ACM Symposium on Applied Computing*, pages 628–633.

Kiritchenko, S., Zhu, X., and Mohammad, S. M. (2014). Sentiment analysis of short informal texts. *J. Artif. Int. Res.*, 50(1):723–762.

Liu, B. (2010). Sentiment analysis and subjectivity. *Handbook of Natural Language Processing*, 2nd ed.

Liu, B. (2012). *Sentiment analysis and opinion mining*, volume 5. Morgan & Claypool Publishers.

Moraes, S., Manssour, I., and Silveira, M. S. (2015). 7x1-pt: um corpus extraído do twitter para análise de sentimentos em língua portuguesa. In *X STIL, 4th BRACIS*, pages 21–25.

Reyes, A. and Rosso, P. (2011). Mining subjective knowledge from customer reviews: A specific case of irony detection. In *Proceedings of the 2nd Workshop on Computational Approaches to Subjectivity and Sentiment Analysis*, pages 118–124. ACL.

Wilson, D. (2013). Irony comprehension: A developmental perspective. *Journal of Pragmatics*, 59:40–56.

Wilson, D. and Sperber, D. (1992). On verbal irony. *Lingua 87*, pages 53–76.

Proceedings of Symposium in Information and Human Language Technology. Uberlândia, MG, Brazil, October 2–5, 2017. ©2017 Sociedade Brasileira de Computação.

Improving Opinion Summarization by Assessing Sentence Importance in On-line Reviews

Rafael T. Anchiêta, Rogério F. de Sousa, Raimundo S. Moura, Thiago A. S. Pardo

[1] Núcleo Interinstitucional de Linguística Computacional (NILC)
Instituto de Ciências Matemáticas e de Computação, Universidade de São Paulo
São Carlos/SP, Brasil

`rta@usp.br, rfigsousa@ifpi.edu.br, rsm@ufpi.edu.br, taspardo@icmc.usp.br`

Abstract. *This paper describes an approach for improving a state of the art opinion summarization method, incorporating the assessment of sentence importance in on-line reviews. We compare the enriched method to its original version and show that we significantly outperform it, producing more informative summaries.*

1. Introduction

According to [Conrad et al. 2009], opinion summarization is the task of automatically generating summaries for a set of opinions about a specific target. Such task is useful for several purposes. Imagine, for instance, a user that needs to decide which smartphone to buy. Summaries of hundreds of opinions about the several aspects of each device would be very helpful in this decision.

Extractive summarization methods are currently the most adopted ones. They create summaries by selecting and juxtaposing representative sentences from the source documents/opinions, using features as sentence position, word frequency, opinion size, and so on. These approaches usually produce reasonable summaries, but the results are still far from ideal (which would be summaries that humans produce). In this context, there is room for improvement.

In this paper, we enrich a state of the art extractive opinion summarization method, incorporating knowledge about the importance of the sentences in the on-line source opinions (in reviews) in order to better select the content to compose the summary. The summarization method is the one proposed by [Condori and Pardo 2017], which has already outperformed other well-known aspect-based methods in the area. The sentence importance assessment is carried out by the TOP(X) method [de Sousa et al. 2015]. We evaluate the enriched summarization method on part of a corpus related to electronic products, and measure summary informativeness using the traditional ROUGE measure [Lin 2004]. Our results show that our enriched summarization method significantly outperforms the original method.

The remaining of this paper is organized as follows. Section 2 briefly introduces some related work and the original summarization method of [Condori and Pardo 2017]. In Section 3, we introduce the TOP(X) method, which was used to enrich the summarization method. In Section 4, we present the corpus used in our evaluation. Section 5 reports the achieved results. Finally, some conclusions are presented in Section 6.

2. Related work on opinion summarization

Although the area of opinion summarization is relatively new, there are already many methods for performing the task. We briefly introduce here the most relevant related work.

[Beineke et al. 2003] was the first to tackle opinion summarization. The authors proposed an extractive method for selecting a single sentence that reflects the full opinion of its author. In order to select the most representative sentence, the authors used machine learning algorithms, using word frequency and sentence position as features.

[Hu and Liu 2004] proposed a summarization architecture organized in three steps: (i) identification of the evaluated aspects in the reviews, (ii) classification of each aspect as being positively or negatively evaluated in the review, and (iii) generation of the summary. The system receives the name of the product of interest as input and the web pages with opinions, producing an structured summary, which is a summary that shows relevant positive and negative sentences (indicating the total amount of sentences) for each relevant aspect of the product.

[Condori and Pardo 2017] developed and compared extractive and abstractive methods for opinion summarization. The extractive method, named Opizer-E, extracts a few sentences on the main aspects of the entity under evaluation. For this, the authors group similar sentences and rank them. They used the position of the sentence in the review and the proximity of the aspects to their qualifiers to rank the sentences. The proposed abstractive method uses templates to generate summaries, reusing text passages from the opinions. The authors used the OpiSums-PT corpus (in Brazilian Portuguese) to evaluate their methods, outperforming some previous approaches to the task.

3. The TOP(X) method

In order to improve sentence selection to compose opinion summaries, we used the TOP(X) method [de Sousa et al. 2015]. The TOP(X) method estimates the degree of importance of sentences in on-line reviews using a fuzzy inference system that has three input variables: author reputation, number of tuples *<aspect, qualifiers>*, and percentage of correctly spelled words. Based on these, sentence importance is given in a range of 0 to 10.

According to [Jindal and Liu 2008, Xu 2013], author reputation is relevant to estimate validity and importance of reviews. The hypothesis is that people who regularly write messages have a better reputation than occasional authors. Thus, the method counts the number of reviews for each author in the corpus to find his/her reputation.

In reviews, it is usual to find the cited aspects near to their respective qualifications, for example, in *"the screen is very good"*, where the aspect is "screen" and the qualification is "very good". In this context, the method extracts the tuple *<screen, very good>* by identifying the subject and the predicate in the sentence.

Some authors indicate that misspelled words become a problem when reviews are analyzed in sentiment analysis tasks [Tumitan and Becker 2013, Paltoglou and Giachanou 2014]. Thus, the more correct a review is, the more relevant it should be. To calculate the percentage of correct words, the method consults

Wiktionary[1] for the Portuguese language.

Having the above values, the TOP(X) method associates to each input variable three possible linguistic values: low, medium and high. For output value, four linguistic values were used: excellent, good, sufficient, and insufficient. These values were set in a discourse universe $U[0, 10]$. In order to map these input values to output values, a fuzzy rule base composed of a set of production fuzzy rules was used. The typical structure of a fuzzy rule is: **IF**$(x = a)$**AND**$(y = b)$**AND**$(z = c)$, **THEN**$(k = d)$, where x, y and z are the input variables and k is the output variable. Then, for instance, for the input values *low*, *low* and *low*, the output k would be *insufficient*.

The TOP(X) method was evaluated on a sentiment classification task. Using the method in order to select the best sentences in a corpus, the authors improved a lexicon-based classification in approximately 10% and 20% of f-measure to positive and negative sentiments, respectively.

4. The corpus

The OpiSums-PT corpus [Lopez et al. 2015] contains groups of reviews and their manually produced summaries for two domains: books and electronic products. The first domain is composed by reviews from the ReLi corpus [Freitas et al. 2013], consisting in a collection of opinions about 13 famous books. The second domain is composed by reviews of 4 electronic products collected from Buscapé[2] website. The sentences in the corpus were also manually annotated with their polarity and aspects.

In this paper, we use 4 groups of reviews of the electronic product domain. Each group, with 10 reviews, contains 5 extractive and 5 abstractive manually produced summaries. Each summary is composed by 100 words, approximately. We use only 4 groups because they were the only ones with the necessary information to TOP(X) method to work.

5. Experiments and results

We used the TOP(X) method to estimate the importance of the sentences of the OpiSums-PT corpus, i.e., for each sentence in the corpus the method assigns an importance value in a range of 0 to 10. Then, inside the summarization method of [Condori and Pardo 2017], such values are used to select which sentences to include for each aspect in the summary.

We generated summaries for the electronic products domain in four groups, regarding the products Galaxy SIII, Iphone 5, Samsung Smart TV, and LG Smart TV. Figure 1 shows an example of an automatically generated summary. It is possible to see two aspects (the entity itself - which is generally referred as an aspect in the area - and "price"), with positive and negative sentences for each one (accompanied by the total number of existent sentences for each case).

In order to evaluate the generated summaries, we used the traditional ROUGE measure [Lin 2004]. ROUGE automatically compares the n-grams in an automatic summary to the ones in one or more human summaries (the reference summaries), producing precision, recall, and f-measure results. It is considered an summary informativeness

---

[1]`http://pt.wiktionary.org`
[2]`http://www.buscape.com.br/`

measure and, as its authors have shown, it is as good as humans in ranking summaries. ROUGE measure is widely used in the evaluation of automatic summaries because it is reliable and quickly and easily applicable. In our evaluation, we used only the extractive reference summaries in the corpus (since our method produces extractive summaries).

Figure 1. An example of an automatically generated opinion summary

Aspect: LG Smart TV
Positive sentences: 18
– What I liked: Image quality; 3D, Dual Player, Support for various video formats; Point-type remote control; Voice recognition; WiDI; Design.
Negative sentences: 13
– The quality drops a lot when the Dual Player function is used, however you can get fun.
Aspect: Price
Positive sentences: 1
– Excellent price and quality.
Negative sentences: 4
– Normal for its expensive price.

We compared our enriched method with the original one of [Condori and Pardo 2017] - the Opizer-E method, that is the state of the art in opinion summarization for the Portuguese language.

In Table 1, we show the achieved average results. We show results for comparisons of 1-grams (referenced by ROUGE-1), 2-grams (ROUGE-2) and the longest n-grams (ROUGE-L).

Table 1. Results of ROUGE measure

Methods	ROUGE-1			ROUGE-2			ROUGE-L		
	P	R	F	P	R	F	P	R	F
Opizer-E	0.395	0.415	0.403	0.187	0.199	0.192	0.367	0.386	0.376
Our method	**0.536**	**0.483**	**0.508**	**0.342**	**0.305**	**0.322**	**0.506**	**0.456**	**0.479**

One may see that our approach outperforms the Opizer-E method in electronic products domain for all ROUGE values. This shows that the TOP(X) method helped in the selection of more representative sentences, improving the informativeness of the summaries, which are now closer to the summaries generated by humans.

6. Conclusions and future work

In this paper, we have shown that incorporating sentence importance assessment in a state of the art opinion summarization method may improve its results, producing more informative summaries. Nonetheless, it is important to notice that our test corpus was very small. Future work includes testing the enriched method on bigger corpora and also for different domains (books, for instance). Future work also includes exploring more semantically-driven approaches to opinion summarization, for producing both extractive and abstractive summaries.

Acknowledgements

The authors are grateful to FAPESP and IFPI for supporting this work.

References

Beineke, P., Hastie, T., Manning, C., and Vaithyanathan, S. (2003). An exploration of sentiment summarization. In *AAAI Spring Symposium on Exploring Attitude and Affect in Text: Theories and Applications*, pages 12–15.

Condori, R. E. L. and Pardo, T. A. S. (2017). Opinion summarization methods: Comparing and extending extractive and abstractive approaches. *Expert Systems with Applications*, 78:124 – 134.

Conrad, J. G., Leidner, J. L., Schilder, F., and Kondadadi, R. (2009). Query-based opinion summarization for legal blog entries. In *Proceedings of the 12th International Conference on Artificial Intelligence and Law*, pages 167–176.

de Sousa, R. F., Rabêlo, R. A., and Moura, R. S. (2015). A fuzzy system-based approach to estimate the importance of online customer reviews. In *IEEE International Conference on Fuzzy Systems*, pages 1–8.

Freitas, C., Motta, E., Milidiú, R., and Cesar, J. (2013). Sparkle vampire lol! annotating opinions in a book review corpus. In *11th Corpus Linguistics Conference*, pages 128–146.

Hu, M. and Liu, B. (2004). Mining and summarizing customer reviews. In *Proceedings of the 10th International Conference on Knowledge Discovery and Data Mining*, pages 168–177.

Jindal, N. and Liu, B. (2008). Opinion spam and analysis. In *Proceedings of the International Conference on Web Search and Data Mining*, pages 219–230.

Lin, C.-Y. (2004). Rouge: A package for automatic evaluation of summaries. In *Proceedings of the ACL workshop on Text Summarization Branches Out*, pages 74–81.

Lopez, R., Pardo, T., Avanço, L., Balage Filho, P. P., Bokan, A., Cardoso, P., Dias, M., Nóbrega, F., Cabezudo, M., Souza, J., Zacarias, A., Seno, E., and Di Felippo, A. (2015). A qualitative analysis of a corpus of opinion summaries based on aspects. In *Proceedings of the 9th Linguistic Annotation Workshop*, pages 62–71.

Paltoglou, G. and Giachanou, A. (2014). Opinion retrieval: Searching for opinions in social media. In Paltoglou, G., Loizides, F., and Hansen, P., editors, *Professional Search in the Modern World: COST Action IC1002 on Multilingual and Multifaceted Interactive Information Access*, pages 193–214.

Tumitan, D. and Becker, K. (2013). Tracking sentiment evolution on user-generated content: A case study on the brazilian political scene. In *Brazilian Symposium on Databases*, pages 1–6.

Xu, C. (2013). Detecting collusive spammers in online review communities. In *Proceedings of the 6th workshop on Ph. D. students in information and knowledge management*, pages 33–40.

Wheel of Life, an initial investigation:
Topic-Related Polarity Visualization in Personal Stories

Henrique D. P. Santos, Greice P. D. Molin, Jackson Pinheiro, Renata Vieira

[1]Faculdade de Informatica
Pontificia Universidade Catolica do Rio Grande do Sul
90619-900 – Porto Alegre – RS – Brazil

{henrique.santos.003, greice.molin, jackson.pinheiro}@acad.pucrs.br

Abstract. *User-generated content is a rich source of information regarding human behavior in Internet social media. Sentiment analysis is a powerful tool to understand human psychological meanings in text. Visualizing these sentiments and knowledge about users is crucial to figure out the trends in data and to then use this information to make decisions. This work presents an initial investigation about a visualization chart considering topic-related polarities in personal stories by Brazilian bloggers. Visualizing these sentiments allows specialists to rapidly understand user-affected areas of life.*

1. Introduction

Since the Internet first appeared two decades ago, it has changed the way we interact and manage information. It is now possible to gather user-generated information from multiple sources and process this rich amount of data. One way to read this data is visualizing information aggregated in charts and interaction systems that summarize and organize them. [Ward et al. 2010] shows how important it is to choose the right visualization technique, so that users can easily understand the information data through 2D charts, maps or 3D systems.

Sentiment analysis is an increasingly important topic in Information Retrieval and Web data analysis. Visualizing this kind of information is also a trend, where identifying user opinions, sentiments and polarities about a topic is already possible through many algorithms and techniques. Now, the further step is to define how to properly show this information to specialists and decision makers.

In this initial work, we show a well-known figure, the Wheel of Life, applied to topic-related polarity in personal stories from Brazilian bloggers. In Section 2 we present some visualization techniques for sentiment data, while in Section 3 we explain the corpus used in our experiments. The origins of wheel visualization and our proposal are discussed in Section 4. Finally, we present our conclusions and further work in Section 5.

2. Related work

The interest in the area of visualizing sentiments in text has been growing lately. SocialHelix [Cao et al. 2015] and Twitter Collaborative Visualization [Brooks et al. 2014] have presented a similar approach, showing sentiment in a line chart, where each line represents the tweets' polarity and the variation of the sentiment about a topic over time in a Twitter dataset. The SocialHelix system deals with differences of opinion in social networks. Therefore, it is a complex subject, since it involves people, communities, and events. The system works with data mining techniques for data analysis and knowledge discovery about differing feelings that change over time. In addition, there is the Emotion-Watch system, [Kempter et al. 2014] which deals with the granularity of feelings, since there is a concern over knowing about an event beyond the polarized feelings, considering the system deals with 20 categories of feelings and one in which no feelings exist. Both systems use Plutchik's wheel of emotions as a basis.

Another work approach was PEARL [Zhao et al. 2014], which uses a timeline chart together with a dense line for each sentiment (joy, anger, disgust, fear, anticipation, sadness, trust, surprise) to summarize and reveal emotional patterns over time. They use this visualization in relation to user feeds in Twitter and Facebook datasets.

On the other hand, researchers present Twitter sentiment analysis in a circle format. Senticompass [Wang et al. 2015] built a sentiment compass that shows the Valence/Arousal model in a circle and a radial timeline in time intervals separated by inner circles. Sentibank [Borth et al. 2013] uses Plutchik's wheel of emotions to segment all sentiment types in a Twitter corpus; users are able to change to a tree map view of the same sentiments.

Although the above works have proposed rich visualization tools, they fail to associate sentiments to topics of users' life. VIBES [Wensel and Sood 2008] tries to achieve this with visualizations about personal stories in LiveJournal blog platforms. They gather a timeline with users' posts and show the emotion graph in lines, the polarity related to the emotional topic in gauge charts, and finally an emotion cloud with polarity topics.

In this article, we show a different approach, using a well-known way to relate topics in people's lives and the polarity concerned with each one: the wheel of life.

3. Corpus of personal stories

In a previous work [dos Santos et al. 2017], we built a corpus with posts from the Blogspot platform [1] written in Portuguese by Brazilian bloggers. The corpus contained 1,346,858 posts, 37,746 of which feature evidence of personal stories: subjectivity text with self references. We used [Moraes et al. 2016]'s approach to select subjectivity and [Benites et al. 2016]'s findings to filter self references. Finally, we selected 1,000 random posts to do a hand-annotation task in the Crowdflower platform [2].

The annotation process has an agreement percentage for each annotated text, so we only used the posts with higher agreement to train a machine learning model using the multinominal naive bayes algorithm. In our experiments, TF-IDF was the best index to find personal story texts, with 78% accuracy. Running this personal story model against the 37,746 posts, we found another 30,542 texts with high chances of having personal story content. The raw and annotated dataset can be retrieved in the author's Github page [3].

---

[1]http://www.blogspot.com
[2]http://www.crowdflower.com
[3]https://github.com/heukirne/brazilian-blog-dataset

4. Wheel of Life: overview

In this section we discuss the origins of the wheel of life and its application using a psycholinguist dictionary on the annotated corpus.

4.1. The origins of the wheel of life

The idea of using a wheel to represent areas of life comes from Bhavacakra, the central theory of Buddhism, the Wheel (*cakra*) of Life (*bhava*). Bhavacakra originally has three levels, and each level has three subdivisions: the first consists of the three basic unhealthy mental factors; the second represents the six worlds; and the third features the twelve *Nidānas*, which mean causes or motivations, the outbound sections in the wheel [Du Pre 1993].

Nowadays, a common exercise used in a personal coaching context is the Wheel of Life. It consists of filling the wheel areas based on life satisfaction first; then, the subject chooses some areas of low activation to improve, with objectives, goals and deadlines [Yamashita and Kato 2012].

4.2. Wheel of life as a visualization tool

The first step is to extract topics from the text and use them in a visualization tool. This requires text processing and sentiment analysis. For this work we use LIWC, a psycholinguistic dictionary that classifies English words according to 64 categories [Pennebaker et al. 2007]. The 2007 version of the LIWC public dictionary was also translated into Portuguese and used in a sentiment analysis experiment [Balage Filho et al. 2013]. Using the Portuguese version, we match LIWC categories to the most common areas of life used in the coaching wheel. Only the bottom hierarchy of LIWC categories were selected, the ones with no subcategories.

For this experiment, we split each text in sentences and match their topic and sentiment. For instance, if a sentence has more than one topic, each topic is associated with the polarity emotions expressed in the text. This naive approach was used to build the vector for each topic section in the wheel.

In Figure 1 we show main components of the Wheel of Life: (a) each circle section was described by a LIWC psychological category, called topic; (c) the color of each topic has its saturation variance; (b) besides the circle border, some topic percentages have a radial guide; (e) the medium color saturation refers to the references related to the positive topics in the sentence; (f) the dark color saturation refers to the references related to the negative topics; and (d) when a topic only has negative references to a topic, we keep a shell layer with medium saturation.

The wheel chart is still in development. It will have additional features. For example, each area could be clickable, showing how many sentences have the specific polarity in the topic, and the clicked area could display users' sample sentences of the topic-related polarity.

The processed corpus with the LIWC categories is available at the author's github page [4]. The chart draft using D3 library and the demo can also be reached in this github page.

---

[4]https://heukirne.github.io/wheel-of-life/

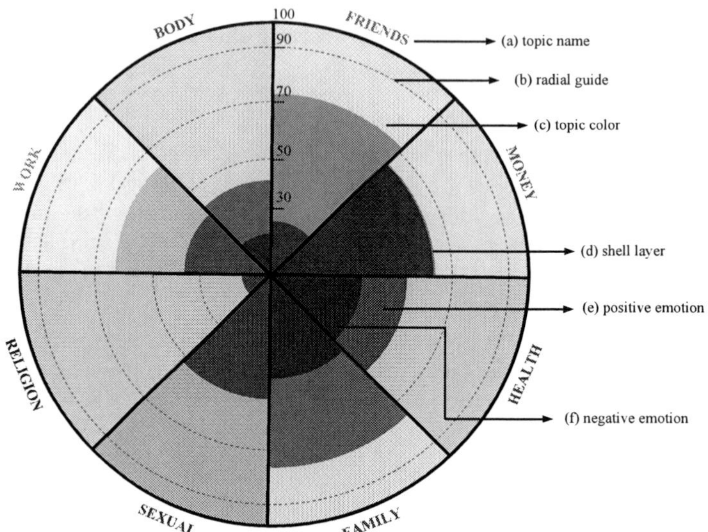

Figure 1. Wheel of Life: LIWC psyhological categories related to its emotion valency in a radial bar chart

5. Conclusion and further work

By pre-processing the data, sorting it, grouping it through their techniques, data mining visualization tools enrich users' experiences when they are dealing with huge amounts of data. This early work shows an interesting way to access topic-related polarity in posts with personal stories. The Wheel of Life allows users to easily understand the author's valence in particular areas of their life. In order for lay users to be able to view and easily interpret their emotions during certain events, we find it interesting to use the EmotionWatch and SocialHelix tools to confront results, since the idea is to use the same dataset. With this, we can improve the initial work with the wheel of life. This interaction would be independent of specialized users, because it would be easier to understand the results. We will probably be able to develop an interactive tool that will contain the strengths of both models of visualization studied, resulting in a new, improved way of visualizing and understanding feelings.

References

Balage Filho, P. P., Pardo, T. A., and Aluisio, S. M. (2013). An evaluation of the brazilian portuguese liwc dictionary for sentiment analysis. In *Proceedings of the 9th Brazilian Symposium in Information and Human Language Technology (STIL)*, pages 215–219.

Benites, D., Gauer, G., and Gomes, W. B. (2016). Personal journal blogs as manifest internal conversation toward self-innovation: A semiotic phenomenological analysis. *Estudos de Psicologia (Campinas)*, 33(3):431–442.

Borth, D., Chen, T., Ji, R., and Chang, S.-F. (2013). Sentibank: large-scale ontology and classifiers for detecting sentiment and emotions in visual content. In *Proceedings of the 21st ACM international conference on Multimedia*, pages 459–460. ACM.

Brooks, M., Robinson, J. J., Torkildson, M. K., Aragon, C. R., et al. (2014). Collaborative visual analysis of sentiment in twitter events. In *International Conference on Cooperative Design, Visualization and Engineering*, pages 1–8. Springer.

Cao, N., Lu, L., Lin, Y.-R., Wang, F., and Wen, Z. (2015). Socialhelix: visual analysis of sentiment divergence in social media. *Journal of Visualization*, 18(2):221–235.

dos Santos, H. D. P., Woloszyn, V., and Vieira, R. (2017). Portuguese personal story analysis and detection in blogs. In *Web Intelligence (WI), 2017 IEEE/WIC/ACM International Conference on*, Leipzig, Germany.

Du Pre, G. (1993). *SCIENCE AND THE WHEEL OF LIFE*. Motilal Banarsidass Publishe.

Kempter, R., Sintsova, V., Musat, C. C., and Pu, P. (2014). Emotionwatch: Visualizing fine-grained emotions in event-related tweets. In *ICWSM*.

Moraes, S. M., Santos, A. L., Redecker, M., Machado, R. M., and Meneguzzi, F. R. (2016). Comparing approaches to subjectivity classification: A study on portuguese tweets. In *International Conference on Computational Processing of the Portuguese Language*, pages 86–94. Springer.

Pennebaker, J. W., Booth, R. J., and Francis, M. E. (2007). Linguistic inquiry and word count: Liwc [computer software]. *Austin, TX: liwc. net.*

Wang, F. Y., Sallaberry, A., Klein, K., Takatsuka, M., and Roche, M. (2015). Senticompass: Interactive visualization for exploring and comparing the sentiments of time-varying twitter data. In *Visualization Symposium (PacificVis), 2015 IEEE Pacific*, pages 129–133. IEEE.

Ward, M. O., Grinstein, G., and Keim, D. (2010). *Interactive data visualization: foundations, techniques, and applications*. CRC Press.

Wensel, A. M. and Sood, S. O. (2008). Vibes: Visualizing changing emotional states in personal stories. In *Proceedings of the 2Nd ACM International Workshop on Story Representation, Mechanism and Context*, SRMC '08, pages 49–56, New York, NY, USA. ACM.

Yamashita, H. and Kato, S. (2012). The wheel of language learning: A tool to facilitate learner awareness, reflection and action. *Advising in language learning: Dialogue, tools and context*, pages 164–169.

Zhao, J., Gou, L., Wang, F., and Zhou, M. (2014). Pearl: An interactive visual analytic tool for understanding personal emotion style derived from social media. In *Visual Analytics Science and Technology (VAST), 2014 IEEE Conference on*, pages 203–212. IEEE.

Chapter 2

Full Papers

Investigating Opinion Mining through Language Varieties: a Case Study of Brazilian and European Portuguese *tweets*

Douglas Vitório[1], Ellen Souza[1,2], Ingryd Teles[1,3], Adriano L. I. Oliveira[2]

[1]MiningBR Research Group, Federal Rural University of Pernambuco (UFRPE)
Serra Talhada – PE – Brazil

[2]Center of Informatics, Federal University of Pernambuco, (CIn-UFPE)
Recife – PE – Brazil

[3]University of Pernambuco (UPE)
Recife – PE – Brazil

`douglas.alisson@ufrpe.br, ellen.ramos@ufrpe.br, ivstp@ecomp.poli.br,`

`alio@cin.ufpe.br`

Abstract. *Portuguese is a pluricentric language comprising variants that differ from each other in different linguistic levels. It is generally agreed that applying text mining resources developed for one specific variant may produce a different result in another variant, but very little research has been done to measure this difference. This study presents an analysis of opinion mining application when dealing with the two main Portuguese language variants: Brazilian and European. According to the experiments, it was observed that the differences between the Portuguese variants reflect on the application results. The use of a variant for training and another for testing brings a substantial performance drop, but the separation of the variants may not be recommended.*

1. Introduction

The recent and exponential growth of social media and user-generated content (UGC) on the Internet provides a huge quantity of information that allows discovering the experiences, opinions, and feelings of users or customers. The volume of this kind of data has grown from terabytes to petabytes [Marine-Roig and Clavé 2015].

Understanding what people are thinking or their opinions is fundamental for decision making, mainly in the context where people express their comments voluntarily [Firmino Alves et al. 2014]. However, it is impossible for humans to fully understand UGC in a reasonable amount of time, which is why there has been a growing interest in the scientific community to create systems capable of extracting information from it [Balazs and Velásquez 2016].

According to [Liu and Zhang 2012], opinion mining (OM), also known in the literature as sentiment analysis, is the field of study that analyzes people's sentiments, opinions, evaluations, attitudes, and emotions about entities, such as products, services, organizations, individuals, issues, events, topics, and their attributes, expressed in textual input. This is accomplished through the opinion classification of a document, sentence or feature into categories, e.g. 'positive', 'negative', and 'neutral'. This kind of classification is referred to in the literature as sentiment polarity or polarity classification.

Portuguese is one of the most spoken languages in the world, with almost 270 million speakers in ten countries[1], and it is also the fifth most used language on Twitter [Statista 2013]. Portuguese is a pluricentric language that presents variants, also known in the literature as varieties, that differ subtly from each other in different linguistic levels, such as lexical, syntactic, and orthographic [Castro et al. 2016]. These variants, especially the Brazilian and European ones, have specific Natural Language Processing (NLP) resources and tools for many tasks and it is generally agreed that applying text mining resources developed for one specific variant may produce a different result in another variant, but very little research has been done to measured this difference [Fonseca and Aluísio 2016].

There are several OM applications using Twitter data and many others that deal with multilingual scenarios, using *tweets* or not [Ravi and Ravi 2015, Balahur and Perea-Ortega 2015]. Also, there are a great amount of language identification studies [Castro et al. 2017] that focus on language varieties, including the Portuguese ones. However, although we have performed an extensive search, no studies analyzing language varieties and its differences when applied to opinion mining were found.

In this sense, this study presents an analysis of OM when dealing with the two main Portuguese language variants: Brazilian and European. The objective is to investigate whether the language variant influences the application performance. Therefore, two annotated corpora for OM are provided: one containing *tweets* written in Brazilian Portuguese and another containing *tweets* written in European Portuguese. The research was done by crossing the language variants during the classifiers' training and testing steps resulting in nine different configurations. Furthermore, three supervised machine learning classifiers were evaluated together with a smoothed pre-processing technique.

The rest of this paper is structured as follows: Section 2 discusses the related work. Section 3 describes the method used and Section 4 presents the experimental setup. In Section 5, the findings are reported and discussed. Finally, Section 6 draws the conclusions.

2. Related Work

Two studies [Fonseca and Aluísio 2016, Garcia et al. 2014] focused on Part-of-Speech (PoS) tagging applications through the two main Portuguese language varieties: Brazilian and European. In [Fonseca and Aluísio 2016], the authors used corpora containing news from Brazil and Portugal to evaluate a PoS tagger in cross-variant settings. They used word embeddings, learned from texts in either variant, resulting in twenty configurations, which differ in three variables: the variant used for training, the variant used for testing, and the origin of the embedding model. The best result (accuracy of 96.85%) was achieved using the Brazilian variant for training and testing with embedding models from both variants.

[Garcia et al. 2014] evaluated a PoS tagger trained with several combinations of Brazilian and European corpora and tested in the two main Portuguese variants, besides the African variant (from Angola and Mozambique), with samples before and after the

---

[1]Brazil (202,656,788), Mozambique (24,692,144), Angola (24,300,000), Portugal (10,813,834), Guinea-Bissau (1,693,398), East Timor (1,201,542), Equatorial Guinea (722,254), Macau (587,914), Cabo Verde (538,535) and São Tomé e Princípe (190,428).

Portuguese Language Orthographic Agreement of 1990, which unified the spelling system from the Portuguese-language countries. They built the train models combining one variant or both with dictionaries, where the best model (EPtag) used the European variant and achieved a micro-average accuracy of 96.85%. The best result was also achieved by EPtag: when tested in the Angola dataset, it reached an accuracy of 98.18%.

A study of OM, considering Arabic Language colloquial varieties [Al-Obaidi and Samawi 2016], performed sentiment analysis evaluating three classifiers using as corpus containing online reviews from five different Arabian cities, where each one has a different dialect. The best result (F-measure of 86.75%) was achieved using a Maximum Entropy classifier with N-gram models. However, although they have considered that five different Arabic dialects were present in the dataset, the impact of their differences in OM was not measured, since they did not perform experiments with those dialects separately.

3. Method

Figure 1 presents the method adopted in this study. It has four steps which are explained in the following subsections.

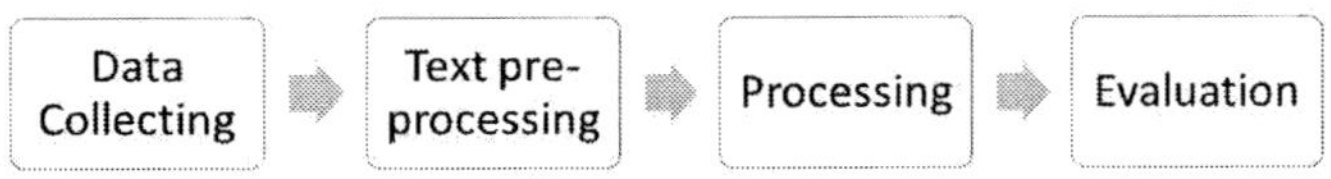

Figure 1. Proposed method.

3.1. Data collecting

The creation of corpora was performed in three steps which are detailed bellow. Both corpora are publicly available[2].

3.1.1. *Tweets* extraction

We collected 5,424 *tweets* published by 2,691 different users on May 13, 2016, from which 2,544 were written in Brazil and the 2,880 others were written in Portugal. The extraction was performed using *Tweepy*, a Python library for accessing the Twitter API. This API searches samples of the data published in the past 7 days [Twitter 2017].

For the *tweets* collection, we did not look specifically for *hashtags*, *users*, or keywords. Instead, we selected *tweets*, ignoring the *retweets*, i.e., *tweets* that were posted by a user and reposted by other users, published in Brazil and in Portugal using the geography search from the Twitter API, which filters *tweets* by country. Therefore, there were two extraction streams: one for Brazil and another for Portugal. To build the corpora, we also considered that *tweets* published in Brazil were written in Brazilian Portuguese, as well as *tweets* published in Portugal were written in European Portuguese. In the subsection 3.1.2 we discuss the treatment used in cases of *tweets* written in a language other

---

[2]http://miningbrgroup.com.br/index.php/resources/

than Portuguese. In addition, as we did not look for specific domains, such as Political or
Business, the collected *tweets* included different subjects, which may have influenced the
classifiers' accuracies [Pang and Lee 2008].

3.1.2. Tweets filtering

After the extraction, *tweets* containing solely *hashtags*, URLs, and/or *emoji*, i.e., *tweets*
that do not have words in their messages, were manually excluded. Moreover, even col-
lecting only *tweets* published in Brazil and in Portugal, we found several ones written in
a language other than Portuguese, such as English, Spanish, Italian, and French. Those
tweets were also excluded. This filtering process excluded 1,344 *tweets*, resulting in a
total of 4,000 *tweets*: 2,000 for each Portuguese variant.

3.1.3. Manual Annotation

We manually annotated all the remaining *tweets* as:

- Positive: *tweets* containing positive sentiments or opinions.
- Negative: *tweets* containing negative sentiments or opinions.
- Mixed: *tweets* presenting both positive and negative opinions.
- Neutral: *tweets* which do not present sentiments or opinions, i.e. objective text.

Five researchers participated in the process. The first annotator classified all the
4,000 *tweets*; after it, the four remaining annotators were divided into two pairs, where
the members of each pair classified sets of 2,000 *tweets*. So, each *tweet* was classified by
three different annotators.

The final polarity of each *tweet* was defined as the polarity assigned to it by the
majority of the three annotators. In the cases where the three annotators disagreed, i.e.,
each one classified the *tweet* as a different polarity, the first annotator decided the *tweet*
polarity.

We computed the Fleiss' Kappa coefficient [Fleiss 1971] in order to dis-
cover the agreement between the three annotators. A total of 52.34% was
achieved for the Brazilian corpus and 54.25% for the European corpus. But it
is worth mentioning that, although the use of more than two annotators is advis-
able [Artstein and Poesio 2005], the inter-annotator agreement drops as the number of
annotators increases [Das and Bandyopadhyay 2010].

Table 1 displays the distribution of *tweets* in each corpus according to their polarities, where these unbalanced datasets represent the *real feed* from Brazilian and Portuguese Twitter users.

Table 1. Quantity of *tweets* of each polarity in the corpora.

Corpus	#positive	#negative	#mixed	#neutral	#total
Brazil	390	509	61	1,040	2,000
Portugal	388	415	25	1,172	2,000

3.2. Text pre-processing

Textual information is often unstructured and without standardization rules. To prepare
the text information in a way that classifiers can understand and work with, we use some
pre-processing methods, such as: Tokenization, Filtering and Smoothing. The terms were
structured using a Vector Space Model (VSM).

For this work, we developed a Python application, which is publicly available[3],
using the Python NLTK library (Natural Language Toolkit) for the text pre-processing
step. This library was provides many features to text processing.

3.2.1. Tokenization

The first method used to treat a text is the Tokenization, which is the splitting of each
document into words named tokens [Weiss et al. 2004]. For this application, we used the
TweetTokenizer from the NLTK library, which performs the separation of specific pieces
of the *tweet*, such as *hashtags*, *users*, punctuation, emoticons, among others.

3.2.2. Filtering

Filtering is the process of removing some tokens of the feature vector that are considered
irrelevant for the application. In this step, we removed the following ones:

- all the *users*, i.e., tokens initiated by '@';
- all the *hashtags*, i.e., tokens initiated by '#';
- and all the URLs.

3.2.3. Smoothing

The Python NLTK library provides several smoothing techniques and, among them, there
is the Lidstone smoothing technique. This technique makes the terms frequency distribution more uniform, ignoring very low probabilities, such as zero, or very high ones. It is
not only a *leveling* method that usually prevents zero probability, but also tries to improve
the accuracy of the model [Chen and Goodman 1999]. Lidstone smoothing is parameter-
ized by a λ value, which varies between 0 and 1. In our application, we used $\lambda = 0.1$.
The studies of [Teles et al. 2016], [Castro et al. 2016], and [Castro et al. 2017] achieved
the best results using this smoothing technique, justifying our choice.

3.3. Processing

In the processing step, which is the effective realization of the polarity classification of
tweets, we used three machine learning algorithms: Multinomial Naïve Bayes (MNB), a
Suport Vector Machine (SVM) classifier called Linear SVC, and the Logistic Regression
(LR) algorithm. According to [Souza et al. 2016b] and [Souza et al. 2016a], Bayesian
and SVM classifiers are the most used processing techniques for OM and for text mining with user-generated content, respectively, in the Portuguese language. And Logistic
Regression also proved to be an efficient algorithm, as observed in [Teles et al. 2016].

---

[3]http://miningbrgroup.com.br/index.php/resources/

To implement these classifiers, we used the Scikit-learn library, which is an open source library of machine learning from Python programming language.

3.4. Evaluation

For the evaluation step of the configurations, a 10-fold cross-validation technique was adopted. This method divides the dataset into 10 similar parts of approximately equal size, which requires 10 rounds. In each round, nine blocks of the dataset are used for training the classifier and the remaining block is used for testing, at the end of each round, the accuracy (A) is measured. When all the rounds are completed, it is computed the average accuracy as the final result of the configuration. Due to the paper size, we only presented the results in terms of accuracy.

4. Experimental Setup

To run our experiments, first we normalized the annotated corpora by removing the 'mixed' class and 254 randomly selected *tweets* from the three remaining classes. The purpose of this normalization was to make the size of each class equal in both corpora and the removal of the 'mixed' class occurred due to the fact that there were only a few *tweets* annotated for this class, which could hinder the classification. Table 2 shows the final corpora.

Table 2. Corpora used in the experiments with three classes.

Corpus	#positive	#negative	#neutral	#total
Brazil	387	414	1,029	1,830
Portugal	387	414	1,029	1,830
Datasets built for the experiments				
BR	258	276	686	1,220
PT	258	276	686	1,220
MIX	258	276	686	1,220

To perform the experiments, we divided the two corpora into three datasets of 1,220 *tweets* each, which were built as follows:

- BR: 1,220 *tweets* randomly selected from the Brazil corpus, i.e., this dataset contained only *tweets* written in Brazilian Portuguese;
- PT: 1,220 *tweets* randomly selected from the Portugal corpus, i.e., this dataset contained only *tweets* written in European Portuguese;
- MIX: composed by the remaining 1,220 *tweets*: 610 from the Brazil corpus and 610 from the Portugal corpus, i.e., this dataset contained *tweets* from both variants.

Table 2 also shows the class distribution of *tweets* in the three datasets.

Based on these datasets, we obtained nine configurations divided into two categories: 'same-variant', where both training and testing were performed using the same dataset; and 'cross-variant', where the training was performed using a dataset from one variant and the testing was done using a dataset from the other. The nine configurations are explained in Table 3.

Table 3. Configurations built and executed in this study.

#	Configuration	Category	Variant for training	Variant for testing
1.	BR-BR	same-variant	Brazilian	Brazilian
2.	PT-BR	cross-variant	European	Brazilian
3.	MIX-BR	cross-variant	Both	Brazilian
4.	PT-PT	same-variant	European	European
5.	BR-PT	cross-variant	Brazilian	European
6.	MIX-PT	cross-variant	Both	European
7.	MIX-MIX	same-variant	Both	Both
8.	PT-MIX	cross-variant	European	Both
9.	BR-MIX	cross-variant	Brazilian	Both

5. Results and Discussion

Table 4 reports the accuracies reached by the classifiers (Multinomial Naïve Bayes
(MNB), Linear Regression (LR), and SVC Linear) for each configuration. The configuration MIX-MIX (#7) achieved the best results.

Table 4. Accuracies reached by each configuration with three classes.

#	Configuration	Training	Testing	MNB	LR	SVC
1.	BR-BR	Brazilian	Brazilian	61.72%	**64.02%**	**64.51%**
2.	PT-BR	European	Brazilian	59.92%	60.98%	58.93%
3.	MIX-BR	Both	Brazilian	**61.56%**	63.03%	62.46%
4.	PT-PT	European	European	63.20%	65.08%	**65.57%**
5.	BR-PT	Brazilian	European	60.66%	63.11%	62.62%
6.	MIX-PT	Both	European	**63.44%**	**66.15%**	64.92%
7.	MIX-MIX	Both	Both	**65.33%**	**67.46%**	**67.46%**
8.	PT-MIX	European	Both	63.52%	64.84%	67.38%
9.	BR-MIX	Brazilian	Both	62.30%	63.20%	61.89%

5.1. Discussion

According to the experiments, the European variant was "easier" to classify than the
Brazilian one. The three configurations that uses 'PT' as testing dataset (PT-PT, BR-PT,
and MIX-PT) presented better results than the correspondent 'BR' configurations (in order: BR-BR, PT-BR, and MIX-BR). The European dataset also proved to be better when
used to train the classifiers, as we could observe by analyzing the accuracies of the two
configurations that use only one variant for training and both variants for testing (PT-MIX
and BR-MIX). This may be justified by the fact of the Fleiss' Kappa coefficient is higher
to our European corpus.

We could also notice that differences between the Portuguese variants reflect on
the opinion mining results. This could be observed comparing the 'same-variant' configurations that use only one variant for training and testing (PT-PT and BR-BR) with their
respective 'cross-variant' configurations (BR-PT and PT-BR): the 'same-variant' ones always achieved better results, with improvements reaching 5%.

Thus, the language variant identification is important for OM since the use of a variant for training and another for testing brings a substantial performance drop. However, the separation of the variants from mixed corpora may not be recommended, as the best results of all configurations have been achieved using the 'MIX' dataset, i.e., both variants together, and this separation is often expensive.

Although [Fonseca and Aluísio 2016] and [Garcia et al. 2014] performed studies evaluating Part-of-Speech (PoS) tagging, which has several differences from opinion mining, and used corpora containing a type of text different from the type used in our study, we can superficially compare their results with our findings, since PoS-tagging is also a classification task. Just as in our study, the European variant showed better results in [Garcia et al. 2014], while, in [Fonseca and Aluísio 2016], the Brazilian variant was easier to classify. In [Castro et al. 2016], which analyzed language identification with the Portuguese variants using *tweets*, the European variant also performed better.

In [Fonseca and Aluísio 2016] and [Garcia et al. 2014], the European datasets contain sentences longer than the Brazilian ones, which did not happen in our corpora and nor in the dataset used by [Castro et al. 2016]. So, we can not accurately determine if one or another Portuguese variant is actually easier to classify. As we did not find other studies analyzing Portuguese language varieties, when applied to opinion mining, it was not possible to point out which variables may affect the OM results, such as: language variant, documents size, numbers of unique tokens, sentences length, text domain or others.

6. Conclusion

In this study, a single-label and document level sentiment analysis has been performed in order to investigate whether a language variant influences the opinion mining application performance. A corpus containing *tweets* from the two main Portuguese language variants, the Brazilian from Brazil and the European from Portugal, was built for the experiments.

The research was done by crossing the language variants during the classifiers' training and testing steps resulting in nine different configurations divided into two main categories: 'same-variant', where both training and testing were performed using the same dataset; and 'cross-variant', where the training was performed using a dataset from one variant and the testing was done using a dataset from another variant. Furthermore, three supervised machine learning classifiers were evaluated together with a *smoothed* pre-processing technique.

According to the experiments, the configuration MIX-MIX, which was trained and tested using a dataset containing both Portuguese variants, achieved the best results. Thus, it was observed that differences between the Portuguese variants reflect on the application results. The use of a variant for training and another for testing brings a substantial performance drop. However, the separation of the variants may not be recommended, as the best results were achieved using a mixed dataset containing opinions from both variants together.

As no studies analyzing Portuguese language varieties applied to opinion mining were found, further studies need to be made. The text domain, for example, is a variable which may affect the results, thus researches using another Portuguese dataset must be carried out as a way to investigate the impact of the variants in specific domains. In the same way, a dataset containing texts written in African Portuguese, i.e. the Portuguese variety spoken in African countries, such as Angola and Mozambique, should also be built and analyzed similarly as we did for the Brazilian and European Portuguese varieties.

Furthermore, the results achieved for the Portuguese language may not be the same for other languages, so it is necessary to perform investigations with datasets containing variants of different languages. And pre-processing techniques are also an important variable for the results. In this study, we only used language independent techniques and more research using pre-processing techniques specific for Portuguese should be analyzed. Experiments should also be performed for other languages variants.

References

Al-Obaidi, A. Y. and Samawi, V. W. (2016). Opinion mining: Analysis of comments written in arabic colloquial. In *Proceedings of the World Congress on Engineering and Computer Science*, volume 1.

Artstein, R. and Poesio, M. (2005). Bias decreases in proportion to the number of annotators. In *Proceedings of the 10th conference on Formal Grammar and the 9th Meeting on Mathematics of Language*, FG-MoL '05, pages 141–150. CSLI Publications.

Balahur, A. and Perea-Ortega, J. M. (2015). Sentiment analysis system adaptation for multilingual processing: The case of tweets. *Information Processing and Management*, 51(4):547 – 556.

Balazs, J. A. and Velásquez, J. D. (2016). Opinion Mining and Information Fusion: A survey. *Information Fusion*, 27:95–110.

Castro, D., Souza, E., and Oliveira, A. L. I. (2016). Discriminating between brazilian and european portuguese national varieties on twitter texts. *Proceedings of 5th Brazilian Conference on Intelligent Systems (BRACIS'2016)*, pages 265–270.

Castro, D. W., Souza, E., Vitório, D., Santos, D., and Oliveira, A. L. I. (2017). Smoothed n-gram based models for tweet language identification: A case study of the brazilian and european portuguese national varieties. *Applied Soft Computing*.

Chen, S. F. and Goodman, J. (1999). An empirical study of smoothing techniques for language modeling. *Comput. Speech Lang.*, 13(4):359–394.

Das, A. and Bandyopadhyay, S. (2010). Topic-based bengali opinion summarization. In *Proceedings of the 23rd International Conference on Computational Linguistics*, COLING '10, pages 232—240. ACM.

Firmino Alves, A. L., Baptista, C. d. S., Firmino, A. A., Oliveira, M. G. a. d., and Paiva, A. C. d. (2014). A comparison of svm versus naive-bayes techniques for sentiment analysis in tweets: A case study with the 2013 fifa confederations cup. In *Proceedings of the 20th Brazilian Symposium on Multimedia and the Web*, WebMedia '14, pages 123—130. ACM.

Fleiss, J. L. (1971). Measuring nominal scale agreement among many raters. *Psychological Bulletin*, 76(5):378—382.

Fonseca, E. R. and Aluísio, S. M. (2016). *Improving POS Tagging Across Portuguese Variants with Word Embeddings*, pages 227–232. Springer International Publishing, Cham.

Garcia, M., Gamallo, P., Gayo, I., and Cruz, M. A. P. (2014). Pos-tagging the web in portuguese. national varieties, text typologies and spelling systems. *Procesamiento del Lenguaje Natural*, 53(0):95–101.

Liu, B. and Zhang, L. (2012). *A Survey of Opinion Mining and Sentiment Analysis*, pages 415–463. Springer US, Boston, MA.

Marine-Roig, E. and Clavé, S. A. (2015). Tourism analytics with massive user-generated content: A case study of barcelona. *Journal of Destination Marketing and Management*, 4(3):162—172.

Pang, B. and Lee, L. (2008). Opinion mining and sentiment analysis. *Foundations and Trends in Information Retrieval*, 2(1-2):1–135.

Ravi, K. and Ravi, V. (2015). A survey on opinion mining and sentiment analysis: Tasks, approaches and applications. *Knowledge-Based Systems*, 89:14–46.

Souza, E., Castro, D., Vitório, D., Teles, I., Oliveira, A. L. I., and Gusmão, C. (2016a). *Characterizing User-Generated Text Content Mining: A Systematic Mapping Study of the Portuguese Language*, pages 1015–1024. Springer International Publishing, Cham.

Souza, E., Vitório, D., Castro, D., Oliveira, A. L. I., and Gusmão, C. (2016b). *Characterizing Opinion Mining: A Systematic Mapping Study of the Portuguese Language*, pages 122–127. Springer International Publishing, Cham.

Statista (2013). Most-used languages on twitter as of september 2013. https://www.statista.com/statistics/267129/most-used-languages-on-twitter/. February, 2017.

Teles, V., Santos, D., and Souza, E. (2016). Uma análise comparativa de técnicas supervisionadas para mineração de opinião de consumidores brasileiros no twitter. In *Proceedings of the XIII Encontro Nacional de Inteligência Artificial e Computacional (ENIAC 2016)*, pages 217–228. BDBComp.

Twitter (2017). The search api. https://dev.twitter.com/rest/public/search/. February, 2017.

Weiss, S., Indurkhya, N., Zhang, T., and Damerau, F. (2004). *Text Mining: Predictive Methods for Analyzing Unstructured Information*. SpringerVerlag.

A Rule-based Semantic Annotator:
Adding top-level ontology Tags

Guidson Coelho de Andrade[1], Alcione de Paiva Oliveira[1] and Alexandra Moreira[1]

[1]Departamento de Informática – Universidade Federal de Viçosa (UFV)
Campus Universitário – 36.570-900 – Viçosa – MG – Brazil

{guidson.c.andrade, alcione}@gmail.com, xandramoreira@yahoo.com.br

Abstract. *Understanding natural language texts is a simple task for human beings, but despite recent advances, it is still a challenge for computational devices. An important step in allowing machines to understand texts in natural language is to annotate lexemes with semantic information. Semantic information has several levels and aspects, but a type of semantic annotation that has the ability to help determine the context of the statement is the ontological information. However, annotating texts according to an ontology is still a task that requires time and effort from annotators trained for this purpose. The goal of the project is to assist in the semantic enrichment of texts, through a rule-based annotator. Given an entry in the format required by the annotator, the tool returns a document annotated according to the concepts proposed by the SUMO ontology. The project consists in elaborating a semantic annotator based on rules that is able to annotate a corpus using the selected top-level ontologies.*

1. Introduction

Assigning semantic information to lexemes is a task that has made significant progress recently, mainly due to the increase in computational power and to the availability of large linguistic *corpora* to train automatic learning tools. Nowadays, there are commercial devices such as smartphones or Amazon® Echo that are capable of answering questions made in natural language. In order for these devices to function properly, some semantic information must be attributed to the utterances, even if implicitly through statistical analysis. Another way to aid in the understanding of texts by computer devices is to explicitly add semantics to textual information by annotating lexemes with semantic information.

There are different annotation granularities that range from associating a label to a full text to associating a label with each phrase or even word [Leech 1997]. Semantic annotation is an annotation that attempts to unveil the meaning of the things being marked [Reeve and Han 2005]. Semantic annotation searches for text elements and classifies them according to their meaning in the fragment in which they are inserted [Mitkov 2005]. Semantics has several levels and aspects, but a type of semantic information that has the ability to help determine the context of a statement is the ontological information. The term ontology can be defined as a specification of a conceptualization [Gruber et al. 1993]. In other words, it is a description of concepts of existing entities in the world and relationships that exist between these entities [Uschold and Gruninger 1996]. Ontology studies the various entities that exist, a description of types and structures of things, their properties, events, relationships and processes throughout the real world [Guarino 1998]. The ontologies are used to classify the objects of some domain, according to some pre-established criteria [Maedche 2012]. The annotation based on ontologies, although not much explored, could provide, under a certain level of abstraction, contextual information to the annotated textual object [Handschuh and Staab 2003]. However, annotating texts according to an ontology is still a task that requires time and effort from annotators trained for this purpose, and it is still commonly elaborated through manual work [Pustejovsky and Stubbs 2012]. The exhaustive work caused by this task is responsible for the lack of ontology annotated corpora. A tool capable of semantically annotating texts based on ontology would be very useful and would help increase the availability of corpora annotated with this type of information.

The objective of the research presented in this article was to construct a semantic annotator based on rules capable of annotating the terms of a given corpus under the concepts of a top-level ontology. It uses the concepts of the chosen ontology level and classifies the terms of the corpus to annotate them according to the ontology. The tool developed is domain independent but has been implemented with focus on the English language.

This paper is organized as follows: the next section presents the work previously developed that are related to this research; Section 3 describes the materials and methods applied in the research; Section 4 presents the results obtained; and Section 5 presents the final remarks.

2. Related work

The semantic annotation field is quite active, but most of the work deals with annotation of semantic roles. Here we will discuss some recent work dealing with ontological annotation.

[Asooja et al. 2016] developed a system to automatically annotate texts of the regulatory sector for different industries using the semantic frames via FrameNet, which is, in a certain sense, a lexical ontology. The application of the FrameNet lexical base contributed to the increased performance of its results. The system also made use of POS annotation and n-grams. The difference in relation to our work is that we choose to use a formal ontology rather than a lexical ontology (the distinction is that lexical ontology has inspiration in what is enunciated rather than in what exists). Another distinct point of the work of Asooja et al. is that they used classification by means of statistical techniques while we used rules.

[Alec et al. 2016] proposed an ontology-driven approach for semantic annotation of documents from a corpus where each document describes an entity of a same domain. The focus of the work was more to annotate documents rather than the words of the documents. In addition, the researches used domain ontologies instead of a top-level ontology.

[Moreira et al. 2016] proposed a system that extracts the terms of a text and links them to an ontology (SUMO ontology in that case). The system could be used to annotate the text but was not used for this purpose. In addition, the system analyzes only terms that originate from noun phrases, which is a more limited scope than the current research.

[Pham et al. 2016] presented a domain-independent approach to automatic semantic labeling that uses machine learning techniques. Similarly to our proposal the domain-independent feature was the novelty of their approach. Unlike our approach which is a rule-based method, the authors used similarity metrics as features to compare against labeled domain data and learns a matching function to infer the correct semantic labels for data. They also focused on domain ontology rather than on top-level ontology.

3. Materials and Methods

The Suggested Upper Merged Ontology (SUMO) [Pease et al. 2002] was the top-level ontology chosen for this project. Its choice was based on being an ontology with a certain degree of maturity, with a broad scope and for being well formalized. SUMO was first released in December 2000 and defines a hierarchy of classes, rules, and relationships [Niles and Pease 2001]. It is intended to be an ontology that underpins a variety of computer information processing systems [Pease et al. 2002]. Although it is an ontology that addresses some domains, in our work we focus only on top-level concepts, because we believe that this first step is essential for a later annotation focused on a specific domain.

This work was developed using the concepts of the first three levels of SUMO ontology. The top level of the SUMO ontology contains 12 classes distributed in the three levels, as shown in Figure 1. The first level displays the root class named *Entity*. The *Physical* and *Abstract* classes compose the second level. And finally, on the third level of the ontology there are the classes, *Object*, *Process*, *Quantity*, *Attribute*, *Set Or Class*, *Relation*, *Proposition*, *Graph* and *Graph Element*. Each class has a formal definition, allowing to distinguish which entity can belong to the class. The semantic annotator was constructed by creating rules to assign the lexemes of a text to their respective ontological class in the SUMO ontology, some examples of rules are provided in Figure 2.

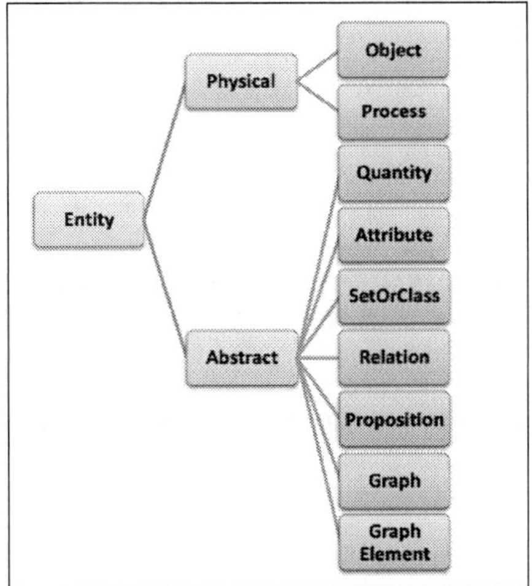

Figure 1. Top layers of the SUMO Ontology

The Open American National Corpus (OANC) [Ide and Suderman 2004] was selected to carry out training and tests of the annotator. The linguistic diversity of the

Rule that assigns a person as "object"

- if token[i] = POS(NN) and token[i] = NE(PERSON) then tag is "OBJECT"
- if token[i] = POS(NN) and token[i]-1 = "Mr.", "Mrs.", "Miss"… then tag is "OBJECT"

Rule that assigns a token with suffix "logy" as "proposition"

- if (token[i] = POS(NN) or token[i] = POS(NNP)) and token[i] = AFFIX = "logy" then tag is "PROPOSITION"

Rule that assigns a cardinal number or word on the file as "quantity"

- if token[i] = POS(CD) then tag is "QUANTITY"
- if token[i] = any word from file.txt then tag is "QUANTITY"

all, much, many, few, lot, lots, none…

File.txt

Figure 2. Rules examples

Open American National Corpus allows expressing a wide range of language expressions and covering the largest number of words in American English. OANC is a corpus composed of 5 million words derived from various textual and oral genres of American English [Ide and Suderman 2004]. It is free of charge and available for download. It is annotated according to structural markup, sentence boundaries, part of speech, noun chunks and verb chunks, which justifies the choice of the corpus for the application [Ide and Suderman 2004]. The annotation provided by the corpus served as the basis for the construction of the rules of this work.

Due to the massive amount of documents, it was necessary to make a snippet of the corpus to turn the application development more manageable. The sub-corpus chosen was initially the text entitled "Who Killed Martin Lutter King?". The sample was used to illustrate the procedure adopted by the application to perform a properly annotation. The document in .xml format was extracted containing the annotations provided by the corpus. The .xml document, as well as all the corpus files, are in the Linguistic Annotation Format (LAF) (ISO 24612) standard for creating annotated corpus. In order to process the document it was necessary to normalize it, excluding paragraph markings, white space, headers and structural tags. The output of the normalization was a .txt document containing only annotated sentences.

The file generated in the previous phase went through further transformations. An important information for the application being developed is the named entity annotation, however the OANC does not provide this type of annotation. In order to add this layer of annotation to the corpus it was used the Stanford NER, a named entities annotator. Stanford NER is a annotator created by the Stanford Natural Language Processing Group, and it annotates entries under the categories "PERSON", "ORGANIZATION" and "LOCATION", using the Conditional Randon Field (CRF) approach[Finkel et al. 2005]. The outcome of this phase was a .txt file having the annotations and the format required for the development of the semantic annotator.

The semantic annotator proposed has three phases, formatting for annotation, annotation and post annotation. The formatting phase formats the input document into a structure capable of being interpreted by the annotator. The annotation is the step that marks the elements present in the text according to a SUMO ontology category. Finally, post annotation uses the already annotated structure to create the annotated .txt document. The details of each phase will be described in the following paragraphs.

A document consists of a series of sentences, which in turn is composed of a series of tokens. Each sentence token has become a dictionary entry where the key is the number of the sentence and the value of the entry is a list of pair $< token, attributes >$. The *attributes* is a set of syntactic and semantic information about the token. Figure 3 shows a sentence with the annotations and Figure 4 shows the dictionary structure.

```
<s><tok base="last" msd="JJ" ne="O">Last</tok> <tok base="week" msd="NN" ne="O">week</tok><tok base="," msd=","
ne="O">,</tok> <tok base="a" msd="DT" ne="O">a</tok> <tok affix="s" base="memphi" msd="NNP"
ne="LOCATION">Memphis</tok> <tok base="jury" msd="NN" ne="O">jury</tok> <tok affix="ed" base="find" msd="VBD"
ne="O">found</tok> <tok base="that" msd="DT" ne="O">that</tok> <tok base="restaurant" msd="NN"
ne="O">restaurant</tok> <tok base="owner" msd="NN" ne="O">owner</tok> <tok base="loyd" msd="NNP"
ne="PERSON">Loyd</tok> <tok affix="s" base="jower" msd="NNP" ne="PERSON">Jowers</tok> <tok affix="ed"
base="be" msd="VBD" ne="O">was</tok> <tok affix="ed" base="involve" msd="VBN" ne="O">involved</tok> <tok
base="in" msd="IN" ne="O">in</tok> <tok base="a" msd="DT" ne="O">a</tok> <tok base="conspiracy" msd="NN"
ne="O">conspiracy</tok> <tok base="to" msd="TO" ne="O">to</tok> <tok base="kill" msd="VB" ne="O">kill</tok> <tok
base="martin" msd="NNP" ne="PERSON">Martin</tok> <tok base="luther" msd="NNP" ne="PERSON">Luther</tok> <tok
base="king" msd="NNP" ne="PERSON">King</tok> <tok base="jr" msd="NNP" ne="PERSON">Jr</tok><tok base="."
msd="." ne="O">.</tok></s>
```

Figure 3. Sentence previous annotation sample.

After the formatting for annotation phase, the actual annotation phase began. The annotation phase consists of applying rules that evaluate whether a token belongs to an ontological category. The rules evaluate several aspects of the token, such as its affixes, POS, named entity annotation, neighborhood tokens and occurrence in gazetteers lists. When the token is classified under a given rule, the class tag is added to the attribute list of the token. The classification occurs inversely, from the third to the first level, because if the token is classified under a class of the third level, it is already possible to say its second and first level.

At the end of the classification the token receives three labels (so1stl, for the first level of the SUMO ontology, so2ndl for the second level of the SUMO ontology, and so3rdl for the third level of the SUMO ontology). The classification adds the tags to the attributes list of the token, receiving the "CLASS NAME" if the rule applies to the token or "O" if the rules does not apply to it. If applicable to the first level of the SUMO ontology the annotator adds the "ENTITY" tag. At the second level the annotator may mark the token as "PHYSICAL" or "ABSTRACT". At the third-level annotator tags are "OBJECT", "PROCESS", "QUANTITY", "ATTRIBUTE", "SET OR CLASS", "RELATION", "PROPOSITION", "GRAPH" and "GRAPH ELEMENT".

The tokens of the document receive annotation related to the ontology, changing in the form exemplified by Figure 5. The third step restructures the entire list of sentences in a document annotated according to the ISO format Linguistic Annotation Format (LAF)

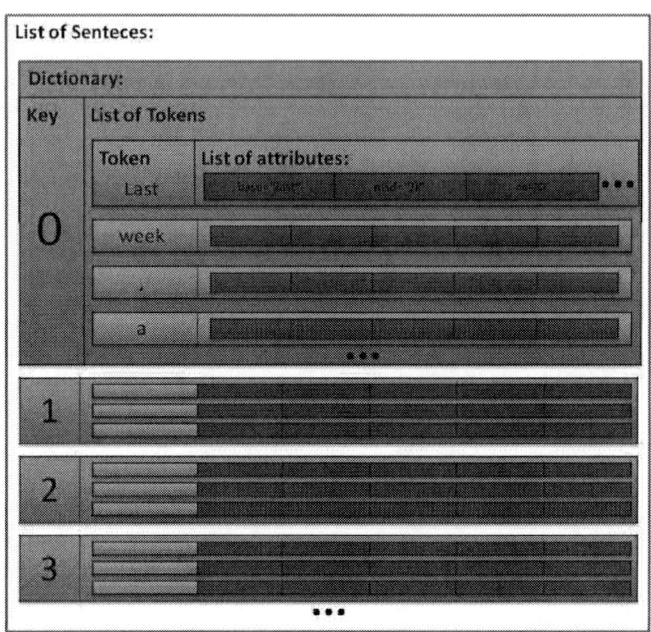

Figure 4. Dictionary structure.

(ISO 24612) model. This phase is necessary because it is important that the document outputted by the annotator be in a standard format that can be used by other applications.

```
<s><tok base="last" msd="JJ" ne="O" so1stl="ENTITY" so2ndl="ABSTRACT" so3rdl="ATRIBUTE">Last</tok> <tok base="week" msd="NN"
ne="O" so1stl="ENTITY" so2ndl="O" so3rdl="O">week</tok> <tok base="," msd="," ne="O" so1stl="O" so2ndl="O" so3rdl="O">,</tok>
<tok base="a" msd="DT" ne="O" so1stl="O" so2ndl="O" so3rdl="O">a</tok> <tok affix="s" base="memphi" msd="NNP" ne="LOCATION"
so1stl="ENTITY" so2ndl="PHYSICAL" so3rdl="OBJECT">Memphis</tok> <tok base="jury" msd="NN" ne="O" so1stl="ENTITY" so2ndl="O"
so3rdl="O">jury</tok> <tok affix="ed" base="find" msd="VBD" ne="O" so1stl="O" so2ndl="O" so3rdl="O">found</tok> <tok
base="that" msd="DT" ne="O" so1stl="O" so2ndl="O" so3rdl="O">that</tok> <tok base="restaurant" msd="NN" ne="O"
so1stl="ENTITY" so2ndl="O" so3rdl="O">restaurant</tok> <tok base="owner" msd="NN" ne="O" so1stl="ENTITY" so2ndl="O"
so3rdl="O">owner</tok> <tok base="loyd" msd="NNP" ne="PERSON" so1stl="ENTITY" so2ndl="PHYSICAL" so3rdl="OBJECT">Loyd</tok>
<tok affix="s" base="jower" msd="NNP" ne="PERSON" so1stl="ENTITY" so2ndl="PHYSICAL" so3rdl="OBJECT">Jowers</tok> <tok
affix="ed" base="be" msd="VBD" ne="O" so1stl="O" so2ndl="O" so3rdl="O">was</tok> <tok affix="ed" base="involve" msd="VBN"
ne="O" so1stl="O" so2ndl="O" so3rdl="O">involved</tok> <tok base="in" msd="IN" ne="O" so1stl="O" so2ndl="O" so3rdl="O">in</tok>
<tok base="a" msd="DT" ne="O" so1stl="O" so2ndl="O" so3rdl="O">a</tok> <tok base="conspiracy" msd="NN" ne="O" so1stl="ENTITY"
so2ndl="O" so3rdl="O">conspiracy</tok> <tok base="to" msd="TO" ne="O" so1stl="O" so2ndl="O" so3rdl="O">to</tok> <tok
base="kill" msd="VB" ne="O" so1stl="O" so2ndl="O" so3rdl="O">kill</tok> <tok base="martin" msd="NNP" ne="PERSON"
so1stl="ENTITY" so2ndl="PHYSICAL" so3rdl="OBJECT">Martin</tok> <tok base="luther" msd="NNP" ne="PERSON" so1stl="ENTITY"
so2ndl="PHYSICAL" so3rdl="OBJECT">Luther</tok> <tok base="king" msd="NNP" ne="PERSON" so1stl="ENTITY" so2ndl="PHYSICAL"
so3rdl="OBJECT">King</tok> <tok base="jr" msd="NNP" ne="PERSON" so1stl="ENTITY" so2ndl="PHYSICAL" so3rdl="OBJECT">Jr</tok>
<tok base="." msd="." ne="O" so1stl="O" so2ndl="O" so3rdl="O">.</tok> </s>
```

Figure 5. Sentence annotated with the ontological categories.

4. Results

In this section we present the results of the test conducted with the annotator on a text sample to illustrate the its performance. The system has been tested with 39 sentences and 908 tokens from the text sample mentioned in the previous chapter after it being manually annotated. In addition is shown the confusion matrix, precision and recall measurements performed for each ontological class, assuming the annotation results from the chosen sub-corpus.

Because of the huge size of the entire chosen corpus used to build the rules, it was necessary to select a sample text to perform the test. The test was conducted by manually adding tags to the documents according to the top-level ontology and then comparing it with the same sample annotated by the application. Although it is a limited fragment of the corpus, the text exemplifies how the annotator would perform if the corpus was already manually annotated.

Table 1. Confusion matrix. On the vertical are the classes that should be assigned to the tokens and horizontally those that were assigned by the annotator.

	OBJEC	PROCE	QUANT	ATTRI	SETCL	RELAT	PROPO	GRAPH	GRAEL	NONON
OBJEC	97	0	0	0	0	0	0	0	0	0
PROCE	0	14	0	0	0	0	0	0	0	0
QUANT	0	0	15	0	0	0	0	0	0	0
ATTRI	0	0	0	46	0	0	0	0	0	0
SETCL	4	0	0	0	1	0	0	0	0	0
RELAT	0	0	0	0	0	0	0	0	0	0
PROPO	0	0	0	0	0	0	0	0	0	0
GRAPH	0	0	0	0	0	0	0	0	0	0
GRAEL	0	0	0	0	0	0	0	0	0	0
NONON	69	14	7	0	0	0	0	0	0	641

Table 1 shows the confusion matrix for the third-level classes. A special class, called "NO ONTOLOGY" was added to handle tokens that did not fit into any class. The vast majority of tokens were annotated correctly. But the result was not good with the terms related to the class "SET OR CLASS". A minority of tokens related with the special class "NO ONTOLOGY" were misclassified. Note that all elements of this class that were erroneously classified ended up being classified into class "OBJECT". This shows that the rule is not distinguishing properly when the concept denoted by a token focuses more on the aspect of the elements than on the parts.

The annotation accuracy relative to the third level of the SUMO ontology was 89.65%. As one can infer from the confusion matrix the precision, recall and F1 measures had good results except for the class "SET OR CLASS".

```
-----PRECISION-----

OBJECT PRECISION: 0.5705882352941176
PROCESS PRECISION: 0.5
QUANTITY PRECISION: 0.6818181818181818
ATTRIBUTE PRECISION: 1.0
SET_OR_CLASS PRECISION: 1.0
RELATION PRECISION: 0.0
PROPOSITION PRECISION: 0.0
GRAPH PRECISION: 0.0
```

```
GRAPH_ELEMENT PRECISION: 0.0
NO ONTOLOGY PRECISION: 1.0


-----RECALL-----

OBJECT RECALL: 1.0
PROCESS RECALL: 1.0
QUANTITY RECALL: 1.0
ATTRIBUTE RECALL: 1.0
SET_OR_CLASS RECALL: 0.2
RELATION RECALL: 0.0
PROPOSITION RECALL: 0.0
GRAPH RECALL: 0.0
GRAPH_ELEMENT RECALL: 0.0
NO ONTOLOGY RECALL: 0.8768809849521204


-----F1 MEASURE-----

OBJECT MEASURE: 0.7265917602996255
PROCESS MEASURE: 0.6666666666666666
QUANTITY MEASURE: 0.8108108108108109
ATTRIBUTE MEASURE: 1.0
SET_OR_CLASS MEASURE: 0.33333333333333337
RELATION MEASURE: 1.0
PROPOSITION MEASURE: 1.0
GRAPH RECALL: 1.0
GRAPH_ELEMENT MEASURE: 1.0
NO ONTOLOGY MEASURE: 0.934402332361516
```

The statistical results provided in this section refers only to the text sample and it does not apply to the corpus. The sub-corpus was used only to exemplify the behavior of the annotator comparing to a manually annotated text. To verify the overall metrics of the corpus it would be necessary to hand-annotate all files and afterwards compare them with the rule-annotated documents generated by the application.

5. Conclusions

Semantic annotation allows data to be interpreted by applications in such way that machines can capture the underlying meaning of an utterance. However, annotating documents to help express aspects of their semantic meaning is still challenging, due to the lack of applications that assist the task. Notably, there is some difficulty of finding tools capable of executing semantic annotation in text documents using ontological concepts, this was the main reason for the development of this research. Manual annotation is a task that takes time and knowledgeable staff to carry it out, and the proposal of a rules-based annotator can be of great help.

Therefore, the proposal of this research was the creation of a tool that would aid in the process of semantic annotation based on top-level ontological classes. The tool makes use of a set of rules elaborated according to the concepts described by the ontology and by making use of previous annotations layers provided by the corpus.

Although the experiment described in this paper only used a single document to demonstrate viability of the proposal, it is possible to apply the same technique to the whole OANC. The annotation of the whole corpus helps to enrich it in an ontological dimension, so the text files can be used in futures researches on the semantic annotation field.

The importance of this work is the possibility of increasing the number of annotated corpus with ontological information, which may facilitate the training annotators based on supervised machine learning techniques, enabling a new generation of semantic annotators with higher performance and accuracy.

Acknowledgments.

This research is supported in part by the funding agencies FAPEMIG, CNPq, and CAPES.

References

Alec, C., Reynaud-Delaître, C., and Safar, B. (2016). An ontology-driven approach for semantic annotation of documents with specific concepts. In *International Semantic Web Conference*, pages 609–624. Springer.

Asooja, K., Bordea, G., and Buitelaar, P. (2016). Using semantic frames for automatic annotation of regulatory texts. In *International Conference on Applications of Natural Language to Information Systems*, pages 384–391. Springer.

Finkel, J. R., Grenager, T., and Manning, C. (2005). Incorporating non-local information into information extraction systems by gibbs sampling. In *Proceedings of the 43rd Annual Meeting on Association for Computational Linguistics*, pages 363–370. Association for Computational Linguistics.

Gruber, T. R. et al. (1993). A translation approach to portable ontology specifications. *Knowledge acquisition*, 5(2):199–220.

Guarino, N. (1998). Formal ontology and information systems. In *Proceedings of FOIS*, volume 98, pages 81–97.

Handschuh, S. and Staab, S. (2003). *Annotation for the semantic web*, volume 96. IOS Press.

Ide, N. and Suderman, K. (2004). The american national corpus first release. In *LREC*. Citeseer.

Leech, G. (1997). *Introducing corpus annotation*. Addison Wesley Longman.

Maedche, A. (2012). *Ontology learning for the semantic web*, volume 665. Springer Science & Business Media.

Mitkov, R. (2005). *The Oxford handbook of computational linguistics*. Oxford University Press.

Moreira, A., Lisboa-Filho, J., and Oliveira, A. P. (2016). Automatic ontology generation for the power industry the term extraction step. In *Proceedings of the 21 International Conference on Applications of Natural Language to Information Systems*, pages 415–420. Springer.

Niles, I. and Pease, A. (2001). Towards a standard upper ontology. In *Proceedings of the international conference on Formal Ontology in Information Systems-Volume 2001*, pages 2–9. ACM.

Pease, A., Niles, I., and Li, J. (2002). The suggested upper merged ontology: A large ontology for the semantic web and its applications. In *Working notes of the AAAI-2002 workshop on ontologies and the semantic web*, volume 28.

Pham, M., Alse, S., Knoblock, C. A., and Szekely, P. (2016). Semantic labeling: a domain-independent approach. In *International Semantic Web Conference*, pages 446–462. Springer.

Pustejovsky, J. and Stubbs, A. (2012). *Natural language annotation for machine learning*. O'Reilly Media, Inc.

Reeve, L. and Han, H. (2005). Survey of semantic annotation platforms. In *Proceedings of the 2005 ACM symposium on Applied computing*, pages 1634–1638. ACM.

Uschold, M. and Gruninger, M. (1996). Ontologies: Principles, methods and applications. *The knowledge engineering review*, 11(02):93–136.

Proceedings of Symposium in Information and Human Language Technology. Uberlândia, MG, Brazil, October 2–5, 2017. ©2017 Sociedade Brasileira de Computação.

Processo de construção de um corpus anotado com Entidades Geológicas visando REN

Daniela do Amaral[1], Sandra Collovini[1], Anny Figueira[1], Renata Vieira[1], Marco Gonzalez[1]

[1]Faculdade de Informática
Pontifícia Universidade Católica do Rio Grande do Sul
90619-900 – Porto Alegre – RS – Brasil

```
{daniela.amaral, sandra.abreu, anny.figueira}@acad.pucrs.br

renata.vieira@pucrs.br, marcoaigonzalez@gmail.com
```


Abstract. *This article presents the building process of GeoCorpus, developed for the Geology domain, more specifically for the Bacia Sedimentar Brasileira subarea. The annotation is focused on Geological Entities in Portuguese text, and aims at Named Entity Recognition in the proposed domain. A case study validated both the annotation process and a tool which supported the specialists in the identification and classification of Geological Entities.*

Resumo. *Este artigo apresenta o processo de construção do GeoCorpus, desenvolvido para o domínio de Geologia, mais especificamente, para a subárea Bacia Sedimentar Brasileira. A anotação restringe-se às Entidades Geológicas contidas nos textos em Português e visa o Reconhecimento de Entidades Nomeadas no domínio proposto. Um estudo de caso validou o processo de anotação desse corpus e de uma ferramenta que auxiliou os especialistas na identificação e classificação das Entidades Geológicas.*

1. Introdução

Este trabalho apresenta a construção do corpus GeoCorpus, o qual está sendo anotado com Entidades Geológicas (EG) e visa o Reconhecimento de Entidades Nomeadas (REN) no domínio de Geologia. REN consiste na identificação e na classificação de expressões linguísticas, na sua maioria nomes próprios (como pessoa, local ou organização) que remetem para um referente específico [Mota et al. 2007]. Essas expressões são chamadas de Entidades Nomeadas (EN), e podem variar conforme os diferentes domínios, por exemplo, Medicina, Biologia e Geologia. O que constitui um tipo (classe ou categoria) de EN é sua aplicação, ou seja, em Biologia as classes de interesse podem ser os genes, proteínas [Cohen and Demner-Fushman 2014] e as doenças.

Neste trabalho, o domínio em foco é o da Geologia, em que as ENs de interesse são as Entidades Geológicas (EG). As EG, consideradas neste estudo, consistem em termos específicos no texto, desde que esses façam parte das classes definidas de acordo com a subárea Bacia Sedimentar Brasileira. A escolha do domínio geológico deve-se ao fato de que o REN para Geologia é pouco encontrado na literatura. Enquanto REN para Medicina, Biomedicina e Biologia apresenta uma gama bem maior de trabalhos [Zaccara 2012] [Akhondi et al. 2015] [Collier et al. 2014] [Dánger et al. 2014] [Majumder and Ekbal 2015] [Ohta et al. 2002].

Destaca-se que a adequada identificação e classificação de ENs sob domínios específicos como o de Geologia, representa um grande desafio aos pesquisadores de PLN. Em especial, devido à carência de bases textuais nesse domínio, em Português, e de ferramentas automáticas para capturá-las. Logo, o trabalho apresentado aqui descreve o processo de anotação manual de entidades geológicas visando a construção do GeoCorpus para a tarefa de REN.

Este artigo está organizado da seguinte forma. A seção 2 apresenta o estudo do domínio de Geologia. A construção do corpus é descrita no seção 3. Na sequência, o processo de anotação do corpus geológico, bem como a ferramenta de anotação utilizada são detalhados na seção 4. Um estudo de caso é apresentado na seção 5. Por fim, as considerações finais são relatadas na seção 6.

2. Estudo do Domínio

Dentre os domínios de pesquisa estudados para a tarefa de REN, destaca-se o de Geologia devido a carência de trabalhos que envolvam EG, além da falta de ferramentas automatizadas para extrair tais informações, principalmente para textos do Português.

A partir do estudo do domínio de Geologia, verificou-se várias subáreas, como Sedimentologia, Cronoestratigrafia, Petrografia e Estratigrafia. Houve assim a necessidade de delimitar uma subárea de estudo, no caso a subárea Bacia Sedimentar Brasileira, devido a grande quantidade de EG no domínio em questão e para se obter uma avaliação mais especializada na tarefa de REN. As bacias sedimentares são definidas conforme uma concepção geográfica, isto é, uma área caracterizada pelo acúmulo espesso de sedimentos por um grande período de tempo geológico. A "Bacia do São Francisco" é um exemplo didático para essa definição [Martins-Neto 2005]. Na próxima seção as classes geológicas das Bacias Sedimentares Brasileiras consideradas neste trabalho são apresentadas.

2.1. Determinação das Entidades Geológicas e suas Classes

Com base no estudo da subárea Bacia Sedimentar Brasileira, na orientação de geólogos e professores dessa subárea foram definidas as classes geológicas deste trabalho. A seguir são apresentadas as referidas classes juntamente com alguns exemplos de EG de acordo com [Cohen et al. 2013] e [Hallsworth and Knox 1999].

- **Tempo Geológico**

  1. Eon: Maior subdivisão de tempo dentro da Escala de Tempo Geológico, representadas por Hadeano, Arqueano ou Arcaico (termo usado em Portugal), Proterozoico e Fanerozoico. Exemplo na sentença: "Litologicamente, é representado por rochas graníticas e gnáissicas, com núcleos granulíticos e charnoquíticos, **arqueanos** a **proterozoicos**".

  2. Era: Corresponde a subdivisão de Eon. São Eras: Cenozoico, Mesozoico, Paleozoico. Obs.: Para os Eons Arqueno e Proterozoico, há subdivisões denominadas Eras (Eoarqueano, Paleoarqueano, Mesoarqueano e Neoarqueano) e Paleoproterozoico, Mesoproterozoico e Neoproterozoico. Exemplo: "Este complexo de rochas vulcânicas de maior densidade modificou a dinâmica deposicional dos sedimentos **Cenozoicos**".

3. Período: É a subdivisão de uma Era. São eles: Quaternário, Neogênico, Paleogênico, Cretácico (Cretáceo), Jurássico, Triássico, Pérmico (Permiano), Carbônico (Carbonífero), Câmbrico, Devônico (Devoniano), Silúrico (Siluriano), Ordovícico (Ordoviciano), Mississípico e Pensilvânico, esses dois últimos, apenas para a América do Norte. Exemplo: "Em torno de 180 Milhões de anos (**Jurássico**): diques e derrames de composição toleítica".

4. Época: Subdivisão do Período na Escala do Tempo Geológico. Alguns exemplos: Holocênico (Holoceno), Pleistocênico (Pleistoceno), Pliocênico (Plioceno), Miocênico (Mioceno), Oligocênico (Oligoceno), Eocênico (Eoceno), Paleocênico (Paleoceno), Cretácico (Cretáceo) Superior, Cretácico (Cretáceo) Inferior, Jurássico Superior, Jurássico Médio, Jurássico Inferior, entre outros. Exemplo na sentença: "Durante o **Oligoceno**, a deformação é pequena quando comparada aos outros períodos de deformação".

5. Idade: Subdivisão de Época. Alguns exemplos: Pleistocênico (Pleistoceno) Superior, Pleistocênico (Pleistoceno) Médio, Calabriano, Gelasiano, entre outros. Exemplo na sentença: "Maior incidência entre 80 Milhões de anos (Ma) e 90 Ma (**Santoniano/Turoniano**): – predominam intrusões de composição básica a intermediária".

- **Rochas Sedimentares**

6. Rocha Sedimentar Siliciclástica: Origina-se de fragmentos de rochas ígneas, metamórficas ou sedimentares, transportados e depositados para, posteriormente, formar uma rocha sedimentar Siliciclástica. Alguns exemplos: arenito, argilito, siltito, conglomerado, folhelho, diamictito, varvito, etc. Exemplo na sentença: "Os **arenitos** da Formação Juruá são constituídos por minerais provenientes de rochas-fonte situadas ao Norte da Bacia do Solimões, transportados por um sistema de paleodrenagens pleistocênica".

7. Rocha Sedimentar Carbonática: Formada, predominantemente, por carbonato de cálcio e/ou por fragmentos de organismos (bioclastos), bem como pela interação entre o metabolismo de microorganismos e as partículas sedimentares presentes no ambiente deposicional. Alguns exemplos: calcário, dolomito, etc. Exemplo na sentença: "O **calcário** é cinza claro e apresenta proporções variáveis de fragmentos detríticos que podem chegar a 40 % da rocha".

8. Rocha Sedimentar Química: Formada por precipitados químicos: sais, carbonatos ou sulfatos. Por exemplo: evaporitos, fosforitos, Ironstones. Exemplo na sentença: "Na região da Fazenda Ressaca ocorrem **fosforitos** associados à porção superior desta formação".

9. Rocha Sedimentar Orgânica: Origina-se dos restos de fragmentos dos organismos vivos, a qual está relacionada à preservação de matéria orgânica.

Exemplo: carvão, etc. Exemplo na sentença: "Apenas recentemente ocorreu alguma recuperação, com a elevação dos preços e o maior consumo de **Carvão** no complexo termoelétrico de Tubarão-SC".

- **Outras classes**

    10. Bacias Sedimentares Brasileiras: São grandes áreas de sedimentação, ou seja, deposição de sedimentos (agregados de matéria orgânica e/ou mineral), formada por rochas sedimentares e, eventualmente, por rochas magmáticas. Sua formação foi a partir do Paleozóico. São elas: Bacia do São Francisco, Bacia do Espírito Santo, Bacia de Campos, Bacia do Paraná, entre outras. Exemplo na sentença: "Guerra (1989) estudou a influência da sobrecarga do Banco Vulcânico de Abrolhos sobre a estruturação halocinética da **Bacia do Espírito Santo**".

    11. Contexto Geológico de Bacia: É a classificação relacionada aos eventos geológicos (espacial e temporal), ou seja, são os estágios relacionados à Tectônica, Sedimentação e Magmatismo. Por exemplo: Intracratônica ou Sinéclise, Rifte, Drifte e Margem Passiva. Exemplo na sentença: "Sequência **Rifte**, constituída unicamente pela Formação Abaiara, de idade neocomiana, formada por sucessão de arenitos descontínuos lateralmente intercalados em folhelhos calcíferos de coloração variegada".

    12. Unidade Estratigráfica: compreende três componentes estratigráficos: Formação, Grupo e Membro [ESTRATIGRAFICA-SBG 1986]. A Formação consiste na unidade principal da litoestratigrafia. Uma formação é constituída por um corpo rochoso e pode conter um ou mais tipos de rochas, estruturas sedimentares e fósseis. Já o segundo, o Grupo, é constituído por duas ou mais formações contíguas associadas, que tenham propriedades litológicas distintas e diagnósticas em comum. O terceiro componente, Membro Estratigráfico, representa a subdivisão litológica de uma formação. Ele consiste de uma entidade que possui características litológicas próprias, as quais permitem diferenciá-las das partes adjacente da formação. Exemplos: Formação Irati, Formação Abrolhos, Javari, Tapajós, Curuá, Arari, Fazendinha, etc. Exemplo na sentença: "A bacia do Rio do Peixe tem como substrato rochas sedimentares cretáceas dos **grupos Bauru e Caiuá** e esporádicas e localizadas ocorrências de basaltos da **Formação Serra Geral**."

    13. Outro: Esta é uma classe de exceção, pois o foco está nas classes definidas anteriormente. Deve ser utilizada apenas para os casos em que o especialista achar um termo muito relevante à subárea Bacia Sedimentar Brasileira, mas que não se enquadra exatamente nas classes anteriores. Exemplos: fácies, módulo calcários, organismos fósseis.

3. Construção do Corpus

Para a construção do corpus GeoCorpus realizou-se a leitura de trabalhos científicos para a identificação de EG relacionadas à subárea Bacia Sedimentar Brasileira com

[Cohen et al. 2013] e [Hallsworth and Knox 1999]. Após, selecionou-se semimanualmente, um conjunto de textos para o domínio de Geologia. Esses textos são formados por teses, dissertações, artigos e boletins de Geociências da Petrobras no idioma português do Brasil. As EG pesquisadas foram: termos geológicos de acordo com a tabela Cronoestratigráfia [Cohen et al. 2013], nomes de rochas sedimentares [Hallsworth and Knox 1999], nomes de bacias sedimentares brasileiras [Martins-Neto 2005] [Bizzi et al. 2003], os estágios relacionados à Tectônica, Sedimentação e Magmatismo e unidades estratigráficas. Dentre os serviços 'on-line' utilizados para a formação do corpus geológico estão: bibliotecas digitais, como Portal de Periódicos da Capes, Scielo, ACM Digital Library, IEEE Xplore, além do Google Scholar.

Obedeceram-se três critérios para a construção do corpus: relevância, sincronicidade e homogeneidade. O primeiro critério teve o cuidado de coletar textos teoricamente importantes dentro da subárea definida e respeitando o domínio estabelecido. Já o segundo estabeleceu um ciclo de tempo definido para a seleção dos textos, o que ocorreu num período de seis meses. Por fim, a homogeneidade foi estabelecida, principalmente, para não misturar textos com outros elementos, como imagens, tabelas e gráficos. Como o objetivo de gerar um corpus de leitura e avaliação, foram retirados, semiautomaticamente todos os abstracts, figuras, legendas, tabelas, gráficos, fórmulas e referências bibliográficas. No caso de teses e dissertações, excluíram-se também sumários, apêndices e anexos para que fique um conjunto de dados formado apenas pelo texto propriamente dito. Após a eliminação de todos os referidos elementos e para garantir a qualidade do corpus proposto, realizou-se uma revisão manual texto à texto.

O corpus é constituído de 52 textos, em que cada documento corresponde a um arquivo de texto com tamanho entre 10 Kbytes e 53 Kbytes (de 1.460 palavras a 7.793 palavras). O processo de anotação é descrito na seção a seguir.

4. Processo de Anotação

Nesta seção é apresentado o processo de anotação das EG contidas nos textos do GeoCorpus, o qual segue as mesmas etapas de REN: identificar as EG e após, classificá-las em uma das classes geológicas descritas na seção 2.1. Destaca-se que a etapa de classificação é mais complexa devido a ambiguidade das palavras, em que uma mesma EG pode ser classificada com mais de uma classe dependendo do contexto e do domínio que está inserida. Por exemplo, na sentença: "O **rio São Francisco** faz parte da **bacia São Francisco**", a primeira EG é classificada como Rio e a segunda como Bacia Sedimentar.

Basicamente, o processo de anotação envolve os seguintes passos:

1º) Marcar os termos que referem-se a uma EG no texto, caso não tenham sido anotados e atribuir uma classe;

2º) Verificar a delimitação da EG (palavras que formam uma EG) já marcada no texto, corrigindo-a caso necessário;

3º) Verificar a classificação da EG já identificada, corrigindo-a caso necessário.

O segundo e o terceiro passos ocorreram, porque o GeoCorpus foi processado num modelo de classificação, desenvolvido para um experimento inicial [Amaral and Vieira 2014]. Esse modelo possui várias classes de Geologia e não se restringiu a uma subárea específica. A anotação dos textos será realizada com o auxílio da ferramenta IdENGeo descrita a seguir.

4.1. IdENGeo

A IdENGeo é uma ferramenta de marcação de Entidades Nomeadas em textos do domínio de Geologia, a qual objetiva auxiliar os anotadores na identificação e na classificação das EG, tornando a tarefa de anotação o mais intuitiva e simplificada possível. Os arquivos de texto que receberão a anotação devem estar no formato xml, do contrário a ferramenta não os reconhecerá. Essa ferramenta possui uma interface gráfica que permite ao usuário a visualização e a edição/adição de informações relevantes para a tarefa de anotação. Dentre as funcionalidades do IdENGeo temos:

- **Área de edição**: painel em que o usuário visualiza o texto de entrada a ser marcado com as EG;

- **Menu de filtros**: menu de funções de filtros que servem para facilitar a visualização das EG classificadas no texto. Esse menu é constituído pelos botões "Desmarcar Tudo", "Marcar Tudo" e a lista de botões com as 13 classes geológicas ilustradas em cores diferentes. A aplicação dos filtros possibilita: a visualização de todas as EG já classificadas no texto (botão "Marcar Tudo") e a visualização das EG por classe (botão "Desmarcar Tudo" seguido dos botões correspondentes à uma ou mais classes de interesse).

- **Grupos de ações**: quatro grupos de ações localizados abaixo da área de edição que compreendem as seguintes funções: 1) Novo texto: função de seleção do novo texto a ser anotado e identificação do seu anotador; 2) Atualizar texto: função de seleção de um texto com a anotação ainda não concluída e assim poder dar continuidade a mesma; 3) Marcação de texto: função de habilitar o menu de classificação das EG; 4) Salvar texto: função de salvar o texto anotado.

A Figura 1 ilustra a interface gráfica do IdENGeo. Nela, um texto inicial foi carregado na Área de edição, bem como as EG já marcadas nas cores correspondentes à cada classe geológica do menu filtro. Além disso, o anotador pode iniciar um nova anotação das EG ou ainda continuar a marcação de um texto ainda não finalizado através dos Grupos de ações. Nesse contexto, o anotador realizará a classificação das EG seguindo o processo de anotação descrito na seção 4. Para realizar a marcação de uma EG ainda não classificada deve-se selecionar o trecho do texto que expressa a EG e clicar no botão "Adicionar Marcação". Após, deve-se selecionar a referida classe da EG a partir do menu de classes, seguido do botão "OK". Cabe salientar que, o menu de classes seguiu a organização de classes por grupos, conforme apresentado na seção 2.1. Caso o anotador necessite remover a classe escolhida, deve utilizar o botão "Remover Marcação".

5. Estudo de Caso

Nesta seção descrevemos um estudo de caso com o objetivo de validar o processo de anotação e a ferramenta IdENGeo. Realizou-se esse estudo com base na experiência da anotação de um texto do GeoCorpus, o qual corresponde a um arquivo de 5.984 palavras. O texto foi anotado por um geólogo e o tempo total, estimado pelo anotador, foi de noventa minutos. A anotação resultou num total de 549 EG distribuídas nas seguintes classes ilustradas na Tabela 1.

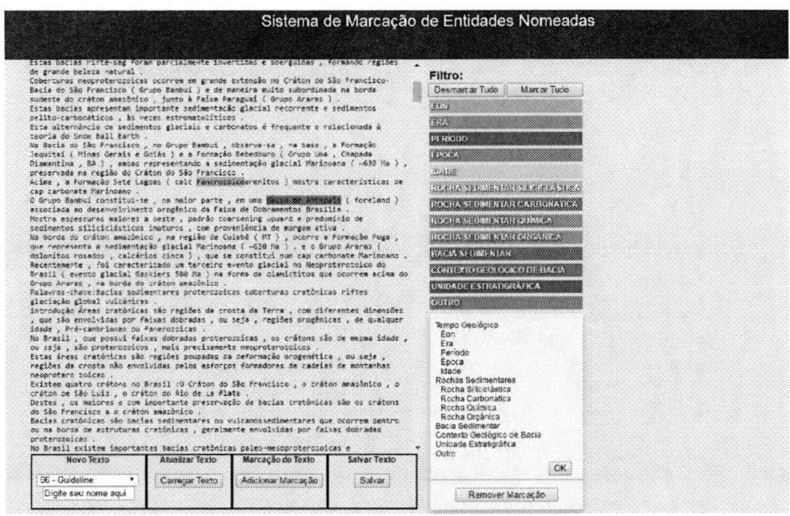

Figura 1. Interface Gráfica do IdENGeo

A partir desses resultados, constatou-se que as classes Rocha Sedimentar Siliciclástica e Unidade Estratigráfica foram as mais frequentes no texto, pois o seu assunto compreende a estratigrafia e a paleogeografia da Formação Brejo Santo, na Bacia do Araripe, com base no estudo de aspectos sedimentológicos, faciológicos e paleontológicos.

Já as classes Rocha Sedimentar Química e Rocha Sedimentar Orgânica não tiveram ocorrência pelo mesmo motivo acima, ou seja, o tema que o texto aborda. Observou-se também que a classe Outro apresentou vários casos, os quais o especialista julgou relevantes para a subárea Bacia Sedimentar Brasileira. Como por exemplo as EG "organismos fósseis", "ostracodes" e "conchostráceos".

O anotador notou que um dos pontos de dificuldade é a delimitação das palavras que formam uma EG. Por exemplo, no trecho da sentença: "a respeito do rico acervo paleontológico das formações Brejo Santo, Crato e Romualdo", o anotador identificou três EG ("Brejo Santo", "Crato" e "Romualdo") para a classe Unidade Estratigráfica e não incluiu a palavra "formações", a qual se refere às três EG. Em contrapartida no trecho "Sugere-se que os sedimentos da Formação Brejo Santo teriam sido depositados", o anotador identificou a EG "Formação Brejo Santo" incluindo a palavra "Formação".

Outra questão analisada refere-se ao aspecto morfológico das palavras dispostas nos textos, ou seja, a forma em que o termo geológico está inserido na sentença. Significa que, quando uma expressão é constituída por um substantivo seguida de um adjetivo, esse último não configura uma EG, pois ele caracteriza um substantivo. Por exemplo: "Assim, no Espinhaço Meridional os sedimentos paleoproterozóicos têm expressão reduzida, predominando os mesoproterozoicos", o anotador não classificou "paleoproterozóicos" como Era, porque essa palavra exerce a função de adjetivo e não de uma EG.

Alguns anotadores testaram as funcionalidades da ferramenta e constataram que

Tabela 1. Resultado das Entidades Geológicas no estudo de caso.

Classes	Entidades Geológicas
Era	3
Período	20
Época	3
Idade	2
Rocha Sedimentar Siliciclástica	140
Rocha Sedimentar Carbonática	11
Bacias Sedimentares Brasileiras	47
Contexto Geológico de Bacia	41
Unidade Estratigráfica	121
Outro	161
Total	**5.575**

o IdENGeo apresenta uma característica importante que define o bom emprego de um sistema: a usabilidade. Segundo eles, o IdENGeo é de rápido e fácil aprendizado. Adicionalmente, é uma ferramenta que resolve com satisfação as tarefas para as quais ela foi projetada. Destacaram também a importância de selecionar as EG por classe através do filtro, uma vez que com esse recurso, é possível verificar as classes de cada texto.

Para este estudo de caso, o anotador finalizou as suas considerações ao expor que, devido ao tipo de texto ser uma tese, não foi possível realizar a anotação em único momento. Então, para solucionar essa questão, foi inserido no IdENGeo, a nova funcionalidade "Atualizar Texto" (descrita na seção 4.1), com o objetivo de facilitar o trabalho manual.

6. Considerações Finais

Este artigo descreve o processo de anotação manual de EG, a fim de construir o GeoCorpus com o propósito de que, a partir dele, seja realizada a tarefa de REN. Apresentamos a ferramenta de anotação e um experimento inicial sobre a tarefa. O domínio do GeoCorpus é Geologia e Bacia Sedimentar Brasileira é a subárea que o especializa com o objetivo de torná-lo mais eficaz na identificação das EG. A construção do corpus iniciou com a escolha do domínio, a determinação de uma subárea, a decisão das EG e de suas classes e os textos que o compõem. Em síntese, a metodologia que envolveu a sua anotação consistiu da identificação e classificação dos termos considerados como EG, além da conferência de algumas EG já classificadas no texto.

A ferramenta IdENGeo tem por objetivo auxiliar na tarefa de REN, de modo que o trabalho de anotação seja mais simples e eficiente. O processo de anotação e o uso da ferramenta foram analisados com um estudo de caso da anotação de um texto. Essa tarefa resultou num total de 549 EG distribuídas nas classes que semanticamente condisseram com o assunto que o texto abordou. Dois importantes desafios deste trabalho são: primeiro, a grande dificuldade de encontrar anotadores com disponibilidade de classificar os textos para gerar um corpus de referência; segundo, a confiança na anotação, ou seja, conseguir especialistas que tenham conhecimento na subárea definida para anotar os textos.

Como trabalhos futuros, iremos finalizar a anotação completa do corpus. Atualmente, estamos na etapa de geração da anotação que está sendo feita manualmente por geólogos, entre eles professores, doutorandos e alunos de graduação do curso de Geologia da UNISINOS do 6º semestre.

Pretende-se melhorar a ferramenta de anotação com a modificação do acesso da "função filtro" e a visualização do "menu classificação das EG". Ainda, a conclusão do GeoCorpus gerará um recurso que será utilizado em sistemas de aprendizado máquina para o REN Geológicas. O fruto desse corpus é elemento fundamental para uma tese que está em desenvolvimento. Sua disponibilidade é relevante para a pesquisa em Geologia, para tarefas de PLN, como relações entre EG e resolução de correferência. Destaca-se também a relevância econômica com a exploração do petróleo, uma vez que o GeoCorpus compreende um conjunto de textos sobre bacias sedimentares brasileiras. A partir delas, surgem combustíveis fósseis como carvão mineral, folhelhos oleígenos ou betuminosos, gás natural e petróleo. Através do processo exploratório nas bacias sedimentares, pode-se identificar que algumas rochas sedimentares presentes nessas bacias, são consideradas reservatórios de petróleo e de gás.

Referências

Akhondi, S. A., Hettne, K. M., Van Der Horst, E., Van Mulligen, E. M., and Kors, J. A. (2015). Recognition of chemical entities: combining dictionary-based and grammar-based approaches. *Journal Cheminformatics*, 7(S-1):S10.

Amaral, D. O. F. d. and Vieira, R. (2014). Nerp-crf: uma ferramenta para o reconhecimento de entidades nomeadas por meio de conditional random fields. *Linguamática*, 6(1):41–49.

Bizzi, L. A., Schobbenhaus, C., VIDOTTI, R. M., and GONÇALVES, J. H. (2003). *Geologia, Tectônica e Recursos Minerais do Brasil: texto, mapas e SIG*. CPRM.

Cohen, K. B. and Demner-Fushman, D. (2014). *Biomedical natural language processing*, volume 11. John Benjamins Publishing Company.

Cohen, K. M., Finney, S. C., Gibbard, P. L., and Fan, J.-X. (2013). The ics international chronostratigraphic chart. *Episodes*, 36(3):199–204.

Collier, N., Paster, F., Campus, H., and Tran, A. M.-v. (2014). The impact of near domain transfer on biomedical named entity recognition. In *Proceedings of the 5th International Workshop on Health Text Mining and Information Analysis (Louhi)@ EACL 2014*, pages 11–20, Gothenburg,Sweden. Association for Computational Linguistics.

Dánger, R., Pla, F., Molina, A., and Rosso, P. (2014). Towards a protein-protein interaction information extraction system: Recognizing named entities. *Knowledge-Based Systems*, 57:104–118.

ESTRATIGRAFICA-SBG, C. E. D. N. (1986). Código brasì lei ro de nomenclatura estratígráfica. guia de nomenclatura estratigráfica. *Revista Brasileira de Geociências*, 16(4):370–415.

Hallsworth, C. and Knox, R. (1999). Bgs rock classification scheme. volume 3, classification of sediments and sedimentary rocks.

Majumder, A. and Ekbal, A. (2015). Event extraction from biomedical text using crf and genetic algorithm. In *Third International Conference on Computer, Communication, Control and Information Technology (C3IT)*, pages 1–7. IEEE.

Martins-Neto, M. (2005). A bacia do são francisco: Arcabouços estratigráfico e estrutural com base na interpretação de dados de superfície e subsuperfície. *SBG, Simp. Craton São Francisco*, 3:283–286.

Mota, C., Santos, D., and Ranchhod, E. (2007). Avaliação de reconhecimento de entidades mencionadas: princípio de arem. *Avaliação conjunta: um novo paradigma no processamento computacional da língua portuguesa*, pages 161–175.

Ohta, T., Tateisi, Y., and Kim, J.-D. (2002). The genia corpus: An annotated research abstract corpus in molecular biology domain. In *Proceedings of the Second International Conference on Human Language Technology Research*, HLT '02, pages 82–86, San Francisco, CA, USA. Morgan Kaufmann Publishers Inc.

Zaccara, R. C. C. (2012). *Anotação e classificação automática de entidades nomeadas em notícias esportivas em Português Brasileiro*. PhD thesis, Universidade de São Paulo.

Formação de gentílicos a partir de topônimos: descrição linguística e aprendizado automático

Roger A. de M. R. Antunes[1], Thiago A. S. Pardo[2], Gladis M. B. Almeida[1]

Núcleo Interinstitucional de Linguística Computacional (NILC)

[1] Programa de Pós-Graduação cm Linguística, Universidade Federal de São Carlos

[2] Instituto de Ciências Matemáticas e de Computação, Universidade de São Paulo

rograntunes@gmail.com, taspardo@icmc.usp.br, gladis.mba@gmail.com

Resumo. *O presente artigo tem como objetivo descrever as regras envolvidas na transformação de topônimos em gentílicos, de modo a identificar regularidades. A partir dessas regularidades, desenvolve-se um algoritmo capaz de gerar gentílicos de forma automática. Como base teórica, são considerados conceitos da Morfologia Derivacional e, do ponto de vista metodológico, toma-se como fonte topônimos e gentílicos do Instituto Brasileiro de Geografia e Estatística (IBGE), bem como se criam procedimentos para tornarem os dados manipuláveis. Realiza-se também um processo complementar de aprendizado automático. Como resultado, obtém-se boa acurácia na predição de gentílicos, revelando regras e atributos novos e relevantes para a tarefa.*

Abstract. *This paper aims to describe the rules required in the transformation of toponyms into demonyms in order to identify regularities. From these regularities, we developed an algorithm that automatically generates demonyms for toponyms of interest. As a theoretical basis, the concepts of Derivational Morphology are considered, and, concerning the methodology, we used data about cities and demonyms provided by the Brazilian Institute of Geography and Statistics (IBGE) website, for which we produced procedures to make this data tractable. A complementary process of automatic learning was also carried out. As a result, a good accuracy was obtained in the prediction of demonyms, revealing new and relevant rules and features for the task.*

1. Introdução

Este trabalho surgiu no contexto de elaboração do Vocabulário Ortográfico Comum da Língua Portuguesa[1] - VOC (Almeida et al, 2013), especificamente durante a inserção, nessa base lexical, dos gentílicos de todos os países[2] que têm como língua oficial o

---

[1] VOC é uma grande base lexical, organizada numa plataforma *web*, que hospeda os Vocabulários Nacionais dos países de língua oficial portuguesa, integrantes da Comunidade dos Países de Língua Portuguesa (CPLP). É um instrumento previsto no Acordo Ortográfico de 1990. Disponível em: <voc.cplp.org>. Acesso em 13/mai/2017.

[2] São os seguintes os países que integram a CPLP: Angola, Brasil, Cabo Verde, Guiné-Bissau, Moçambique, Portugal, São Tomé e Príncipe, e Timor-Leste.

português. Pelo fato de constituir-se numa tarefa humana bastante morosa, observou-se a necessidade de estudar as regularidades morfológicas na formação dos gentílicos, de maneira que fosse possível gerar, de forma automática, os gentílicos a partir dos topônimos inseridos na base do VOC.

Gentílico é a palavra que designa o local (país, região, estado, município, povoação) onde alguém nasceu. A formação do gentílico ocorre a partir do topônimo (nome próprio dos lugares). Para ilustrar, a partir do topônimo □Ibaté, temos o gentílico *ibateense*. Constitui nosso objeto de descrição e análise o conjunto dos gentílicos referentes aos 5.570 municípios brasileiros. A lista contendo todos os municípios bem como sua forma gentílica correspondente foi obtida a partir do *site*[3] oficial do IBGE em 2014. Esse conjunto foi analisado exaustivamente, com o intuito de observar as regras de combinação morfológicas. Assim, pudemos chegar à proposta de algoritmos capazes de gerar automaticamente gentílicos a partir de topônimos. Amparados em conceitos da Morfologia Derivacional, levantamos a produtividade dos morfemas formadores de gentílicos e encontramos nove sufixos acoplados aos topônimos que são responsáveis pela geração dos gentílicos de todos os 5.570 municípios: *-ense, -ano, -ino, -ista, -eiro, -eno, -enho, -ito* e *-ado*.

Neste artigo, em especial, nosso interesse concentra-se nos gentílicos formados a partir de topônimos unigramas, cerca de 52% da lista do IBGE, que são aqueles constituídos apenas por uma palavra, tais como Palmas, Uberlândia e Valinhos. Sendo assim, casos como São Paulo (bigrama), Rio de Janeiro (trigrama) e Barão de Monte Alto (tetragrama) não são objeto deste artigo. Em uma primeira linha de trabalho, mostramos que é possível descrever e sistematizar os processos morfológicos de produção da maioria dos gentílicos. De forma complementar à análise humana, utilizando aprendizado automático, demonstramos que é possível prever o sufixo de formação do gentílico com boa acurácia. O trabalho relatado, com sua abrangência e resultados, é inédito para o português.

Na Seção 2, introduzimos os conceitos básicos desta pesquisa e os principais trabalhos relacionados. Na Seção 3, o conjunto de dados trabalhado é descrito. Nas Seções 4 e 5, respectivamente, apresentamos as análises linguísticas e automáticas realizadas. Algumas considerações finais são feitas na Seção 6.

2. Conceitos básicos e trabalhos relacionados

O principal processo na formação de gentílicos é a derivação sufixal. A derivação, processo muito produtivo de formação de palavras no português, é a adição de um afixo a uma base ou radical (Alves, 1990; Correia e Almeida, 2012). A derivação é sufixal quando o afixo vem à direita da base (marialv<u>ense</u>) e é prefixal quando o afixo vem à esquerda (<u>des</u>abastecer) (Sandmann, 1992). Um aspecto relevante a considerar na derivação sufixal é o fato de o sufixo determinar a categoria gramatical da palavra resultante (Kedhi, 1992; Basílio, 2004). Podemos exemplificar por meio da base *feliz*, na qual adicionamos o sufixo *-mente*, que vai transformar o adjetivo *feliz* no advérbio *felizmente*.

---

[3] <www.cidades.ibge.gov.br>.

Entre os autores que já trataram dos gentílicos, podemos citar Melo e Gomes (2000), que tiveram como objeto de seu estudo a análise morfológica da formação de gentílicos a partir de topônimos referentes aos 26 estados brasileiros e suas respectivas capitais. Esse trabalho também dá relevo para questões referentes à toponímia e ao percurso histórico (pautado em dicionários) responsável pelas nomeações.

Dignos de nota também são os trabalhos de Areán-García (2009, 2012), situados na morfologia histórica, que descrevem a genealogia semântica dos gentílicos e dos agentivos formados por -*ista* ao longo de todo o período de criação do Estado Brasileiro em comparação com a língua portuguesa europeia e outras línguas também europeias.

Ressalte-se que, nesses trabalhos citados, não havia a abrangência e a preocupação de automatizar o processo de formação de gentílico a partir de um topônimo, o que dá o caráter de originalidade à pesquisa relatada neste artigo.

3. Conjunto de dados

O *site* do IBGE foi escolhido como fonte de dados por se tratar de um instituto oficial e conter diversos tipos de informações referentes a todos os municípios brasileiros, incluindo aí os gentílicos. Ressalte-se que foi utilizada nesta pesquisa uma versão anterior do *site* denominada "Cidades"[4].

Embora o *site* seja extremamente rico e traga um conjunto muito diverso e detalhado de informações, ele está num formato que impede o processamento computacional, razão pela qual foram desenvolvidos *scripts* que possibilitaram a transformação daqueles dados em tabelas, o que nos permitiu total manipulação. Assim, foi construída uma lista em formato de tabela, de topônimos associados aos seus respectivos gentílicos, contendo 5.570 linhas, correspondendo ao total de municípios brasileiros. Dos 5.570 municípios, foram considerados neste trabalho apenas as formas unigramas, como mencionamos na Seção 1.

4. Descrição linguística

Esta seção está dividida em duas partes: a primeira descreve o método de trabalho e os recursos utilizados, assim como os primeiros apontamentos; e a segunda apresenta os resultados da análise e os processos resultantes.

4.1. Método de trabalho e recursos utilizados

Para realizar a descrição, iniciamos pelos topônimos que recebem os sufixos -*ano, -ino, -ista, -eiro, -eno, -enho, -ito* e -*ado*, considerados os menos convencionais, já que, na maioria dos casos, o que se têm são as formações em -*ense*, considerado o sufixo prototípico para a formação de gentílicos. Sendo assim, na primeira etapa, que foi responsável pela identificação das extremidades dos topônimos e sua associação aos sufixos gentílicos, o sufixo -*ense* não foi contemplado, por ser considerado o padrão, com 91,5% de ocorrências.

Para que fosse possível diferenciar os topônimos que recebem um ou outro sufixo formador de gentílico, foram delimitadas suas terminações (extremidades),

---

[4] <http://cidades.ibge.gov.br/xtras/home.php>.

utilizando-se apenas critérios grafemáticos de sequências finais de letras. Na prática, foram separadas as últimas três, quatro ou cinco letras dos topônimos, dependendo do caso, separação esta que visou à distinção das unidades finais. Por exemplo, para o sufixo *-ano* (que se apresentou em 4,83% das ocorrências), agrupamos todas as extremidades de topônimos cujos gentílicos se formavam com este sufixo, sendo elas: <aba> (Piracic<u>aba</u> (SP) - *piracicabano*), <aça> (Momb<u>aça</u> (CE) - *mombaçano*), <aia> (Atib<u>aia</u> (SP) - *atibaiano*), etc.

Com esse processo, percebeu-se que, embora as extremidades dos topônimos fossem responsáveis pela escolha de um ou outro sufixo, muitas delas permitiam a geração de mais de uma forma de gentílico, cada forma realizada com sufixos distintos, inclusive com o sufixo *-ense*. Por exemplo, a partir do topônimo Colômbia (SP), podem-se formar os gentílicos *colombiano* e *colombiense*.

Além de observar os grafemas que compunham as terminações dos topônimos, foi preciso também levar em conta algumas adequações morfofonológicas[5] responsáveis pela elisão ou crase da vogal temática final, quando as bases recebem o sufixo de gentílico, como nos casos de: Pen<u>edo</u> (AL) - *penedense* (elisão: <edo> + -**ense**), Morung<u>aba</u> (SP) - *morumgabano* (crase: <ab**a**> + -**ano**). Esses padrões foram chamados de regras de ligação grafemática e são identificadas em todas as construções de gentílicos.

4.2. Descrição e análise linguística: dados e processos resultantes

Por meio do método apresentado na subseção anterior, pudemos observar, que:

1. a derivação está presente em praticamente todos os gentílicos, excetuando-se apenas casos arbitrários como Salvador - *soteropolitano*, não tratados aqui;

2. a escolha do sufixo varia conforme a extremidade do topônimo;

3. *-ense* é o sufixo padrão, e os outros oito sufixos ocorrem em minoria, ainda que aplicável em diversos topônimos, o que amplia as possibilidades combinatórias para a geração dos gentílicos;

4. algumas extremidades de topônimos podem receber mais de um sufixo para formar gentílicos.

Procedemos, então, à estruturação, na forma de um banco de dados morfológicos, de todos esses elementos descritos, tais como: as extremidades dos topônimos associadas aos sufixos gentílicos com que ocorrem, a lista de extremidades que não se formam com *-ense* e a lista de ligação grafemática, responsável pela concatenação dos morfemas. Todos esses dados organizados permitiu-nos gerar os gentílicos a partir das unidades toponímicas unigramas, seguindo o esquema algorítmico explicitado no Quadro 1.

O algoritmo funciona da forma descrita a seguir. Inicialmente, apresenta-se o topônimo para o qual se deseja obter os gentílicos possíveis, juntamente com o banco de dados morfológicos, no qual se baseia todo o processo. No passo 1, é consultado o

---

[5] "É objeto da morfonologia, forma haplológica de morfofonologia, o estudo das mudanças que se operam no corpo fônico dos elementos, bases ou radicais e afixos ou flexões, que se unem para formar vocábulos ou unidades lexicais novas, compostos ou derivados, ou variantes flexionais de um mesmo vocábulo ou unidade lexical." (Sandmann, 1997, p. 50)

banco de extremidades toponímicas associadas aos oito sufixos gentílicos (excetuando-se *-ense*), buscando-se pelos possíveis sufixos associados às extremidades existentes (de 3, 4 ou 5 letras) do topônimo de interesse. Caso essa consulta retorne resultados (conforme checagem no passo 2), segue-se para o passo 3. No passo 3, consulta-se se alguma das extremidades toponímicas pode se associar ao sufixo *-ense*. Este passo ajuda a impedir a sobregeração dos gentílicos. Se o passo 3 sinalizar negativamente, deve-se gerar o gentílico somente com o sufixo encontrado na consulta realizada no passo 1, o que é feito no passo 4. Quando a etapa 3 sinaliza positivamente, pula-se para o passo 5, que prevê a geração de variações do gentílico com o sufixo identificado no passo 1 e também com o sufixo *-ense*. No caso da consulta do passo 2 não retornar resultado, pula-se diretamente para o passo 6, que prevê somente a utilização do sufixo *-ense* para a formação do gentílico (o que representa o caso padrão, ou *default*). No passo 7, depois que já está(ão) selecionado(s) o(s) sufixo(s) que formará(rão) o(s) gentílico(s), há necessidade de consulta ao banco das regras de adequação grafemática, pois, ao concatenar os elementos morfológicos envolvidos na derivação, às vezes, é preciso adicionar ou suprimir letras. No passo 8, as regras identificadas (se houver alguma) são aplicadas, produzindo-se os gentílicos. No passo 9, removem-se eventuais diacríticos residuais dos gentílicos produzidos. Os gentílicos resultantes são retornados/exibidos pelo passo 10.

Quadro 1. Algoritmo de produção de gentílicos

<u>Dados de entrada</u>: topônimo de interesse, banco de dados morfológicos
<u>Dados de saída</u>: gentílicos possíveis para o topônimo de interesse
Início do algoritmo

    1. Buscar no banco de dados as extremidades possíveis do topônimo (com 3, 4 ou 5 letras) e, para cada extremidade encontrada (se houver alguma), o sufixo associado a ela

    2. Se a busca acima encontrar extremidades e sufixos no banco de dados, então

        3. Checar, no banco de dados, se cada extremidade encontrada pode se associar ao sufixo *-ense*

            4. Se a extremidade não se associar a *-ense*, então utilizar o sufixo encontrado no passo 1 para produzir o gentílico

            5. Senão, se a extremidade puder se associar a *-ense*, então utilizar o sufixo encontrado no passo 1 e também o sufixo *-ense* para construir os possíveis gentílicos

    6. Senão, se a busca não encontrar extremidade alguma no banco de dados, então utilizar somente o sufixo *-ense* para construir o gentílico

    7. Buscar no banco de dados por regras de adequações grafemáticas que devem ser aplicadas na construção de cada possível gentílico

    8. Aplicar as regras de adequações grafemáticas identificadas (caso haja alguma) para a adequação dos gentílicos

    9. Se houver diacríticos nos gentílicos produzidos, remover os diacríticos

    10. Retornar os gentílicos produzidos

Fim do algoritmo

Como se nota, a lógica do trabalho foi de descrever as exceções para chegar à regularidade, portanto, tudo que não fez parte das particularidades dos oito sufixos é caracterizado como padrão, com sua construção realizada pelo sufixo *-ense*.

Para exemplificar as etapas do algoritmo, assume-se que o topônimo *Poconé (MT)* é fornecido como entrada. No passo 1, busca-se e encontra-se sua extremidade associada ao sufixo *-ano*. No passo 2, confirmando que a busca no passo 1 teve sucesso, ativa-se o passo 3, que verifica que a extremidade <oné> não se liga a *-ense*, passando, portanto, para o passo 4, que é a etapa responsável pela associação da base *Poconé* a *-ano*. Passa-se, então, ao passo 7, em que se percebe que não há necessidade de aplicação de regras específicas para supressão ou adição de elementos. Então, no passo 8, simplesmente concatenam-se os elementos (*Poconé* + (vazio) + *ano*). No passo 9, remove-se o diacrítico referente ao acento (′). No passo 10, por fim, é retornado o resultado, que é o gentílico *poconeano*.

O algoritmo foi validado manualmente. Todos os topônimos utilizados tiveram seus gentílicos produzidos pelo algoritmo. Inicialmente, verificou-se na listagem do IBGE se o gentílico produzido era o esperado. Caso não fosse, buscou-se o gentílico produzido no dicionário eletrônico Houaiss (2009) e/ou na *web* (na Wikipedia e no Google), para atestar sua viabilidade. Com essa forma de validação, foi possível verificar que: (i) as tarefas realizadas pelo algoritmo são capazes de gerar gentílicos a partir de topônimos, tomando como base a lista extraída do IBGE; e (ii) nenhuma lista de gentílicos é tão completa, no sentido de possuir uma abrangência em relação à existência de uma forma de gentílico para cada cidade, quanto a do IBGE, pois nem todos os outros meios de validação registram os gentílicos gerados pelo algoritmo e/ou possuem gentílicos para os topônimos processados.

5. Aprendizado automático

O aprendizado automático foi realizado sobre a base de municípios brasileiros com dois principais objetivos: (i) verificar, de forma automática, a regularidade do processo morfológico para produção dos gentílicos e (ii) identificar e extrair eventuais padrões interessantes de produção de gentílicos.

No primeiro caso, se o aprendizado realizado pela máquina demonstra uma boa acurácia, pode-se corroborar a análise humana anterior de que, pelo menos parcialmente, há processos regulares, baseados nas características dos topônimos, que podem ser reutilizados. Casos arbitrários (por exemplo, o topônimo *Niterói* e seu gentílico *fluminense*) pouco contribuiriam para o aprendizado.

No segundo caso, a máquina, com seus métodos de aprendizado, pode identificar padrões que a análise e introspecção humana podem não reconhecer. A análise humana normalmente é um processo caro e lento, sujeito às falhas e inconsistências humanas. A análise automática, por outro lado, pode ser executada em larga escala, de maneira relativamente eficiente, em grandes bases de dados, podendo identificar conhecimento relevante adicional não detectado pelo humano, mesmo que seu método de busca de padrões seja significativamente mais limitado do que o nível que a cognição humana atinge. É essa perspectiva que se destaca, em que os padrões identificados pela máquina podem revelar processos interessantes que podem enriquecer a análise humana e indicar, inclusive, novas possibilidades de análise.

Neste trabalho, como um dos objetivos é explicitar novos conhecimentos, foram utilizados métodos simbólicos de aprendizado, que podem produzir árvores de decisão e regras de classificação. Relatamos, principalmente, o resultado produzido pelo método PART (Frank e Witten, 1998), que produz regras de classificação. Ele foi adotado porque foi capaz de produzir um conjunto mais compacto de regras (em relação aos demais métodos testados) e com boa acurácia.

Para modelar a tarefa em questão como um problema de aprendizado de máquina, cada topônimo foi considerado uma instância de aprendizado e caracterizado por um conjunto de oito atributos, a saber:

1. atributo de tamanho relativo do topônimo, em que topônimos com 5 letras ou menos são considerados "pequenos", topônimos com 6 a 10 letras são considerados de tamanho "médio" e topônimos com mais de 10 letras são considerados "grandes" (definiu-se empiricamente o intervalo de número de letras para cada tamanho especificado);

2. atributo que armazena os três últimos caracteres do topônimo (concatenados), em linha com parte da descrição linguística relatada anteriormente neste artigo;

3. cinco atributos que consistem, isoladamente, nos cinco últimos caracteres dos topônimos (que nomeamos, de forma abreviada, de c a c-4, sendo o último caractere representado pelo atributo 'c', o penúltimo pelo atributo 'c-1', e assim por diante);

4. atributo que armazena o estado onde se localiza a cidade relativa ao topônimo.

A cada instância de aprendizado foi associada sua classe, que, neste caso, é o sufixo que deve ser utilizado para constituir o gentílico correspondente. Como ilustração, o Quadro 2 mostra como seria a representação do topônimo *Piracicaba* (cujo gentílico é *piracicabano*) como uma instância para aprendizado de máquina. Todos os topônimos unigramas foram representados dessa forma. No total, foram utilizados 245 topônimos para o aprendizado, nomeadamente aqueles que não se formam com o sufixo *-ense*.

Quadro 2. Exemplo de representação do topônimo *Piracicaba* como uma instância para aprendizado de máquina

Topônimo	Atributos								Classe
	tamanho	3 últimos caracteres	c-4	c-3	c-2	c-1	c	estado	
Piracicaba	médio	aba	i	c	a	b	a	SP	ano

O aprendizado de máquina foi realizado na ambiente WEKA (Witten et al., 2011). Em um primeiro momento, o conjunto completo de instâncias foi utilizado para aprendizado e também avaliação da acurácia, buscando-se confirmar a regularidade do processo de formação de gentílicos.

Utilizando-se somente o atributo de três últimos caracteres para o aprendizado (simulando-se parte da análise linguística já relatada anteriormente), a acurácia atingida pelo aprendizado foi de 86,5%, ou seja, foi possível, com base nas regras aprendidas, prever corretamente o sufixo (a classe) do gentílico correspondente em 86,5% dos casos (ou seja, 212 casos, no total). Nesse cenário, foram aprendidas 114 regras, sendo a mais produtiva (a primeira do conjunto) a seguinte regra: SE os 3 últimos caracteres do topônimo forem *lis*, ENTÃO a classe é *-ano*.

Utilizando-se mais atributos da representação (o tamanho relativo e os 5 últimos caracteres isolados, além do atributo anterior), produziu-se uma acurácia de 88,9% (uma melhoria de 2,7% em relação ao resultado anterior), com 107 regras aprendidas.

Incorporando-se o atributo de estado (que, em um primeiro momento, poderia parecer irrelevante), atingiram-se impressionantes 99,1% de acurácia (uma melhoria de 11,4% em relação ao resultado acima), com 100 regras aprendidas, sendo que a maior diferença para a versão anterior foi a previsão correta dos gentílicos terminados em *-ino*. Basicamente, o aprendizado identificou que a maior parte dos gentílicos terminados em *-ino* provém dos estados de Goiás e Tocantins (das regiões Centro-Oeste e Norte do Brasil, respectivamente). Algumas regras do conjunto aprendido são exemplificadas abaixo:

SE os 3 últimos caracteres do topônimo forem *aba*, ENTÃO a classe é *-ano*

...

SENÃO SE o estado for *Paraná* E o último caractere for *s*, ENTÃO a classe é *-ano*

SENÃO SE o estado for *Minas Gerais* E os 3 últimos caracteres do topônimo forem *lis* E o tamanho for *grande*, ENTÃO a classe é *-ano*

...

SENÃO SE os 3 últimos caracteres do topônimo forem *lis* E o estado for *Goiás*, ENTÃO a classe é *-ino*

Corroborando a descrição linguística realizada e a relevância do aprendizado automático, ao se realizar a seleção de atributos no ambiente WEKA, os atributos relativos aos três últimos caracteres do topônimo e ao estado mostram-se como os mais relevantes.

Em outra perspectiva, ao se realizar a avaliação sobre conjuntos de dados diferentes dos utilizados para o aprendizado (que consiste em uma boa prática em aprendizado de máquina), utilizando-se o esquema de validação cruzada de 10 pastas (com todos os atributos), atingem-se 69,7% de acurácia, sendo que a maioria dos erros ocorre para as classes *-ano* e *-ino*.

Por fim, vale citar mais um resultado de aprendizado automático. Avaliando-se conjuntos de regras aprendidos automaticamente, obteve-se um conjunto de regras enxuto e elegante com o método JRip (Cohen, 1995), com uma boa acurácia de 88,1% (utilizando-se todo o conjunto de dados para aprendizado e avaliação). O conjunto é exibido a seguir. Como se pode ver, os três últimos caracteres e o estado mantêm-se como atributos muito relevantes na classificação.

SE os 3 últimos caracteres do topônimo forem *aré*, ENTÃO a classe é *-eno*

SENÃO SE o estado for *Goiás*, ENTÃO a classe é *-ino*

SENÃO SE o antepenúltimo caractere do topônimo for '*n*' e o último caractere for '*e*', ENTÃO a classe é *-ino*

SENÃO SE os 3 últimos caracteres do topônimo forem *tes*, ENTÃO a classe é *-ino*

SENÃO SE o estado for *Tocantins* e os 3 últimos caracteres do topônimo forem *lis*, ENTÃO a classe é *-ino*

SENÃO a classe é *-ano*

É relevante adicionar que todos os métodos de aprendizado de máquina investigados foram executados no WEKA com suas configurações padrões. Além disso, ressalta-se que muitos outros métodos foram avaliados, mas relatamos aqui somente os mais promissores.

Conclui-se, no geral, que o aprendizado de máquina é relevante para explicitar conhecimentos interessantes, corroborando resultados manuais e complementando a análise humana.

6. Considerações finais

Pelo que se sabe, o trabalho aqui apresentado é inédito em termos de abrangência e profundidade de análise realizada para a língua portuguesa. De nosso particular interesse é a replicação desta pesquisa para outros países de língua oficial portuguesa, verificando-se em que medida os processos morfológicos identificados também ocorrem. Logicamente, nesses casos, o uso de informações geográficas específicas do Brasil (como a informação de estado) não é relevante.

Como próximo passo dessa pesquisa, vislumbra-se o desenvolvimento de uma interface web de fácil acesso e uso que, (i) além de manter um catálogo dos topônimos e seus gentílicos, (ii) permita a geração de possíveis gentílicos a partir de novos topônimos apresentados, utilizando-se o algoritmo produzido e as regras de aprendizado de máquina identificadas.

Agradecimentos

Agradecemos a valiosa colaboração de José Pedro Ferreira, pesquisador do Centro de Estudos de Linguística Geral e Aplicada (CELGA) da Universidade de Coimbra, Portugal, que desenvolveu os *scripts* que possibilitaram a captura e transformação dos dados provenientes do *site* do IBGE. Agradecemos também à CAPES e à FAPESP, pelo apoio a este trabalho.

Referências

Almeida, G. M. B.; Ferreira, J. P.; Correia, M.; Oliveira, G. M. (2013) "Vocabulário Ortográfico Comum (VOC): constituição de uma base lexical para a língua portuguesa". *Estudos Linguísticos* (São Paulo, 1978), v. 42, p. 204-215.

Alves, I. M. (1990) *Neologismo: criação lexical*. São Paulo: Ática.

Antunes, R. A. de M. R. (2017) *Formação de Gentílicos a partir de Topônimos: Proposta de geração automática*. 253 pg.. Dissertação (Mestrado) - Universidade Federal de São Carlos - UFSCar.

Areán-García, N. (2009) "A formação de nomes gentílicos com o sufixo -ista no português: algumas questões". *Estudos Linguísticos*, São Paulo, 38 (2): 31-41.

Areán-García, N. (2012) "A formação de nomes de profissionais a partir do sufixo -ista". In: Ana María Cestero Mancera, Isabel Molina Martos, Florentino Paredes García (eds) *La lengua, lugar de encuentro*. Actas del XVI Congreso Internacional de la Alfal. Alcalá de Henares: Servicio de Publicaciones de la Universidad de Alcalá, p. 2475-2483.

Basílio, M. (2004) *Formação e classes de palavras no português do Brasil*. São Paulo: Contexto.

Cohen, W. W. (1995) "Fast Effective Rule Induction", In: *Proceedings of the Twelfth International Conference on Machine Learning*, p. 115-123.

Correia, M. e Almeida, G. (2012) *Neologia em português*. São Paulo: Parábola.

Instituto Antônio Houaiss. (2009) *Dicionário eletrônico Houaiss da língua portuguesa 1.0*. Rio de Janeiro: Objetiva.

Instituto Brasileiro de Geografia e Estatística (IBGE). Cidades@. Disponível em: http://www.cidades.ibge.gov.br/xtras/home.php.

Frank, E. and Witten, I. H. (1998) "Generating Accurate Rule Sets Without Global Optimization", In: *Proceedings of the Fifteenth International Conference on Machine Learning*, p. 144-151.

Kehdi, V. (1999) *Formação de palavras em português*. 3a edição. São Paulo: Ática.

Melo, C. R. e Gomes, J. J. (2000) "Adjetivos pátrios brasileiros". *Ao pé da Letra* (UFPE), v. 2, p. 35-40.

Sandmann, A. (1992) *Morfologia lexical*. São Paulo: Contexto.

Sandmann, A. (1997) *Morfologia Geral*. 3ª ed. São Paulo: Contexto.

Witten, I. H.; Frank, E.; Hall, M. A. (2011) *Data Mining: Practical Machine Learning Tools and Techniques*. Morgan Kaufmann Publishers.

Visualização de glossário em sistemas de recuperação de informação

Glauber J. Vaz[1], Leandro H. M. de Oliveira[2], Ivo Pierozzi Júnior[1]

[1]Embrapa Informática Agropecuária
Caixa Postal 6041 CEP: 13083-886 – Campinas, SP – Brasil

[2]Departmento de Pesquisa e Desenvolvimento – Embrapa Sede
Brasília, DF - Brasil

{glauber.vaz, leandro.oliveira, ivo.pierozzi}@embrapa.br

Abstract. *Glossary visualization in information retrieval system is a useful feature for their users. This work presents an information retrieval system component that displays a glossary according to the query results. It also provides details of its implementation and points out various possibilities of development.*

Resumo. *A visualização de um glossário em sistemas de recuperação de informação fornece grande auxílio a seus usuários. Este trabalho apresenta um componente de sistema de recuperação de informação que exibe um glossário de acordo com os resultados das consultas realizadas. Também fornece detalhes de sua implementação e aponta várias possibilidades de evolução.*

1. Introdução

Segundo o Dicionário Eletrônico Houaiss da Língua Portuguesa (Versão 1.0 – Dezembro de 2001), na Idade Média e no Renascimento, os glossários representavam a reunião de anotações, antes interlineares (glosas), sobre o sentido de palavras antigas ou obscuras encontradas nos textos e eram apresentados no final de um manuscrito ou até em volumes separados da obra original. Atualmente, não distante do entendimento antigo, os glossários podem ser definidos como um conjunto organizado de termos de uma área de conhecimento e seus significados e definições.

Mais recentemente, os glossários passaram a ser reconhecidos como ferramentas de representação do conhecimento, juntamente com lista de termos e vocabulários controlados, sendo todas já consideradas como Sistemas de Organização do Conhecimento (SOC) [Souza et al. 2010], [Zeng 2008]. Os SOC (mais conhecidos na literatura acadêmica como *Knowledge Organization Systems* ou KOS) têm ganhado cada vez mais atenção em decorrência de sua utilidade em aplicações para a Web Semântica, onde vocabulários formalizados e menos ambíguos, usados como indexadores de recursos informacionais, são altamente recomendados [Baracho 2016] por causa dos consequentes benefícios que proporcionam no processo de recuperação da informação.

No entanto, vocabulários controlados nem sempre estão comprometidos em apresentar e disponibilizar numa mesma estrutura, seja ela conceitual seja tecnológica, as definições ou as acepções de um determinado termo. Essa funcionalidade é oferecida pelos glossários. Dessa forma, o alinhamento e a convergência dessas ferramentas de representação de conhecimento fornecem uma base bastante consistente para enriquecer sistemas de recuperação da informação, cujas respostas a eventuais buscas podem se beneficiar de maior precisão e menos ambiguidade de um lado e, de outro, podem fornecer ao usuário um panorama terminológico ampliado a ser explorado.

A utilização de um glossário por parte de uma comunidade possibilita uma compreensão homogênea sobre o significado dos termos. A exibição frequente das definições dos termos mais usados por uma comunidade auxilia na consolidação da terminologia e possibilita melhor comunicação entre seus membros, além de criar oportunidades para maior discussão sobre o significado dos termos utilizados. Agregar um glossário a um sistema de recuperação de informação significa oferecer um recurso linguístico justamente no momento em que o usuário está procurando informações associadas ao tema e, portanto, em que está mais aberto a receber esse tipo de informação.

Além disso, no contexto de um sistema de recuperação de informação, a apresentação das definições dos termos contribui nas estratégias de busca do usuário, uma vez que essas definições contêm palavras que podem ser consideradas na formulação de novas consultas por parte do usuário, contribuindo assim no refinamento da busca.

No entanto, não há muitos trabalhos que detalhem a implementação de uma funcionalidade como essa. Um trabalho recente [Bauer et al. 2015] apresenta o WikiHyperGlossary (WHG), tecnologia que usa glossário para possibilitar uma melhor compreensão de documentos da área de Química. Neste sistema, os documentos apresentam termos em destaque com hiperlinks que levam à abertura de novas janelas contendo a definição do termo e outras informações específicas do domínio. No WHG, os documentos são processados por meio de expressões regulares para que sejam identificados os termos relacionados ao tema de interesse. Porém, uma abordagem mais personalizada pode ser utilizada no processamento de documentos, com o uso de diferentes analisadores de texto e não apenas daqueles baseados em expressões regulares. Além disso, no escopo de recuperação de informação, esse processamento pode ocorrer previamente, na fase de indexação, e não apenas durante a geração da marcação HTML.

Neste trabalho, apresentamos um recurso de visualização de glossário em um sistema de recuperação de informação e fornecemos detalhes de sua implementação.

Este recurso é baseado em analisadores de texto personalizados para identificar os termos do glossário presentes nos documentos durante sua indexação. Esta abordagem também cria oportunidades para melhorar a interface de usuário.

2. Metodologia

Elasticsearch [Gormley and Tong 2015] é uma tecnologia para a construção de ferramentas de busca. Oferece interface simples via API e é baseada na biblioteca de código aberto Apache Lucene, que oferece recursos de indexação e busca de textos. O processamento de texto é feito tanto na fase de indexação quanto na de busca por analisadores que recebem uma cadeia de caracteres e retornam uma lista de *tokens*. Alguns desses analisadores já são oferecidos pela tecnologia, como, por exemplo, o baseado em expressões regulares, mas outros também podem ser personalizados. São compostos sequencialmente por (i) filtros de caracteres opcionais, que substituem determinados caracteres por outros, (ii) exatamente um *tokenizer*, que produz uma lista de *tokens* a partir de uma cadeia de caracteres, e (iii) por filtros de *tokens*, também opcionais, que podem modificar a lista de *tokens*. A Figura 1 ilustra a composição de um analisador para Elasticsearch. Neste trabalho, explicamos os analisadores usados na implementação do recurso de glossário do sistema.

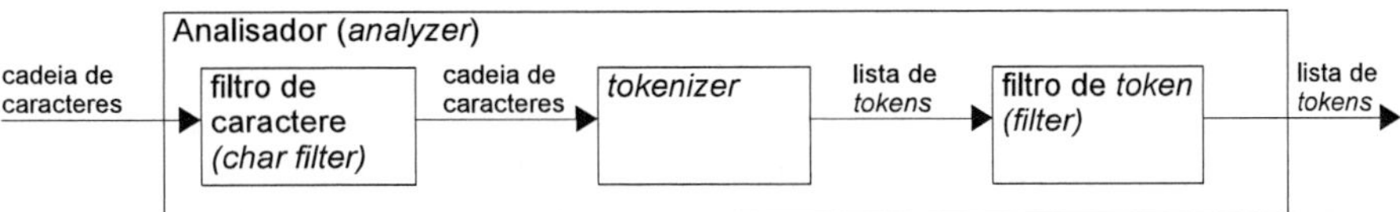

Figura 1. Elementos de um analisador

A interface do sistema é baseada em portlets que se comunicam entre si. Os portlets são aplicações que fornecem fragmentos específicos de conteúdo para serem incluídos em uma página de portal [Hepper 2008]. Assim, cada portlet pode ser responsável por uma funcionalidade do sistema de recuperação de informação. Na nossa solução, um portlet foi desenvolvido exclusivamente para expor o glossário.

O modelo de portlet segue o padrão *Model-View-Controller* (MVC). O controlador do portlet faz chamadas à API do servidor Elasticsearch para realizar as consultas. Então, os resultados obtidos são processados para gerar o conteúdo do portlet.

O sistema indexa dados das publicações da Empresa Brasileira de Pesquisa Agropecuária (Embrapa). O glossário utilizado tem 86 termos relacionados a recursos hídricos, mudanças climáticas e agricultura. Sua construção foi baseada na metodologia "OntoMethodus", apresentada e discutida em detalhes por Di Fillipo et al. (2008), sendo realizadas algumas adaptações e complementações ao método. Resumidamente, o itinerário metodológico foi assim executado: (1) construção, limpeza e compilação de um córpus textual sobre o domínio de interesse, composto pela reunião de textos, no caso, publicações técnico-científicas envolvendo temáticas relacionadas aos impactos ambientais da agricultura e das mudanças climáticas sobre recursos hídricos. O córpus foi composto de textos na língua inglesa e totalizou 1.034.534 palavras; (2) extração semiautomática de candidatos a termos e validação intelectual dessa lista por especialistas nas temáticas mencionadas acima. A validação incluiu a proposição dos termos equivalentes em língua portuguesa, os quais foram obtidos por meio de mapeamento com os dois tesauros agrícolas reconhecidos internacionalmente e que possuem terminologias em português: Agrovoc (http://aims.fao.org/vest-registry/vocabularies/agrovoc-multilingual-agricultural-thesaurus) e CAB Thesaurus (http://www.cabi.org/cabthesaurus/). Quando o termo equivalente em português não constava dos tesauros, considerou-se a sugestão dos especialistas, que também foram consultados em relação à seleção de termos a serem definidos, resultando uma lista final de 303 termos; (3) composição de uma base definicional com excertos do córpus textual, ou seja, trechos do texto onde há indicações linguísticas denotativas da definição dos termos selecionados na etapa 2. Nesta fase, a validação dos especialistas também considerou a tradução dos excertos do original em inglês para o português; (4) preenchimento da ficha terminológica (v. modelo na Figura 2) para organização dos dados pertinentes a cada verbete do glossário, constituído por 86 termos. Como etapa final do processo, uma nova validação por especialistas foi realizada visando a melhor adequação do enunciado da definição.

Todo esse itinerário metodológico foi realizado por meio da utilização do software e-Termos (https://www.etermos.cnptia.embrapa.br/index.php), um ambiente computacional colaborativo web de acesso livre e gratuito dedicado à gestão terminológica. O glossário, assim construído, foi salvo em formato JSON e incorporado ao sistema de recuperação de informação.

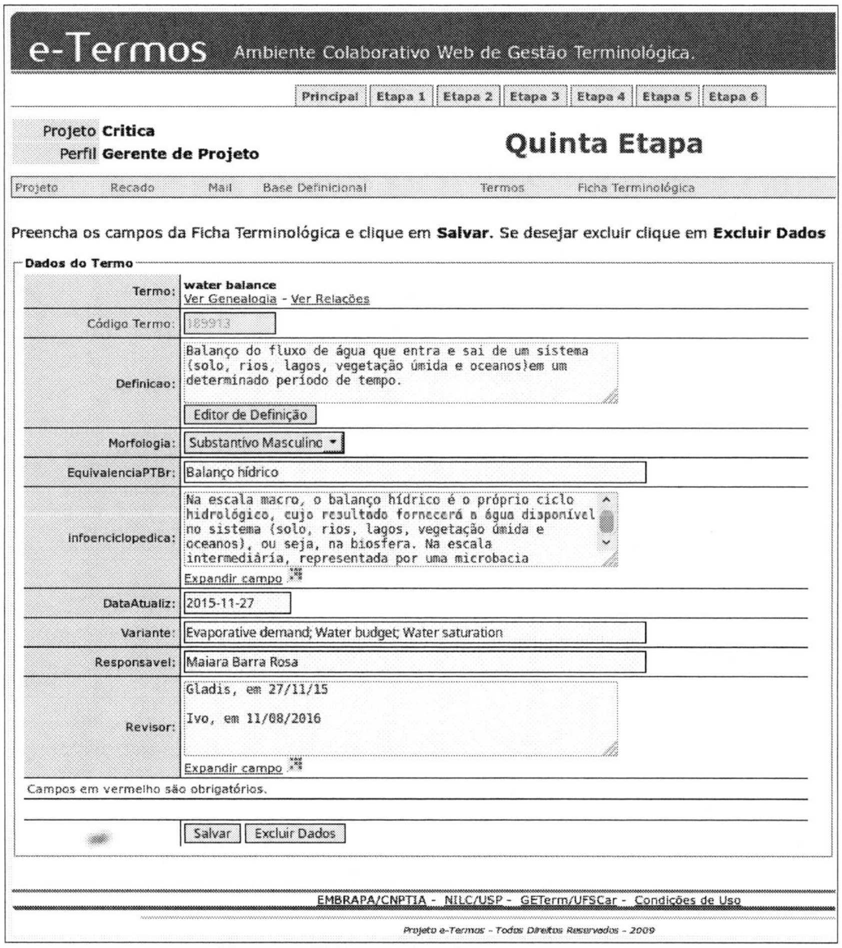

Figura 2. Ficha terminológica no e-Termos

3. Resultados e Discussão

Desenvolvemos um componente de glossário para um sistema de recuperação de informação que exibe definições de termos presentes em documentos que fazem parte dos resultados de uma consulta. A Figura 3 exibe a interface do sistema com o glossário à esquerda. Este componente foi implementado em um portlet e exibe definições de termos presentes nas publicações listadas nos resultados de uma consulta, exibidos em outro portlet. Os documentos exibidos como resultados podem ser paginados. Assim, são apresentadas apenas as definições dos termos que estão contidos nos documentos exibidos na página corrente dos resultados. Quando uma determinada publicação é selecionada pelo usuário, as definições exibidas são dos termos presentes apenas nesta publicação.

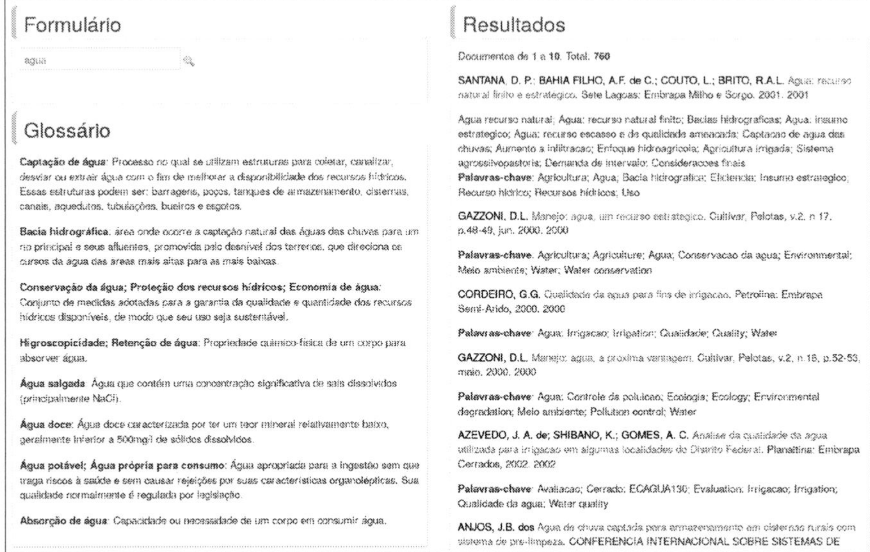

Figura 3. Exibição do glossário no sistema de recuperação de informação

Para implementar este componente, dois tipos precisam ser criados no índice utilizado, um para o glossário, em que os termos são indexados e suas definições armazenadas, e outro para as publicações, que inclui um campo que identifica os termos do glossário presentes nas publicações.

A Figura 4 mostra o exemplo de indexação do termo "Bacia hidrográfica". O tipo "glossario", portanto, deve conter os campos "TERMO" e "DEFINICAO". No exemplo, o verbete de "Bacia hidrográfica" é incluído no tipo "glossario" do índice "idx" com identificador "1". De forma análoga, a Figura 5 mostra o exemplo da inclusão de uma publicação com identificador "10" em "publicacoes" do índice "idx". Não mostramos aqui todos os campos utilizados no sistema real, mas apenas o suficiente para explicar nossa solução.

```
PUT /idx/glossario/1
{
  "TERMO": "Bacia hidrográfica",
  "DEFINICAO": "Área onde ocorre a captação natural das águas das chuvas para
um rio principal e seus afluentes, promovida pelo desnível dos terrenos, que
direciona os cursos da água das áreas mais altas para as mais baixas."
}
```

Figura 4: Exemplo de indexação de verbete do glossário

```
PUT /idx/publicacoes/10
{
  "TITULO" : "Título do artigo",
  "AUTORIA" : "VAZ, G. J.; PIEROZZI JR., I.; OLIVEIRA, L. H. M. de.",
  "FONTE" : "In: STIL 2017",
  "ANO" : 2017,
  "PALAVRAS_CHAVES" : "Linguística; Ciência da Computação",
  "RESUMO" : "Resumo do artigo",
  "TIPO" : "Artigo em Anais de Congresso"
}
```

Figura 5: Exemplo de indexação de uma publicação

O mapeamento é o que define como os documentos devem ser armazenados e indexados. No caso do tipo "glossario", o campo "TERMO" deve utilizar analisadores apropriados para indexação e busca de maneira que se mantenha o termo completo em apenas um *token*. Já o campo "DEFINICAO" não é indexado porque não oferecemos buscas diretamente no glossário. Não é disponibilizada, por exemplo, uma funcionalidade que possibilite busca de termos ou definições em função de palavras isoladas presentes nesses campos. O único recurso oferecido por enquanto é a obtenção de definições para termos completos conforme indexados. Por exemplo, considerando-se o caso da Figura 4, uma consulta a "Bacia hidrográfica" obtém sucesso, mas consultas a "Bacia" ou a "chuvas" não.

O mapeamento das publicações é mais complexo. A Figura 6 exibe os trechos relevantes do mapeamento das publicações para o uso do glossário. Trechos ocultos são representados por "…" e ":". Vários campos, ou propriedades, podem ser utilizados para indexar publicações técnicas e científicas. No exemplo, utilizamos os mesmos relacionados na Figura 5 e adicionamos "GLOSSARIO".

Os campos são processados conforme seu tipo e seus analisadores de indexação e de busca. Como estamos tratando principalmente de texto, os tipos são "string" para todos os campos mostrados, exceto para "ANO", tratado como inteiro.

Os valores de determinado campo podem ser copiados para campos complementares, o que é representado pelo uso de "copy_to". Neste caso, copiamos para "GLOSSARIO" todos os campos em que se deseja identificar os termos do glossário: "TITULO", "RESUMO" e "PALAVRAS-CHAVE", pois estão diretamente relacionados ao conteúdo da obra. Campos como nome do autor, por exemplo, não devem ser copiados, porque não se espera encontrar em nomes próprios termos associados ao tema de interesse.

```
PUT /idx/_mapping/publicacoes
"properties": {
      "TITULO": {
          "type":              "string",
          "index_analyzer":    "index_content",
          "search_analyzer":   "search_content",
          "copy_to":           [..., "GLOSSARIO"]
      },
      "AUTORIA":{…},
      "FONTE":{…},
      "ANO":{…},
      "PALAVRAS_CHAVES":{…},
      "RESUMO":{…},
      "TIPO":{…},
       :
      "GLOSSARIO":{
          "type":              "string",
          "index_analyzer":    "index_glossary",
          "search_analyzer":   "search_glossary",
          "term_vector":       "yes"
      }
},
```

Figura 6: Mapeamento das publicações

A análise do campo "GLOSSARIO" é feita por "index_glossary" na fase de indexação e por "search_glossary" na de busca. Estes analisadores devem ser muito parecidos com os utilizados nos campos relacionados ao conteúdo "index_content" e "search_content". Para garantir um processo de análise equivalente, o "index_glossary" possui a mesma estrutura do "index_content", mas adiciona um último filtro de *token* em que apenas termos presentes no glossário façam parte da lista de *token* produzida em sua saída. Desta maneira, o campo 'GLOSSARIO' de determinado documento contém apenas termos que fazem parte do glossário. O analisador "search_glossary", por sua vez, pode ser igual ao "search_content" ou também adicionar o mesmo filtro de *token*. De qualquer maneira, a busca encontra apenas termos do glossário no índice.

O campo "GLOSSARIO" ainda utiliza *term vectors*, que armazenam informações adicionais sobre os documentos. Neste caso, para cada documento, é armazenada a lista de termos presentes no texto analisado. Assim, é possível recuperar os termos do glossário que aparecem em determinada publicação a partir de seu identificador.

Portanto, duas operações envolvendo o glossário podem ser realizadas uma vez que seus verbetes e as publicações tenham sido indexados: obter os termos do glossário presentes em uma determinada publicação e obter as definições dos termos expressos em uma consulta.

Quando no sistema de recuperação de informação o usuário seleciona uma publicação para ver seus detalhes, o controlador do portlet de glossário obtém os termos presentes na publicação e, posteriormente, as definições destes termos. Logo, o conteúdo é gerado para o usuário. Quando várias publicações satisfazem a uma consulta realizada, o controlador do portlet obtém os termos do glossário de cada publicação por meio de chamadas individuais para depois obter as definições de todos estes termos em uma única chamada. Por fim, o conteúdo do portlet é gerado.

O recurso implementado utiliza um glossário cuidadosamente construído por profissionais da terminologia, o que garante a confiabilidade das informações utilizadas. A base indexada no sistema descrito neste trabalho inclui muitas áreas da agricultura, não apenas documentos relacionados à temática do glossário. Além disso, os documentos são publicados predominantemente em língua portuguesa, enquanto o glossário foi baseado em um córpus formado por textos e termos em inglês, com posterior tradução dos termos para português. Ainda assim, dos mais de 80 mil documentos indexados, cerca de 11% apresentaram pelo menos um termo do glossário.

O portlet apenas exibe o glossário, mas pode ser desenvolvido para agregar outras funcionalidades e viabilizar novas formas de interação. *Links* nos próprios termos podem disparar uma nova consulta ou a execução de um filtro nos resultados já obtidos. A oferta de espaço para comentários sobre as definições estabelecidas podem auxiliar na sua melhor elaboração, provocando debates construtivos. Avaliações das definições provêm uma forma de mensurar sua aceitação por parte da comunidade de usuários. Enfim, há inúmeras possibilidades de desenvolvimento para este recurso em um sistema de recuperação de informação.

Tanto a ferramenta apresentada neste trabalho quanto o WikiHyperGlossary são extensíveis, devido ao uso de portlets e APIs. Porém, a análise de texto em nossa solução foi customizada de acordo com as necessidades da aplicação e não se restringiu a expressões regulares, o que pode ser bastante limitante. Além disso, os termos do glossário já são identificados na fase de indexação dos documentos, o que possibilita a apresentação de informações do glossário em conjunto com os resultados de uma busca, sem necessidade de exibição de portlets em novas janelas.

4. Conclusão

Neste trabalho, apresentamos um componente que exibe um glossário em um sistema de recuperação de informação, de forma que as definições dos termos sejam exibidas de acordo com os resultados das consultas realizadas. Também fornecemos detalhes de sua implementação, que envolve o uso de portlets para a interface de usuário e de analisadores textuais personalizados que identificam termos do glossário durante a fase de indexação dos documentos. Esta abordagem, além de abrir oportunidades para o desenvolvimento do recurso de visualização de glossário, possibilita sua integração ao sistema de recuperação de informação de maneira a oferecer grande auxílio a seus usuários.

Referências

Baracho, R. A. (2016) "Organização e recuperação da informação pilares da arquitetura da informação". Tendências da Pesquisa Brasileira em Ciência da Informação, v. 9, n. 1.

Bauer, M. A. et al. (2015) "WikiHyperGlossary (WHG): an information literacy technology for chemistry documents", Journal of Cheminformatics, v. 7, n. 1, p. 22.

Di Felippo, A. et al. (2008) "OntoMethodus: a methodology to build domain-specific ontologies and its use in a system to support the generation of terminographic products". In: Companion Proceedings of the XIV Brazilian Symposium on Multimedia and the Web, pages 393-395. ACM

Gormley, C. and Tong, Z. (2015). "Elasticsearch: the definitive guide", https://www.elastic.co/guide/en/elasticsearch/guide/current/index.html, 3 mai. 2017.

Hepper, S. (2008). "JSR 286: Java portlet specification version 2.0". *Java Community Process*.

Souza, R. R., Tudhope, D. and Almeida, M. B. (2010) "The KOS spectra: A tentative typology of knowledge organization systems", Advances in Knowledge Organization, v. 12, p. 122-128.

Zeng, M. L. (2008) "Knowledge organization systems (KOS)", Knowledge Organization, v. 35, n. 2-3, p. 160-182.

Avaliando a similaridade semântica entre frases curtas através de uma abordagem híbrida

Allan de Barcelos Silva, Sandro José Rigo, Isa Mara Alves, Jorge L. V. Barbosa

[1]Programa de Pós-Graduação em Computação Aplicada –

Universidade do Vale do Rio dos Sinos

Caixa Postal 93.022-000 – 93.022-750 – São Leopoldo – RS – Brasil

`allanbs@edu.unisinos.br, {rigo, ialves, barbosa}@unisinos.br`

Abstract. *The task of evaluating textual semantic similarity is one of the challenges in the Natural Language Processing area. It is observed in the literature the experimentation with priority use of probabilistic resources, and linguistic aspects explored in an incipient way. This paper presents an experiment with a hybrid approach, in which both resources of distributed representation and also lexical and linguistic aspects are integrated for the evaluation of semantic similarity between short sentences in Brazilian Portuguese. The proposed technique was evaluated with a dataset known in the literature and obtained good results.*

Resumo. *A tarefa de avaliação da similaridade semântica textual é um dos desafios na área de Processamento de Linguagem Natural. A literatura descreve a experimentação com uso prioritário de recursos probabilísticos, sendo que aspectos linguísticos ainda são explorados de forma incipiente. O presente trabalho apresenta um experimento com uma abordagem híbrida, na qual tanto recursos de representação distribuída como aspectos léxicos e linguísticos são utilizados em conjunto para a avaliação de similaridade semântica entre frases curtas em português do Brasil. A técnica proposta foi avaliada com datasets conhecidos na literatura e obteve bons resultados.*

1. Introdução

Este artigo trata da análise de similaridade textual, tarefa que representa um desafio nas pesquisas relacionadas à área de Processamento de Linguagem Natural (PLN) [Kao and Poteet 2007] [Gomaa and Fahmy 2013] [Pradhan et al. 2015]. A identificação de similaridade entre frases e textos é uma parte fundamental para muitas tarefas em PLN [Gomaa and Fahmy 2013]. Observa-se que boa parte dos métodos atuais para esta tarefa são baseados prioritariamente na similaridade entre as palavras, representando as sentenças de modo simplificado, como um vetor de termos. Ainda, uma parte significativa dos trabalhos restringe a análise ao tratamento da informação léxica, utilizando-se pouco de outros recursos linguísticos. Ao adotar estas abordagens muitas vezes a ordem das palavras e o seu significados nas sentenças como um todo são desconsideradas [Ferreira et al. 2016]. Logo, podem ocorrer falhas quando as frases não possuem termos comuns devido à diversidade do vocabulário. Além disso, a dificuldade na identificação do contexto em frases curtas é maior do que em documentos, pois estas possuem volume limitado de texto quando comparadas aos mesmos [Metzler et al. 2007].

Foram analisados estudos de similaridade semântica textual voltados para a língua portuguesa brasileira. Observou-se uma linha de desenvolvimento de trabalhos que incorporam prioritariamente características léxicas em suas técnicas [Fialho et al. 2016] e [Alves et al. 2016], valendo-se de materiais disponíveis em bases de dados abertas, tais como WordNet[1], FrameNet[2] ou VerbNet[3], entre outros, devido à qualidade das relações descritas nestes recursos. Em outra linha de trabalhos, os Modelos de Espaço Vetorial (MEV) são destacados [Barbosa et al. 2016] e [Freire et al. 2016] devido às possibilidades da sua abordagem probabilística, independência de domínio e capacidade em obtenção automática de relações semânticas dado um espaço de contextos. Ao mesmo tempo, trabalhos como [Ferreira et al. 2016] e [Alves et al. 2016] empregam recursos linguísticos tais como as relações de hiponímia, antonímia e sinonímia, obtendo resultados relevantes.

O trabalho descrito neste artigo consiste em uma abordagem híbrida na qual são integradas técnicas usando um conjunto de recursos linguísticos e probabilísticos. Através destes, foram definidos e analisados diversos conjuntos de atributos empregados na tarefa de avaliação da similaridade semântica entre sentenças curtas, através de sua combinação em um algoritmo para regressão linear. Para tanto, foram utilizados recursos como os Modelos de Espaços Vetoriais, bem como a exploração das relações semânticas de aspectos como hiponímia e antonímia [Cançado 2013], através das bases *Portuguese Unified Lexical Ontology* (PULO) [Simões and Guinovart 2014] e Thesaurus para o português do Brasil (TeP) [Maziero et al. 2008]. Como forma de realizar uma comparação dos resultados obtidos com o estado da arte na área, foi utilizado um conjunto de dados anotados disponibilizado no evento PROPOR 2016[4], junto ao workshop de Avaliação de Similaridade Semântica e Inferência Textual (ASSIN). Os resultados obtidos foram considerados competitivos e permitiram também a análise de impacto dos conjuntos de atributos empregados.

2. Trabalhos relacionados

Atualmente a tarefa de avaliação de similaridade textual vem recebendo bastante atenção [Ferreira et al. 2016], [Agirre et al. 2012], [Hartmann 2016], [Barbosa et al. 2016] e [Freire et al. 2016], o que também é observado em eventos como o SemEval[5] e PROPOR[6], os quais possuem tarefas para mensurar a similaridade semântica entre sentenças, tanto para a língua inglesa quanto para portuguesa.

Em seu trabalho, [Hartmann 2016] faz o mapeamento de todas as palavras não encontradas no vocabulário ou com apenas uma ocorrência no *corpus* para um *token* genérico UNK. Na sequência, o autor expandiu as sentenças utilizando recursos de sinonímia para palavras de conteúdo que possuíam até dois sinônimos no TeP e aplicou *Stemming* para obter somente o radical das palavras. Após, o autor calculou a similaridade do cosseno entre a soma dos *word embeddings* obtidos através do *word2vec* [Miko-

---

[1]http://www.nilc.icmc.usp.br/wordnetbr/.
[2]http://www.ufjf.br/framenetbr/.
[3]http://www.nilc.icmc.usp.br/verbnetbr/.
[4]http://www.propor2016.di.fc.ul.pt
[5]*International Workshop on Semantic Evaluation*
[6]*International Conference on the Computational Processing of Portuguese*

lov et al. 2013], em conjunto com a similaridade dos vetores TF-IDF de cada frase para estimar o quão similar são as sentenças através do algoritmo de regressão linear *Support Vector Machines* (SVM).

No trabalho de [Barbosa et al. 2016] são criadas métricas com *word embeddings* e *Inverse Document Frequency* (IDF) para utilização no algoritmo SVM e também em uma rede siamesa (*Siamese Networks*) de [Chopra et al. 2005]. Em [Freire et al. 2016] é um proposto um *framework* de três sistemas: STS_MachineLearning, STS_HAL e STS_WORDNET_HAL. O primeiro utiliza a similaridade entre palavras pelo coeficiente DICE e pela WordNet, enquanto que os demais utilizam a abordagem simbólica com o cálculo da similaridade de palavras através da *Latent Semantic Analysis* (LSA) e possuem uma variação que utiliza a WordNet no mesmo cálculo.

O trabalho de [Alves et al. 2016] utilizou em sua abordagem o cálculo de heurísticas sob um conjunto de nove redes semânticas (dentre elas PULO e TeP) para extrair relações entre as palavras e sentenças. O autor realizou contagens de relações léxicas, sintáticas e semânticas, além de empregar recursos como os tipos de entidades nomeadas e diversas outras medidas de similaridade/distância entre os nós da rede semântica. Ao final, todos os atributos gerados foram combinados em três técnicas de regressão linear para mensurar a similaridade entre as sentenças.

Com base no estudo realizado, observam-se trabalhos na literatura utilizando apenas recursos probabilísticos ou então heurísticos para avaliação da similaridade entre sentenças. Além disso, muitas das pesquisas que fazem uso de recursos linguísticos abordam de forma superficial a capacidade destes, pois utilizam apenas a existência ou não de relações para tratar o problema. Desta forma, o trabalho aqui apresentado é motivado pelo interesse na integração destas classes de recursos visando aproveitar de maneira mais efetiva e aprofundada cada uma de suas potencialidades. Além de propor uma abordagem aplicável para mensurar a similaridade semântica entre frases curtas, através da aplicação de contagem em relações de antonímia, penalização de diferença de tamanho entre sentenças, bem como do uso de relações de hiperonímia, hiponímia e sinonímia no apoio de modelos de espaço vetorial para redução e dimensionalidade e análise de similaridade.

3. Materiais e métodos

Para melhor compreensão da abordagem proposta a metodologia aplicada no presente trabalho foi dividida em sete passos, os quais tem como início (passo 1) a captura de textos em páginas de notícias através de um *Web Crawler*[7]. Na medida em que ocorre a coleta, a cada página visitada o software realiza a extração dos elementos textuais, a remoção de marcações *HTML*, e após grava o texto em um arquivo contendo um parágrafo por linha. Após a coleta de centenas de milhares de páginas (passo 2), é formado o *corpus* descrito na Subseção 3.2.

No passo 3 são aplicadas operações para preparação do *corpus* como entrada para o MEV, o qual obtém os *word embeddings* e armazena-os no formato *Comma Separated Values* (CSV) no servidor (passo 4). Uma vez que o recurso foi gerado, ocorre a etapa de pré processamento (passo 5) do conjunto de dados para reduzir a esparcidade da

---

[7]Software destinado a coleta e captura de textos na internet.

informação, através da remoção da pontuação, transformação do texto para caixa baixa e remoção de dados numéricos. No passo 6 são utilizados os recursos léxico-semânticos (PULO e TeP) para tratar as relações de hiperônimos, hipônimos e sinônimos.

Para melhor entendimento da abordagem, considerando as sentenças originais (números 1 e 2) descritas a seguir:

1. A comissão apura denúncias de abuso e exploração sexual em meninas da comunidade quilombola.
2. O grupo apura denúncias de abusos e exploração sexual de crianças da Comunidade Quilombola.

Após o passo de pré processamento (5 e 6), são obtidas as seguintes sentenças de exemplo:

1. comissao apurar denunciar abusar exploracao sexual criancas comunidade quilombola
2. comissao apurar denunciar abusos exploracao sexual criancas comunidade quilombola

Por fim, os dados resultantes do processo até este momento são utilizados como entrada para treinamento e teste dos algoritmos de aprendizagem de máquina, onde serão gerados os modelos classificadores de similaridade (passo 7).

3.1. Conjunto de dados

O presente trabalho utilizou como base para comparação de resultados o conjunto de dados disponibilizado pelo Workshop ASSIN, pertencente ao evento PROPOR/2016. O objetivo do *workshop* é a identificação da similaridade semântica e classificação entre pares de frases curtas disponibilizados no conjunto de dados. Segundo [Fonseca et al. 2016], o conjunto de dados disponibilizado foi anotado pelo total de 36 pessoas que participaram em diferentes quantidades, sendo que cada frase foi avaliada por 4 pessoas.

O conjunto de dados conta com 10.000 pares de sentenças coletadas através do Google News (divididos igualmente para o português do Brasil e de Portugal), destes 6.000 registros são dados para treinamento e os demais para teste, ambos os conjuntos contendo o valor de similaridade entre os pares de sentenças no intervalo $[1, 5]$. A avaliação dos trabalhos submetidos para a tarefa deu-se através da Correlação de *Pearson* (CP) e do Erro Médio Quadrado (EMQ), onde as técnicas deveriam possuir a maior CP e o menor EMQ possível [Fonseca et al. 2016].

3.2. *Corpus* para treinamento

Neste trabalho foi obtido um *corpus* em português para identificação das *word embeddings* através do algoritmo *GloVe*. Para tanto, foi desenvolvido um Web Crawler[8] para captura de textos em páginas de notícias como Google News e Wikipédia. No decorrer do processo de captura de textos, a cada página visitada o software realiza a extração dos elementos textuais e a remoção de marcações *HTML*. Após realizar a captura dos textos, foram removidos caracteres especiais diferentes de: .,;?!— nas sentenças [Manning and

---

[8]http://www.projeto.unisinos.br/pipca_sts/web_service.

Schütze 2000], bem como removidas as sentenças compostas somente com números ou que continham menos de cinco palavras. Na sequência, todo o texto foi transformado para minúsculo com o objetivo de reduzir a esparsidade dos dados e eliminar a redundância de palavras.

Foi disponibilizado o *corpus* utilizado (em sua forma original) e os *word embeddings* através do endereço `http://www.projeto.unisinos.br/pipca_sts`, pois tal ato contribui para o aumento da disponibilidade de recursos na área de PLN e possibilita que outras pesquisas possam utilizar os recursos no desenvolvimento de seus trabalhos.

3.3. Técnica

No presente trabalho foi utilizado o algoritmo *GloVe*[9] [Pennington et al. 2014] para modelagem do espaço de vetores e obtenção dos *word embeddings*, devido a disponibilidade da técnica *word2vec* para a linguagem R[10]. Apesar do modelo utilizado diferir do *word2vec*, pois o primeiro é baseado na contagem de elementos e o segundo é um modelo de linguagem neural, é possível observar nos experimentos de [Pennington et al. 2014], o desempenho do *Glove* em capturar a semântica das palavras.

O *corpus* elaborado foi utilizado para o treinamento do GloVe no servidor utilizado para o processamento, o qual conta com dois processadores *E5-2620* versão 4 2.1GHz, 128 gigabytes RDIMM (2400MT/s) e placa de vídeo *Matrox G200eR2* com 16 megabytes. O modelo foi treinado durante 10 épocas, com 6 elementos na janela de contexto, 100 co-ocorrências e taxa de aprendizagem de 0.15. Além disso, o tamanho dos vetores foi definido para 600 posições, pois notou-se nos testes realizados por [Pennington et al. 2014] o aumento da acurácia do algoritmo em capturar as semânticas das sentenças. Inicialmente foi realizada a composição de cada frase através dos *word embeddings* correspondentes a cada palavra e desta maneira foi obtida uma matriz de contextos com W palavras e 600 dimensões. Neste ponto, assim como nos trabalhos de [Hartmann 2016] e [Mikolov et al. 2013], criou-se um atributo através da similaridade do cosseno entre a soma da matriz de contextos de cada sentença. Contudo, [Hartmann 2016] comenta que a soma da matriz de *word embeddings* cria uma representação genérica da frase e acaba por não refletir seus contextos. Desta forma, aplicou-se a técnica *Principal Component Analysis* (PCA) para redução de dimensionalidade e calculou-se a distância euclidiana entre o primeiro componente de cada sentença, o qual contém os itens com maior variação na matriz de contextos.

Além dos atributos que fazem uso dos *word embeddings*, foram elaboradas mais 10 medidas através do processamento de outros recursos léxicos e semânticos das sentenças, os quais podem ser observados na Tabela 1. O atributo TF-IDF foi utilizado com as orações originais e também com uma variação onde através da base PULO e do TeP foram utilizados os atributos 9 e 10 (Tabela 1) para a substituição de sinônimos, hipônimos e hiperônimos. A utilização da variação do atributo TF-IDF como métrica para avaliação de similaridade ocorre como tentativa para redução da esparsidade dos dados, pois a abordagem TF-IDF utiliza em seu cálculo a contagem de palavras compartilhadas entre as sentenças. Logo, quanto mais elementos compartilhados entre os textos, maior

---

[9]Disponível em `https://nlp.stanford.edu/projects/glove/`
[10]Disponível em `https://www.r-project.org/`

será a similaridade entre ambos.

Tabela 1. Lista de atributos elaborados

Índice	Atributo
1	Similaridade do cosseno entre a soma dos *word embeddings*
2	Distância euclidiana entre o primeiro componente principal de cada sentença
3	Similaridade do cosseno entre os vetores TF-IDF de cada sentença
4	Coeficiente de penalização pelo tamanho das sentenças
5	Proporção de palavras em comum entre as sentenças
6	Proporção de *ngramas* em comum das sentenças
7	Proporção de palavras diferentes entre as sentenças
8	Contagem de antônimos nas sentenças
9	Substituição dos hipônimos e hiperônimos nas sentenças
10	Substituição de sinônimos

Utilizou-se a equação indicada por [Ferreira et al. 2016] para o cálculo da penalização de sentenças com tamanhos diferentes, porém o valor da similaridade usada na fórmula do autor foi substituído pela média aritmética das similaridades entre os *word embeddings* e TF-IDF. A adaptação da fórmula pode ser vista na Equação 1, onde T corresponde ao tamanho das sentenças e $Sim(frase)$ é o valor da média.

$$Penalizacao = \begin{cases} \frac{|T(frase_1) - T(frase_2)| \times Sim(frase)}{T(frase_1)} & se\ T(frase_1) > T(frase_2) \\ \frac{|T(frase_1) - T(frase_2)| \times Sim(frase)}{T(frase_2)} & caso\ contrario \end{cases} \qquad (1)$$

A medida da proporção de *ngramas* deu-se através da busca por bigramas ou trigramas em ambas as sentenças, utilizando as bibliotecas da ferramenta *Weka* de [Witten et al. 2016] para encontrar termos compostos e comuns com pelo menos uma ocorrência.

4. Resultados

Inicialmente foram realizados uma série de experimentos para avaliar a contribuição dos *word embeddings* na obtenção da similaridade semântica. Como se pode observar na Tabela 2, os resultados obtidos com os atributos isolados não foram suficientes para um bom desempenho do SVM, resultado também observado no trabalho de [Hartmann 2016]. Entende-se que a utilização de PCA ao invés de soma para obtenção da similaridade das embeddings mantém o desempenho não satisfatório porque a redução de dimensionalidade dos *word embeddings* pode levar a perda das nuances e peculiaridades das sentenças, ocasionando assim a perda do contexto.

Analisando os resultados da Tabela 2, observa-se que a maior Correlação de Pearson (CP) e o menor Erro Quadrado Médio (EQM) foram obtidos através dos experimentos com utilização de recursos linguísticos, tais como os antônimos e as relações de hiponímia. Entretanto, ao analisar a quantidade de antônimos por tuplas no conjunto de

Tabela 2. Experimentos e resultados

Atributos *	Correlação de Pearson	Erro Médio Quadrado
1	0.3165	0.6847
2	0.2641	0.7226
3	0.4448	0.6174
9	0.0355	0.7754
2,4	0.2672	0.7087
1,3,6,5	0.6364	0.4535
1,3,6,5,7	0.5782	0.5102
2,3,6,5	0.6357	0.4543
2,3,6,5,7	0.6343	0.4622
3,6,5	0.6160	0.4790
1,3,5,6,7,8,9,10	0.6394	0.4499
1,3,5,6,7,8,10	0.6370	0.4522
1,3,5,7,8,10	0.6408	0.4482
1,3,5,7,9,10	**0.6410**	**0.4479**

* A primeira coluna representa o índice dos atributos descritos na Tabela 1.

dados do PROPOR/ASSIN, notou-se que em raros casos foram identificadas uma ou mais relações de antonímia na mesma sentença, o que é justificado pelo baixo volume de registros da relação na base PULO. Tal fato dificultou a utilização das relações linguísticas e contribuiu para o desempenho da técnica no uso dos atributos de antônimos e hiponímia. Além disso, nota-se o baixo desempenho do atributo de penalização pela diferença de tamanho entre as sentenças. Após aplicada uma análise estatística, foi constatada a não existência de correlação com o valor esperado de similaridade ($p > 0.05$).

Na Tabela 3 são apresentados os melhores resultados no estado da arte para avaliação de similaridade semântica, os quais são comparados com o atual trabalho através do conjunto de dados do PROPOR/ASSIN (Seção 3.1). Apesar de ser possível observar na mesma tabela que este trabalho não obteve o melhor resultado para CP ou EQM, ressaltamos que o número de *tokens* no *corpus* usado para obtenção dos *word embeddings* foi extremamente reduzido.

Em [Hartmann 2016], o autor utiliza os *word embeddings* treinados em um *corpus* contendo cerca de três bilhões de tokens coletados dos websites G1 e Wikipédia, além da utilização do *corpus* PLN-Br de [Bruckschen et al. 2008]. Enquanto que foram utilizados apenas 1584492 *tokens* para o treinamento dos *word embeddings* no atual trabalho, o que corresponde cerca de $0,05\%$ do que foi usado por [Hartmann 2016]. Deste modo,

Tabela 3. Comparação com o estado da arte

	Abordagem	CP	EMQ
Técnica proposta	Embeddings com PCA	0,30	0,69
	Soma dos *word embeddings*	0,30	0,68
	TF-IDF	0,44	0,61
	Embeddings com PCA + TF-IDF	0.46	0.59
	Soma dos *word embeddings* + TF-IDF	0.55	0.52
	Melhor resultado da Tabela 2 *	0.64	0.44
[Hartmann 2016]	Soma dos *word embeddings*	0,58	0,50
	TF-IDF	0,68	0,41
	Soma dos *word embeddings* + TF-IDF	0,70	**0,38**
[Fialho et al. 2016]	Soft TF-IDF Similaridades entre palavras Sobreposição de *ngramas*	**0,73**	0,63
[Alves et al. 2016]	Métricas de similaridade, distância e contagens	0,65	0,44

* A linha com o título "Melhor resultado da Tabela 2"corresponde à combinação dos atributos: Soma dos *word embeddings*, proporção de palavras em comum, TF-IDF, proporção de palavras diferentes, contagem de antônimos, substituição de sinônimos e relações de hiponímia.

é possível que a quantidade de *tokens* pode ser uma das causas para o desempenho dos experimentos com os atributos derivados dos *word embeddings*. Porém, os resultados obtidos foram superiores aos de [Fialho et al. 2016] para português do Brasil quando observado apenas o EQM e próximos aos de [Alves et al. 2016] mesmo sem uma análise sintática ou reconhecimento de entidades nomeadas.

Os melhores resultados obtidos pelo presente trabalho envolveram a substituição dos sinônimos e relações de hiponímia das sentenças. Tal recurso não afeta o sentido da frase e permite a comparação direta entre ocorrências de palavras comuns em ambas as sentenças. A abordagem descrita maximizou os resultados da técnica TF-IDF, agregando para esta um papel fundamental na obtenção da similaridade entre as frases. Entretanto, é visto que apesar da métrica dos antônimos não apresentar correlação com o valor esperado de similaridade ($p > 0.05$), este demonstrou bom desempenho quando utilizado em conjunto com outros atributos, tal como é possível observar na Tabela 2.

5. Conclusões

Neste trabalho foi apresentada uma abordagem híbrida para avaliar a similaridade semântica entre frases curtas. Para tanto, foram integrados recursos como Modelos de Espaço Vetorial e também as relações linguísticas de antonímia, hiperonímia, hiponímia e sinonímia. Através do emprego de recursos linguísticos, foram observados resultados próximos ao estado da arte apesar do uso de um *corpus* limitado para o treinamento do

MEV ($0,05\%$ da quantidade de *tokens* que são vistos na literatura). Além disso, os experimentos realizados demonstram que a utilização de relações de hiperonímia e hiponímia, por si só, não apresentam informações suficientes para uma melhor avaliação de similaridade. Porém a utilização destas como atributos, auxiliou na generalização dos termos das sentenças e consequentemente trouxe melhores resultados para técnicas como TF-IDF e *word embeddings*.

Como trabalhos futuros, apesar da alta exigência de hardware para as soluções que envolvem aprendizado profundo, é interessante a avaliação de desempenho do algoritmo SVM frente as redes neurais multicamadas e *Long-Short Term Memory Networks*, pois já são vistos em outros trabalhos como [Mueller 2016], a capacidade destas para tratar representações e modelagens semânticas complexas com o objetivo de mensurar a similaridade entre sentenças.

Referências

[Agirre et al. 2012] Agirre, E., Cer, D., Diab, M., and Gonzalez-Agirre, A. (2012). SemEval-2012 Task 6: A Pilot on Semantic Textual Similarity. In *Proceedings of the 6th International Workshop on Semantic Evaluation (SemEval 2012)*, number 3, pages 385–393.

[Alves et al. 2016] Alves, A. O., Rodrigues, R., and Oliveira, H. G. (2016). ASAPP: Alinhamento Semântico Automático de Palavras aplicado ao Português. In *PROPOR - International Conference on the Computational Processing of Portuguese*, Tomar, Portugal.

[Barbosa et al. 2016] Barbosa, L., Cavalin, P., Guimarães, V., and Kormaksson, M. (2016). Blue Man Group at ASSIN: Using Distributed Representations for Semantic Similarity and Entailment Recognition. In *PROPOR - International Conference on the Computational Processing of Portuguese*, Tomar, Portugal.

[Bruckschen et al. 2008] Bruckschen, M., Muniz, F., Guilherme, J., De Souza, C., Fuchs, J. T., Infante, K., Muniz, M., Gonçalves, P. N., Vieira, R., and Aluísio, S. (2008). Anotação Linguística em XML do Corpus PLN-BR. Technical report, Universidade de São Paulo, São Paulo.

[Cançado 2013] Cançado, M. (2013). *Manual de Semântica: Noções Básicas e Exercícios*. UFMG.

[Chopra et al. 2005] Chopra, S., Hadsell, R., and Y., L. (2005). Learning a similiarty metric discriminatively, with application to face verification. In *Proceedings of IEEE Conference on Computer Vision and Pattern Recognition*, pages 349–356.

[Ferreira et al. 2016] Ferreira, R., Lins, R. D., Simske, S. J., Freitas, F., and Riss, M. (2016). Assessing sentence similarity through lexical, syntactic and semantic analysis. *Computer Speech & Language*, 39:1–28.

[Fialho et al. 2016] Fialho, P., Marques, R., Martins, B., Coheur, L., and Quaresma, P. (2016). INESC-ID at ASSIN: medidor de similaridade semântica e classificador de inferência textual. In *PROPOR - International Conference on the Computational Processing of Portuguese*, Tomar, Portugal.

[Fonseca et al. 2016] Fonseca, E. R., Borges, L., Santos, D., Criscuolo, M., and Aluísio, S. M. (2016). ASSIN: Evaluation of Semantic Similarity and Textual Inference. In *PROPOR - International Conference on the Computational Processing of Portuguese*, Tomar, Portugal.

[Freire et al. 2016] Freire, J., Pinheiro, V., and Feitosa, D. (2016). LEC_UNIFOR no AS-SIN: FlexSTS Um Framework para Similaridade Semântica Textual. In *PROPOR - International Conference on the Computational Processing of Portuguese*, Tomar, Portugal.

[Gomaa and Fahmy 2013] Gomaa, W. and Fahmy, A. (2013). A survey of text similarity approaches. *International Journal of Computer Applications*, 68(13):13–18.

[Hartmann 2016] Hartmann, N. S. (2016). Solo Queue at ASSIN : Combinando Abordagens Tradicionais e Emergentes. In *PROPOR - International Conference on the Computational Processing of Portuguese*, page 6.

[Kao and Poteet 2007] Kao, A. and Poteet, S. R. (2007). *Natural Language Processing and Text Mining*. Springer London, London.

[Manning and Schütze 2000] Manning, C. D. and Schütze, H. (2000). Foundations of Natural Language Processing. *Reading*, page 678.

[Maziero et al. 2008] Maziero, E. G., Pardo, T. a. S., Di Felippo, A., and Dias-da Silva, B. C. (2008). A base de dados lexical e a interface web do TeP 2.0. In *Companion Proceedings of the XIV Brazilian Symposium on Multimedia and the Web*, page 390, New York, New York, USA. ACM Press.

[Metzler et al. 2007] Metzler, D., Dumais, S., and Meek, C. (2007). Similarity Measures for Short Segments of Text. In *Proceedings of the 29th European Conference on IR Research (ECIR 2007)*, volume 4425, pages 16–27.

[Mikolov et al. 2013] Mikolov, T., Chen, K., Corrado, G., and Dean, J. (2013). Efficient Estimation of Word Representations in Vector Space. *Interspeech*, (1):104–108.

[Mueller 2016] Mueller, J. (2016). Siamese Recurrent Architectures for Learning Sentence Similarity. In *Proceedings of the 30th Conference on Artificial Intelligence (AAAI 2016)*, number 2012, pages 2786–2792.

[Pennington et al. 2014] Pennington, J., Socher, R., and Manning, C. D. (2014). GloVe: Global Vectors for Word Representation. In *Proceedings of the 2014 Conference on Empirical Methods in Natural Language Processing*, pages 1532–1543.

[Pradhan et al. 2015] Pradhan, N., Manasi Gyanchandani, B., and Wadhvani, R. (2015). A Review on Text Similarity Technique used in IR and its Application. *International Journal of Computer Applications*, 120(9):975–8887.

[Simões and Guinovart 2014] Simões, A. and Guinovart, X. G. (2014). *Bootstrapping a Portuguese WordNet from Galician, Spanish and English Wordnets*, pages 239–248. Springer International Publishing, Cham.

[Witten et al. 2016] Witten, I. H., Frank, E., Hall, M. A., and Pal, C. J. (2016). *Data Mining: Practical machine learning tools and techniques*. Morgan Kaufmann, 4 edition.

A Comparative Study for Sentiment Analysis on Election Brazilian News

Caio Magno Carvalho, Hitoshi Nagano, Allan Kardec Barros

[1]Laboratório de Processamento da Informação Biológica
Universidade Federal do Maranhão
São Luís – Maranhão – Brasil

`magno.caio91@gmail.com, hitoshinagano@me.com, allan@dee.ufma.br`

Abstract. *Brazilian news media have been accused to be biased over the years, supporting some political parties and its agendas. To judge this statement as truth or lie is a hard task due its subjectivity. In election periods, this controversy become stronger given the influence of the media in the public opinion. Sentiment Analysis could be a useful tool for evaluate political news. Here is proposed a comparative study test between three learning algorithms (Naïve Bayes, SVM and MaxEnt) and three feature selection methods (Chi-Square, CPD and CPPD) for classifying texts related to president and governor of São Paulo 2014 elections in Brazil.*

Resumo. *A midia brasileira tem sido acusada ao longo dos anos de favorecer algumas entidades politicas e suas campanhas. Avaliar a verdade dessa afirmação não é uma tarefa simples dado o grau de subjetividade de quem avalia. Em periodos de eleição, essa controvérsia se torna mais acentuada visto a influência que a mídia exerce na opinião pública. Análise de Sentimento pode ser uma ferramenta útil na avaliação de notícias políticas. Este trabalho propõe um estudo comparativo de desempenho de três algoritmos de aprendizagem (Naïve Bayes, SVM e MaxEnt) e de três métodos de seleção de atributos (Qui Quadrado, CPD e CPPD) para classificação textos relacionados às eleições de 2014 para presidente e governador de São Paulo.*

1. Introduction

There is always a claim among brazilian people about the bias in the news media concerning some political agendas [Soares 2004], [Porto 2007]. Today, with wide Internet access, the population is able to freely expose their opinion related to these subjects as well to obtain more information to understand the current political scenario [Shirky 2011]. Blogs and social media have been the place of an endless controversy between left and right political supporters. Each group accuses the mainstream news agencies of favoring his opposition. This controversy is highlighted especially in elections period [1]. Some people state that mainstream agencies favor some political parties in this period, while other media vehicles, self-called independent, are neutral and free of any political bias.

---

[1]http://www1.folha.uol.com.br/poder/2014/10/1537985-sede-da-abril-e-pichada-em-protesto-contra-reportagem-da-veja.shtml, acessado em 15/05/2017

In this political context, the computational methods provided by *Natural Language Processing* through *Sentiment Analysis* have building applications addressed to this political issues. An example could be [Carvalho et al. 2011] which built a corpus of political online comments for mining positive opinions. [Park et al. 2011] also targets the online comments for predict political orientation. However, identify an opinion in a newspaper or online news is a complex task for a human due to the inherent bias present in the evaluator personal preferences. Sentiment Analysis could bring a less biased view for evaluate the opinion/sentiment associated to an article.

Under this argument, this work propose to analyze and predict the sentiment of a previously labeled *corpus* found in [de Arruda et al. 2015] which consists in collection of online news about 2014 Brazil elections. We intend to compare the performance of three classification algorithms (Naïve Bayes, SVM and MaxEnt) and evaluate three methods of feature selection (Chi-Square, Categorical Proportional Difference [Simeon and Hilderman 2008], Categorical Probability Proportional Difference[Agarwal and Mittal 2012]) and how it affects the classification task.

This work is organized as follows: the section two expose some works related to sentiment analysis and its applications on online news and politics, section three introduce the methodology used in this work emphasizing the methods for feature selection. In the section four we present the obtained results and its discussions followed by conclusions in section five.

2. Related Work

Sentiment Analysis is the field of NLP that develop algorithms that are capable to classify documents according to sentiment/opinion expressed about some topic [Pang et al. 2008] in them. These algorithms are very often used to analyze product and movie reviews, as showed in [Pang et al. 2002] and [Pang and Lee 2008]. An extensive review about Sentiment Analysis could be found in [Schouten and Frasincar 2016] and [Pang et al. 2008]. There are several works for sentiment analysis using *twitter* and other plataforms of *microblogging* as data source in a wide range of applications. In [Moraes et al. 2015] is built a *corpora* from *twitter* posts about 2014 world cup. It describes how data was collected, cleaned and annotated for posterior applications. The online newspaper comments are also a target for some works of SA. One can be found in [Park et al. 2011] which take the news comments of a online newspaper and predict its political orientation (conservative, liberal or vague) using a TF-IDF feature transformation and Support Vector machine to classify data. In [Tumitan and Becker 2014] the comments of a well-known brazilian newspaper, *Folha de São Paulo* [1], were used to build a sentiment time series about elections for governor, mayor and president in periods from 2010 until 2012. Sentiment classification for each comment was done by Sequential Minimal Optimization (SMO), an algorithm for Support Vector Machines (SVM), using unigrams as features and applying TF-IDF transformation to them. The sentiment classification performance achieved was 81.37% for 2010's comments and 83.24% for 2012's election comments. The work done by [Jose and Chooralil 2015] present a sentiment analysis enhanced tool for also predicting election results. The method used for classify data was SentiWordNet, a word graph which assigns to each english word a mesure for it sentiment (positive, negative or

---

[1] http://www.folha.uol.com.br/

neutral) between zero or one.

However these works only targets online comments which are highly subjective texts, i.e., very opinionated. On the other hand, articles published by news agencies seek to be more objective than subjective, or less opinionated. Therefore, just a few works analyze journalistic texts. A plausible explanation can be found in [Padmaja et al. 2013] stating that this kind of texts are not simple to classify given its intended neutrality and syntactical similarity with other texts from the same kind.

Though the interest in Sentiment Analysis is growing in the recent years, there is a lack of research, tools and material and human resources addressing applications for brazilian portuguese language [Vieira and Lima 2001] [Pardo et al. 2010]. Related to sentiment analysis in online news processing, there are some works for European Portuguese as [Morgado 2012] and for Brazilian Portuguese as [Dosciatti et al. 2013], [Martinazzo et al. 2011] and [Alvim et al. 2010]. In order to build a annotated *corpora* for brazilian elections, the work done in [de Arruda et al. 2015] collected 131 articles from 5 different sources.

There are still a lack of works for analyze political news in Brazil. Regarding this issue this present work intends to perform a sentiment analysis using the *Corpus Viés*, a corpora built and manually annotated by [de Arruda et al. 2015]. This corpus consists in a set of online news articles splitted by paragraphs where each one is labeled according the expressed sentiment. We use this dataset in order to evaluate machine learning algorithms and feature selection methods to deal with this kind of data in Brazilian Portuguese.

3. Methodology

In this section, we describe our approach to compare and evaluate the feature selection methods and the learning algorithms. We want to classify each labeled paragraph of *Corpus Viés* correctly in one of used classes postive, negative or neutral. We use three methods of feature selection: chi-square [Sharma and Dey 2012], categorical proportional difference [Simeon and Hilderman 2008] and Categorical Probability Proportion Difference [Agarwal and Mittal 2012]. Three learning algorithms were used to classify preprocessed data. The chosen classifiers were Naïve Bayes, Support Vector Machines and Maximum Entropy.These algoritms are very popular in text classification tasks as presented in [Schouten and Frasincar 2016].

We use Python programming language with the SciKit-Learn[2], for the applications of machine learning, and NLTK[3] packages, for the implemented tools of natural language processing.

The dataset used here, *Corpus Viés*, was built by [de Arruda et al. 2015] and it consists in a collection of 131 online news articles about 2014 elections for governor of São Paulo and for president of Brazil. These articles were obtained from five well-know sources in Brazil: *Veja*, *Estadão*, *Folha*, *G1* and *Carta Capital*. The articles are splitted by paragraphs. Each one was manually labeled by four annotators with respect the sentiment orientation presented in the text. The used labels are positive ("PO"), negative ("NE") and neutral ("NE"). This dataset have 1042 labeled paragraphs which 310 are positive,

---

[2]scikit-learn.org
[3]www.nltk.org/

391 are negative and 341 are neutral. The *Corpus Viés* is originally stored in XML format and here was converted and stored in a MySQL database in order to facilitate the access and queries to the texts and its labels. Before feature extraction and training algorithms, we remove the stopwords, normalize the text eliminating accents and we also replace all present numbers by a token "NUMBER".

In this work, we use the *bag-of-ngrams* as feature extraction method. The features extracted can be unigrams, bigrams or both. Trigrams and higher order ngrams are not used due to exponential increasing in the number of features. This method is described as follows.

3.1. Feature Extraction with NGrams

All techniques used here to extract features are based in ngrams. A ngram is a sequence of n words extracted from a given text. When just one word is picked at time, this sequence is called *unigram*. We could also pick sequences of two words from text. Each sequence picked in this way is called *bigram*.

Here we used the *bag of words* method, that consist in the frequency that a given ngram appears in a certain document. For a given unigram (one word) set v, also called *vocabulary*, we assign an index number i for each word according to (1), where w_i is the word which has index number i and n is the number of words in vocabulary.

$$v = \{w_1, w_2, ...w_i, ..., w_n\}, i, n \in \mathbb{N} \tag{1}$$

We can represent a given document as vector d with the same dimension n of vocabulary. Each element c_i from vector d stores the counting frequency of w_i from vocabulary v in the document as described in (2).

$$d = [c_1, c_2, c_3, ..., c_i, ..., c_n], i, n \in \mathbb{N} \tag{2}$$

The document vector representation depends directly on the chosen vocabulary. Very often, the vocabulary used consists in a set of all unigrams extracted from *corpora*. Using feature selection methods we can reduce the original vocubuary for smaller set of ngrams which are more informative for the class distinction.

The Chi-Square method measures the level of dependency between ngram and classes. If that ngram is frequent in many classes, the Chi-Square value will be low, if this ngram occurs just in a few classes, then Chi-Square value will be high [Haddi et al. 2013]. Categorical Proportional Difference (CPD) measure how much a term contribute in discriminating the class. It was originally designed for text categorization tasks [Simeon and Hilderman 2008]. The CPD of a term for a class is between -1 and 1, which -1 indicates that term never occur in that class, and 1 indicates that term occurs only in that class. So, we select just the ngrams/terms which CPD is above a established threshold. Categorical Probability Proportional Difference (CPPD) is a improvement of the former method. CPPD measures the level of belongingness for a ngram/term inside a given class [Agarwal and Mittal 2012]. It means while CPD measure just how that ngram/term is spread among the classes, CPPD rank them also by measuring the probability of same ngram/term occur in that class. So, we select just the ngrams/terms which

CPD and the probabiliy is above a established thresholds. In this work we use CPD = 1 as a constraint for CPPD and get n best probability ranked terms, where n is the number of features that we want to select.

We perform two experiments to evaluate both feature extraction and feature selection methods. We do not use any feature selection method in the first experiment in order to evaluate what is the best paragraph representation: unigram, bigram or both. In the second experiment we intend to evaluate the impact of feature selection on the learning algorithms. We apply the feature selection methods varying the number of selected features. The results for both experiments are obtained by applying cross validation with 10 folds, computing the accuracy for each fold and taking the mean at the end of experiment. All feature selection methods here are supervised, then we use 90% of corpora for train each method.

4. Results and Discussion

The obtained results for the first experiment are exposed in Table 1. We note that there is no improvement when using bigrams instead unigrams. From this experiment we see that a feature vector composed by both unigrams and bigram is the best representation for the news paragraphs. This feature combination affects positively all classifiers, but at cost of high dimensionality.

Table 1. Results for news classification without feature selection

Features	Dimensionality	Accuracy		
		Naïve Bayes	**SVM**	**MaxEnt**
Unigram	5344	59.1	55.16	56.12
Bigram	18958	55.46	52.77	50.95
Unigram + Bigram	**24302**	**59.3**	**57.18**	**56.99**

In the second experiment, we use just the combination of unigram and bigrams as features and apply the feature selection methods. The impact of each feature selection in the paragraphs classification. Each figure describe the performance for all classifiers varying the number of selected features from 1000 to 5000. Using Chi-Square, we note in the Figure 1 that the best performance is achieved by Naïve Bayes classifier with 71.2% accuracy and 2000 features.

When using CPD (Figure 2), we get worst performances for all classifiers in this range of number of features. The maximum is achieved by Naïve Bayes again, but with 5000 features, more than twice chi-square features. In other hand, CPPD outperformed all methods in all range of number of features, as we can see in Figure 3.

The best performance is achieved by MaxEnt model, which has its maximum using 4000 features. We also note that the accuracy does not vary too much between 2000 and 5000 features. It means that we can use less features without compromising the accuracy.

The observed results show that MaxEnt using the combination of unigrams and bigrams selected by the CPPD method is the most efficient method to classify this kind of texts. However is possible to get some interesting conclusions about the other results found in table 1.

Figure 1. The classifiers performance with Chi-Square feature selection varying the number of selected features.

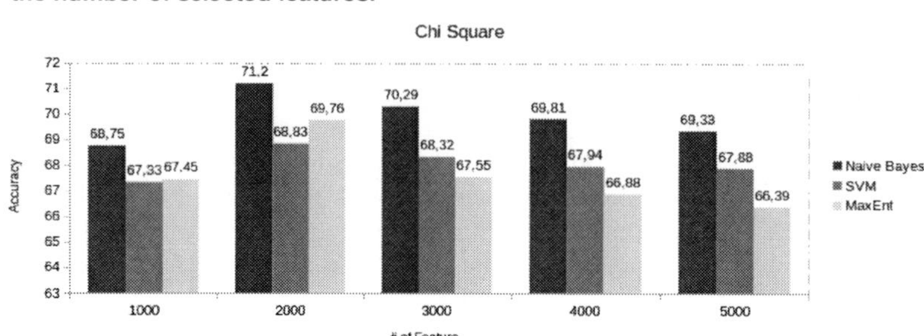

Figure 2. The classifiers performance with CPD feature selection varying the number of selected features.

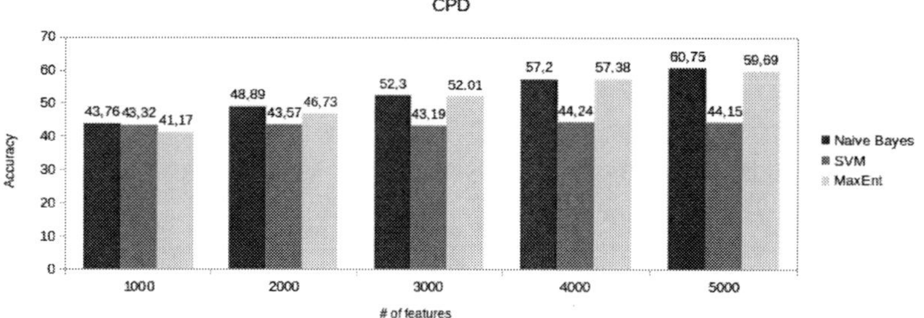

The commom sense states that bigram features bear more information than unigram features. This information is called context for the fact that bigrams (and other ngrams, except unigram) includes the word around the principal feature. It could be a clue about the real meaning of that word [Pedersen 2001]. The result has shown that classifiers which use just unigrams as features has a better perfomance than those which use just bigrams. Hence, if the contextual information is important to distinguish these texts, use only bigrams as feature does not increase the amount of useful information comparing with unigrams. But when this two kind of features are jointly used, the algorithm perform better than using only one of them. It means that for this kind of texts, we get more contextual information using both unigrams and bigrams.

5. Conclusions

In this work we presented a comparative study for learning algorithms and feature selection methods applied to sentiment analysis on elections online news. We conduct two evaluations: the first one aims to know the best paragraph representation; the second one, what is the best classifier and the best feature selection algorithm. We conclude that MaxEnt is the best classifier when is applied to a paragraphs represented by a combination of unigrams and bigrams selected by Categorical Probability Proportional Difference using a CPD threshold equals to 1. As future work, we intend to collect more data not only

Figure 3. The classifiers performance with CPPD feature selection varying the number of selected features.

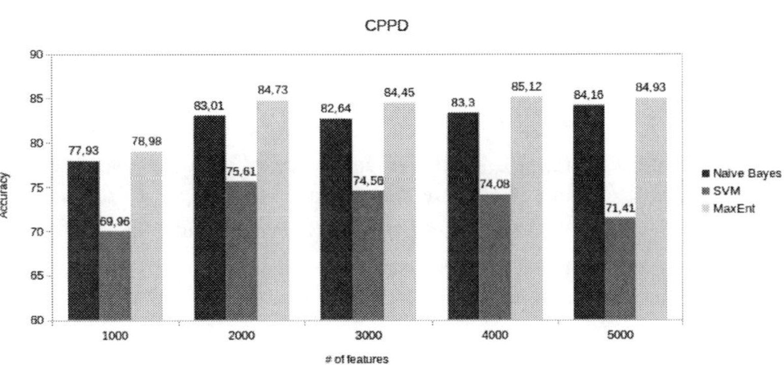

about elections but other subjects related to politics and from more sources. We also aim to approach the problem of sentiment analysis in a aspect level to make a evelution about the bias in media vehicles.

Though there are few works related to that subject, the results presented here are comparable with the those presented in published works. This reasearch aims colaborate with brazilian sentiment analysis scenario in online news, providing preliminary results through comparison of machine learning tools and feature extraction techiniques also serving as baseline for applications of political opinion mining in online news and bias assesment.

Acknowledgement

We would like to thank those who gathered and annotate the *Corpus Viés* used in this work. We also thank to CAPES and FAPEMA for financial support.

References

Agarwal, B. and Mittal, N. (2012). Categorical probability proportion difference (cppd): a feature selection method for sentiment classification. In *Proceedings of the 2nd workshop on sentiment analysis where AI meets psychology, COLING*, pages 17–26.

Alvim, L., Vilela, P., Motta, E., and Milidiú, R. L. (2010). Sentiment of financial news: a natural language processing approach. In *1st Workshop on Natural Language Processing Tools Applied to Discourse Analysis in Psychology, Buenos Aires*.

Carvalho, P., Sarmento, L., Teixeira, J., and Silva, M. J. (2011). Liars and saviors in a sentiment annotated corpus of comments to political debates. In *Proceedings of the 49th Annual Meeting of the Association for Computational Linguistics: Human Language Technologies: short papers-Volume 2*, pages 564–568. Association for Computational Linguistics.

de Arruda, G. D., Roman, N. T., and Monteiro, A. M. (2015). An annotated corpus for sentiment analysis in political news.

Dosciatti, M. M., Ferreira, L. P. C., and Paraiso, E. C. (2013). Identificando emoçoes em textos em português do brasil usando máquina de vetores de suporte em soluçao multiclasse. *ENIAC-Encontro Nacional de Inteligência Artificial e Computacional. Fortaleza, Brasil.*

Haddi, E., Liu, X., and Shi, Y. (2013). The role of text pre-processing in sentiment analysis. *Procedia Computer Science*, 17:26–32.

Jose, R. and Chooralil, V. S. (2015). Prediction of election result by enhanced sentiment analysis on twitter data using word sense disambiguation. In *Control Communication & Computing India (ICCC), 2015 International Conference on*, pages 638–641. IEEE.

Martinazzo, B., Dosciatti, M. M., and Paraiso, E. C. (2011). Identifying emotions in short texts for brazilian portuguese. In *IV International Workshop on Web and Text Intelligence (WTI 2012)*.

Moraes, S. M., Manssour, I. H., and Silveira, M. S. (2015). 7x1pt: um corpus extraído do twitter para análise de sentimentos em língua portuguesa.

Morgado, I. C. (2012). Classification of sentiment polarity of portuguese on-line news. In *Proceedings of the 7th Doctoral Symposium in Informatics Engineering*, pages 139–150.

Padmaja, S., Fatima, S. S., and Bandu, S. (2013). Analysis of sentiment on newspaper quotations: A preliminary experiment. In *Computing, Communications and Networking Technologies (ICCCNT), 2013 Fourth International Conference on*, pages 1–5. IEEE.

Pang, B. and Lee, L. (2008). Using very simple statistics for review search: An exploration. In *COLING (Posters)*, pages 75–78.

Pang, B., Lee, L., et al. (2008). Opinion mining and sentiment analysis. *Foundations and Trends® in Information Retrieval*, 2(1–2):1–135.

Pang, B., Lee, L., and Vaithyanathan, S. (2002). Thumbs up?: sentiment classification using machine learning techniques. In *Proceedings of the ACL-02 conference on Empirical methods in natural language processing-Volume 10*, pages 79–86. Association for Computational Linguistics.

Pardo, T. A., Gasperin, C. V., Caseli, H. M., and Nunes, M. d. G. V. (2010). Computational linguistics in brazil: an overview. In *Proceedings of the NAACL HLT 2010 Young Investigators Workshop on Computational Approaches to Languages of the Americas*, pages 1–7. Association for Computational Linguistics.

Park, S., Ko, M., Kim, J., Liu, Y., and Song, J. (2011). The politics of comments: predicting political orientation of news stories with commenters' sentiment patterns. In *Proceedings of the ACM 2011 conference on Computer supported cooperative work*, pages 113–122. ACM.

Pedersen, T. (2001). A decision tree of bigrams is an accurate predictor of word sense. In *Proceedings of the second meeting of the North American Chapter of the Association for Computational Linguistics on Language technologies*, pages 1–8. Association for Computational Linguistics.

Porto, M. (2007). Tv news and political change in brazil: The impact of democratization on tv globo's journalism. *Journalism*, 8(4):363–384.

Schouten, K. and Frasincar, F. (2016). Survey on aspect-level sentiment analysis. *IEEE Transactions on Knowledge and Data Engineering*, 28(3):813–830.

Sharma, A. and Dey, S. (2012). A comparative study of feature selection and machine learning techniques for sentiment analysis. In *Proceedings of the 2012 ACM Research in Applied Computation Symposium*, pages 1–7. ACM.

Shirky, C. (2011). The political power of social media: Technology, the public sphere, and political change. *Foreign affairs*, pages 28–41.

Simeon, M. and Hilderman, R. (2008). Categorical proportional difference: A feature selection method for text categorization. In *Proceedings of the 7th Australasian Data Mining Conference-Volume 87*, pages 201–208. Australian Computer Society, Inc.

Soares, G. A. D. (2004). A américa latina na imprensa brasileira. *Opinião Pública*, 10(1):63–90.

Tumitan, D. and Becker, K. (2014). Sentiment-based features for predicting election polls: a case study on the brazilian scenario. In *Web Intelligence (WI) and Intelligent Agent Technologies (IAT), 2014 IEEE/WIC/ACM International Joint Conferences on*, volume 2, pages 126–133. IEEE.

Vieira, R. and Lima, V. L. (2001). Lingüística computacional: princípios e aplicações. In *Anais do XXI Congresso da SBC. I Jornada de Atualização em Inteligência Artificial*, volume 3, pages 47–86. sn.

Influência de Técnicas Não-supervisionadas de Redução de Dimensionalidade para Organização Flexível de Documentos

Beatriz Lima[1], Fernanda S. Eustáquio[1], Tatiane Nogueira[1]

[1]Instituto de Matemática – Universidade Federal da Bahia (UFBA)
Rua Barão de Jeremoabo, s/n – 40170-115 – Salvador – BA – Brasil

`{beatrizlima, fernandase, tatianenogueira}@dcc.ufba.br`

Abstract. *Flexible document organization consists of handling uncertainty and imprecision, which are characteristics of natural language's nature and therefore, of texts. In this task, fuzzy clustering has been a powerful allied. However, clustering performance usually is negatively affected by document representation in sparse and high-dimensional vectors, besides the presence of noisy terms. Based on this, the present study seeks to investigate the impact, on fuzzy clustering performance, of dimensionality reduction by using unsupervised methods. The results show that good fuzzy structures are obtained with very few features which can identify the latent semantic aspects within the texts.*

Resumo. *A organização flexível de documentos consiste em agregar tratamento de imprecisão e incerteza, características da natureza da linguagem natural e, por conseguinte, dos textos. Nessa tarefa, o agrupamento fuzzy tem sido um poderoso aliado. Porém, a performance do agrupamento geralmente é afetada negativamente pela representação dos documentos em vetores esparsos e de alta dimensionalidade, além da presença de termos ruidosos. Com base nisso, o presente estudo busca investigar o impacto, na performance do agrupamento fuzzy, da redução de dimensionalidade utilizando técnicas não-supervisionadas. Os resultados mostram que boas estruturas fuzzy são obtidas com muito poucos atributos que conseguem identificar os aspectos semânticos latentes nos textos.*

1. Introdução

A organização e o gerenciamento de documentos digitais tornaram-se tarefas de suma importância nos últimos anos, juntamente com o desenvolvimento de diversos modelos de Sistemas de Recuperação de Informação (SRIs). Dentre eles, está o modelo flexível, no qual os sistemas são capazes de representar e interpretar a subjetividade humana [Bordogna and Pasi 2000].

Documentos textuais são inerentemente incertos e imprecisos, visto que podem ser interpretados de várias formas por diferentes pessoas. Desse modo, para que usuários recuperem a informação contida nesses documentos de maneira mais intuitiva, é necessário que haja uma organização flexível dos mesmos.

Essa flexibilização pode ser obtida por meio de agrupamento fuzzy. Nesse tipo de agrupamento, cada documento pode pertencer a mais de um grupo, com diferentes graus de pertinência, considerando, dessa forma, a possibilidade de existirem características semelhantes entre instâncias de grupos distintos. Além disso, a abordagem fuzzy é dita que consegue tratar as imperfeições características de dados textuais [Kraft et al. 2006].

De modo que o algoritmo de agrupamento possa identificar padrões nos textos, é preciso antes estruturá-los adequadamente. Devido à diversidade de usos, muitas vezes redundantes, das palavras em uma coleção, a representação vetorial para documentos geralmente é esparsa e possui alta dimensionalidade, o que causa impactos negativos no custo computacional e na performance da tarefa de agrupamento. Para contornar essa situação, técnicas de redução de dimensionalidade não-supervisionadas têm sido bastante empregadas. Análise Semântica Latente (*Latent Semantic Analysis* - LSA) [Deerwester et al. 1990, Landauer et al. 1998] e Fatoração de Matriz Não-negativa (*Nonnegative Matrix Factorization* - NMF) [Lee and Seung 1999, Lee and Seung 2001] são métodos não-supervisionados de redução comumente aplicados na mineração de textos por conseguirem identificar bem os conceitos semânticos adjacentes nesses dados.

Embora estudos anteriores com LSA e NMF demonstrem que, de maneira geral, os resultados melhoram à medida que a quantidade de dimensões aumenta, até alcançarem um resultado ótimo geralmente em torno de algumas centenas de dimensões [Deerwester et al. 1990, Schütze and Silverstein 1997, Tsuge et al. 2001], nossos experimentos com agrupamento fuzzy mostram um comportamento contrário. Além disso, não existem muitos casos na literatura para análise da influência, em agrupamento fuzzy, de técnicas mais robustas no pré-processamento de documentos, como investigado por este trabalho, apesar de ser de grande relevância para a construção de SRIs flexíveis.

Visando apresentar a investigação realizada, este artigo apresenta a seguinte estrutura. Na seção 2, é fornecida uma visão geral das técnicas LSA e NMF. A Seção 3 descreve brevemente o algoritmo de agrupamento fuzzy mais conhecido e escolhido para realizar as investigações aqui apresentadas, o Fuzzy C-Means (FCM), bem como os índices utilizados para avaliar os resultados. Os experimentos e seus resultados são discutidos na Seção 4. Por fim, na Seção 5, são feitas as considerações finais.

2. Redução de Dimensionalidade Não-supervisionada

A "maldição" da dimensionalidade é um dos maiores desafios associados à descoberta de conhecimento em textos [Zervas and Ruger 1999]. A representação de documentos em vetores de alta dimensionalidade torna o agrupamento mais difícil de ser realizado visto que quaisquer pares de vetores desse tipo tendem a apresentar distâncias constantes uns dos outros no espaço vetorial. Motivadas por esse problema, várias técnicas têm sido investigadas com o intuito de reduzir o número de dimensões no modelo espaço vetorial.

Dentre os métodos de redução de dimensionalidade, estão os não-supervisionados, que derivam novos atributos, em menor quantidade, a partir de um vetor inicial de atributos, por meio de relações adjacentes observadas do comportamento dos dados. Essa abordagem é dita não-supervisionada visto que nenhuma informação acerca de rótulos dos dados é utilizada.

Análise Semântica Latente (LSA) e *Fatoração de Matriz Não-negativa* (NMF) são dois exemplos bem conhecidos de técnicas não-supervisionadas que têm sido aplicadas com sucesso em análises textuais, como, por exemplo, na sumarização automática de textos [Lee et al. 2009], recuperação de informação [Deerwester et al. 1990, Tsuge et al. 2001, Muflikhah and Baharudin 2009] e agrupamento de documentos [Schütze and Silverstein 1997, Shafiei et al. 2007, Yang and Watada 2011].

Ambos os métodos consistem em aglomerar termos semanticamente similares em

um mesmo conceito latente, permitindo, por exemplo, associar a documentos atributos
que não estavam antes associados devido à variação de usos de uma mesma palavra
através do emprego de sinônimos e polissemia. Além disso, LSA e NMF conseguem
reduzir a influência de termos ruidosos. Portanto, mais do que diminuir o custo computacional por causa do uso de uma menor quantidade de termos, essas técnicas auxiliam a
obter um conjunto de atributos melhores.

2.1. Análise Semântica Latente (LSA)

Suponhamos que um determinado corpus seja composto por t atributos e d documentos e seja representado por uma matriz termos-documentos $X \in \mathbb{R}^{t \times d}$. LSA aplica a
Decomposição em Valores Singulares (*Singular Values Decomposition* - SVD) tal que
$X = T_{t \times p} S_{p \times p} D_{p \times d}^t$, onde $p = \min(t, d)$, T e D são matrizes ortogonais e S é uma
matriz diagonal de *valores singulares* positivos e ordenados em decrescência.

A redução de dimensionalidade ocorre por meio de uma aproximação de baixo
posto (*rank*) tal que $X \approx \hat{X} = T_{t \times k} S_{k \times k} D_{k \times d}^t$. Nesse caso, considera-se que apenas
os k maiores valores singulares em S, sendo $k \ll p$, são suficientes para conseguir uma
boa aproximação de X. Essa abordagem conhecida como *SVD truncada* permite que X
seja transformada em uma nova matriz termos-documentos $\hat{X}$ de *rank* k. Assim, cada
documento passa a ser descrito como uma combinação linear dos k componentes LSA.

2.2. Fatoração de Matriz Não-negativa (NMF)

Enquanto que no LSA não existem restrições para os valores nas matrizes T e D, o método
NMF gera apenas matrizes não-negativas no processo de decomposição. Por esse motivo, o NMF pode ser considerado mais intuitivo, principalmente para áreas em que essa
restrição é importante para interpretação dos novos atributos, como em análise de imagens
e mineração de textos [Lee and Seung 1999].

Dada uma matriz $X_{t \times d}$ não-negativa, NMF obtém a decomposição aproximada
$X \approx W_{t \times k} H_{k \times d}$ tal que $W, H \in \mathbb{R}_+$. Como os vetores em W não são ortogonais, pode
haver sobreposição entre os novos atributos extraídos, também chamados de tópicos ou
conceitos latentes.

3. Agrupamento fuzzy

Para organizar as coleções de documentos de maneira flexível neste trabalho, foi escolhido
o algoritmo mais utilizado de agrupamento fuzzy, Fuzzy C-Means (FCM) [Bezdek 1981].
O FCM determina a melhor partição fuzzy ao minimizar sua função objetivo, onde os objetos, aqui tratados como documentos, são atribuídos aos grupos (clusters) através do seu
grau de pertinência em cada um dos c clusters. A soma dos graus de pertinência de todos
os documentos em um cluster é igual a 1, assim como a soma dos graus de pertinência
de um documento em todos os clusters. A dissimilaridade entre um documento e um
protótipo foi medida, neste trabalho, utilizando a distância Euclidiana.

No presente trabalho, o FCM foi executado para cada conjunto de dados utilizando
como parâmetros o valor de c igual ao número de classes com o qual cada corpus foi
rotulado previamente; número de inicializações randômicas $RS = 10$ para limitar o risco
de acertar um ótimo local; critério de convergência $conv = 0,01$ e valores padrão dos
parâmetros fator de fuzzificação $m = 2$ e número máximo de iterações $maxit = 10^6$
adotados pela função *FKM* do pacote *fclust* do R [Ferraro and Giordani 2015].

3.1. Índices de Validação

Para avaliar as partições fuzzy obtidas pelo FCM nos experimentos, foram utilizados os
índices de validação de agrupamento fuzzy mais comumente empregados: Coeficiente da
Partição (PC) [Bezdek 1974b], Entropia da Partição (PE) [Bezdek 1974a], Coeficiente da
Partição Modificado (MPC) [Dave 1996], Xie-Beni (XB) [Xie and Beni 1991] e Silhueta
Fuzzy (SF) [Campello and Hruschka 2006]. Cada um deles é explicado brevemente a
seguir.

PC é um índice de maximização e pode assumir valores entre $[1/c, 1]$.

$$PC = \frac{1}{n} \sum_{i=1}^{c} \sum_{j=1}^{n} (A_i(\mathbf{d}_j))^2 \tag{1}$$

PE é um índice de minimização que mede o montante de fuzzificação em uma
partição U e pode assumir valores entre $[0, \log_a c]$ onde, neste trabalho, foi utilizado o
valor de $a = e$.

$$PE = -\frac{1}{n} \sum_{i=1}^{c} \sum_{j=1}^{n} A_i(\mathbf{d}_j) \log_a(A_i(\mathbf{d}_j)) \tag{2}$$

MPC é um índice de maximização e foi proposto para corrigir a tendência mo-
notônica do PC. Os resultados obtidos com o uso desse índice variam entre $[0, 1]$.

$$MPC = 1 - \frac{c}{c-1}(1 - PC) \tag{3}$$

XB é um índice de minimização onde um valor de XB pequeno indica que os
clusters são compactos e bem separados.

$$XB = \frac{\sum_{i=1}^{c} \sum_{j=1}^{n} (A_i(\mathbf{d}_j))^m \|\mathbf{d}_j - \mathbf{v}_i\|^2}{n \times min_{j \neq i} \|\mathbf{v}_i - \mathbf{v}_j\|^2} \tag{4}$$

SF é a versão fuzzy do índice Silhueta. É um índice de maximização que considera
os dois clusters em que d_j tem os dois maiores graus de pertinência.

$$S(d_i) = \frac{\beta(\mathbf{d}_j, g_i) - \delta(\mathbf{d}_j, g_i)}{max\{\delta(\mathbf{d}_j, g_i), \beta(\mathbf{d}_j, g_i)\}} \tag{5}$$

$$SF = \frac{\sum_{j=1}^{n} (A_1(\mathbf{d}_j) - A_2(\mathbf{d}_j))S(\mathbf{d}_j)}{\sum_{j=1}^{n} (A_1(\mathbf{d}_j) - A_2(\mathbf{d}_j))} \tag{6}$$

onde $\mathbf{d}_j$ pertence ao cluster g_i, $g_i \in (g_1, g_2, ..., g_c)$. $\delta(\mathbf{d}_j, g_i)$ é a média da distância
entre $\mathbf{d}_j$ e todos os documentos pertencentes a g_i, i.e. a distância intra-cluster. $\beta(\mathbf{d}_j, g_i)$ é
a distância entre $\mathbf{d}_j$ e seu vizinho mais próximo a g_i, i.e. a distância inter-cluster.

4. Experimentos

Os experimentos[1] foram conduzidos com 4 bases reais e bem conhecidas (Tabela 1)[Rossi et al. 2013], representadas com variadas dimensões. A nomenclatura utilizada para essas representações seguem o padrão LSA-k e NMF-k, em que k corresponde ao *rank* das matrizes reduzidas, isto é, k é a quantidade de atributos extraídos pelas técnicas de redução. Empiricamente alguns valores para k foram testados e, de maneira geral, melhores resultados foram obtidos com valores muito baixos. Dessa forma, foi definido que k deveria variar entre 2 e 10. Ou seja, a representação LSA-10, por exemplo, corresponde a uma matriz documentos-termos com 10 conceitos latentes extraídos pela técnica LSA. Assim sendo, os resultados obtidos foram analisados sob a seguinte perspectiva:

É possível obter uma estrutura satisfatória de grupos fuzzy utilizando muito poucos atributos extraídos pelos métodos LSA e NMF?

Acreditamos que o questionamento acima leva a realizar escolhas importantes para se obter uma organização e recuperação flexível dos documentos bem sucedidas.

4.1. Corpora

As principais características das quatro bases[2] escolhidas para realizar os experimentos estão descritas na Tabela 1.

Tabela 1. Características das coleções

Base	Domínio	# documentos	# atributos	# classes
CSTR	Científico	299	1725	4
IrishSentiment	Análise de Sentimentos	1660	8658	3
Hitech	Notícias	2301	12941	6
La1s	Notícias	3204	13195	6

Apesar das coleções estarem rotuladas, essa informação só é utilizada na definição do número de grupos que é passado para o algoritmo FCM. Além disso, é da natureza dos textos serem incertos e imprecisos, isto é, um mesmo texto pode discorrer sobre vários temas com diferentes graus de abordagens. Na base CSTR, por exemplo, um relatório técnico pode ter um foco maior na área de Robótica, sendo por isso rotulado com a classe *Robotics*, mas tratar eventualmente de conceitos de Sistemas (classe *Systems*). É partindo dessa intuição que acreditamos que o agrupamento fuzzy é adequado para esse cenário.

Antes de aplicar os métodos LSA e NMF, os documentos foram convertidos em vetores de atributos unigramas, os quais foram extraídos após remoção de *stopwords* e *stemming*. Por fim, o esquema de peso escolhido foi o *tf-idf*, devido a sua capacidade de reduzir a importância de termos que são muito comuns na coleção e também devido aos bons resultados alcançados com esse esquema no agrupamento de textos [Singh et al. 2011].

---

[1]Foram utilizados nos experimentos os pacotes do R *lsa* [Wild 2015], *NMF* [Gaujoux and Seoighe 2010] e *fclust* [Ferraro and Giordani 2015].

[2]As bases estão disponíveis no repositório de coleções textuais do LABIC-USP em http://sites.labic.icmc.usp.br/text_collections/.

Esses vetores iniciais formam a representação *baseline* denominada TFIDF, que aqui é tratada como a matriz documentos-termos sem redução de dimensionalidade. A matriz TFIDF de cada coleção possui a quantidade de atributos descrita na Tabela 1. Sendo assim, para cada base foram realizados testes com 19 representações diferentes: LSA-2, ..., LSA-10, NMF-2, ..., NMF-10 e TFIDF.

4.2. Resultados

Os índices de validação de agrupamento fuzzy descritos na Seção 3.1 foram utilizados para avaliar os agrupamentos realizados sobre cada uma das bases com as 19 diferentes representações explicadas anteriormente. Os resultados obtidos podem ser visualizados nos gráficos da Figura 1.

É possível verificar pela Figura 1 que os índices de validação PC, PE e MPC não conseguiram identificar boas estruturas de clusters em nenhuma coleção agrupada com a representação TFIDF, dado que todos estes índices obtiveram valores muito próximos dos seus respectivos limites. Para os índices de maximização PC e MPC, os valores encontrados foram muito próximos dos respectivos limites inferiores de $1/c$ (CSTR = $1/4$, IrishSentiment $- 1/3$, Hitech e La1s $- 1/6$) e 0. Para o índice de minimização PE, os valores encontrados para todas as coleções também foram muito próximos do limite superior de $\ln c$ (CSTR = $\ln 4$, IrishSentiment = $\ln 3$, Hitech e La1s = $\ln 6$).

Os resultados dos índices, ao avaliarem coleções representadas pelo TFIDF, foram inferiores aos gerados pelos métodos LSA e NMF, com exceção aos agrupamentos das coleções CSTR e IrishSentiment avaliadas pelo SF e La1s avaliada pelo XB, como pode ser visto na Tabela 2. Isso confirma a capacidade de ambos LSA e NMF em descobrirem conceitos semânticos intrínsecos nos dados que descrevem melhor as características dos mesmos do que os atributos iniciais TFIDF, inclusive no contexto de organização flexível desses documentos.

Tabela 2. Representações avaliadas com os melhores e piores resultados

	PC		PE		MPC		SF		XB	
	Melhor	Pior	Melhor	Pior	Melhor	Pior	Melhor	Pior	Melhor	Pior
CSTR	LSA-3	TFIDF	LSA-3	TFIDF	LSA-3	TFIDF	NMF-4	NMF-8	NMF-2	TFIDF
IrishSentiment	LSA-2	TFIDF	LSA-2	TFIDF	LSA-2	TFIDF	LSA-8	NMF-9	NMF-2	TFIDF
Hitech	LSA-2	TFIDF	LSA-2	TFIDF	LSA-2	TFIDF	NMF-2	LSA-9	NMF-2	TFIDF
La1s	LSA-2	TFIDF	LSA-2	TFIDF	LSA-2	TFIDF	NMF-2	LSA-8	NMF-2	NMF-9

Contudo, não foi somente com a avaliação do agrupamento nas coleções representadas pelo TFIDF que os índices não obtiveram valores satisfatórios. Pelos valores apresentados pelos índices PC, PE e MPC (Figura 1) percebe-se que, a partir de um número k de dimensões, as representações com LSA e com NMF tiveram comportamento semelhante ao TFIDF ao apresentarem novamente valores muito próximos aos limites destes índices para todas as coleções de documentos, com exceção da La1s que apresentou valores satisfatórios a partir de $k = 10$ para ambos LSA e NMF.

A partir da Figura 1, foi possível identificar os valores de k em que estes começam a encontrar uma boa estrutura nas coleções. Esta mudança pode ser vista a partir do ponto em que os valores dos índices PC, PE, MPC começam a se distanciar no mínimo em 0,01

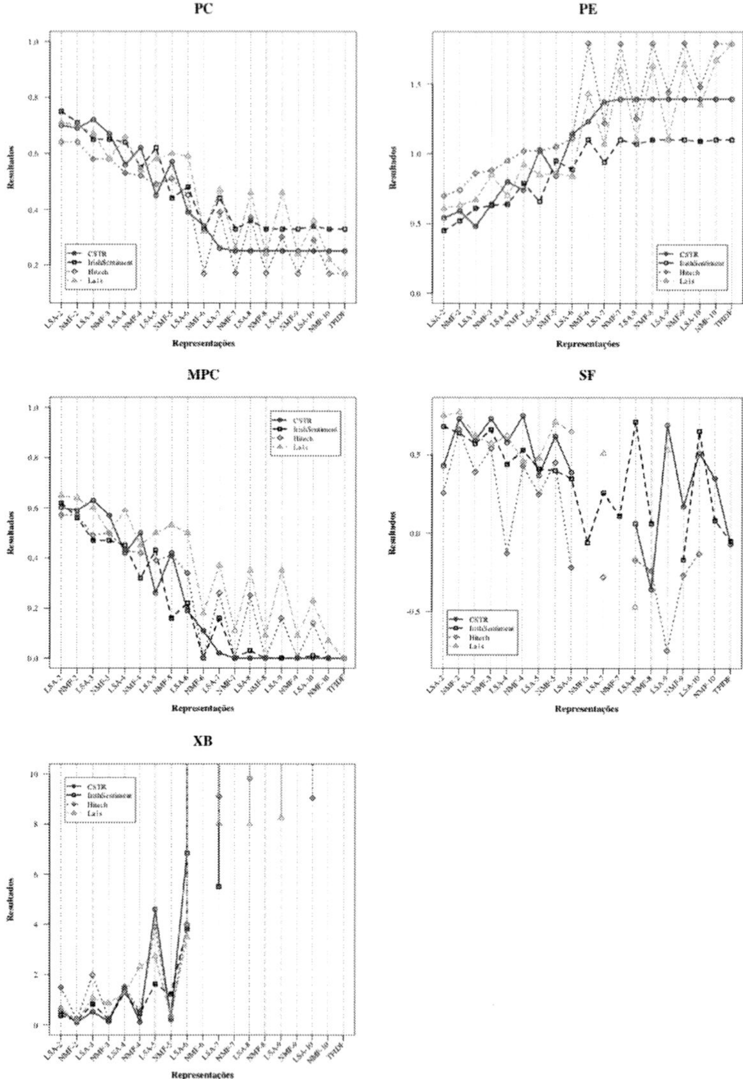

Figura 1. Cada gráfico corresponde aos resultados obtidos por um índice de validação. As linhas descontínuas entre as representações no gráfico do SF indicam valores não numéricos (NaN). Devido a alta amplitude dos valores obtidos pelo XB (com valor mínimo obtido de $0,11$ para a coleção CSTR e valor máximo $4,63\mathrm{e}{+}13$ para o La1s), seu gráfico foi limitado de 0 a 10 para que o comportamento apresentado pelas representações para cada coleção fosse perceptível. As bases estão representadas com cores e linhas diferentes, como mostram as legendas. No eixo x se encontram os nomes de cada uma das 19 representações em ordem crescente no número de dimensões.

dos seus limites. Para o XB, os valores de k foram identificados a partir da diferença
exponencial entre as representações com k e $k - 1$ dimensões. Os respectivos valores de
k para cada coleção dado os índices PC, PE, MPC e XB são apresentados na Tabela 3.

Tabela 3. Número k de dimensões para o qual os valores dos índices apresentaram uma melhora significativa. O índice SF não foi considerado por não ter apresentado valores discrepantes ao variar o valor de k.

	PC		PE		MPC		XB	
	LSA	NMF	LSA	NMF	LSA	NMF	LSA	NMF
CSTR	$k < 8$	$k < 7$	$k < 8$	$k < 7$	$k < 8$	$k < 7$	$k < 7$	$k < 6$
IrishSentiment	$k < 9$	$k < 6$	$k < 9$	$k < 6$	$k < 9$	$k < 6$	$k < 8$	$k < 6$
Hitech	$k \leq 10$	$k < 6$	$k \leq 10$	$k < 6$	$k \leq 10$	$k < 6$	$k \leq 10$	$k < 6$
Lals	$k \leq 10$	$k \leq 10$	$k \leq 10$	$k \leq 10$	$k \leq 10$	$k \leq 10$	$k < 10$	$k < 6$

Pela Tabela 3 pode-se assumir que para as coleções representadas pelo NMF, o
valor de $k = 5$ já permite um bom agrupamento assim como o valor de $k = 6$ para as
coleções representadas pelo LSA.

Quando comparados os números de dimensões, principalmente com a avaliação
pelos índices PC, PE e MPC que foram unânimes ao avaliarem as mesmas representações
como as de resultado superior e inferior, percebe-se que os resultados pioram à medida
que a quantidade de dimensões cresce. A maior parte das melhores estruturas fuzzy foram encontrados em um espaço vetorial com apenas $k = 2$ dimensões, como mostra a
Tabela 2.

5. Conclusão

Organizar documentos de maneira flexível é uma alternativa importante para uma
recuperação da informação que atenda melhor às necessidades dos usuários. Os resultados discutidos na Seção 4.2 são encorajadores por mostrarem que é possível obter uma
organização flexível para coleções de documentos utilizando pouquíssimos atributos. Isso
traz melhorias consideráveis no tempo de processamento dos documentos e, por conseguinte, na performance de um SRI flexível.

Além disso, pôde-se atestar a superioridade dos conceitos latentes obtidos com
as técnicas LSA e NMF, provavelmente devido à capacidade de lidarem com sinônimos
e termos polissêmicos. Desse modo, os documentos textuais podem ser representados
de maneira mais realística, sobressaindo as suas características naturais de imprecisão e
incerteza, o que torna a organização flexível com agrupamento fuzzy bastante adequada
nesse contexto.

Para o futuro, é importante tornar o contexto completamente não-supervisionado e
testar diversas quantidades de grupos em vez de usar a informação do número de classes.
Nesse sentido é promissor investigar a extração de descritores dos grupos fuzzy a fim de
obter uma análise mais detalhada dos mesmos.

Agradecimentos

As autoras agradecem ao suporte financeiro concedido pelo CNPq e pela FAPESB.

Referências

Bezdek, J. C. (1974a). Cluster validity with fuzzy sets. *Journal of Cybernetics*, 3(3):58–73.

Bezdek, J. C. (1974b). Numerical taxonomy with fuzzy sets. *Journal of Mathematical Biology*, 1(1):57–71.

Bezdek, J. C. (1981). *Pattern Recognition with Fuzzy Objective Function Algorithms*. Kluwer Academic Publishers, Norwell, MA, USA.

Bordogna, G. and Pasi, G. (2000). Modeling vagueness in information retrieval. In *Lectures on information retrieval*, pages 207–241. Springer.

Campello, R. and Hruschka, E. (2006). A fuzzy extension of the silhouette width criterion for cluster analysis. *Fuzzy Sets and Systems*, 157(21):2858 – 2875.

Dave, R. N. (1996). Validating fuzzy partitions obtained through c-shells clustering. *Pattern Recognition Letter*, 17(6):613–623.

Deerwester, S., Dumais, S. T., Furnas, G. W., Landauer, T. K., and Harshman, R. (1990). Indexing by latent semantic analysis. *Journal of the American society for information science*, 41(6):391.

Ferraro, M. and Giordani, P. (2015). A toolbox for fuzzy clustering using the r programming language. *Fuzzy Sets and Systems*, 279:1–16.

Gaujoux, R. and Seoighe, C. (2010). A flexible r package for nonnegative matrix factorization. *BMC bioinformatics*, 11(1):367.

Kraft, D. H., Pasi, G., and Bordogna, G. (2006). Vagueness and uncertainty in information retrieval: how can fuzzy sets help? In *Proceedings of the 2006 international workshop on Research issues in digital libraries*, page 3. ACM.

Landauer, T. K., Foltz, P. W., and Laham, D. (1998). An introduction to latent semantic analysis. *Discourse processes*, 25(2-3):259–284.

Lee, D. D. and Seung, H. S. (1999). Learning the parts of objects by non-negative matrix factorization. *Nature*, 401(6755):788–791.

Lee, D. D. and Seung, H. S. (2001). Algorithms for non-negative matrix factorization. In *Advances in neural information processing systems*, pages 556–562.

Lee, J.-H., Park, S., Ahn, C.-M., and Kim, D. (2009). Automatic generic document summarization based on non-negative matrix factorization. *Information Processing & Management*, 45(1):20–34.

Muflikhah, L. and Baharudin, B. (2009). High performance in minimizing of term-document matrix representation for document clustering. In *Innovative Technologies in Intelligent Systems and Industrial Applications, 2009. CITISIA 2009*, pages 225–229. IEEE.

Rossi, R. G., Marcacini, R. M., and Rezende, S. O. (2013). Benchmarking text collections for classification and clustering tasks. Technical report, Institute of Mathematics and Computer Sciences, University of Sao Paulo.

Schütze, H. and Silverstein, C. (1997). Projections for efficient document clustering. In *ACM SIGIR Forum*, volume 31, pages 74–81. ACM.

Shafiei, M., Wang, S., Zhang, R., Milios, E., Tang, B., Tougas, J., and Spiteri, R. (2007). Document representation and dimension reduction for text clustering. In *Data Engineering Workshop, 2007 IEEE 23rd International Conference on*, pages 770–779. IEEE.

Singh, V. K., Tiwari, N., and Garg, S. (2011). Document clustering using k-means, heuristic k-means and fuzzy c-means. In *Computational Intelligence and Communication Networks (CICN), 2011 International Conference on*, pages 297–301. IEEE.

Tsuge, S., Shishibori, M., Kuroiwa, S., and Kita, K. (2001). Dimensionality reduction using non-negative matrix factorization for information retrieval. In *Systems, Man, and Cybernetics, 2001 IEEE International Conference on*, volume 2, pages 960–965. IEEE.

Wild, F. (2015). *lsa: Latent Semantic Analysis*. R package version 0.73.1.

Xie, X. L. and Beni, G. (1991). A validity measure for fuzzy clustering. *IEEE Transactions on Pattern Analysis and Machine Intelligence*, 13(8):841–847.

Yang, J. and Watada, J. (2011). Decomposition of term-document matrix representation for clustering analysis. In *Fuzzy Systems (FUZZ), 2011 IEEE International Conference on*, pages 976–983. IEEE.

Zervas, G. and Ruger, S. M. (1999). The curse of dimensionality and document clustering. In *Microengineering in Optics and Optoelectronics (Ref. No. 1999/187), IEE Colloquium on*, pages 19–19. IET.

Proceedings of Symposium in Information and Human Language Technology. Uberlândia, MG, Brazil, October 2–5, 2017. ©2017 Sociedade Brasileira de Computação.

Portuguese Word Embeddings: Evaluating on Word Analogies and Natural Language Tasks

Nathan S. Hartmann[1], **Erick R. Fonseca**[1], **Christopher D. Shulby**[1],
Marcos V. Treviso[1], **Jéssica S. Rodrigues**[2], **Sandra M. Aluísio**[1]

[1]University of São Paulo, Institute of Mathematics and Computer Sciences

[2]Federal University of São Carlos, Department of Computer Science

{nathansh,erickrf,cshulby,sandra}@icmc.usp.br

{marcosvtreviso,jsc}@gmail.com

Abstract. *Word embeddings have been found to provide meaningful representations for words in an efficient way; therefore, they have become common in Natural Language Processing systems. In this paper, we evaluated different word embedding models trained on a large Portuguese corpus, including both Brazilian and European variants. We trained 31 word embedding models using FastText, GloVe, Wang2Vec and Word2Vec. We evaluated them intrinsically on syntactic and semantic analogies and extrinsically on POS tagging and sentence semantic similarity tasks. The obtained results suggest that word analogies are not appropriate for word embedding evaluation instead task-specific evaluations may be a better option; Wang2Vec appears to be a robust model; the increase in performance in our evaluations with bigger models is not worth the increase in memory usage for models with more than 300 dimensions.*

1. Introduction

Natural Language Processing (NLP) applications usually take words as basic input units; therefore, it is important that they be represented in a meaningful way. In recent years, *word embeddings* have been found to efficiently provide such representations, and consequently, have become common in modern NLP systems. They are vectors of real valued numbers, which represent words in an n-dimensional space, learned from large non-annotated corpora and able to capture syntactic, semantic and morphological knowledge.

Different algorithms have been developed to generate embeddings [Bengio et al. 2003, Collobert et al. 2011, Mikolov et al. 2013, Ling et al. 2015, Lai et al. 2015, *inter alia*]. They can be roughly divided into two families of methods [Baroni et al. 2014]: the first is composed of methods that work with a co-occurrence word matrix, such as Latent Semantic Analysis (LSA) [Dumais et al. 1988], Hyperspace Analogue to Language (HAL) [Lund and Burgess 1996] and Global Vectors (GloVe) [Pennington et al. 2014]. The second is composed of predictive methods, which try to predict neighboring words given one or more context words, such as Word2Vec [Mikolov et al. 2013].

Given this variety of word embedding models, methods for evaluating them becomes a topic of interest. [Mikolov et al. 2013] developed a benchmark for embedding evaluation based on a series of analogies. Each analogy is composed of two pairs of words that share some syntactic or semantic relationship, e.g., the names of two countries and their respective capitals, or two verbs in their present and past tense forms. In order to evaluate an embedding model, applying some vectorial algebra operation to the vectors of three of the words should yield the vector of the fourth one. A version of this dataset translated and adapted to Portuguese was created by [Rodrigues et al. 2016].

However, in spite of being popular and computationally cheap, [Faruqui et al. 2016] suggests that word analogies are not appropriate for evaluating embeddings. Instead, they suggest using task-specific evaluations, i.e., to compare word embedding models on how well they perform on downstream NLP tasks.

In this paper, we evaluated different word embedding models trained on a large Portuguese corpus, including both Brazilian and European variants (Section 2). We trained our models using four different algorithms with varying dimensions (Section 3). We evaluated them on the aforementioned analogies as well as on POS tagging and sentence similarity, to assess both syntactic and semantic properties of the word embeddings (Section 4). Section 5 revises recent studies evaluating Portuguese word embeddings. The contributions of this paper are: i) to make a set of 31 word embedding models publicly available[1] as well as the script used for corpus preprocessing and embedding evaluations[2]; and ii) an intrinsic and extrinsic evaluation of word embedding models, indicating the lack of correlation between performance in syntactic and semantic analogies and syntactic and semantic NLP tasks.

2. Training Corpus

We collected a large corpus from several sources in order to obtain a multi-genre corpus, representative of the Portuguese language. We rely on the results found by [Rodrigues et al. 2016] and [Fonseca and Aluisio 2016], which indicate that the bigger a corpus is, the better the embeddings obtained, even if it is mixed with Brazilian and European texts. Table 1 presents all corpora collected in this work.

2.1. Preprocessing

We tokenized and normalized our corpus in order to reduce the vocabulary size, under the premise that vocabulary reduction provides more representative vectors. Word types with less than five occurrences were replaced by a special UNKNOWN symbol. Numerals were normalized to zeros; URL's were mapped to a token URL and emails were mapped to a token EMAIL.

Then, we tokenized the text relying on whitespaces and punctuation signs, paying special attention to hyphenation. Clitic pronouns like "machucou-se" are kept intact. Since it differs from the approach used in [Rodrigues et al. 2016] and their corpus is a subset of ours, we adapted their tokenization using our criteria. We also removed their Wikipedia section, and in all our subcorpora, we only used sentences with 5 or more tokens in order to reduce noisy content. This reduced the number of tokens of LX-Corpus from 1,723,693,241 to 714,286,638.

---

[1] Available at nilc.icmc.usp.br/embeddings.
[2] Available at github.com/nathanshartmann/portuguese_word_embeddings.

Corpus	Tokens	Types	Genre	Description
LX-Corpus [Rodrigues et al. 2016]	714,286,638	2,605,393	Mixed genres	A huge collection of texts from 19 sources. Most of them are written in European Portuguese.
Wikipedia	219,293,003	1,758,191	Encyclopedic	Wikipedia dump of 10/20/16
GoogleNews	160,396,456	664,320	Informative	News crawled from GoogleNews service
SubIMDB-PT	129,975,149	500,302	Spoken language	Subtitles crawled from IMDb website
G1	105,341,070	392,635	Informative	News crawled from G1 news portal between 2014 and 2015.
PLN-Br [Bruckschen et al. 2008]	31,196,395	259,762	Informative	Large corpus of the PLN-BR Project with texts sampled from 1994 to 2005. It was also used by [Hartmann 2016] to train word embeddings models
Literacy works of public domain	23,750,521	381,697	Prose	A collection of 138,268 literary works from the Domínio Público website
Lacio-web [Aluísio et al. 2003]	8,962,718	196,077	Mixed genres	Texts from various genres, e.g., literary and its subdivisions (prose, poetry and drama), informative, scientific, law, didactic technical
Portuguese e-books	1,299,008	66,706	Prose	Collection of classical fiction books written in Brazilian Portuguese crawled from Literatura Brasileira website
Mundo Estranho	1,047,108	55,000	Informative	Texts crawled from Mundo Estranho magazine
CHC	941,032	36,522	Informative	Texts crawled from Ciência Hoje das Crianças (CHC) website
FAPESP	499,008	31,746	Science Communication	Brazilian science divulgation texts from Pesquisa FAPESP magazine
Textbooks	96,209	11,597	Didactic	Texts for children between 3rd and 7th-grade years of elementary school
Folhinha	73,575	9,207	Informative	News written for children, crawled in 2015 from Folhinha issue of Folha de São Paulo newspaper
NILC subcorpus	32,868	4,064	Informative	Texts written for children of 3rd and 4th-years of elementary school
Para Seu Filho Ler	21,224	3,942	Informative	News written for children, from Zero Hora newspaper
SARESP	13,308	3,293	Didactic	Text questions of Mathematics, Human Sciences, Nature Sciences and essay writing to evaluate students
Total	1,395,926,282	3,827,725		

Table 1. Sources and statistics of corpora collected.

3. Embedding Methods

In this section, we describe the four methods we used to train 31 word embedding models: GloVe, Word2Vec, Wang2Vec, and FastText.

The Global Vectors (GloVe) method was proposed by [Pennington et al. 2014], and obtained state-of-the-art results for *syntactic* and *semantic* analogies tasks. This method consists in a co-occurrence matrix M that is constructed by looking at context words. Each element M_{ij} in the matrix represents the probability of the word i being close to the word j. In the matrix M, the rows (or vectors) are randomly generated and trained by obeying the equation $P(w_i, w_j) = log(M_{ij}) = w_i w_j + b_i + b_j$, where w_i and w_j are word vectors, and b_i and b_j are biases.

Word2Vec is a widely used method in NLP for generating word embeddings. It has two different training methods: (i) *Continuous Bag-of-Words (CBOW)*, in which the model is given a sequence of words without the middle one, and attempts to predict it; (ii) *Skip-Gram*, in which the model is given a word and attempts to predict its neighboring words. In both cases, the model consists of only a single weight matrix (apart from the word embeddings), which results in a fast log-linear training able to capture *semantic* information [Mikolov et al. 2013].

Wang2Vec is a modification of Word2Vec made in order to take into account the lack of word order in the original architecture. Two simple modifications were proposed in Wang2Vec expecting embeddings to better capture *syntactic* behavior of words [Ling et al. 2015]. In the *Continuous Window* architecture, the input is the concatenation of the context word embeddings in the order they occur. In *Structured Skip-Gram*, a different set of parameters is used to predict each context word, depending on its position relative to the target word.

FastText is a recently developed method [Bojanowski et al. 2017] in which embeddings are associated to character n-grams, and words are represented as the summation of these representations. In this method, a word representation is induced by summing character n-gram vectors with vectors of surrounding words. Therefore, this method attempts to capture *morphological* information to induce word embeddings.

4. Evaluation

In order to evaluate the robustness of the word embedding models we trained, we performed intrinsic and extrinsic evaluations. For the intrinsic evaluation, we used the set of syntactic and semantic analogies from [Rodrigues et al. 2016]. For extrinsic evaluation, we chose to apply the trained models on POS tagging and sentence similarity tasks. The tasks were chosen deliberately since they are linguistically aligned with the sets of analogies used in the first evaluation. POS tagging is by nature a morphosyntactic task, and although some analogies are traditionally regarded as *syntactic*, they are actually morphological — for example, suffix operations. Sentence similarity is a semantic task since it evaluates if two sentences have similar meaning. It is expected that the models which achieve the best results in (morpho-)syntactic analogies also do so in POS tagging, and the same is true for semantic analogies and semantic similarity evaluation. We trained embeddings with the following dimensions: 50, 100, 300, 600 and 1,000. Because Wang2Vec's implementation suffers from the vanishing gradient problem for high dimension matrices, it was not possible to train its CBOW models for 600 and 1,000 dimensions.

4.1. Intrinsic evaluation

We evaluated our embeddings in the syntactic and semantic analogies provided by [Rodrigues et al. 2016]. The benchmark contains five types of semantic analogy: (i) common capitals and countries, (ii) all capitals and countries, (iii) currency and countries, (iv) cities and states, and (v) family relations. Moreover, nine types of syntactic analogy are also represented: adjectives and adverbs, opposite adjectives, base adjectives and comparatives, base adjectives and superlatives, verb infinitives and present participles, countries and nationalities (adjectives), verb infinitives and past tense forms, nouns in plural and singular, and verbs in plural and singular. Since our corpus is composed of both Brazilian (PT-BR) and European (PT-EU) Portuguese, we also evaluated the models in the test sets for both variants, following [Rodrigues et al. 2016].

Table 2 shows the obtained results for the intrinsic evaluation. On average, GloVe was the best model for both Portuguese variants. The model which best performed on syntactic analogies was FastText, followed by Wang2Vec. This makes sense since FastText is a morphological model, and Wang2Vec uses word order, which provides some minimal

Embedding Models		Size	PT-BR			PT-EU		
			Syntactic	Semantic	All	Syntactic	Semantic	All
FastText	CBOW	50	35.2	4.2	19.6	35.2	4.6	19.8
		100	45.0	6.1	25.5	45.1	6.4	25.7
		300	52.0	8.4	30.1	52.0	9.1	30.5
		600	52.6	5.9	29.2	52.4	6.5	29.4
		1,000	50.6	4.8	27.7	50.4	5.4	27.9
	Skip-Gram	50	36.8	18.4	27.6	36.5	17.1	26.8
		100	50.8	30.0	40.4	50.7	28.9	39.8
		300	**58.7**	32.2	45.4	**58.5**	31.1	44.8
		600	55.1	24.3	39.6	55.0	23.9	39.4
		1,000	45.1	14.6	29.8	45.2	13.8	29.4
GloVe		50	28.7	13.7	27.4	28.5	12.8	27.7
		100	39.7	28.7	34.2	39.9	26.6	33.2
		300	45.8	45.8	**46.7**	45.9	42.3	**46.2**
		600	42.3	**48.5**	45.4	42.3	**43.8**	43.1
		1,000	39.4	45.9	42.7	39.8	42.5	41.1
Wang2Vec	CBOW	50	28.4	9.2	18.8	28.4	8.9	18.6
		100	40.9	26.2	33.5	40.8	24.4	32.6
		300	49.9	40.3	45.1	50.0	36.9	43.5
	Skip-Gram	50	30.6	12.2	21.3	30.6	11.5	21.0
		100	43.9	22.2	33.0	44.0	21.2	32.6
		300	53.3	33.9	42.8	53.4	32.3	43.6
		600	52.9	35.0	43.9	53.0	33.2	43.1
		1,000	47.3	33.2	40.2	47.6	30.9	39.2
Word2Vec	CBOW	50	9.8	2.2	6.0	9.7	1.9	5.8
		100	16.2	3.6	9.9	16.0	3.5	9.7
		300	24.7	4.6	23.9	24.5	4.5	23.6
		600	25.8	5.2	23.1	25.4	5.1	22.9
		1,000	26.2	4.9	22.9	26.2	4.5	22.7
	Skip-Gram	50	17.0	5.4	11.2	16.9	4.8	10.8
		100	25.2	8.0	16.6	24.8	7.4	16.1
		300	33.0	15.6	29.2	32.2	14.1	29.8
		600	35.6	20.0	33.4	35.3	17.6	33.5
		1,000	34.1	21.3	32.6	33.6	18.1	31.9

Table 2. Intrinsic evaluation on syntactic and semantic analogies.

syntactic knowledge. In semantic analogies, the model which best performed was GloVe, followed by Wang2Vec. GloVe is known for modeling semantic information well and Wang2Vec potentially captures semantics because it uses word order. The position of a negation word in a sentence can totally change its semantics. If this negation is shuffled in a bag of words (Word2Vec CBOW), sentence semantic is diluted.

All CBOW models, except for the Wang2Vec ones, achieved very low results in semantic analogies, similarly to the results from [Mikolov et al. 2013]. Wang2Vec CBOW differs from traditional CBOW in that it takes word order into account, and then we can speculate that an unordered bag-of-words is not able to capture a word's semantics so well.

We exemplify with our best (GloVe) and worst (Word2Vec CBOW) models using 600 dimensions. Dealing with the well known analogy "king to queen", in Portuguese "rei - homem + mulher ≈ rainha", our best model produced "rainha" as the most similar embedding (0,62 cosine similarity) and our worst model produced "esposa" (0,50 cosine similarity) with "rainha" in the 7th place (0,41 cosine similarity).

4.2. Extrinsic Evaluation

In this section we describe the experiments performed on POS tagging and Semantic Similarity tasks.

POS Tagging

POS tagging is a very suitable NLP task to evaluate how well the embeddings capture morphosyntactic properties. The two key difficulties here are: i) correctly classifying words that can have different tags depending on context; and ii) generalizing to previously unseen words. Our experiments were performed with the nlpnet POS tagger[3] using the revised Mac-Morpho corpus and similar tagger configurations to those presented by [Fonseca et al. 2015] (20 epochs, 100 hidden neurons, learning rate starting at 0.01, capitalization, suffix and prefix features). We did not focus on optimizing hyperparameters; instead, we set a single configuration to compare embeddings.

Table 3 presents the POS accuracy results[4]. As a rule of thumb, the larger the dimensionality, the better the performance. The exception is the 1,000 dimensions Word2Vec models, which performed slightly worse than those with 600. GloVe and FastText yielded the worst results, and Wang2Vec achieved the best. GloVe's poor performance may be explained by its focus on semantics rather than syntax, and FastText's performance was surprising in that despite its preference for morphology, something traditionally regarded as important for POS tagging, it yielded relatively poor results. Wang2Vec resulted in the best performance – actually, its 300 dimension Skip-Gram model was superior to Word2Vec's 1000 model.

Embedding Models		Size	Accuracy
FastText	CBOW	50	91.18%
		100	92.57%
		300	93.86%
		600	93.86%
		1000	94.27%
	Skip-Gram	50	93.15%
		100	93.78%
		300	94.82%
		600	95.25%
		1000	95.49%
Wang2Vec	CBOW	50	95.33%
		100	95.59%
		300	95.83%
	Skip-Gram	50	95.07%
		100	95.57%
		300	95.89%
		600	95.88%
		1,000	**95.94%**

Embeddings model		Size	Accuracy
GloVe		50	93.13%
		100	93.72%
		300	94.76%
		600	95.23%
		1,000	95.57%
Word2Vec	CBOW	50	95.00%
		100	95.27%
		300	95.58%
		600	95.65%
		1,000	95.62%
	Skip-Gram	50	94.79%
		100	95.18%
		300	95.66%
		600	95.82%
		1,000	95.81%

Table 3. Extrinsic evaluation on POS tagging.

Semantic Similarity

ASSIN (*Avaliação de Similaridade Semântica e Inferência Textual*) [Fonseca et al. 2016] was a workshop co-located with PROPOR-2016. ASSIN made two shared-tasks available: i) semantic similarity; and ii) textual entailment. We chose the first one to evaluate our word embedding models extrinsically in a semantic task. ASSIN semantic similarity

---

[3]More info at `nilc.icmc.usp.br/nlpnet/`.

[4]Note that accuracies are well below those reported by [Fonseca et al. 2015]. The probable cause is that the embedding vocabularies used here did not have clitic pronouns split from verbs, resulting in a great amount of out of vocabulary words.

shared task required participants to assign similarity values between 1 and 5 to pairs of sentences. The workshop made training and test sets for Brazilian (PT-BR) and European (PT-EU) Portuguese available. [Hartmann 2016] obtained the best results for this task. The author calculated the semantic similarity of pairs of sentences training a linear regressor with two features: i) the cosine similarity between the TF-IDF of each sentence; and ii) the cosine similarity between the summation of the word embeddings of the sentences' words. We chose this work as a baseline for evaluation because we can replace its word embedding model with others and compare the results. Although the combination of TF-IDF and word embeddings produced better results than only using word embeddings, we chose to only use embeddings for ease of comparison. [Hartmann 2016] trained the word embedding model using Word2Vec Skip-Gram approach, with 600 dimensions, and a corpus composed of Wikipedia, G1 and PLN-Br. Only using embeddings, [Hartmann 2016] achieved 0.58 in Pearson's Correlation (ρ) and a 0.50 Mean Squared Error (MSE) for PT-BR; and 0.55 ρ and 0.83 MSE for PT-EU evaluation.

Table 4 shows the performance of our word embedding models for both PT-BR and PT-EU test sets. To our surprise, the word embedding models which achieved the best results on semantic analogies (see Table 2) were not the best in this semantic task. The best results were achieved by Wang2Vec Skip-Gram using 600 dimensions for PT-EU and using 1,000 dimensions for PT-BR. Wang2Vec also achieved the best results for POS tagging what shows its potential. Neither FastText nor GloVe models beat the baseline results achieved by [Hartmann 2016]. FastText poor results are expected since it has a morphological bias, but GloVe poor results are surprising since it achieved the best results in semantic analogies.

Embedding Models		Size	PT-BR		PT-EU	
			ρ	MSE	ρ	MSE
FastText	CBOW	50	0.36	0.66	0.34	1.05
		100	0.37	0.66	0.36	1.04
		300	0.38	0.65	0.37	1.03
		600	0.33	0.68	0.38	1.02
		1,000	0.39	0.64	0.41	0.99
	Skip-Gram	50	0.45	0.61	0.43	0.98
		100	0.49	0.58	0.47	0.94
		300	0.55	0.53	0.40	1.02
		600	0.40	0.64	0.40	1.01
		1,000	0.52	0.56	0.54	0.86
Wang2Vec	CBOW	50	0.53	0.55	0.51	0.89
		100	0.56	0.52	0.54	0.85
		300	0.53	0.55	0.51	0.89
	Skip-Gram	50	0.51	0.56	0.47	0.92
		100	0.54	0.54	0.50	0.89
		300	0.58	0.50	0.53	0.85
		600	0.59	**0.49**	0.54	**0.83**
		1,000	**0.60**	**0.49**	0.54	0.85

Embedding Models		Size	PT-BR		PT-EU	
			ρ	MSE	ρ	MSE
GloVe		50	0.42	0.62	0.38	1.01
		100	0.45	0.60	0.42	0.98
		300	0.49	0.58	0.45	0.95
		600	0.50	0.57	0.45	0.94
		1,000	0.51	0.56	0.46	0.94
Word2Vec	CBOW	50	0.47	0.59	0.46	0.95
		100	0.50	0.57	0.49	0.91
		300	0.55	0.53	0.54	0.87
		600	0.57	0.51	**0.55**	0.86
		1,000	0.58	0.50	**0.55**	0.86
	Skip-Gram	50	0.46	0.60	0.43	0.97
		100	0.48	0.58	0.45	0.95
		300	0.52	0.56	0.48	0.93
		600	0.53	0.54	0.50	0.92
		1,000	0.54	0.54	0.50	0.91

Table 4. Extrinsic evaluation on Semantic Similarity task.

5. Related Work

The research on evaluating unsupervised word embeddings can be divided into intrinsic and extrinsic evaluations. The former relying mostly on word analogies (e.g. [Mikolov et al. 2013]) and measuring the semantic similarity between words (e.g. the WS-353 dataset [Finkelstein et al. 2002]), while extrinsic evaluations focus on practical

NLP tasks (e.g. [Nayak et al. 2016]). POS tagging, parsing, semantic similarity between sentences, and sentiment analysis are some commonly used tasks for this end.

To the best of our knowledge, only a few works attempted to evaluate Portuguese word embeddings. [Rodrigues et al. 2016] collected a corpus of Portuguese texts to train word embedding models using the Skip-Gram Word2Vec technique. The authors also translated the benchmark of word analogies developed by [Mikolov et al. 2013] and made it available for both Brazilian and European Portuguese. They report a 52.8% evaluation accuracy of their word embedding model in both syntactic and semantic analogies.

[Sousa 2016] investigated whether Word2Vec (CBOW and Skip-Gram) or GloVe performed best on the benchmark in [Rodrigues et al. 2016]. The author compiled a sample of texts from Wikipedia in Portuguese, searching for articles related to teaching, education, academics, and institutions. The best results were obtained using Word2Vec CBOW to train vectors of 300 dimensions. This model achieved an accuracy of 21.7% on syntactic analogies, 17.2% on semantic analogies and 20.4% overall.

[Fonseca et al. 2015] compared the performance of three different vector space models used for POS tagging with a neural tagger. They used Word2Vec Skip-Gram, HAL, and the neural method from [Collobert et al. 2011]; Skip-Gram obtained the best results in all tests.

Concerning the differences between embeddings obtained from Brazilian and European Portuguese texts, [Fonseca and Aluisio 2016] present an extrinsic analysis on POS tagging. They trained different embedding models; one with only Brazilian texts, one with only European ones and another with mixed variants; and trained neural POS taggers which were evaluated on Brazilian and European datasets. One of their findings is that, as a rule of thumb, the bigger the corpus in which embeddings are obtained, the better. Additionally, mixing both variants in the embedding generation did not decrease tagger performance in any of the POS test sets. This supports the hypothesis that a single, large corpus comprising Brazilian and European texts can be useful for most NLP applications in Portuguese.

6. Conclusions and Future Work

In this paper, we presented the word embeddings we trained using four different techniques and their evaluation. All trained models are available for download, as well as the script used for corpus preprocessing and evaluation. The results obtained from intrinsic and extrinsic evaluations were not aligned with each other, contrary to the expected. GloVe produced the best results for syntactic and semantic analogies, and the worst, together with FastText, for both POS tagging and sentence similarity. These results are aligned with those from [Faruqui et al. 2016], which suggest that word analogies are not appropriate for evaluating word embeddings. Overall, Wang2Vec vectors yielded very good performance across our evaluations, suggesting they can be useful for a variety of NLP tasks. Our results also suggest that the increase in performance is not worth the increase in memory usage for models with more than 300 dimensions. As future work, we intend to try different tokenization and normalization patterns, and also to lemmatize certain word categories like verbs, since this could significantly reduce vocabulary, allowing for more efficient processing. An evaluation with more NLP tasks would also be beneficial to our understanding of different model performances.

Acknowledgements

Nathan and Erick thank FAPESP (PIPE-FAPESP grant 2016/00500-1 and FAPESP grant 2013/22973-0), Marcos and Jéssica thank CNPq.

References

Aluísio, S. M., Pinheiro, G. M., Finger, M., Nunes, M. G. V., and Tagnin, S. E. (2003). The LacioWeb Project: Overview and Issues in Brazilian Portuguese Corpora Creation. In *Proceedings of Corpus Linguistics*, pages 14–21.

Baroni, M., Dinu, G., and Kruszewski, G. (2014). Don't count, predict! A systematic comparison of context-counting vs. context-predicting semantic vectors. In *Proceedings of the 52nd Annual Meeting of the Association for Computational Linguistics*, volume 1, pages 238–247.

Bengio, Y., Ducharme, R., Vincent, P., and Jauvin, C. (2003). A neural probabilistic language model. *Journal of machine learning research*, 3:1137–1155.

Bojanowski, P., Grave, E., Joulin, A., and Mikolov, T. (2017). Enriching word vectors with subword information. *Transactions of the Association of Computational Linguistics*, 5:135–146.

Bruckschen, M., Muniz, F., Souza, J., Fuchs, J., Infante, K., Muniz, M., Gonçalves, P., Vieira, R., and Aluísio, S. (2008). Anotação Lingüística em XML do Corpus PLN-BR. NILC–TR–09–08. Technical report, University of São Paulo, Brazil.

Collobert, R., Weston, J., Bottou, L., Karlen, M., Kavukcuoglu, K., and Kuksa, P. (2011). Natural Language Processing (Almost) from Scratch. *Journal of Machine Learning Research*, 12:2493–2537.

Dumais, S. T., Furnas, G. W., Landauer, T. K., Deerwester, S., and Harshman, R. (1988). Using latent semantic analysis to improve access to textual information. In *Proceedings of the SIGCHI conference on Human factors in computing systems*, pages 281–285. ACM.

Faruqui, M., Tsvetkov, Y., Rastogi, P., and Dyer, C. (2016). Problems With Evaluation of Word Embeddings Using Word Similarity Tasks. In *Proc. of the 1st Workshop on Evaluating Vector Space Representations for NLP*.

Finkelstein, L., Gabrilovich, E., Matias, Y., Rivlin, E., Solan, Z., Wolfman, G., and Ruppin, E. (2002). Placing search in context: The concept revisited. *ACM Transactions on Information Systems*, 20(1).

Fonseca, E. and Aluisio, S. (2016). Improving POS Tagging Across Portuguese Variants with Word Embeddings. In *Proceedings of the Computational Processing of the Portuguese Language*, pages 227–232.

Fonseca, E. R., Borges dos Santos, L., Criscuolo, M., and Aluísio, S. M. (2016). Visão geral da avaliação de similaridade semântica e inferência textual. *Linguamática*, 8(2):3–13.

Fonseca, E. R., Rosa, J. L. G., and Aluísio, S. M. (2015). Evaluating word embeddings and a revised corpus for part-of-speech tagging in portuguese. *Journal of the Brazilian Computer Society*.

Hartmann, N. S. (2016). ASSIN Shared Task - Solo Queue Group: Mix of a Traditional and an Emerging Approaches. In *Avaliação de Similaridade Semântica e Inferência Textual (ASSIN), Propor Workshop*.

Lai, S., Xu, L., Liu, K., and Zhao, J. (2015). Recurrent convolutional neural networks for text classification. In *AAAI*, volume 333, pages 2267–2273.

Ling, W., Dyer, C., Black, A., and Trancoso, I. (2015). Two/too simple adaptations of word2vec for syntax problems. In *Proceedings of the 2015 Conference of the North American Chapter of the Association for Computational Linguistics: Human Language Technologies*. Association for Computational Linguistics.

Lund, K. and Burgess, C. (1996). Producing high-dimensional semantic spaces from lexical co-occurrence. *Behavior Research Methods, Instruments, & Computers*, 28(2):203–208.

Mikolov, T., Chen, K., Corrado, G., and Dean, J. (2013). Efficient estimation of word representations in vector space. In *Proceedings of International Conference on Learning Representations Workshop (ICLR-2013)*.

Nayak, N., Angeli, G., and Manning, C. D. (2016). Evaluating Word Embeddings Using a Representative Suite of Practical Tasks. In *RepEval Workshop*.

Pennington, J., Socher, R., and Manning, C. D. (2014). Glove: Global vectors for word representation. *Proceedings of the 2014 Conference on Empiricial Methods in Natural Language Processing (EMNLP-2014)*, 12:1532–1543.

Rodrigues, J., António, B., Steven, N., and João, S. (2016). LX-DSemVectors: Distributional Semantics Models for Portuguese. In *Computational Processing of the Portuguese Language: 12th International Conference (PROPOR-2016)*. Springer International Publishing.

Sousa, S. (2016). Estudo de Modelos de Word Embeddings. Monograph (Bacharel em Computação), UTFPR (Universidade Tecnológica Federal do Paraná), Paraná, Brazil.

Utilizando Features Linguísticas Genéricas para Classificação de Triplas Relacionais em Português

George C. G. Barbosa[1], Daniela Barreiro Claro[1]

[1]Formalismos e Aplicações Semânticas Research Group (FORMAS)
LaSiD - Departamento de Ciência da Computação
Instituto de Matemática e Estatística – Universidade Federal da Bahia
Av. Adhemar de Barros, s/n, Ondina, Salvador - Bahia - Brasil

`gcgbarbosa@gmail.com, dclaro@ufba.br`

Resumo. A quantidade de textos gerados diariamente na web torna cada vez mais difícil a análise e extração de informações desses dados. Retirar informação útil de forma automática de textos é uma tarefa difícil, dada a complexidade e infinidade de formas com que as pessoas podem se expressar utilizando a linguagem natural. A tarefa de Extração de Informação Aberta tem o papel de automatizar o processamento de repositórios tais como a Web. Esta abordagem pode ser classificada em duas etapas: (i) extração e (ii) classificação. A proposta desse trabalho é, na etapa de classificação, utilizar um conjunto de features genéricas que não contém termos presentes em um idioma específico. Experimentos foram realizados em Português do Brasil nos quais as features genéricas obtiveram uma acurácia média de 70% contra 55% das features propostas em [Fader et al. 2011].

1. Introdução

Mais de 80% das informações da Web são armazenadas em formato de texto nos mais diferentes idiomas [Barion and Lago 2008]. Estima-se que 50% do conteúdo disponível em *websites* está escrito em Inglês[1]. Os principais trabalhos da área de Extração da Informação (IE, do Inglês *Information Extraction*) utilizam metodologias desenvolvidas com base no Inglês [Banko et al. 2007] [Wu and Weld 2010] [Fader et al. 2011] [Schmitz et al. 2012] [Del Corro and Gemulla 2013] [Angeli et al. 2015]. Os dados textuais em diferentes idiomas, que somam a outra metade do conteúdo disponível, têm recebido pouca atenção [Gamallo et al. 2012] e muitos esforços têm sido realizados na tentativa de analisá-los [Fader et al. 2011]. A Extração da Informação (IE) é a tarefa de aquisição de informação a partir de dados não estruturados ou semi-estruturados. É possível classificá-la em aberta ou tradicional. A IE tradicional tem como objetivo a extração de informação em um domínio específico, geralmente um conjunto pré-especificado de expressões [Schmitz et al. 2012]. Já a IE aberta (OIE, do Inglês *Open Information Extraction*) tem como principais objetivos: (i) independência de domínio, (ii) extração não supervisionada e (iii) escalabilidade para grandes bases de dados [Del Corro and Gemulla 2013].

As tarefas de Processamento de Linguagem Natural (NLP, do Inglês *Natural Language Processing*) tais como: *Tokenization*, *Sentence Splitting* e *Part-of-Speech tagging* -

---

[1]https://w3techs.com/technologies/overview/content_language/all

POS [Manning et al. 2014] são essenciais para a IE em dados textuais, porém, são dependentes do idioma no qual o texto foi escrito.

Os trabalhos recentes em OIE podem ser classificados em quatro tipos. São eles (i) dados de treinamento e análise rasa, (ii) dados de treinamento e análise de dependência, (iii) baseado em regras e análise rasa e (iv) baseado em regras e análise de dependência [Gamallo 2014]. Essa classificação é feita de acordo com a metodologia empregada para a extração das triplas relacionais.

Os métodos de OIE baseados em análise rasa são realizados em duas etapas, sendo a primeira etapa a extração e, posteriormente, a classificação das relações extraídas. A classificação é a tarefa que define se uma extração realizada é válida ou inválida com o objetivo de conferir ao método uma melhor precisão nos resultados. Alguns trabalhos encontrados na literatura utilizam métodos de classificação baseados em *features* dependentes de características linguísticas [Fader et al. 2011] [Xu et al. 2013] [Pereira and Pinheiro 2015]. Entende-se por dependência de idioma a utilização de funções linguísticas que estão presentes no idioma alvo do estudo, mas não fazem parte de outros idiomas. Por exemplo, o Português não apresenta nenhum recurso similar à apóstrofe (*genitive marker* ('s)) do Inglês. Com isso, a utilização dessa função linguística em alguma *feature* tornaria difícil a adaptação do método para o Português.

O Inglês possui ferramentas e recursos linguísticos sofisticados que outros idiomas ainda não possuem. Em geral, as ferramentas construídas para o Inglês não são aplicáveis a outros idiomas. Assim, este trabalho propõe um método de classificação baseado em *features* independentes do idioma. A hipótese é de que *features* genéricas em relação ao idioma podem apresentar resultados superiores a *features* dependentes. As principais contribuições do presente trabalho são: (i) desenvolver um método para classificação de triplas relacionais através de *features* genéricas independentes de idioma e (ii) avaliar este método para outro idioma diferente do Inglês, neste trabalho o Português do Brasil.

Este trabalho está organizado como segue: a Seção 2 traz os trabalhos relacionados. A seção 3 define o problema que este trabalho trata e a Seção 4 descreve a metodologia utilizada. Na Seção 5 os experimentos realizados são apresentados. A Seção 6 apresenta os resultados obtidos para cada experimento e por fim a Seção 7 apresenta as conclusões e trabalhos futuros.

2. Trabalhos Relacionados

Os primeiros trabalhos em OIE faziam uso da metodologia de dados de treinamento e análise rasa (categoria (i)). Tendo como o pioneiro o *TextRunner* [Banko et al. 2007], que usava uma abordagem baseada em etiquetagem morfossintática (POS, do inglês *Part-of-Speech*) e etiquetagem de sintagmas nominais (NP, do inglês *Noun Phrase*). O *TextRunner* utilizava como método de classificação das extrações realizadas o *Naïve Bayes*, tendo como base de treino exemplos gerados a partir do *Penn Tree Bank*. Outros sistemas como o *ReVerb* [Fader et al. 2011] e o WOE^{POS} [Wu and Weld 2010] utilizaram uma abordagem similar ao *TextRunner*, apresentando melhorias como o desenvolvimento de classificadores mais robustos.

Em seguida, foram introduzidos trabalhos na literatura baseados em análise de dependência (categoria (ii)). Os trabalhos mais conhecidos nesta classe são o WOE^{Parse} e o OLLIE. O WOE^{POS} faz uso de dados etiquetados do Wikipedia como treinamento para a detecção de triplas relacionais [Wu and Weld 2010]. O *OLLIE* é baseado em extrações de alto grau de confiança obtidos pelo *ReVerb* para detecção de padrões derivados da análise de dependência [Schmitz et al. 2012]. Na categoria (iii) os trabalhos mais relevantes são o *ExtrHech* [Zhila and Gelbukh 2013] e o LSOE [Xavier et al. 2013] que são baseados em padrões léxicos e sintáticos extraídos manualmente a partir de etiquetagem morfossintática.

Utilizando regras extraídas manualmente a partir do método de análise de dependência (categoria (iv)) destacam-se o CSD [Gamallo et al. 2012] e o *ClausIE* [Del Corro and Gemulla 2013]. Em [Angeli et al. 2015] uma abordagem similar ao *ClausIE* é utilizada, com a diferença das sentenças serem separadas em núcleos semânticos, de forma que as relações extraídas possuam a menor quantidade de *tokens* possível. Isso resulta no aumento da qualidade das extrações e facilita a utilização das triplas resultantes para outros fins (e.g. construção de ontologias e sistemas de pergunta e resposta).

Os trabalhos recentes baseados em metodologias mais robustas (análise de dependência e anotação de papéis semânticos) não utilizam a tarefa de classificação [Del Corro and Gemulla 2013][Gamallo et al. 2012][Schmitz et al. 2012]. Estes trabalhos extraem um número muito maior de triplas relacionais quando comparados a outros baseados em análise rasa, porém, em termos de acurácia ambos possuem desempenho similar [Del Corro and Gemulla 2013].

O presente trabalho pode ser aplicado às triplas extraídas pelos trabalhos citados nesta seção, aumentando a qualidade em seus resultados através da classificação binária (válida ou inválida), evitando que informações inválidas sejam disponibilizadas no resultado final.

3. Definição do Problema

Sistemas de OIE extraem triplas do tipo *(E1, SR, E2)*, onde *E1* e *E2* são sintagmas nominais reconhecidos no texto, e *SR* é um sintagma relacional que relaciona *E1* e *E2* [Gamallo 2014]. Para ilustrar, tem-se a sentença:

"A cidade de São Paulo detém 15% das indústrias de produtos químicos do país, parte dos 53% do total de empresas desse setor instaladas no Estado."

Considera-se uma extração válida:

(São Paulo, detém, 15% das indústrias de produtos químicos do país)

A seguinte extração é considerada inválida pois traz em *E1* uma *string* contendo uma porcentagem ao invés de um sintagma nominal, o que a torna incoerente:

(53%, instaladas no, Estado)

O presente trabalho tem como objetivo classificar em válidas e inválidas através de algoritmos de aprendizado de máquina as relações extraídas a partir de sentenças escritas em linguagem natural. A finalidade do método de classificação desenvolvido é ser utilizado por qualquer sistema que realiza extrações em textos, garantindo a este maior acurácia em seus resultados. O intuito é que o método de classificação baseado em *features* genéricas possa ser aplicado a alguns dos principais idiomas do mundo (Inglês, Espanhol, Francês e Português).

4. Metodologia Proposta

A Figura 1 descreve o fluxo da experimentação das *features* genéricas propostas neste
trabalho. Ela está dividida em (1) pré-processamento e (2) experimentação. O Corpus da
Folha de São Paulo foi utilizado como fonte de dados [CETENFOLHA 2008]. A primeira
etapa realiza a reorganização das relações, a etiquetagem morfossintática e a indexação
com o objetivo de preparar o banco para o cálculo das *features*. Em seguida, o banco
de dados é utilizado para treinamento e classificação. Na classificação são avaliados os
métodos de aprendizado de máquina *Logit*, SVM, *NaiveBayes* e a Árvore de Decisão
C5.0. Os resultados obtidos na etapa 2 são avaliados através das métricas de Acurácia,
Precisão, Revocação e F1 [Forman 2003].

Figura 1. Fluxo da experimentação das *features* genéricas.

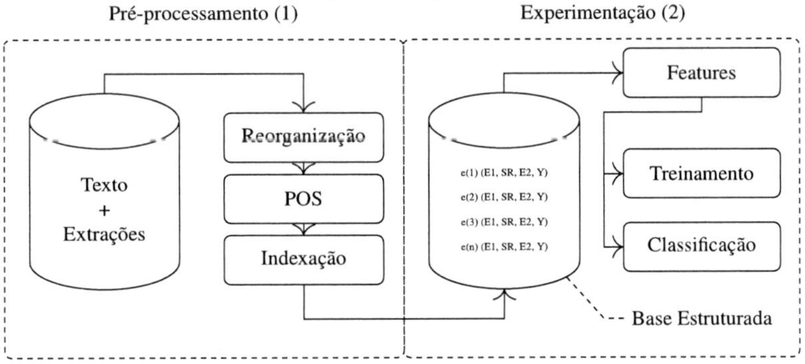

4.1. Conjunto de Dados

A quantidade de recursos disponíveis em NLP para o Inglês é consideravelmente maior
do que para Português. Não foram encontrados conjuntos de dados manualmente etiquetados em Português do Brasil para a tarefa de OIE. Assim, para viabilizar o experimento foi utilizado um conjunto de dados com 500 sentenças aleatórias obtidas do
[CETENFOLHA 2008], denominado CETENFOLHA-500.

A partir de (CETENFOLHA-500) foram extraídas 904 triplas relacionais utilizando uma ferramenta baseada em uma adaptação do ReVerb para Português do Brasil.
A base de dados resultante está organizada como segue: (i) uma linha contendo a sentença
original S_1 e N linhas subsequentes contendo as relações extraídas a partir de S_1, sendo
este padrão repetido para as sentenças S_2 até S_n. As triplas extraídas foram avaliadas por
dois especialistas e uma coluna contendo o resultado da análise foi adicionada a base de
dados (1 = válida, 0 = inválida)

4.2. Features Genéricas

As Tabelas 1 e 2 apresentam uma comparação das *features* apresentadas por
[Fader et al. 2011] e as *features* genéricas avaliadas neste trabalho para o Português.
Como as *features* presentes em [Fader et al. 2011] foram aplicadas apenas ao Inglês, é
possível observar que a maioria delas refere-se as características específicas deste idioma.
Por exemplo, observa-se as *features* 2-4, que possuem palavras do Inglês e dificilmente

terão correspondentes em outras línguas ('for', 'on', 'of'). Já a *feature* 6 cita palavras do tipo "WH" (e.g. 'What', 'Why', 'Where'), que são marcadores de perguntas comuns no Inglês. Isso dificulta a adaptação de um classificador baseado nessas *features* para outro idioma, por exemplo, o Português.

As *features* genéricas apresentadas em [Barbosa et al. 2016] foram adaptadas do ReVerb para não ter dependência de características do Inglês. Cada *feature* dependente na Tabela 2 foi analisada e, quando possível, uma *feature* considerada não dependente foi proposta em seu lugar, dando origem as *features* da Tabela 1.

	Feature
1	Tamanho de S - Tamanho de E1+SR+E2
2	Número de verbos na SR
3	Tamanho de SR
4	Existe uma pergunta a esquerda da SR em S
5	A sentença tem 10 palavras ou menos
6	Distância entre E1 e SR
7	Existe uma preposição a esquerda de E1
8	Tamanho de E2
9	Distância entre E2 e SR
10	Número de preposições na SR
11	Número de substantivos a direta de E2
12	Tamanho de E1
13	Tamanho de S
14	Número de nomes próprios em E1
15	Número de nomes próprios em E2

Tabela 1. *Features* genéricas propostas em [Barbosa et al. 2016]

S: sentença na qual é feita a extração
$E1$ e $E2$: sintagmas nominais da tripla da relação
SR: sintagma relacional da extração

	Feature
1	Extração cobre todas as palavras da sentença
2	A ultima preposição na relação é 'for'
3	A ultima preposição na relação é 'on'
4	A ultima preposição na relação é 'of'
5	A sentença tem 10 palavras ou menos
6	Existe uma palavra com 'WH' a esquerda da relação na sentença
7	A relação corresponde ao padrão VW*P
8	A ultima preposição na relação é 'to'
9	A ultima preposição na relação é 'in'
10	A sentença tem entre 10 e 20 palavras
11	A sentença começa com E1
12	E1 é um nome próprio
13	E2 é um nome próprio
14	Existe um sintagma nominal a esquerda de E1 na sentença
15	A sentença tem mais de 20 palavras
16	A relação corresponde ao padrão V
17	Existe uma preposição a esquerda de E1 na sentença
18	Existe um sintagma a direita de E2 na sentença
19	Existe uma conjunção coordenativa a esquerda da relação na sentença

Tabela 2. Features utilizadas no ReVerb [Fader et al. 2011].

4.3. Pré-processamento

Neste trabalho foi avaliado o desempenho das *features* genéricas propostas por [Barbosa et al. 2016] para o Português. A Figura 2 detalha a etapa de pré-processamento. A primeira etapa consiste na reorganização do conjunto de dados presente na Figura 1, onde S = sentença, E1 e E2 são os sintagmas nominais e Y é a coluna contendo o resultado da análise manual (1 = válido e 2 = inválido). Na etapa 2, o conjunto de dados é etiquetado e na etapa 3, ele é indexado para tornar possível o cálculo de algumas *features*. Na etapa 4 as *features* são calculadas.

Para que algumas *features* fossem calculadas, foi necessário empregar tarefas de NLP (etapa 2 na Figura 2) no conjunto de dados citado na Seção 4.1. Para as *features* 2, 7, 10, 11, 14 e 15 na Tabela 1 que necessitam de etiquetagem morfossintática foi utilizado a ferramenta CoGrOO [Kinoshita et al. 2006]. As células em cinza na etapa 2 indicam colunas com as etiquetas morfossintáticas da sentença e da tripla relacional. Cada palavra dentro da sentença/relação é etiquetada individualmente.

A Tabela 2 apresenta *features* que usam o posicionamento das palavras de E1, SR ou E2 dentro da sentença como entrada para o cálculo (*features* 4, 6, 7, 9, e 11). Por essa razão, faz-se necessário o cálculo dos índices de início e fim de E1, E2 e SR dentro de S

Figura 2. Pré-processamento da base original

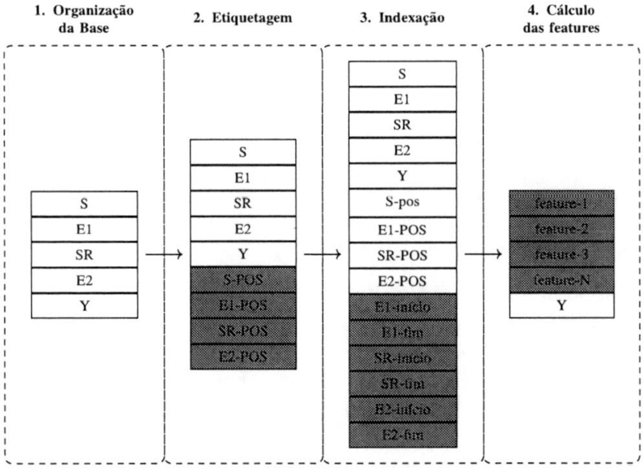

antes da etapa do cálculo das *features*. Esses índices são adicionados a base na etapa 3 (Figura 2, destacados em cinza).

O cálculo de cada *feature* consiste em executar a operação sintetizada em sua descrição e armazenar o valor obtido para ser utilizado mais tarde nas etapas de treinamento e teste (Figura 2, destacados em cinza). Apenas os valores de cada *feature* e o Y são necessários a etapa de experimentação.

Por fim, o etiquetador CoGroo faz a separação de algumas palavras durante a etiquetagem (Tabela 3). Isso resulta em um número de etiquetas maior do que o de palavras presentes na sentença. Com isso, a introdução dos índices na etapa de indexação fica prejudicada. Para solucionar este problema, as duas etiquetas das palavras divididas foram re-mapeadas em apenas uma. Este mapeamento está descrito na Tabela 3. As palavras na coluna "Exemplo" foram divididas em duas pelo CoGrOO (eg. "no" = "em" + "o"). A função de mapeamento baseada na Tabela 3 uniu as classes gramaticais das duas palavras de acordo com a coluna "Categorias" e a divisão da palavra foi desfeita.

Tabela 3. Palavras divididas na etiquetagem morfossintática via CoGrOO

Palavras	Exemplo	Palavra_POS 1	Palavra_POS 2	Categoria
no na nos nas	no	em_prp	o_art	prp+art
daí	daí	de_prp	aí_art	
pelo pela pelos pelas	pelo	por_prp	o_art	
ao aos	ao	a_prp	o_art	
do da dos das	do	de_prp	o_art	
num numa	num	em_prp	um_art	
um uma uns umas	num	em_prp	um_num	prp+num
dele dela deles delas	dele	de_prp	ele_pron-pers	prp+pron-pers
neste nesta nestes nestas	neste	em_prp	este_pron-det	prp+pron-det
naquele naquela naqueles naquelas	naquele	em_prp	aquele_pron-det	
daquele daquela daqueles daquelas	daquele	de_prp	aquele_pron-det	
nesse nessa nesses nessas	nesse	em_prp	esse_pron-det	
à	à	a_prp	a_prp	prp+prp

5. Experimentos

Dois experimentos foram realizados com a finalidade de verificar a hipótese de que o conjunto de *features* genérico apresentava acurácia mais alta que o ReVerb. O primeiro experimento objetivou verificar a significância estatística dos resultados obtidos em [Barbosa et al. 2016] para o Inglês. O segundo experimento teve por objetivo verificar o desempenho das *features* genéricas para Português e comparar seu resultado com as do ReVerb. Os testes estatísticos foram feitos utilizando a ferramenta R na versão 3.1.1. Os experimentos de classificação utilizaram o Scikit[2], uma ferramenta que disponibiliza uma implementação de alguns dos algoritmos de Aprendizado de Máquina (ML, do Inglês *Machine Learning*) mais populares nos dias atuais.

Na tentativa de apresentar maior generalização, as *features* foram testadas com vários métodos para observar o comportamento em diferentes abordagens de ML. Foram eles: Árvore de Decisão, SVM, Regressão Logística e *NaiveBayes*. Os algoritmos foram escolhidos baseados na descrição de desempenho encontrada em [Nikam 2015]. O algoritmo *Logit* foi considerado por fazer parte do artigo utilizado como referência [Fader et al. 2011].

A. Teste de significância estatística

As features genéricas utilizadas neste trabalho foram obtidas do trabalho de [Barbosa et al. 2016]. Porém, observou-se que os autores [Barbosa et al. 2016] não realizaram um teste que demonstrasse a significância estatística dos resultados apresentados. Assim, com o intuito de validar as *features* genéricas que foram utilizadas neste trabalho para o Português do Brasil, o teste de Wilcoxon foi aplicado para comparar as medianas dos valores obtidos por cada conjunto de *feature*, avaliando se um dos conjuntos tende a ter valores maiores do que o outro. Para a realização desse teste, o experimento *Cross-fold Validation* utilizando as bases descritas em [Barbosa et al. 2016] foi refeito. No teste, foram comparadas as métricas de acurácia do classificador que apresentou o melhor resultado para acurácia nos dois conjuntos de *features* (Logit).

B. Cross-fold Validation utilizando (CETENFOLHA-500)

O segundo experimento avaliou as *features* genéricas para o Português do Brasil, comparando os conjuntos das *features* das Tabelas 1 e 2 através de validação cruzada (10-fold *cross-validation*) utilizando as extrações feitas no CETENFOLHA-500. Foram calculadas as métricas de Acurácia, Precisão, Revocação e Medida-F (F1) [Forman 2003].

6. Resultados

Nesta seção são apresentados os resultados das avaliações dos conjuntos de *features* genéricos e do ReVerb. A média aritmética das métricas de Acurácia, Precisão, Revocação e F1-score são apresentados para cada um dos Algoritmos testados, bem como o teste de Wilcoxon para as acurácia do classificador Logit.

A. Teste de significância estatística

A Tabela 4 apresenta os resultados obtidos em [Barbosa et al. 2016] para o Inglês. A partir da reexecução desse experimento, foram obtidas as acurácias de cada um dos K-Folds que compõe a média apresentada para cada métrica. Dadas as medidas de acurácia do

---

[2]http://scikit-learn.org/

classificador Logit, o teste de Wilcoxon evidenciou que, ao nível de 5% de significância, as *features* genéricas propostas em [Barbosa et al. 2016] apresentaram desempenho superior as do ReVerb (p=0.01).

Tabela 4. Comparação entre as *features* utilizando validação cruzada em Inglês [Barbosa et al. 2016].

	Algoritmo	Acurácia	Precisão	Revocação	F1
Features Genéricas	Logit	0.689 ± 0.042	0.707 ± 0.034	0.851 ± 0.060	0.772 ± 0.033
	SVM	0.685 ± 0.025	0.698 ± 0.019	0.864 ± 0.053	0.771 ± 0.022
	C5.0	0.648 ± 0.049	0.727 ± 0.038	0.701 ± 0.062	0.718 ± 0.039
Features ReVerb	Logit	0.653 ± 0.037	0.672 ± 0.027	0.853 ± 0.036	0.752 ± 0.026
	SVM	0.643 ± 0.023	0.639 ± 0.014	0.967 ± 0.017	0.770 ± 0.013
	C5.0	0.607 ± 0.036	0.659 ± 0.025	0.743 ± 0.039	0.698 ± 0.025

B. Cross-fold Validation utilizando (CETENFOLHA-500)

A Tabela 5 apresenta o desempenho do experimento realizado utilizando a base de dados (CETENFOLHA-500). Os resultados obtidos pelas *features* genéricas são superiores aos do ReVerb em todos os classificadores e métricas avaliadas. O teste de Wilcoxon foi realizado e, ao nível de 5% de significância, observa-se que o desempenho das *features* genéricas, em relação a acurácia, é superior ao desempenho das *features* ReVerb (p=0.0001).

Tabela 5. Resultados obtidos utilizando *features* genéricas e validação cruzada para Português.

	Algoritmo	Acurácia	Precisão	Revocação	F1
Features Genéricas	SVM	0.703 ± 0.037	0.712 ± 0.023	**0.932 ± 0.041**	**0.807 ± 0.024**
	Logit	**0.707 ± 0.046**	0.736 ± 0.029	0.879 ± 0.086	0.798 ± 0.041
	C5.0	0.667 ± 0.046	**0.759 ± 0.028**	0.720 ± 0.084	0.749 ± 0.038
	NaiveBayes	0.668 ± 0.043	0.742 ± 0.034	0.731 ± 0.104	0.743 ± 0.030
Features ReVerb	SVM	0.548 ± 0.067	0.559 ± 0.103	0.370 ± 0.060	0.440 ± 0.060
	Logit	0.551 ± 0.065	0.551 ± 0.093	0.399 ± 0.086	0.458 ± 0.081
	C5.0	0.522 ± 0.063	0.515 ± 0.088	0.360 ± 0.087	0.415 ± 0.073
	NaiveBayes	0.525 ± 0.062	0.519 ± 0.086	0.357 ± 0.089	0.416 ± 0.072

7. Conclusão e Trabalhos Futuros

Neste trabalho foi avaliado o desempenho de um conjunto de *features* genéricas para classificação de triplas relacionais para o Português do Brasil. Esse conjunto tem a finalidade de ser aplicado a métodos de extração de relações garantindo-lhes uma melhor precisão, reduzindo o número de extrações inválidas. Foram realizados experimentos com o Português do Brasil, no qual as *features* genéricas apresentaram um resultado superior no Inglês, quando comparados a um conjunto de *features* dependentes do idioma. Um teste estatístico demonstrou que as *features* genéricas apresentam resultados superiores as *features* dependentes de características do idioma (p=0.0001).

A falta de grandes conjuntos de dados etiquetados para Português diminui as evidências de experimentos com este idioma. Como trabalho futuro, pretende-se utilizar métodos que não necessitem de conjuntos de dados etiquetados grandes, como, por exemplo aprendizado de máquina semi supervisionado.

Referências

Angeli, G., Premkumar, M. J., and Manning, C. D. (2015). Leveraging linguistic structure for open domain information extraction. In *Proceedings of the 53rd Annual Meeting of the Association for Computational Linguistics (ACL 2015)*.

Banko, M., Cafarella, M. J., Soderland, S., Broadhead, M., and Etzioni, O. (2007). Open information extraction for the web. In *IJCAI*, volume 7, pages 2670–2676.

Barbosa, G. C. G., Glauber, R., and Claro, D. B. (2016). Classificação de relações abertas utilizando features independentes do idioma. In *Symposium on Knowledge Discovery, Mining and Learning*, pages 234–241.

Barion, E. C. N. and Lago, D. (2008). Mineração de textos. *Revista de Ciências Exatas e Tecnologia*, 3(3):123–140.

CETENFOLHA (2008). Corpus de extratos de textos eletrônicos nilcs/folha de são paulo. Disponível em: <http://www.linguateca.pt/cetenfolha/>. Acesso em: 2 de Maio de 2016.

Del Corro, L. and Gemulla, R. (2013). Clausie: clause-based open information extraction. In *Proceedings of the 22nd international conference on World Wide Web*, pages 355–366. ACM.

Fader, A., Soderland, S., and Etzioni, O. (2011). Identifying relations for open information extraction. In *Proceedings of the Conference on Empirical Methods in Natural Language Processing*, pages 1535–1545. Association for Computational Linguistics.

Forman, G. (2003). An extensive empirical study of feature selection metrics for text classification. *Journal of machine learning research*, 3(Mar):1289–1305.

Gamallo, P. (2014). An Overview of Open Information Extraction (Invited talk). In Pereira, M. J. V., Leal, J. P., and Simões, A., editors, *3rd Symposium on Languages, Applications and Technologies*, volume 38 of *OpenAccess Series in Informatics (OASIcs)*, pages 13–16, Dagstuhl, Germany. Schloss Dagstuhl–Leibniz-Zentrum fuer Informatik.

Gamallo, P., Garcia, M., and Fernández-Lanza, S. (2012). Dependency-based open information extraction. In *Proceedings of the joint workshop on unsupervised and semisupervised learning in NLP*, pages 10–18. Association for Computational Linguistics.

Kinoshita, J., Salvador, L., and Menezes, C. (2006). Cogroo: a brazilian-portuguese grammar checker based on the cetenfolha corpus. In *Proceedings of the 5th International Conference on Language Resources and Evaluation (LREC'2006), Genoa, Italy*, pages 2190–2193.

Manning, C. D., Surdeanu, M., Bauer, J., Finkel, J. R., Bethard, S., and McClosky, D. (2014). The stanford corenlp natural language processing toolkit. In *ACL (System Demonstrations)*, pages 55–60.

Nikam, S. S. (2015). A comparative study of classification techniques in data mining algorithms. *Oriental Journal of Computer Science & Technology*, 8(1):13–19.

Pereira, V. and Pinheiro, V. (2015). Report-um sistema de extração de informações aberta para língua portuguesa. In *Proceedings of Symposium in Information and Human Language Technology*, pages 191–200. Sociedade Brasileira de Computação.

Schmitz, M., Bart, R., Soderland, S., Etzioni, O., et al. (2012). Open language learning for information extraction. In *Proceedings of the 2012 Joint Conference on Empirical Methods in Natural Language Processing and Computational Natural Language Learning*, pages 523–534. Association for Computational Linguistics.

Wu, F. and Weld, D. S. (2010). Open information extraction using wikipedia. In *Proceedings of the 48th Annual Meeting of the Association for Computational Linguistics*, pages 118–127. Association for Computational Linguistics.

Xavier, C. C., de Lima, V. L. S., and Souza, M. (2013). Open information extraction based on lexical-syntactic patterns. In *Intelligent Systems (BRACIS), 2013 Brazilian Conference on*, pages 189–194. IEEE.

Xu, Y., Kim, M.-Y., Quinn, K., Goebel, R., and Barbosa, D. (2013). Open information extraction with tree kernels. In *HLT-NAACL*, pages 868–877.

Zhila, A. and Gelbukh, A. (2013). Comparison of open information extraction for english and spanish. In *19th Annual International Conference Dialog*, pages 714–722.

Normalizador de Texto para Língua Portuguesa baseado em Modelo de Linguagem

Patrick Thiago Bard[1], Renan Lopes Luis[1], Silvia Maria Wanderley Moraes[1]

[1]Faculdade de Informática –Pontifícia Universidade Católica do Rio Grande do Sul
Caixa Postal 1429 – 90.619-900 – Porto Alegre – RS – Brasil

`{patrickthiagobard,renanlopesluis}@gmail.com, silvia.moraes@pucrs.br`

Abstract. *Automatic processing of user-generated content on the Internet is a major challenge. Informal writing is one reason for this difficulty. This informality motivated the research on methods for text normalization. Text normalization is a step that precedes the usual processing, converting the text from user into a 'standard' (more formal) writing format. In this work, we prototype a normalizer for the Portuguese Language that is based on language model. In this approach, we use the machine translation technique to normalize the texts. We tested our normalizer in a corpus on Politics and compared the results obtained with those of another normalizer.*

Resumo. *O processamento automático de textos gerados pelo usuário na internet têm sido um grande desafio. A escrita informal é uma das razões dessa dificuldade. Essa informalidade têm motivado a pesquisa por métodos para normalização de textos. A normalização de texto é uma etapa que precede o processamento usual, convertendo o texto gerado pelo usuário em um formato 'padrão' (mais formal). Neste trabalho, prototipamos um normalizador para a Língua Portuguesa que é baseado em modelo de linguagem. Nessa abordagem, usamos a técnica de tradução automática para normalizar os textos. Testamos nosso normalizador em um corpus sobre política e comparamos os resultados obtidos com os de outro normalizador.*

1. Introdução

Os avanços tecnológicos das últimas décadas propiciaram a criação de novos ambientes de comunicação virtual, nos quais o emprego de uma linguagem mais informal é uma prática muito comum. Os *chats* e as mídias sociais, por exemplo, seguem essa tendência. No âmbito social, a informalidade na escrita é tolerada, tornando-se aceitável o uso de expressões reduzidas (ex. 'vc' ao invés de 'você'); erros de ortografia, de pontuação e de concordância (ex: '... saiba escalr muda isso ai e poe gente que sabe jogar'); bem como a repetição de letras com fins de ênfase (ex: 'Goooooool'), além do uso de gírias e de expressões em outras línguas (ex: 'esse note é show'). Essa liberdade de escrita dificulta o processamento automático desses textos, sendo necessário um tratamento preliminar para os mesmos afim de viabilizar a extração correta das suas informações. A área que tem se preocupado com esse tratamento é conhecida como Normalização de Textos. Ela visa transformar a escrita 'informal' de um texto em uma forma 'padrão' (mais formal e mais adequada para uma determinada aplicação) [Duran et al. 2014].

A Normalização de Textos é útil em diversas aplicações. Ela é necessária, por exemplo, em sistemas de busca; de reconhecimento de fala; de diálogo; de análise de conteúdo gerado por usuários na web; tradução automática; etc. É importante ressaltar que embora existam diversas ferramentas para o processamento e análise dos textos com altos níveis de acertividade, tais ferramentas não conseguem trabalhar adequadamente com textos da web gerados pelos usuários. Mesmo quando conseguem, há uma redução significativa da acertividade. Isso acontece, principalmente, porque tais ferramentas foram definidas ou treinadas a partir de textos jornalísticos, nos quais a escrita é mais formal, ou seja, procura seguir de forma mais fiel a gramática da língua.

Neste trabalho propomos e analisamos um normalizador de textos baseado em modelo de linguagem. O objetivo é usar técnicas de tradução de texto, mas com a finalidade de normalizar textos em uma mesma língua. Semelhante à tradução automática de texto, usamos um *corpus* paralelo para treinar o normalizador. O *corpus* usado contém duas versões dos mesmos textos: uma contendo os textos originais (sem qualquer correção gramatical) e outra contendo os textos normalizados (traduzidos para uma forma mais padrão de escrita). O *corpus* usado foi chamado de Impeachment-BR e possui 500 *tweets* em português. Esses *tweets* foram coletados durante o processo de admissão do *Impeachment* da ex-Presidente Dilma Rousseff na câmara dos deputados.

O normalizador foi desenvolvido para a língua portuguesa, principalmente, porque os estudos nessa área para essa língua ainda são recentes. Encontramos apenas um normalizador de textos para o português, o UGCNormal [Duran et al. 2015]. O UGC-Normal segue uma abordagem baseada em léxico, na qual são aplicadas várias regras de transformação (reescrita) ao texto. Embora o normalizador UGCNormal, nesse estudo, tenha obtido resultados melhores, consideramos a abordagem proposta promissora. Acreditamos, baseados em nossa análise, que o tamanho reduzido do *corpus* testado foi determinante para tal desempenho.

2. Normalização de Texto

A Normalização de Texto é o processo no qual o formato de um texto é convertido em um formato considerado padrão [Jurafsky and Martin 2009, Duran et al. 2014]. Por padrão entende-se como o formato mais adequado para uma determinada aplicação. De acordo com [Duran et al. 2014], a normalização de texto pode variar conforme: o gênero do texto de entrada; o formato desejado de saída; o propósito da normalização, e o método utilizado para executar essa tarefa. É importante levar em consideração tais características para definir claramente o que a 'normalização de texto' significa em cada contexto.

Apesar dos avanços na área de linguística computacional sejam notáveis, podemos observar algumas deficiências quando o processamento envolve textos curtos escritos de forma mais livre, em que os padrões usuais de escrita não são respeitados. As técnicas típicas para processamento de texto estão preparadas para lidar com poucos gêneros de texto, em sua maioria, textos jornalísticos, que usam uma linguagem mais formal. Logo, como esperado, tais técnicas não provêem um bom resultado quando aplicadas a gêneros de texto mais informais, com estruturas de construção mais livres[Sproat et al. 2001]. Técnicas que se baseim em algoritmos de aprendizagem podem ser treinadas para trabalhar com esses novos gêneros de texto. Entretanto, o problema é que dados anotados para esse tipo de abordagem não estão prontamente disponíveis e são difíceis de serem criados. Uma das dificuldades é a rápida evolução da linguagem usada nos textos gerados pelos usuários na web [?]. O dinamismo da linguagem permite uma mudança contínua na forma como as pessoas se expressam. A falta de *corpus* é um problema com o qual convivemos. Por isso, tivemos que criar um *corpus* paralelo que atendesse as necessidades de nosso estudo.

As abordagens para normalização de texto usualmente dividem-se em dois grupos [Schlippe et al. 2010]: baseadas em léxicos e baseadas em modelos de linguagem. A abordagem baseada em léxico é mais tradicional e trata o problema de normalização como uma sequência de subproblemas que devem ser resolvidos[Duran et al. 2015]. É comum o uso de um conjunto de regras de substituição que vão transformando palavras 'desconhecidas' (*Out-of-Vocabulary* - OOV) em suas formas padrões correspondentes. Esta abordagem é utilizada pela ferramenta UGCNormal [Duran et al. 2014]. Nesta ferramenta, inicialmente o texto é quebrado em sentenças e, posteriormente, em *tokens*. Na etapa seguinte de verificação ortográfica, os tokens são corrigidos. A ferramenta trata ainda acrônimos, gírias e nomes próprios.

Já nas abordagens baseadas em modelo de linguagem, a normalização é tratada como um problema de tradução e exige um *corpus* paralelo. Nessa abordagem, o texto informal é traduzido para uma forma padrão. Exige que as sentenças não normalizadas estejam alinhadas com aquelas que são as suas versões normalizadas. As etapas mais usuais nesse tipo de abordagem consistem em pré-processamento, alinhamento e treinamento. A etapa de pré-processamento dos textos é responsável por limpar e uniformizar a tipografia do texto (caixa alta ou baixa), bem como por segmentá-lo em sentenças e, posteriormente, em termos[1]. Nessa etapa pode ser usado um analisador morfológico para detectar números e datas, bem como para reconhecer termos compostos e nomes próprios. Pode ser incluído também algum processamento de natureza semântica para desambiguação de sentido. Na etapa de alinhamento, os textos não normalizados e normalizados são perfilados, tornando a tradução viável. Esse alinhamento pode ser 'um-para-um' (correspondência direta entre palavras do texto não normalizado com as do normalizado), 'nulo-para-um' (a palavra não normalizada não tem influência no texto e é descartada) ou 'muitos-para-um' (uma sequência de termos - uma expressão- na versão não normalizada corresponde ao significado de uma única palavra da versão normalizada). E, por fim, na etapa de treinamento, os dados alinhados são usados para ensinar o tradutor. A coocorrência de palavras e frases nesses dados costuma ser usada para inferir correspondências de tradução entre duas línguas de interesse ou, no nosso caso, entre as formas de escrita dos textos normalizado e não normalizado.

Usamos em nosso estudo ferramentas estatísticas de tradução automática. Logo , a abordagem investigada é independente de linguagem.

3. Trabalhos Relacionados

Como já mencionado, UGCNormal foi um dos poucos normalizadores de texto que encontramos para a Língua Portuguesa. Não é de nosso conhecimento a existência de normalizadores baseados em modelo de linguagem para este idioma. Sendo assim, nessa seção descrevemos normalizadores que seguem a abordagem baseada em modelo de linguagem, mas construídos para outras línguas. Schilippe et al em [Schlippe et al. 2010] tratam a normalização de texto como um problema de tradução. O estudo teve como

---

[1]Termos podem ser símbolos, palavras ou n-gramas (sequência contínua de tokens com comprimento igual a n)

alvo a língua francesa. Nele foi usada a ferramenta Moses[2], sendo que o alinhamento do texto foi realizada pela ferramenta GIZA++[3] e o modelo de linguagem gerada pela ferramenta SRILM[4]. Os autores notaram que enquanto as normalizações manuais feitas pelos falantes nativos levaram cerca de 11 horas durante 3 dias, o normalizador foi melhorando o seu tempo de processamento. As primeiras 100 sentenças foram normalizadas em 114 minutos; o segundo grupo de 100 sentenças em 92 minutos e o terceiro grupo em apenas 10 minutos. Isso gerou uma média de 39,48 segundos por sentença. Ludena et al [Lopez Ludeña et al. 2012] também propuseram uma arquitetura baseada em tradução automática para normalizar textos, mas para a língua inglesa. Essa arquitetura era composta por: um módulo tokenizador responsável por segmentar o texto de entrada e transformá-lo em um grafo de tokens; um módulo tradutor que convertia os tokens para uma linguagem alvo e verificava se havia palavras fora do padrão (OOV) e, por fim, um módulo de pós-processamento para remoção de tokens desnecessários. Os autores igualmente usaram o Moses, sendo que Giza++ como alinhador e SRILM para geração do modelo de linguagem. Os resultados do normalizador foram considerados satisfatórios.

Na seção seguinte descrevemos os *corpora* utilizados em nosso estudo.

4. *Corpora* usados

Foram utilizados 2 *corpora* nessa investigação: Impeachment-BR e o Computer-BR. O primeiro é um *corpus* paralelo, que é o alvo de nosso estudo em normalização. E o segundo foi usado para melhorar o desempenho do normalizador, provendo mais termos.

4.1. *Corpus* Impeachment-BR

O desenvolvimento de um normalizador baseado em um modelo de linguagem exige um *corpus* paralelo. Nesse *corpus* devem existir duas versões dos mesmos textos: uma normalizada e outra não normalizada. Como não conhecíamos um *corpus* desse tipo para a língua portuguesa, foi parte do nosso estudo a construção de um. Para isso, trabalhamos sobre um subconjunto dos 157.420 *tweets*, em português, que foram coletados no dia 17 de abril de 2016. Os *tweets* eram sobre a votação da admissão do *impeachment* da ex-presidente Dilma Roussef. Como a normalização desses *tweets* seria manual e o *corpus* era muito grande, optamos, inicialmente, por anotar apenas as mensagens postadas durante o horário da votação, ou seja, entre 13h30 e 16h. No entanto, esse recorte resultou em 20 mil *tweets*. Decidimos, então, por reduzir ainda mais esse número e normalizamos, preliminarmente, 500 *tweets*. Esses *tweets* formam o *corpus* Impeachment-BR. A Tabela 1 apresenta um exemplo de *tweets* paralelos extraídos do *corpus* Impeachment-BR. Cabe mencionar que os *tweets* foram normalizados de forma colaborativa. Construímos uma ferramenta web especialmente para esse fim. Para que as contribuições fossem de algum modo padronizadas e houvesse poucas divergências quanto à forma de normalização, disponibilizamos um guia para os anotadores. Infelizmente, não tivemos a colaboração esperada no processo de normalização. Por essa razão, ele contou com apenas três anotadores que eram falantes nativos da língua portuguesa.

---

[2]https://github.com/moses-smt/mosesdecoder/tree/RELEASE-2.1.1
[3]https://github.com/moses-smt/giza-pp
[4]http://www.speech.sri.com/projects/srilm/

Corpus Informal	*Corpus* Formal
Vcs n tão entendendo	Vocês não estão entendendo
Eu queria ta em Brasilia agr	Eu queria estar em Brasília agora
#RespeiteAsUrnas Não vai ter golpe!Vai ter luta!	Respeite as urnas! Não vai ter golpe!Vai ter luta!

Tabela 1. Trecho do *corpus* Impeachment-BR

4.2. *Corpus* Computer-BR

O *corpus* Computer-BR é do domínio de Tecnologia e foi utilizado para otimizar (tuning) o normalizador. A função desse *corpus* de otimização é expandir os termos conhecidos, não deixando o normalizador restrito apenas aos termos que aparecem no *corpus* Impeachment-BR. O *corpus* Computer-BR possui 2.317 *tweets* em português, extraídos do Twitter durante o ano de 2015 [Moraes et al. 2016]. Não é um *corpus* paralelo e ele foi construído para estudos na área de Análise de Sentimentos. O uso desse *corpus* contribuiu para reduzir as OOV (palavras fora da língua padrão), melhorando o desempenho do normalizador. Do *corpus* Computer-BR foram usados apenas 200 *tweets*, os quais foram normalizados manualmente também.

5. Arquitetura do Normalizador

O normalizador foi implementado usando o framework Moses. O Moses é um sistema integrado de ferramentas de natureza estatística para o processo de tradução de máquina. A Figura 1 apresenta a arquitetura do normalizador proposto. Inicialmente, na fase de pré-processamento, os textos são tokenizados e têm sua tipografia normalizada (Truecasing) pelo Moses. Essa etapa é necessária tanto para o treinamento do normalizador quanto para o seu uso. Na fase de treinamento, foram usadas as ferramentas KenLM[5] para gerar um modelo de linguagem baseado em n-gramas, e MGIZA[6] para alinhar, em nível de n-gramas, os textos correspondentes do *corpus* paralelo Impeachment-BR. A etapa de Tuning é executada pelo Moses e faz uso do *corpus* Computer-BR.

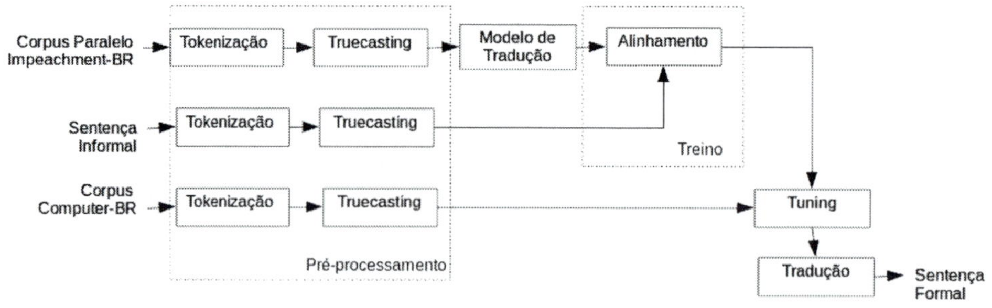

Figura 1. Arquitetura utilizada para o normalizador

---

[5] http://kheafield.com/code/kenlm/
[6] https://github.com/moses-smt/mgiza

6. Análise dos Resultados

Nós realizamos dois tipos de análise: uma quantitativa, que procura medir a acertividade do normalizador e outra qualitativa, que visa uma avaliação intrínseca dos resultados. Em nossa análise, usamos a métrica *bilingual evaluation understudy* (BLEU)[Papineni et al. 2002], que é bem usual na área de tradução automática.

6.1. Análise Quantitativa

Nessa análise, testamos 3 configurações de conjuntos de treino e teste (ver Tabela 2). Os conjuntos de cada configuração foram gerados aleatoriamente. A diferença entre as configurações é a quantidade de *tweets* no conjunto de treino. A cada nova configuração são acrescidos 50 *tweets* ao conjunto de treino. Nosso objetivo, nesse caso, era verificar se o tamanho do *corpus* de treino influenciava nos resultados.

Caso de Teste	#*Tweets* para treino	#*Tweets* para teste
1	350	150
2	400	100
3	450	50

Tabela 2. Casos de teste e a proporção de *tweets* utilizada

Usamos validação cruzada *k*-fold, onde *k=10*, portanto foram executadas 10 configurações diferentes de conjuntos de treino e teste em nosso normalizador. A Figura 2 apresenta o resultado médio da medida BLEU referente a essas execuções. Para fins de comparação o arquivo de teste de cada configuração analisada foi testado também no normalizador UGCNormal.

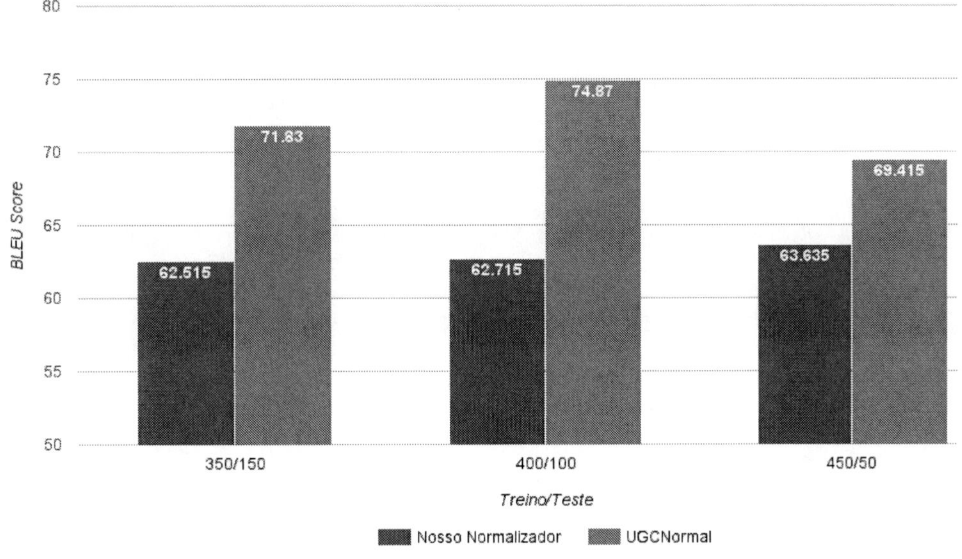

Figura 2. Comparativo entre os normalizadores estudados

O UGCNormal obteve resultados melhores que o nosso normalizador. Uma das razões é certamente o tamanho do *corpus* Impeachment-BR. Como a abordagem usada pelo Moses é estatística, uma frequência irrelevante de termos torna inexpressiva a possível correlação na qual esse termos estejam envolvidos. Como o *corpus* Impeachment-BR é relativamente pequeno, vários termos apresentaram baixa frequência, o que justifica o desempenho apresentado. Já o UCGNormal por ser baseado em regras, consegue tratar de forma satisfatória esses mesmos casos. Por outro lado, é possível notar que os resultados para o nosso normalizador vão crescendo lentamente a cada nova configuração testada. Isso indica que de fato existe uma tendência na obtenção de resultados cada vez melhores a medida que o tamanho do *corpus* utilizado aumenta. Cabe mencionar que essa expectativa de melhora não é esperada para o UCGNormal.

6.2. Análise Qualitativa

Nessa análise, avaliamos alguns casos de normalização de forma intrínseca a fim de determinar os pontos fortes e fracos da abordagem usada. Analisando algumas sentenças, observamos diferenças entre as abordagens baseada em modelo de linguagem (nosso normalizador) e baseada em léxico (UGCNormal). Por exemplo, para a sentença 'Vcs n tão entendendo', os normalizadores geraram saídas diferentes . Ambos normalizadores, transformaram 'vcs' em 'vocês', no entanto o verbo 'tão' foi mantido pelo UGCNormal, mas alterado para 'estão' no caso do nosso normalizador. Modificação semelhante ocorreu na sentença 'Não vai rolar, essa roubalheira tem que acabar ... '. Nosso normalizador, também trocou o verbo, substituindo 'rolar' por 'acontecer'. Em aplicações que exigem tratamento semântico, as transformações providas pelo nosso normalizador podem ser mais convenientes, pois a abordagem estatística garante que o termo gerado seja o mais frequente. Sendo o mais frequente, ele terá uma grande chance de corresponder à forma mais comum de sua escrita cujo significado também é mais usual. Isso contribui para redução de ambiguidade. Por exemplo, as normalizações geradas pelo UCGNormal 'tão' e 'rolar' podem ser confundidas com um advérbio e com a expressão 'fazer girar', respectivamente. Já no caso dos termos 'estão' e 'acontecer' a ambiguidade no significado é menor.

Observamos também que o UGCNormal não conseguiu tratar adequadamente alguns nomes próprios. Por exemplo, a sentença 'A deputada mariadorosario condena as tentativas de impeachment contra dilmabr' foi convertida em 'A deputada mariadorosario condena as tentativas de impeachment contra filmar'. O normalizador não conseguiu decompor o nome próprio 'Maria do Rosário' e, ainda, substituiu 'Dilma' incorretamente por 'filmar'. Nosso normalizador não produziu a transformação mais adequada, no entanto foi mais coerente ao gerar a saída. Ele produziu como saída: 'a deputada do Rosário condena as tentativas de impeachment contra Dilma'.

Já, no caso da sentença 'Eu queria ta em Brasília agr', o normalizador UGCNormal foi melhor. Nosso normalizador não conseguiu transformar 'agr' em 'agora'. Havia poucas ocorrências do termo 'agr' nos *corpora* usados. Logo, o normalizador acabou preservando o termo integralmente, dado que o alinhamento entre os termos 'agr' e 'agora' não existia.

7. Conclusão

Apesar do nosso normalizador de texto baseado em modelo de linguagem não ter gerado transformações melhores que as do UGCNormal, seus resultados são promissores. Acreditamos que o desempenho apresentado foi uma consequência do tamanho reduzido do *corpus* Impeachment-BR. Acreditamos também que a abordagem baseada em modelo de linguagem é mais adequada para acompanhar o dinamismo da língua natural, pois exige menos esforço quanto à atualização do normalizador. Para novas formas de escrita, basta treinar o normalizador novamente. Por outro lado, a ausência de *corpora* paralelos para a tarefa de normalização, principalmente para a língua portuguesa, ainda é um problema com o qual precisamos conviver. Por essa razão, consideramos o *corpus* Impeachment-BR uma de nossas contribuições. Como trabalhos futuros, pretendemos estender o *corpus*, bem como testar a abordagem para outros domínios.

8. Agradecimento

Nosso agradecimento a PUCRS (EDITAL N. 01/2016 - Programa de Apoio à Atuação de Professores Horistas em Atividades de Pesquisa) pelo apoio financeiro.

Referências

Duran, M. S., Avanço, L. V., Aluísio, S. M., Pardo, T. A. S., and Nunes, M. d. G. V. (2014). In proceedings of the 9th web as corpus workshop (wac-9). In *Some Issues on the Normalization of a Corpus Products Reviews in Portuguese*, pages 22–28, Washington, DC, USA. Association for Computational Linguistics.

Duran, M. S., Avanço, L. V., Nunes, M. d. G. V., et al. (2015). A normalizer for ugc in brazilian portuguese. In *Workshop on Noisy User-generated Text*. Association for Computational Linguistics-ACL.

Jurafsky, D. and Martin, J. H. (2009). *Speech and Language Processing*. Prentice-Hall, Inc., 2th edition.

Lopez Ludeña, V., San Segundo Hernández, R., Montero Martínez, J. M., Barra Chicote, R., and Lorenzo Trueba, J. (2012). Architecture for text normalization using statistical machine translation techniques. In *IberSPEECH 2012*, pages 112–122, Madrid, Spain. Springer.

Moraes, S. M. W., Santos, A. L. L., Redecker, M., Machado, R. M., and Meneguzzi, F. R. (2016). Comparing approaches to subjectivity classification: A study on portuguese tweets. In *Computational Processing of the Portuguese Language: 12th International Conference, PROPOR 2016*, pages 86–94, Tomar, Portugal. Springer International Publishing.

Papineni, K., Roukos, S., Ward, T., and Zhu, W.-J. (2002). Bleu: A method for automatic evaluation of machine translation. In *Proceedings of the 40th Annual Meeting on Association for Computational Linguistics*, ACL '02, pages 311–318, Stroudsburg, PA, USA. Association for Computational Linguistics.

Schlippe, T., Zhu, C., Gebhardt, J., and Schultz, T. (2010). Text normalization based on statistical machine translation and internet user support. In *INTERSPEECH 2010, 11th Annual Conference of the International Speech Communication Association, Makuhari, Chiba, Japan, September 26-30, 2010*, pages 1816–1819.

Sproat, R., Black, A. W., Chen, S., Kumar, S., Ostendorf, M., and Richards, C. (2001). Normalization of non-standard words. *Comput. Speech Lang.*, 15(3):287–333.

Evaluating Word Embeddings for Sentence Boundary Detection in Speech Transcripts

Marcos V. Treviso[1], **Christopher D. Shulby**[1,2], **Sandra M. Aluísio**[1]

[1] Institute of Mathematics and Computer Science, University of São Paulo (USP)

[2]CPqD

marcostreviso@usp.br   {cshulby,sandra}@icmc.usp.br

Abstract. *This paper is motivated by the automation of neuropsychological tests involving discourse analysis in the retellings of narratives by patients with potential cognitive impairment. In this scenario the task of sentence boundary detection in speech transcripts is important as discourse analysis involves the application of Natural Language Processing tools, such as taggers and parsers, which depend on the sentence as a processing unit. Our aim in this paper is to verify which embedding induction method works best for the sentence boundary detection task, specifically whether it be those which were proposed to capture semantic, syntactic or morphological similarities.*

1. Introduction

The concept of a sentence in written or spoken texts is important in several Natural Language Processing (NLP) tasks, such as morpho-syntactic analysis [Kepler and Finger 2010, Fonseca and Aluísio 2016], sentiment analysis [Brum et al. 2016], and speech processing [Mendonça et al. 2014], among others. However, punctuation marks that constitute a sentence boundary are ambiguous The Disambiguation of Punctuation Marks (DPM) task analyzes punctuation marks in texts and indicates whether they correspond to a sentence boundary. The purpose of the DPM task is to answer the question: *Among the tokens of punctuation marks in a text, which of them correspond to sentence boundaries?*

The Sentence Boundary Detection (SBD) task is very similar to DPM, both of which attempt to break a text into sequential units that correspond to sentences, where DPM is text-based and SBD can be applied to either written text or audio transcriptions and often for clauses, which do not necessarily end in final punctuation marks but are complete thoughts nonetheless. However, performing SBD in speech texts is more complicated due to the lack of information such as punctuation and capitalization; moreover text output is susceptible to recognition errors, in case of Automatic Speech Recognition (ASR) systems are used for automatic transcriptions [Gotoh and Renals 2000]. SBD from speech transcriptions is a task which has gained more attention in the last decades due to the increasing popularity of ASR software which automatically generate text from audio input. This task can also be applied to written texts, like online product reviews [Silla Jr and Kaestner 2004, Read et al. 2012, López and Pardo 2015], in order to better their intelligibility and facilitate the posterior use of NLP tools.

It is important to point out that the differences between spoken and written texts are notable, mainly when we take into consideration the size of the utterances and the number of disfluencies provided in speech. Disfluencies include filled pauses, repetitions, modifications, repairs, partial utterances, nonword vocalizations and false starts. These phenomena are very common in spontaneous speech. [Liu 2004].

Figure 1 shows the result of a transcript from a neuropsychological retelling task that does not include either capitalization or sentence segmentation, preventing the direct application of NLP methods that rely on these marks for their correct use, such as taggers and parsers. One can easily note that this type of text differs greatly in style and form from written/edited text (on which most NLP tools are trained), such as text found in novels or a newspaper.

cinderela a história da cinderela... ela:: encontra um cavaleiro com com um cavalo dai ela fica amiga desse cavalo tudo isso é próximo de um castelo e ela vai pro castelo pro castelo na verdade ela vai trabalhar no castelo né e ela começa a fazer lá...

Figure 1. Narrative excerpt transcribed using the NURC annotation manual[1]

These tests are applied by clinicians who tell a story to patients who are instructed to try and remember as many details as possible so that they may retell it. The evaluation of language in discourse production, mainly in narratives, is an attractive alternative because it allows the analysis of linguistic microstructures and phonetic-phonological, morpho-syntactic, semantic-lexical components, as well as semantic-pragmatic macrostructures. Neuropsychological tests are used in clinical settings for detection, progress monitoring and treatment observation in patients with dementias. In an ideal scenario we would like to automate the application of neuropsychological tests and the discourse analysis of the retellings.

NLP applications generally receive text as input; therefore, words can be considered the basic processing unit. In this case, it is important that they are represented in a way which carries the load of all relevant information. In the current approach used here, words are induced representations in a dense vector space. These representations are known as word embeddings; able to capture semantic, syntactic and morphological information from large unannotated corpora [Mikolov et al. 2013, Ling et al. 2015, Lai et al. 2015]. Various studies show that textual information is important for SBD [Gotoh and Renals 2000, Batista et al. 2012, Che et al. 2016]. Even though textual information is a strong indicator for sentence delimitation, boundaries are often associated with prosodic information [Shriberg et al. 2000, Batista et al. 2012], like pause duration, change in pitch and change in energy. However, the extraction of this type of information requires the use of high quality resources, and consequently, few resources with prosodic information are available. On the other hand, textual information can easily be extracted in large scale from the web. Textual information can also be represented in various ways for SBD, for example, n-gram based techniques have presented good results for SBD [Gotoh and Renals 2000, Kim and Woodland 2003, Favre et al. 2008]; however, in contrast to word embeddings, they are induced representations in a sparse vector space.

Our aim in this paper is to verify which embedding induction method works best for the SBD task, specifically whether it be those which were proposed to capture seman-

---

[1] http://www.letras.ufrj.br/nurc-rj/

tic, syntactic or morphological similarities. For example, we imagine that methods that capture morphological similarities may benefit the SBD performance for impaired speech, since a large number of words produced in this type of speech are out-of-vocabulary words.The paper is organized as follows. Section 2 presents related work on SBD using word embeddings; Section 3 describes the word embedding models evaluated in this paper; Section 4 presents our experimental setup, describing the datasets, method, and preprocessing steps used; Section 5 presents our findings and discussions. Finally, Section 6 concludes the paper and outlines some future work.

2. Related Work

The work of [Che et al. 2016] and [Tilk and Alumäe 2015] use word embeddings to detect boundaries in prepared speech sentences, more specifically in the corpus from 2012 TED talks[2]. [Che et al. 2016] propose a CNN (Convolution Neural Network)-based method with 50 dimensions using GloVe [Pennington et al. 2014]. In [Klejch et al. 2016, Klejch et al. 2017] the authors show that that textual information influences the retrieval of punctuation marks more than prosodic information, even without the use of word embeddings.

The work in [Tilk and Alumäe 2015] is expanded in [Tilk and Alumäc 2016], using bidirectional neural networks with attention mechanisms to evaluate a spontaneous telephone conversation corpus. The authors point out that the bidirectional vision of the RNN (Recurrent Neural Network) is a more impacting feature than the attention mechanism for SBD; with only the use of word embeddings, the achieved results yielded only 10% less than when prosodic information was used together. In [Hough and Schlangen 2017] a system that uses RNNs with word embeddings is proposed for the SBD task in conjunction disfluencies, where results are competitive with the state of the art are achieved on the Switchboard corpus [Godfrey et al. 1992], showing that the simultaneous execution of these tasks is superior to when done individually.

Recently, the work of [Treviso et al. 2017] proposed an automatic SBD method for impaired speech in Brazilian Portuguese, to allow a neuropsychological evaluation based on discourse analysis. The method uses RCNNs (Recurrent Convolutional Neural Networks) which independently treat prosodic and textual information, reaching state-of-the-art results for impaired speech. Also, this study showed that it is possible to achieve good results when comparing them with prepared speech, even when practically the same quantity of text is used. Another interesting evidence was that the use of word embeddings, without morpho-syntactic labels was able to present the same results as when they were used; this indicates that word embeddings contain sufficient morpho-syntactic information for SBD. It was also shown that the method gains the better results than the state-of-the-art method used by [Fraser et al. 2015] by a great margin for both impaired and prepared speech (an absolute difference of $\sim$0.20 and $\sim$0.30, respectively). Beyond these findings, the method showed that the performance remains the same when a different story is used.

3. Word Embeddings Models

The generation of vector representations of words (or word embeddings) is linked to the induction method utilized. The work of [Turian et al. 2010] divides these representations

---

[2]`https://www.ted.com/talks`

into three categories: cluster-based, distributional and distributed methods. In this paper, we focus only on distributed representations, because generally they are computationally faster to be induced. These representations are based on real vectors distributed in a multidimensional space induced by unsupervised learning. In the following paragraphs, we describe the three induction methods for word embeddings utilized in our evaluations.

A well-used NLP technique, Word2vec [Mikolov et al. 2013] follows the same principle as the natural language model presented in [Collobert and Weston 2008], with the exception that it does not use a hidden layer, generating a computationally faster log-linear model. This technique is divided into two modeling types: (i) Continuous Bag-of-Words (CBOW), which given a window of words as input, the network tries to predict the word in the middle as output and (ii) the Skip-gram model, which tries to predict the window given the center word as input.

As Word2vec does not consider the word order in the window, this make the process less syntactic in nature, since word order is an essential phenomenon for syntax. In order to deal with this, a modification of Word2vec was proposed which is able to deal with word order by concatenating inputs in the CBOW model (instead of using the sum) and incremental weighting for Skip-gram. This technique is known as Wang2vec [Ling et al. 2015].

A recent induction technique called FastText [Bojanowski et al. 2016, Joulin et al. 2016] uses n-grams of characters of a given word in the hope of capturing morphological information. In order to do this, the Skip-gram Word2vec model was modified so that that the scoring function of the network's output is calculated basing itself on the character n-gram vectors, which are summed with the context vectors in order to represent a word.

4. Experimental Setup

4.1. Corpora/Datasets

The datasets were divided into two categories: impaired speech and prepared speech. Impaired speech is not only spontaneous, but also noisy. The noise is produced internally due to the impaired neuropsychological condition of the participants studied. When people participate in neuropsychological tests, they produce the following phenomena: syntactically malformed sentences; mispronounced words (modifying the original morphology); low quality prosody (due to the shallow voices of the participants and/or abnormal fluctuations in vocal quality); and in general a great quantity and variety of types of disfluencies.

The first dataset of discourse tests is a set of impaired speech narratives, based on a book of sequenced pictures from the well-known Cinderella story. This dataset consists of 60 narrative texts told by Brazilian Portuguese speakers; 20 healthy subjects, called controls (CTL), 20 patients with Alzheimer's disease (AD), and 20 patients with Mild Cognitive Impairment (MCI), diagnosed at Medical School of the University of São Paulo (FMUSP) and also used in [Aluísio et al. 2016]. The second dataset was made available by the FalaBrasil project, and its contents are structured in the same way as the Brazilian Constitution from 1988 [Batista et al. 2013]. The speech in this corpus can be categorized as prepared and also as read speech. To use these files in our scenario a preprocessing step was necessary, which removed lexical tips which indicate the beginning of articles, sections and paragraphs. This removal was carried out on both the transcripts and the audio. In addition, we separated the new dataset organized by articles, yielding 357 texts in total. Both datasets' properties are presented in Table 1.

Property	Cinderela	Constitution
# Transcipts	60	357
# Words	23807	63275
# Sentences	2066	2698
Duration	4h 11m	7h 39m

Table 1. Summary of corpora utilized in the experiments.

The corpus used to induce the vectors is made up of text from Wikipedia in 2016, a news crawler which collected articles from the G1 portal[3] and the PLN-BR [Bruckschen et al. 2008] corpus. We also executed some basic preprocessing steps on this corpus, being that we forced all of the text to lowercase forms and separated each token from punctuation marks and tokenized the text using whitespace. We do not remove stopwords. After these steps, the embedding induction on the corpus returned $\sim$356M tokens, of which $\sim$1.7M were distinct.

4.2. Method

In order to automatically extract new features from the input and at the same time deal with the long dependency problems between words, we propose a method based on RC-NNs which was inspired by the sentence segmentation work done by [Tilk and Alumäe 2015] and [Che et al. 2016], and also by the work on text classification utilizing RCNNs by [Lai et al. 2015], where we made some adaptations so that the basic unit of classification was a data sequence. The architecture of our RCNN is the same as the one used in [Treviso et al. 2017] and can be seen in Figure 2.

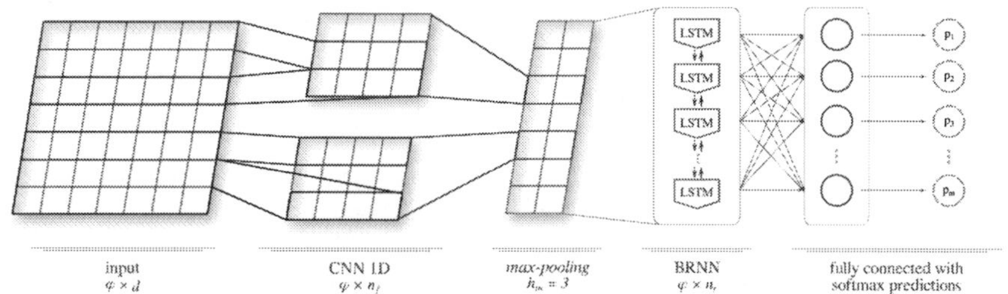

Figure 2. Architecture adapted from [Treviso et al. 2017]

The final model in [Treviso et al. 2017] consists of a linear combination between a model which deals only with lexical information and another which treats only prosodic information. In this paper, we ignore the prosodic model and focus only on the textual information provided by the word embeddings. The strategy to utilize only this information is based on the idea that one can train a text-based model with a large amount of data, since text is readily found on the web.

---

[3] http://g1.globo.com/

The model's input is a tridimensional word embedding matrix $\mathbf{E} \in \mathbb{R}^{m \times \varphi \times d}$, where m is equal to the vocabulary size used for training the embeddings. Once we have an input matrix composed by word embeddings, the convolutional layer extracts n_f new features from a sliding window with the size h_c, which corresponds to the size of the filter applied to the concatenated vectors $[e_1, ..., e_{h_c}]$ corresponding to a region of h_c neighboring embeddings [Kim 2014].

The convolutional layer produces features for each t-th word as it applies the shared filter for a window of h_c embeddings $\mathbf{e}_{t-h_c+1:t}$ in a sentence with the size φ. Our convolutional layer moves in a single vertical dimension (CNN 1D), one step at a time, which results in a quantity of filters q_f equal to $\varphi - h_c + 2 * p + 1$. And since we want to classify exactly φ elements, we added $p = \lfloor h_c/2 \rfloor$ elements of padding to both sides of the sentence. In addition, we applied a max-pooling operation on the temporal axis focusing on a region of h_m words, with the idea of feeding only the most important features to the next layer.

The features selected by the max-pooling layer are fed to a recurrent layer. The values of the hidden units are computed utilizing n_r LSTM cells [Hochreiter and Schmidhuber 1997] defined as activation units. As in [Tilk and Alumäe 2016], our recurrent layer is based on anterior and posterior temporal states using the bidirectional recurrent mechanism (BRNN). With the use of a bidirectional layer which treats convolutionized features, the network is adept at exploring the principal that nearby words usually have a great influence, while considering that distant words, either to the left or right, can also have an impact on the classification. This frequently happens in the SBD task, for example, in the case of interrogatives, question words like "quem" ("*who*"), "qual" ("*what*") and "quando" ("*when*") can define a sentence.

After the BRNN layer, we use dropout as a regularization strategy, which attempts to prevent co-adaptation between hidden units during forward and back-propagation, where some neurons are ignored with the purpose of reducing the chance of overfitting [Srivastava et al. 2014]. Finally, the last layer, receives the output of the BRNN for each instance t, and feeds each into a simple fully connected layer which produces predictions using the softmax activation function, which gives us the final probability that a word precedes a sentence boundary (B) or not (NB).

The word embeddings matrix $\mathbf{E}$ was adjusted during training. Our RCNN uses the same hyperparameters described in [Treviso et al. 2017] and the same training strategy, which consists of cost-function minimization utilizing the RMSProp procedure [Tieleman and Hinton 2012] with back-propagation, considering the unbalanced task of sentence segmentation by penalizing errors from the minority class harsher (B).

5. Results and Discussion

We ran a 5-fold cross-validation for each group analyzed (CLT, MCI or AD), which left about 10% of the data for testing, the rest for training.

The performance results of the RCNN in terms of F_1 on each type of patient and on the Constitution dataset are shown in Figure 3, for which we vary the embedding methods and its training strategies along with the induced vector dimensions between the values of: $d \in \{50, 100, 300, 600\}$.

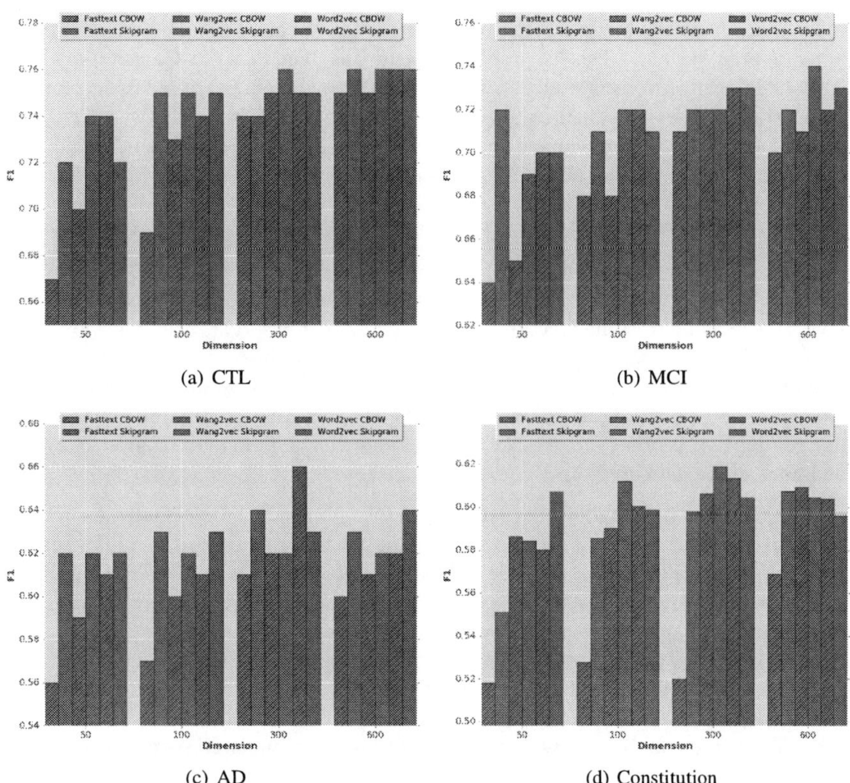

Figure 3. Results for different embedding methods and dimensions

In most cases Word2vec achieved better performance than other methods. Specifically, for CTL with Skip-gram and FastText with CBOW, yielding an F_1 of 0.76, On the other hand, we see that for MCI patients, Wang2vec with Skip-gram was the best technique, yielding an F_1 of 0.74. For the AD subjects the best technique was Word2vec with CBOW, returning an F_1 of 0.66. As expected, results for CTL were higher than for MCI and AD, since the CTL narratives contain less noise. For Constitution data our method performs better using Wang2vec with Skip-gram strategy: F_1 of 0.62.

It is possible to see in Figure 3 that our method tends to better its performance with increasing dimension size. Furthermore, the Skip-gram strategy generally returned better results than CBOW for the FastText and Wang2vec methods, whereas for Word2Vec there were some variations when strategies were switched. Still, the Word2vec Skip-gram with 600 dimensions and CBOW with 300 dimensions were those which returned the best results for spontaneous and/or impaired speech (CTL, MCI and AD). In the case of the Constitution dataset, which is characterized as prepared and read speech, the best results were achieved by Wang2vec Skip-gram with 300 dimensions.

Contrary to the results reported in [Treviso et al. 2017] using textual and prosodic information, our method obtained better performance for impaired speech transcriptions than for prepared speech. This is probably due to the fact that the Constitution includes more impacting prosodic clues, whereas for spontaneous/impaired speech, the lexical clues are of greater influence for classification. This difference between lexical and prosodic features for prepared and spontaneous speech is consistent with the finding reported in other studies [Kolár et al. 2009, Fraser et al. 2015, Treviso et al. 2017].

6. Conclusion and Future Work

Our objective in this work was to identify the embedding with the best performance for SBD, specifically whether it would be one which captures semantic information, like Word2vec; syntactic, like Wang2vec; or morphological, like FastText. Still, we were not able to discern which type was most influential in general, since the differences from one to another are very small. Also even when one technique was superior to another for a particular set, we still need to investigate whether this was actually the fault of the technique or due to secondary factors, like hyperparameters, random initialization, or even the conditions of the data used.

In general, our results show that using only embeddings the RCNN method achieved similar results (difference of 1%) to the state of the art in terms of F_1, using the same method published in [Treviso et al. 2017] for both classes: CTL and MCI using embeddings with 600 dimensions and prosodic information[4]. However, the results for the Constitution dataset were considerably lower (a difference of 17%) than the results of the model which uses both lexical and prosodic information in conjunction, but the difference is less (4%) for the models which used only prosodic information. Summing up, this indicates that by using a good word embedding model to represent textual information it is possible to achieve similar results with the state-of-the-art for impaired speech.

Future work will include some investigation of the lexical and prosodic clues which impact the classification. Also, we would like to investigate whether disfluency detection in conjunction with SBD can yield better results. Since the method presented in this paper can easily be applied to any language, we plan to evaluate it using English language corpora in order to directly compare the results with the related work.

References

Aluísio, S., Cunha, A., and Scarton, C. (2016). Evaluating progression of alzheimer's disease by regression and classification methods in a narrative language test in portuguese. In *PROPOR*, pages 109–114.

Batista, F., Moniz, H., Trancoso, I., and Mamede, N. (2012). Bilingual experiments on automatic recovery of capitalization and punctuation of automatic speech transcripts. *IEEE Transactions on Audio, Speech, and Language Processing*, pages 474–485.

Batista, P. d. S. et al. (2013). Avanços em reconhecimento de fala para português brasileiro e aplicações: ditado no libreoffice e unidade de resposta audível com asterisk. Master's thesis, Universidade Federal do Pará.

Bojanowski, P., Grave, E., Joulin, A., and Mikolov, T. (2016). Enriching word vectors with subword information. *arXiv preprint arXiv:1607.04606*.

---

[4]Results using embeddings with 600 dimensions were obtained from the authors of the original article

Bruckschen, M., Muniz, F., Souza, J., Fuchs, J., Infante, K., Muniz, M., Gonçalves, P., Vieira, R., and Aluısio, S. (2008). Anotaçao lingüıstica em xml do corpus pln-br. *Série de relatórios do NILC, ICMC-USP.*

Brum, H., Araujo, F., and Kepler, F. (2016). Sentiment analysis for brazilian portuguese over a skewed class corpora. In *PROPOR*, pages 134–138.

Che, X., Wang, C., Yang, H., and Meinel, C. (2016). Punctuation prediction for unsegmented transcript based on word vector. *LREC*, pages 654–658.

Collobert, R. and Weston, J. (2008). A unified architecture for natural language processing: Deep neural networks with multitask learning. In *ICML*, pages 160–167.

Favre, B., Hakkani-Tür, D., Petrov, S., and Klein, D. (2008). Efficient sentence segmentation using syntactic features. *Spoken Language Technology Workshop.*

Fonseca, E. R. and Aluísio, S. M. (2016). Improving pos tagging across portuguese variants with word embeddings. In *PROPOR*, pages 227–232.

Fraser, K. C., Ben-david, N., Hirst, G., Graham, N. L., and Rochon, E. (2015). Sentence segmentation of aphasic speech. *NAACL*, pages 862 871.

Godfrey, J. J., Holliman, E. C., and McDaniel, J. (1992). Switchboard: Telephone speech corpus for research and development. In *ICASSP*, pages 517–520. IEEE.

Gotoh, Y. and Renals, S. (2000). Sentence boundary detection in broadcast speech transcripts. *ISCA Workshop*, pages 228–235.

Hochreiter, S. and Schmidhuber, J. (1997). Long short-term memory. *Neural computation*, pages 1735–1780.

Hough, J. and Schlangen, D. (2017). Joint, incremental disfluency detection and utterance segmentation from speech. In *EACL*, pages 326–336.

Joulin, A., Grave, E., Bojanowski, P., and Mikolov, T. (2016). Bag of tricks for efficient text classification. *arXiv preprint arXiv:1607.01759.*

Kepler, F. N. and Finger, M. (2010). Variable-length markov models and ambiguous words in portuguese. In *NAACL*, pages 15–23.

Kim, J.-H. and Woodland, P. C. (2003). A combined punctuation generation and speech recognition system and its performance enhancement using prosody. *Speech Communication*, pages 563–577.

Kim, Y. (2014). Convolutional neural networks for sentence classification. In *EMNLP*, pages 1746–1751.

Klejch, O., Bell, P., and Renals, S. (2016). *Punctuated Transcription of Multi-genre Broadcasts Using Acoustic and Lexical Approaches.*

Klejch, O., Bell, P., and Renals, S. (2017). *Sequence-to-Sequence Models for Punctuated Transcription Combing Lexical and Acoustic Features.*

Kolár, J., Liu, Y., and Shriberg, E. (2009). Genre effects on automatic sentence segmentation of speech: A comparison of broadcast news and broadcast conversations. In *ICASSP*, pages 4701—4704.

Lai, S., Xu, L., Liu, K., and Zhao, J. (2015). Recurrent convolutional neural networks for text classification. In *AAAI*, pages 2267–2273.

Ling, W., Dyer, C., Black, A., and Trancoso, I. (2015). Two/too simple adaptations of word2vec for syntax problems. In *NAACL*.

Liu, Y. (2004). *STRUCTURAL EVENT DETECTION FOR RICH TRANSCRIPTION OF SPEECH*. PhD thesis, Purdue University.

López, R. and Pardo, T. A. S. (2015). Experiments on sentence boundary detection in user-generated web content. In *CICLing*, pages 227–237.

Mendonça, G., Candeias, S., Perdigão, F., Shulby, C., Toniazzo, R., Klautau, A., and Aluísio, S. (2014). A method for the extraction of phonetically-rich triphone sentences. In *Telecommunications Symposium (ITS), 2014 International*, pages 1–5. IEEE.

Mikolov, T., Chen, K., Corrado, G., and Dean, J. (2013). Efficient estimation of word representations in vector space. *arXiv preprint arXiv:1301.3781*.

Pennington, J., Socher, R., and Manning, C. D. (2014). Glove: Global vectors for word representation. In *EMNLP*, pages 1532–1543.

Read, J., Dridan, R., Oepen, S., and Solberg, L. J. (2012). Sentence boundary detection: A long solved problem? *COLING*, pages 985–994.

Shriberg, E., Stolcke, A., Hakkani-Tür, D., and Tür, G. (2000). Prosody-based automatic segmentation of speech into sentences and topics. *Speech Communication*, pages 127–154.

Silla Jr, C. N. and Kaestner, C. A. (2004). An analysis of sentence boundary detection systems for english and portuguese documents. In *CICLing*, pages 135–141.

Srivastava, N., Hinton, G. E., Krizhevsky, A., Sutskever, I., and Salakhutdinov, R. (2014). Dropout: a simple way to prevent neural networks from overfitting. *Journal of Machine Learning Research*, pages 1929–1958.

Tieleman, T. and Hinton, G. (2012). Rmsprop: Divide the gradient by a running average of its recent magnitude. *COURSERA: Neural Networks for Machine Learning*.

Tilk, O. and Alumäe, T. (2015). LSTM for punctuation restoration in speech transcripts. In *INTERSPEECH*, pages 683–687.

Tilk, O. and Alumäe, T. (2016). Bidirectional recurrent neural network with attention mechanism for punctuation restoration. In *INTERSPEECH*.

Treviso, M. V., Shulby, C., and Aluísio, S. M. (2017). Sentence segmentation in narrative transcripts from neuropsychological tests using recurrent convolutional neural networks. In *EACL*, pages 315–325.

Turian, J., Ratinov, L., and Bengio, Y. (2010). Word representations: A simple and general method for semi-supervised learning. In *ACL*, pages 384–394.

Análise de Medidas de Similaridade Semântica na Tarefa de Reconhecimento de Implicação Textual

David B. Feitosa[1], Vládia C. Pinheiro[1]

[1]Programa de Pós-Graduação em Informática Aplicada (PPGIA)
Universidade de Fortaleza (UNIFOR)
Caixa Postal 60.811-905 – Fortaleza – CE – Brasil

davidfeitosa@gmail.com, vladiacelia@unifor.br

Abstract. In this work, we present a feature-based approach to the RTE (Recognizing Text Entailment) task that verifies the similarity between two sentences including syntactic and semantic aspects. The selected features come from the winning work of the RTE task of the workshop ASSIN (Semantic Similarity Evaluation and Textual Inference) with some changes and addition of other semantic feature. The evaluation methodology consisted in replicating the task with the database used in the workshop, analyzing the results with and without the semantic features. Besides the numerical approach, we mention a symbolic one with its characteristics and limitations.

Resumo. Neste trabalho, apresentamos uma abordagem baseada no uso de features para a tarefa de RTE (Recognizing Text Entailment) que verifica a similaridade entre duas frases incluindo aspectos sintáticos e semântico. As features selecionadas são oriundas do trabalho vencedor da tarefa de RTE do workshop ASSIN (Avaliação de Similaridade Semântica e Inferência Textual) com algumas alterações e adições de outra feature semântica por nós. A metodologia de avaliação consistiu em replicar a tarefa com a base de dados usada no workshop, analisando os resultados com e sem as features semânticas. Além da abordagem numérica, citamos uma simbólica com suas características e limitações.

1. Introdução

No uso de linguagem natural, um fenômeno comum é a existência de várias maneiras de se expressar, de forma idêntica ou similar, um significado [Sha et al. 2015]. Para descobrir a equivalência ou relação entre textos ou sentenças, a tarefa de Reconhecimento de Implicação Textual (em ingles, *Recognizing Textual Entailment - RTE*) é proposta como uma forma de avaliar se o significado de um texto "H" pode ser inferido de outro texto "T" [Dagan et al. 2006]. Ela é mais relaxada que a tarefa de inferência lógica pura, pois podemos considerar que "T infere H" ($T \rightarrow H$) se, tipicamente, um ser humano que ler T puder inferir que H é uma verdade provável, e não que T é condição suficiente para H (ou seja, sempre que T é verdade então H é verdade). A relação é direcional porque mesmo que "T infere H" seja verdade, o reverso "H infere T" é bem menos provável. Como exemplo de implicação textual, temos o par: ("Edgar Freitas Gomes da Silva nasceu no Funchal a 25 de Setembro de 1962, tem 53 anos, é casado e com um filho.", "Edgar Silva nasceu em 1962 no Funchal.") e, como contraexemplo, o par: ("Eram doentes que estavam internados e debilitados pelas suas patologias.", "Estão identificados 30 doentes com a bactéria.").

Muitas aplicações de Processamento de Linguagem Natural (PLN), tais como: Resposta automática a perguntas, Recuperação de Informação, Sumarização ou Tradução automática de textos, Classificação de textos, dentre outras [Fialho et al. 2016], necessitam de sistemas eficientes para reconhecimento de implicação textual.

Para língua inglesa, desde 2005 são propostas competições de RTE. Como exemplo, tem-se as tarefas do eventos SEMEVAL – Semantic Evaluation [1] e PASCAL Recognizing Textual Entailment (RTE) Challenges [2] [Dagan et al., 2006]. Ambos reuniram excelentes sistemas para RTE que, principalmente, empregam técnicas superficiais (*shallow techniques*) tais como: sobreposição de termos, analise morfossintática e análise de dependência sintática [Vanderwende et al. 2006, Jijkoun and Rijke 2005, Malakasiotis and Androutsopoulos 2007, Haghighi et al. 2005]. O vencedor do último SEMEVAL atingiu uma acurácia de 77% com o uso de um algoritmo de máxima entropia e features sintáticas. Uma abordagem híbrida proposta em - simbólica e probabilística - de [Sha et al. 2015] atingiu uma acurácia de 85.16%.

Para língua portuguesa, o primeiro evento que propôs a tarefa RTE foi o Workshop ASSIN 2016 [3] , o qual reuniu 6 sistemas participantes para as variações do português brasileiro (PT-br) e o português de Portugal (PT-pt). O sistema proposto em [Fialho et al. 2016] foi o vencedor da competição e usa aprendizagem automática supervisionada, algoritmo SVM [Malakasiotis and Androutsopoulos 2007], explorando propriedades lexicais como Maior Subsequência Comum, Distância de Edição, Comprimento etc das sentenças T e H. O resultado de tal sistema, em termos de f-measure, foi de 0.69 e representa o estado da arte desta tarefa para o Português.

Neste trabalho, apresentamos uma análise de medidas de similaridade semântica para a tarefa RTE em textos da língua portuguesa, usando como referência o corpus de sentenças do ASSIN 2016. Uma série de experimentos foram realizados, visando analisar a relevância das métricas para RTE e a influência de bases de conhecimento léxico-semanticas como WordNet [Miller 1995]. Ao final, verificamos a influência das métricas semânticas e discorremos sobre os resultados.

2. Fundamentação Teórica

A tarefa de RTE busca identificar se um dado texto pode ser inferido de outro. Como exemplo, dadas as sentenças "Taciana trabalha na UNIFOR que fica em Fortaleza." e "UNIFOR está em Fortaleza", podemos afirmar que a segunda pode ser inferida da primeira? Quais as relações entre as sentenças que indicam a inferência? Vários dos sistemas propostos, tanto para língua inglesa como para o português, se baseiam em técnicas superficiais que com suporte em características sintáticas e lexicais dos textos. Nas subseções seguintes, apresentamos as principais métricas usadas e o estado da arte da RTE.

---

[1] http://alt.qcri.org/semeval2014/
[2] http://u.cs.biu.ac.il/~nlp/RTE1/Proceedings/
[3] http://propor2016.di.fc.ul.pt/?page_id=381

2.1. Métricas de RTE

Dentre as funções para a tarefa de RTE, segundo [Fialho et al. 2016], as que obtiveram os melhores resultados foram:

1. Soft TF-IDF: mede a similaridade entre representações vetoriais das frases, mas considera a métrica Jaro-Winkler como métrica de similaridade interna para encontrar palavras equivalentes, com um limiar de 0.9. A métrica Jaro-Winkler atribui maior peso quando há um prefixo em comum [TeamCohen 2016];

2. Jaccard: distância entre os dois conjuntos como a razão entre o tamanho da interseção e o da união. Portanto, um valor 1 significa que as frases são iguais e 0, totalmente diferentes [TeamCohen 2016];

3. Comprimento: representa a diferença de comprimento absoluta (número de símbolos) entre o texto e a hipótese. Os comprimentos máximo e mínimo são também considerados (separadamente) como características;

4. LCS (Longest Common Subsequence): representa o tamanho da maior subsequência comum entre o texto e a hipótese. O valor é definido entre 0 e 1, dividindo-se o tamanho da LCS pelo tamanho da frase mais longa [Hirschberg 1977];

5. Numérica: consiste no resultado da multiplicação de duas similaridades de Jaccard. Uma entre os caracteres numéricos no par texto-hipótese, e outra entre as palavras em torno de tais caracteres numéricos. O resultado é um valor contínuo entre 0 e 1, com o valor 0 indicando que as frases são, possivelmente, contraditórias;

6. Sobreposição NE: mede a similaridade de Jaccard considerando apenas as entidades mencionadas (NE - Named Entities), ou seja, que contém letras maiúsculas;

7. ROUGE-N: representa a sobreposição de n-gramas com base em estatísticas de co-ocorrências [Lin and Och 2004];

8. ROUGE-L: representa uma variação da métrica ROUGE-N baseada em skip-bigrams [Lin and Och 2004].;

9. TER (Taxa de Erros de Tradução): consiste em uma extensão da Taxa de Erros em Palavras (ou Word Error Rate - WER), que é uma métrica simples baseada em programação dinâmica e que é definida como o número de alterações necessárias para transformar uma sequência em outra [Snover et al. 2006].

2.2. Trabalhos Relacionados

[Lai and Hockenmaier 2014] descreve o sistema vencedor da tarefa de RTE no SEMEVAL em 2014 para lingua inglesa. O sistema combina diferentes fontes semânticas para predizer a relação e implicação textual. Foram usadas features de similaridade distribuídas, similaridade denotacional e de alinhamento baseadas em estruturas sintáticas superficiais. Houve combinações de múltiplas métricas, dentre elas: negação, sobreposição de palavras, sinônimo, hiperônimo. Para a tarefa, foi usada MALLET [McCallum 2002] com um algoritmo de máxima entropia. O resultado final foi de uma acurácia de 77% sobre a base fornecida.

O sistema de [Sha et al. 2015] propõe uma abordagem híbrida, também para o inglês, que utiliza o sistema ReVerb [Fader et al. 2011] para extrair relações verbais na forma $relacao\ (objeto_1,\ objeto_2)$ de cada frase do par T/H. Com essas relações extraídas, ocorre um mapeamento com a base de conhecimento Yago [Suchanek et al. 2007]

de onde também são obtidas regras de relacionamento, atraves de um sistema de rule
learner – AMIE [ref]. Um exemplo de regra aprendida pelo AMIE é "se uma pessoa mora na cidade A e trabalha na empresa B, a localização da empresa B é a cidade A". Esse conjunto de informações é a entrada para uma Rede Lógica de Markov [Richardson and Domingos 2006] que avalia a probabilidade do conjunto de relações
com as regras da base de conhecimento resultar em uma situação de *entailment* entre T
e H. Em testes para reproduzir o trabalho de [Sha et al. 2015],encontramos uma série de
limitações como restrições às sentenças com pelo menos um verbo e dois objetos; esparsidade da base de dados que não permite o correto mapeamento da relação verbal e a
extração das regras, ao extrair a relação da frase "The dog should sleep in the bed with
you", o verbo *sleep* não existia na base para que a relação fosse mapeada.

No Workshop ASSIN, a tarefa de RTE foi proposta para as duas variantes da
língua portuguesa. L2F/INESC-ID [Fialho et al. 2016] atingiu 0,70 em termos de f-
measure de 0.7 e foi o vencedor para a variação do português europeu. O sistema é
baseado no uso de features sintáticas e aprendizado supervisionado com SVM.

[Barbosa et al. 2016] apresenta o sistema da equipe Blue Man Group, que
também é baseado em um classificador supervisionado (SVM). A diferença de abordagem é que este sistema usa como característica a similaridade semântica baseada nas
palavras anteriores e posteriores relativas à palavra analisada na frase. A base usada para
aprendizado foi a Wikipedia [Wikipedia 2014] em português com um total aproximado
de 540.000 palavras distintas. A ferramenta *word2vec* [4] foi utilizada para o cálculo dos
vetores. Embora outras técnicas tenham sido testadas,o algoritmo SVM foi o que apresentou melhor desempenho com f-measure de 0,52 para o português europeu e f-measure
de 0,61 para o português brasileiro.

Como melhor resultado geral em acurácia, a abordagem
de [Oliveira Alves et al. 2016], ASAPP, obteve um valor de 80.27% e f-measure de
0.54. Perdendo apenas na f-measure para Blue Man Group que obteve, no geral,
acurácia de 79.62% e f-measure de 0.58. ASAPP [Oliveira Alves et al. 2016] é baseado
em múltiplas features lexicais, sintáticas, semânticas - semelhança entre a vizinhança
das palavras, estrutura das redes de palavras, presença e pertença em synsets difusos;
aplicando o classificador Vote e AdditiveRegression . Apresentou desempenho com
f-measure de 0,54 e um valor de 80.27% para acurácia.

Como estado da arte para a tarefa de RTE para o português, temos o sistema
L2F/INESC-ID com f-measure de 0.7 (português europeu) e o sistema Blue Man Group
com f-maesure de 0.52 (português brasileiro).

3. Similaridade Semântica Aplicada a RTE

A figura 1 ilustra o fluxo do processo de RTE com adição de features semânticas. Em
resumo, inicialmente uma etapa de Pre-Processamento realiza a limpeza - remoção de
stopwords e pontuação - ou formatação - transformando todos os termos em minúsculos
ou na simbologia do Metaphone 3. Em seguida são calculadas as features sintáticas e
semânticas, com uso de uma base de conhecimento (Knowledge Base – KB). Por fim, é
gerado o conjunto de exemplos para treinamento e submetido a um algoritmo de aprendizagem supervisionada.

---

[4]http://code.google.com/archive/p/word2vec/

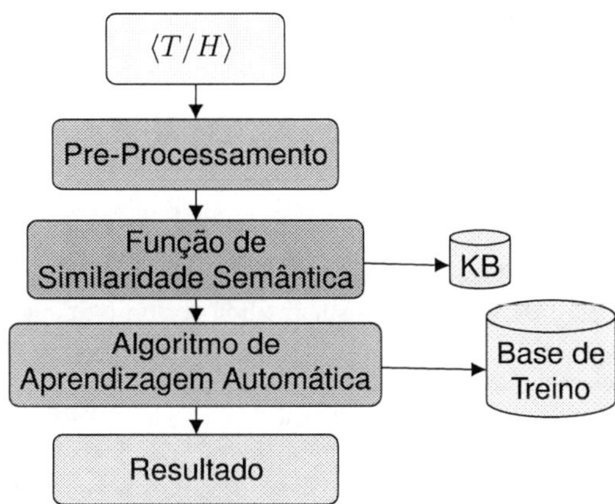

Figura 1. Fluxo para geração das features semânticas.

3.1. Similaridade Semântica Textual

Cada feature semântica é calculada a partir de uma função de similaridade semântica textual, variando-se a métrica de similaridade entre palavras.

A função de similaridade semântica textual STS implementa a fórmula 1, pela qual calcula-se a média aritmética da similaridade semântica entre as palavras ou termos de T e H. Assim, se $T = \{t_1, t_2, \ldots, t_n\}$ e $H = \{h_1, h_2, \ldots, h_m\}$, o produto cartesiano $T \times H$, $n \times m$, denotado por w, é o conjunto das combinações dos termos de T, denotado por $C_w = \{c_1 : (w_{t_1}, w_{h_1}), c_2 : (w_{t_1}, w_{h_2}), c_3 : (w_{t_1}, w_{h_3}), \ldots, c_w : (w_{t_n}, w_{h_m})\}$; Temos que $f(c_i)$ é uma função de similaridade entre palavras que representa uma das métricas descritas na seção a seguir.

$$STS(T, H) = \frac{\sum_{i=1}^{w} f(c_i)}{w} \tag{1}$$

3.2. Métricas de Similaridade Semântica entre Palavras

A seguir são descritas as métricas de similaridades entre palavras, calculadas na base léxico-semântica WordNet [Miller 1995]. A WordNet é um grande banco de dados léxico da língua inglesa. Substantivos, verbos, adjetivos e advérbios são agrupados em conjuntos de sinônimos cognitivos (synsets), cada um expressando um conceito distinto. Os synsets estão interligados por meio de relações conceituais semânticas e lexicais. Ela se assemelha superficialmente a um dicionário de ideias afins, na medida em que agrupa as palavras em conjunto com base em seus significados. No entanto, existem algumas distinções importantes. Primeiramente, a WordNet interliga não apenas palavras, mas sentidos específicos. Como resultado, palavras que são encontradas em estreita proximidade umas com as outras na rede estarão semanticamente próximas. Em segundo lugar, a WordNet rotula as relações semânticas entre palavras, enquanto que os agrupamentos em

um dicionario de sinônimos não seguem nenhum padrão explícito alem da similaridade
de significado.

1. HirstStOnge: dois conceitos lexicalizados são semanticamente próximos se
   seus conjuntos de sinônimos (ou synsets) na WordNet são conectados por um
   caminho que não é muito longo e que "não muda de direção com muita
   freqüência" [Hirst et al. 1998].;
2. LeacockChodorow: esta medida baseia-se no comprimento do caminho mais curto
   entre dois conjuntos de synsets para sua medida de similaridade. Limitando-se às
   relações do tipo É-UM e escalando o comprimento do percurso pela profundidade
   total da taxonomia [Leacock and Chodorow 1998];
3. Lesk: em 1985, Lesk, propôs que a relação de duas palavras é
   proporcional à extensão das sobreposições de suas definições de dicionário [Banerjee and Pedersen 2002] estenderam essa noção para usar o Word-
   Net como dicionário para as definições de palavras;
4. WuPalmer: a medida proposta por [Wu and Palmer 1994] calcula o relacionamento considerando as profundidades dos dois synsets nas taxonomias da Word-
   Net, junto com a profundidade do LCS;
5. Resnik: [Resnik 1995] define a similaridade entre dois synsets para ser o conteúdo
   de informação de seu superordenado mais baixo;
6. JiangConrath: também usa a noção de conteúdo de informação (IC), mas sob a
   forma da probabilidade condicional de encontrar uma instância de um synset filho
   dado uma instância de um synset pai: $\frac{1}{jcn\_distance}$, onde $jcn\_distance$ é igual a
   $IC(synset_1) + IC(synset_2) - 2 * IC(lcs)$ [Jiang and Conrath 1997];
7. Lin: a equação matemática proposta por [Jiang and Conrath 1997] é modificada
   e o valor de relacionamento será maior ou igual a zero e menor ou igual a
   um [Lin et al. 1998];
8. Path: esta métrica assume o valor de -1 se não houver distância entre os synsets e,
   $\frac{1}{distancia}$, se a distância for maior que 0.

4. Avaliação Experimental

Neste trabalho, a hipótese de pesquisa é que a adição de conhecimento semântico melhora a performance da tarefa de RTE e os experimentos realizados visaram verificar esta
hipótese.

4.1. Configuração e Metodologia de Avaliação

O procedimento adotado para a avaliação consistiu em:

1. Iniciamos com a verificação da base de dados fornecida pelo workshop ASSIN;
2. Usamos um algoritmo de balanceamento para equilibrar as classes fornecidas pela
   base;
3. Testamos nossa hipótese com o algoritmo de aprendizagem automática.

As features elaboradas por [Fialho et al. 2016] são uma combinação entre uma
representação que pode alterar o estados das palavras da frase, como os termos estarem
em minúsculas ou convertidos a uma forma fonética, com uma função. Em relação às
representações citadas na seção 4, optamos por uma única alteração: no lugar do Double

Metaphone, usamos o Metaphone 3 (M3) [Philips 2010]. M3 foi projetado para retornar uma chave fonética "aproximada" - e uma chave fonética alternativa quando apropriado - que deve ser a mesma quando o idioma for o inglês.

Os cenários definidos para a avaliação foram:

1. Cenário 1 - Execução com as features sintáticas usadas em [Fialho et al. 2016];
2. Cenário 2 - Execução com todas as features sintáticas e todas as features semânticas calculadas para toda variação de métrica de similaridade entre palavras, definidas em 3.2;
3. Cenário 3 - Execução com todas as sintáticas e uma feature semântica por vez.

Os seguintes parâmetros e ferramentas foram adotados para realização dos experimentos:

- SMOTE: algoritmo de balanceamento entre as classes da base de teste [Chawla et al. 2002]. Único atributo alterado foi o *percentage* valorado em 181;
- Base de dados fornecida pelo workshop ASSIN. A base de testes que usamos consistia de 3000 entidades anotadas, mas a classe de "Entailment" representava 24% do total das instâncias. Para nossos experimentos, foram mantidas as classes "None" e "Entailment";
- SVM: o algoritmo de aprendizagem automática. Usamos a implementação fornecida no Weka com as configurações padrões, *cross validation folds* valorado em 10;
- As combinações entre funções e representações: alterações nas palavras das frases - que mais contribuíram na classificação foram: a) Soft TF-IDF, em símbolos originais, b) Jaccard, sobre Metaphone 3, c) Jaccard, sobre símbolos em minúsculas, d) Comprimento absoluto, em Metaphone 3, e) Maior subsequência comum (LCS), sobre símbolos em minúsculas, f) Numérica, em símbolos originais, g) Sobreposição NE, em Metaphone 3, h) ROUGE-N, em símbolos originais, i) ROUGE-L, sobre símbolos em minúsculas e j) TER, sobre símbolos em minúsculas.

A tabela 1 resume os resultados dos três cenários em termos de das medidas de precisão, recall e f-measure.

Conforme coletado, embora exista ganho, foi bem reduzido o acréscimo nas métricas observadas: para a precisão, não houve acréscimo em quaisquer casos; no recall, uma tênue variação; na f-measure, uma variação ligeiramente maior que as anteriores.

5. Análise dos Resultados

Pelos resultados obtidos, não houve confirmação forte da hipótese levantada, ou seja, adicionar informações semânticas não importa em acréscimo de performance significativo da tarefa de RTE. No Cenario 1 foi obtido f-measure de 0,706, e o melhor cenário com adição de feature semântica foi a variação do CENARIO 3 (Sint + PATH), que resultou f-measure de 0,710. Com o objetivo de identificar razões para a irrelevância de conhecimento semântico, foi analisado o corpus de referência usado no Workshop ASSIN.

Por observação através de análise gráfica no corpus, verificamos a distribuição de valores. A função projetada foi valor da variável PATH em relação ao número de

Cenário	Configuração	Precisão	Recall	F-Measure
1	Todas as Sintáticas (S)	0,710	0,707	0,706
2	S + Todas Semânticas	0,708	0,702	0,708
3	S + Hirststonge	0,705	0,706	0,701
3	S + Lesk	0,707	0,705	0,704
3	S + Leacockchodorow	0,709	0,709	0,706
3	S + Wupalmer	0,710	0,710	0,708
3	S + Jiangconrath	0,710	0,709	0,709
3	S + Lin	0,710	0,709	0,709
3	S + Resnik	0,710	0,710	0,709
3	S + Path	0,710	0,708	0,710

Tabela 1. **Resultados dos cenários de avaliação, considerando features semânticas e sintáticas.**

sobreposições dos termos em comum entre T e H. Verificamos uma concentração de valores próximos ao quartil inferior por toda a amostra e um incremento de valores com a redução da sobreposição, implicando em alto valor de relacionamento semântico.

6. Conclusão

Neste artigo, realizamos o levantamento da importância da tarefa de RTE para a área de PLN. Levantamos os melhores trabalhos desenvolvidos em workshops e competições tanto para língua inglesa, quanto para a portuguesa. Dentre os trabalhos para o português, citamos as abordagens dos vencedores do último workshop que abordou a tarefa. Implementamos a solução do vencedor desse workshop com as features sintáticas adicionando combinações de semânticas - nossa feature de teste para este trabalho. Coletamos os resultados e os apresentamos para análise.

Seguindo as hipóteses levantadas na seção 5, prosseguiremos os testes com o auxílio de bases maiores e, possivelmente, mais representativas para verificar se há evolução nos resultados por adição do conhecimento semântico da nossa feature ou se há necessidade de ajustes dessa para agregar valor ao processo de classificação.

Referências

Banerjee, S. and Pedersen, T. (2002). An adapted lesk algorithm for word sense disambiguation using wordnet. In International Conference on Intelligent Text Processing and Computational Linguistics, pages 136–145. Springer.

Barbosa, L., Cavalin, P., Guimaraes, V., and Kormaksson, M. (2016). Blue man group no assin: Usando representações distribuídas para similaridade semântica e inferência textual. Linguamática, 8(2):15–22.

Chawla, N. V., Bowyer, K. W., Hall, L. O., and Kegelmeyer, W. P. (2002). Smote: synthetic minority over-sampling technique. Journal of artificial intelligence research, 16:321–357.

Dagan, I., Glickman, O., and Magnini, B. (2006). The pascal recognising textual entailment challenge. In Machine learning challenges. evaluating predictive uncertainty, visual object classification, and recognising tectual entailment, pages 177–190. Springer.

Fader, A., Soderland, S., and Etzioni, O. (2011). Identifying relations for open information extraction. In Proceedings of the Conference on Empirical Methods in Natural Language Processing, pages 1535–1545. Association for Computational Linguistics.

Fialho, P., Marques, R., Martins, B., Coheur, L., and Quaresma, P. (2016). Inesc-id@ assin: Mediçao de similaridade semântica e reconhecimento de inferência textual. Linguamática, 8(2):33–42.

Haghighi, A. D., Ng, A. Y., and Manning, C. D. (2005). Robust textual inference via graph matching. In Proceedings of the conference on Human Language Technology and Empirical Methods in Natural Language Processing, pages 387–394. Association for Computational Linguistics.

Hirschberg, D. S. (1977). Algorithms for the longest common subsequence problem. Journal of the ACM (JACM), 24(4):664–675.

Hirst, G., St-Onge, D., et al. (1998). Lexical chains as representations of context for the detection and correction of malapropisms. WordNet: An electronic lexical database, 305:305–332.

Jiang, J. J. and Conrath, D. W. (1997). Semantic similarity based on corpus statistics and lexical taxonomy. arXiv preprint cmp-lg/9709008.

Jijkoun, V. and Rijke, M. (2005). Recognizing textual entailment using lexical similarity. In Proceedings of the PASCAL Challenge Workshop on Recognising Textual Entailment, 2005, pages 73–76.

Lai, A. and Hockenmaier, J. (2014). Illinois-lh: A denotational and distributional approach to semantics. In SemEval 2014. Special Interest Group on the Lexicon of the Association for Computational Linguistics.

Leacock, C. and Chodorow, M. (1998). Combining local context and wordnet similarity for word sense identification. WordNet: An electronic lexical database, 49(2):265–283.

Lin, C.-Y. and Och, F. J. (2004). Automatic evaluation of machine translation quality using longest common subsequence and skip-bigram statistics. In Proceedings of the

42nd Annual Meeting on Association for Computational Linguistics, page 605. Association for Computational Linguistics.

Lin, D. et al. (1998). An information-theoretic definition of similarity. In ICML, volume 98, pages 296–304. Citeseer.

Malakasiotis, P. and Androutsopoulos, I. (2007). Learning textual entailment using svms and string similarity measures. In Proceedings of the ACL-PASCAL Workshop on Textual Entailment and Paraphrasing, pages 42–47. Association for Computational Linguistics.

McCallum, A. K. (2002). Mallet: A machine learning for language toolkit. http://mallet.cs.umass.edu.

Miller, G. A. (1995). Wordnet: a lexical database for english. Communications of the ACM, 38(11):39–41.

Oliveira Alves, A., Rodrigues, R., and Gonçalo Oliveira, H. (2016). Asapp: alinhamento semântico automático de palavras aplicado ao português. Linguamática, 8(2):43–58.

Philips, L. (2010). Metaphone 3. "Disponível em https://searchcode.com/codesearch/view/2366000/ versão 2.1.3".

Resnik, P. (1995). Using information content to evaluate semantic similarity in a taxonomy. arXiv preprint cmp-lg/9511007.

Richardson, M. and Domingos, P. (2006). Markov logic networks. Machine learning, 62(1):107–136.

Sha, L., Li, S., Chang, B., Sui, Z., and Jiang, T. (2015). Recognizing textual entailment using probabilistic inference. In EMNLP, pages 1620–1625.

Snover, M., Dorr, B., Schwartz, R., Micciulla, L., and Makhoul, J. (2006). A study of translation edit rate with targeted human annotation. In Proceedings of the 7th Biennial Conference of the Association for Machine Translation in the Americas (AMTA-2006). Cambridge, Massachusetts.

Suchanek, F. M., Kasneci, G., and Weikum, G. (2007). Yago: a core of semantic knowledge. In Proceedings of the 16th international conference on World Wide Web, pages 697–706. ACM.

TeamCohen (2016). secondstring. https://github.com/TeamCohen/secondstring.

Vanderwende, L., Menezes, A., and Snow, R. (2006). Microsoft research at rte-2: Syntactic contributions in the entailment task: an implementation. In Proceedings of the Second PASCAL Recognising Textual Entailment Challenge, pages 27–32.

Wikipedia (2014). Wikipedia, the free encyclopedia. [Acessada em 2014].

Wu, Z. and Palmer, M. (1994). Verbs semantics and lexical selection. In Proceedings of the 32nd annual meeting on Association for Computational Linguistics, pages 133–138. Association for Computational Linguistics.

Proceedings of Symposium in Information and Human Language Technology. Uberlândia, MG, Brazil, October 2–5, 2017. ©2017 Sociedade Brasileira de Computação.

FrameFOR – Uma Base de Conhecimento de Frames Semânticos para Perícias de Informática

Ravi Barreira, Vládia Pinheiro, Vasco Furtado

Programa de Pós-Graduação em Informática Aplicada
Universidade de Fortaleza
Av. Washington Soares, 1321, Fortaleza, Ceará, Brasil

raviff@gmail.com, vladiacelia@unifor.br, vasco@unifor.br

Resumo. Este artigo descreve a base de conhecimento de Frames Semânticos Forenses - FrameFOR. Demonstramos através de avaliações experimentais que a aplicação das técnicas de Anotação de Papéis Semânticos (APS) e Processamento de Linguagem Natural (PLN), em perícias de informática, aumenta o desempenho em relação as ferramentas utilizadas para análise por peritos forenses em termos de agilidade, precisão e recall.

Abstract. This article describes a knowledge base of Forensic Semantic Frames - FrameFOR. We demonstrate through experimental evaluations that the application of the Semantic Role Labeling (SRL) techniques and Natural Language Processing (NLP) in digital forensic increases the performance of the forensic experts in terms of agility, precision and recall.

1. Introdução

O trabalho pericial é de extrema relevância para investigação policial, pois pode produzir importantes provas materiais para suportar o processo penal. Com a popularização dos smartphones e do uso intensivo de aplicativos de mensagens instantâneas, é comum encontrá-los em locais de crimes e contendo indícios do crime. Segundo [Cellebrite 2015], as investigações criminais hoje têm cada vez mais uma coisa em comum - evidência em dispositivos móveis. Nessa pesquisa, 95% dos pesquisados afirmam que dispositivos móveis são sua fonte de informação mais significante. Um problema colateral é que, sem as ferramentas adequadas, os laboratórios forenses de informática não conseguem acompanhar o crescimento da demanda. Em [Cellebrite 2015], 80% dos entrevistados disseram ter perícias pendentes, e 44% disseram que havia acumulo de serviço superior a 1 mês. Em um estado específico do Brasil, há um acúmulo de aproximadamente 8 mil dispositivos móveis que demandarão um prazo 5 anos para conclusão de seus exames. Um único dispositivo móvel pode chegar a ter 100 mil linhas de mensagens instantâneas de aplicativos como WhatsApp, Telegram, Facebook Messenger, Kik etc, que deverão ser revisadas pelo perito, podendo demandar várias semanas de leitura.

Além disso, em mensagens de textos instantâneas há predominância de linguagem informal e abreviada, sem o uso de letras maiúsculas e minúsculas adequadamente, com muitos erros de grafia e pontuação. Por exemplo, no trecho de mensagem *"q eu tou pidino uma presesa de fumo jk e sal."* tem-se erros ortográficos como em "pidino" [correção: "pedindo"]. Observa-se ainda o uso de *deception*, ou termos substitutos, como forma de ocultar, de alguém que interceptar a mensagem, a real intenção do falante. No texto anterior, temos o uso da palavra "sal" com o significado de cocaína. Outro exemplo encontrado nessa pesquisa foi na frase *"beisso era pro nego ficar era com uma caneta aki mah."*, onde "caneta" é palavra substituta para arma de fogo, pois suas menções normalmente vêm seguidas de calibres, 380 e 357.

Atualmente, as duas principais ferramentas utilizadas pelas perícias forenses para análise de dispositivos móveis – UFED [Cellebrite] e XRY [Microsystemation] - possibilitam apenas que o perito forense adicione palavras-chave a serem pesquisadas nas mensagens de texto, não dispondo de funções de PLN para pesquisa por radicais ou palavras relacionadas, correção gramatical do texto original, ou descoberta de novas palavras para compor o léxico. Além disso, em pesquisa interna realizada em departamentos forenses do Brasil, apenas 20% possuem um léxico com palavras-chave para diferentes tipos de crimes e 40% criam léxicos de acordo com o caso, sem usar uma base uniforme e padronizada. Percebe-se então que há pouco uso de palavras-chave pelas perícias no Brasil, e não há uma padronização nas palavras utilizadas entre os estados.

Uma alternativa inovadora é a aplicação de técnicas de Anotação de Papéis Semânticos (APS) [Chisman 2008] na análise de mensagens extraídas de dispositivos móveis. APS é uma tarefa de PLN que permite identificar os papéis semânticos (entidades e objetos participantes e seus relacionamentos) envolvidos num evento ou situação. Nessa pesquisa, nós propomos uma base de Frames Semânticos Forenses – FrameFOR, desenvolvida a partir da FrameNet [Baker et al, 1998]. As informações na base de conhecimento FrameFOR permite identificar, por exemplo, além de que há o relato de um evento de compra e venda, qual objeto foi comprado ou vendido e os sujeitos envolvidos na ação - quem compra e quem vende.

A base FrameFOR, aplicada a perícias de informática, permite ainda a identificação de novos termos ou expressões usadas pelos criminosos para dificultar o entendimento de quem interceptar a mensagem. Por exemplo, a seguinte mensagem extraída de um celular apreendido no estado do Ceará - *"ei man um brother meu chegou aqui com umas gramas do kunk."*, foi identificada como relevante por conter a unidade léxica "gramas" do frame "**Quantidade**", o qual possui como elemento de frame "entidade da medida", que, por sua vez, pode ser identificada como o substantivo comum que segue a unidade léxica "gramas". Neste exemplo, o termo *"kunk"*, que se refere a um tipo de maconha, não estava presente nas palavras-chave utilizadas pelas perícias do Brasil e nem nas unidades lexicais do frame **Intoxicantes**.

Nossa proposta se baseia no argumento de que a possibilidade de investigar um maior número de fontes de informação, juntamente com uma melhoria na análise semântica de tais fontes, alavancará a qualidade das ações empreendidas para a segurança pública. Neste trabalho, realizamos uma avaliação extrínseca da base de conhecimento FrameFOR comparando com dois outros cenários - um em que se usou uma ferramenta tradicional baseada em palavras-chave e outro em que foram aplicados algoritmos de aprendizagem por máquina para inferir se uma mensagem é relevante ou não. Com base nos resultados das avaliações experimentais, podemos verificar nossa hipótese - o uso de uma ferramenta que implementa a tarefa APS e uma base de frames semânticos forenses aumentam a agilidade e cobertura do processo de análise de dados de dispositivos móveis por peritos forenses.

2. A base de conhecimento FrameFOR

Neste trabalho, propomos a base de conhecimento FrameFOR com uma centena de frames semânticos em português, adaptados da FrameNet [Baker, 1998], para o domínio de perícias de informática. A FrameFOR contém um conjunto de generalizações semânticas, denominadas frames semânticos [Fillmore 1976], expressando várias situações práticas, cada uma contendo um vocabulário específico e suas realizações em um *corpus* anotado com exemplos. Este conhecimento é utilizado principalmente na tarefa de Anotação de Papéis Semânticos (APS). O objetivo da tarefa APS é analisar um texto para identificar as entidades que participam de uma determinada situação prática ou evento e quais papéis ou funções essas entidades desempenham [Wang 2012]. Conforme relatado por [Giuglea 2006], os papéis semânticos podem ser usados para identificar palavras que não eram conhecidas anteriormente, simplesmente porque a identificação de palavras é realizada considerando o contexto do evento.

O uso da tarefa APS na área forense possibilita os seguintes avanços na análise semântica destes textos: (1) a identificação dos elementos (entidades, objetos, pessoas) envolvidos na ação ou evento e seus relacionamentos com a ação ou evento; (2) a identificação de novos termos que são constantemente atualizados pelos criminosos, principalmente para tentar disfarçar situações delituosas (uso de *deception*).

2.1 Construção da base de conhecimento FrameFOR

A base FrameNet possui mais de 1.000 frames que, em sua grande maioria, não têm relação com atividades ilícitas. Como exemplo, tem-se o frame IDADE, que identifica quando há no texto menção de idade, ou o frame COR, que identifica a cor mencionada em uma conversa. Por esta razão, a base de conhecimento não poderia ser aplicada diretamente nos textos extraídos dos dispositivos móveis, uma vez que seriam recuperados uma grande quantidade de mensagens sem qualquer relação com os objetivos das investigações forenses (ou seja, falso-positivos).

Neste trabalho foi construída a base de frames forenses FrameFOR por um processo de análise e seleção manual realizado por um perito criminal, especialista em computação forense. O perito analisou pontualmente cada frame da FrameNet, especificamente o objetivo do frame e suas unidades léxicas, com o intuito de selecionar aqueles que tivessem relevância com os crimes que são normalmente objetos de solicitações de investigação pericial. Observou-se que em diversas situações o mesmo frame poderia ser utilizado para identificar mais de um tipo de crime, como também o mesmo tipo de crime poderia ser identificado por mais de um frame. Ao final, a base FrameFOR foi composta por 113 frames, relacionados a diversos tipos de crimes, como formação de quadrilha, tráfico de drogas, sequestro, corrupção, receptação, contrabando, pedofilia, estupro, agressão, tortura, falsificação, ameaça, porte ilegal de arma, estelionato, extorsão, entre outros. A Tabela 1 apresenta uma parte da base FrameFOR com os frames que possuem relação aos crimes mais investigados pela Perícia Forense do Estado do Ceará, Brazil.

A base FrameFOR está representada em linguagem XML e foi traduzida para a língua portuguesa, pois o conteúdo das mensagens que tínhamos disponíveis eram mensagens nesta língua natural. Portanto, a base FrameFOR constitui uma base bilíngue de frames semânticos para o domínio de perícias de informática. A Figura 1 mostra um exemplo do frame **Cenário Comércio**. Este frame contém elementos de frame principais ou fundamentais, que contém os atores ou objetos das ações: **Vendedor**, **Comprador**,

Mercadoria [o objeto que foi comprado ou vendido] e **Dinheiro**. Os elementos de frame secundários ou não essenciais consistem em elementos que podem ser encontrados na situação, mas não são obrigatórios: **Taxa de Troca** e **Unidade**. As unidades lexicais são as palavras que evocam os frames, usadas para identificar a situação ou evento em questão. Os elementos principais e unidades lexicais foram anotados com a classe gramatical de seus complementos para possibilitar a identificação das realizações sintáticas nas frases. Por exemplo, a unidade lexical "preço" pode ser complementada com um número, marcado como "Z" pelo analisador. O elemento principal cujo complemento é um número, é "dinheiro", então, se uma frase for identificada com a palavra "preço" seguida de um número, a frase será rotulada como expressando uma situação de "Cenário de Comércio", contendo um preço, e o número é anotado com o papel semântico **"dinheiro"**.

TABELA 1. FRAMES FORENSES MAIS IMPORTANTES DA BASE FRAMEFOR.

Frame	Elemento de Frame	Crime
Comércio Compra	Comprador/Mercadoria/Dinheiro	tráfico/contrabando
Comércio Cenário	Comprador/Mercadoria/Dinheiro/Vendedor/Taxa/Unidade	tráfico/contrabando
Comércio Venda	Comprador/Mercadoria/Dinheiro/Vendedor	tráfico/contrabando
Ingestão de Substância	Dispositivo de ingestão/Ingestor/Substância	suicídio/tráfico/envenenamento
Intoxicantes	Intoxicante	suicídio/tráfico/envenenamento
Assassinato	Causa/Intrumento/Assassino/Vítima	homicídio/ameaça
Quantidade	Quantidade/Valor	tráfico/contrabando/receptação
Tiro projéteis	Agente/Arma de Fogo	homicídio/ameaça/lesão
Armas	Arma	posse de arma/ameaça/homicídio

```xml
1   <?xml version="1.0" encoding="iso-8859-1"?>
2   <frame>
3     <nome>Comércio Cenário</nome>
4     <elementos>
5       <principais>
6       <principal complemento='NC,NP'>Comprador</principal>
7       <principal complemento='NC,NP'>Mercadoria</principal>
8       <principal complemento='Z'>Dinheiro</principal>
9       <principal complemento='NC,NP'>Vendedor</principal>
10      </principais>
11      <secundarios>
12      <secundario>Taxa de troca</secundario>
13      <secundario>Unidade</secundario>
14      </secundarios>
15     </elementos>
16     <unidadeslexicas>
17     <unidade>comércio</unidade>
18     <unidade complemento='NC,NP'>mercadoria</unidade>
19     <unidade complemento='Z'>preço</unidade>
20     <unidade complemento='Z'>valor</unidade>
21     <unidade complemento='Z'>quanto</unidade>
22     <unidade complemento='Z'>dinheiro</unidade>
23     </unidadeslexicas>
24   </frame>
```

Figura 1. Representação em XML do frame Comércio_Cenário.

Em cada frame, o perito incluiu as palavras-chave do léxico usado pelos departamentos forenses no Brasil. Por exemplo, o frame **Quantidade** não tinha as palavras "grama" ou "quilo", de modo que foram adicionados devido à sua importância para identificar a quantidade em frases relacionadas à droga. No quadro **Intoxicantes** também foram adicionadas algumas palavras, para representar melhor as expressões usadas em português, como "pó" e "pedra", comumente usadas para cocaína e crack.

2.2. Uma ferramenta de análise semântica usando base FrameFOR

Para avaliar a base FrameFOR em casos reais de análises forenses, desenvolvemos um protótipo de uma ferramenta de análise semântica em linguagem C# que possui uma interface gráfica simples, pela qual o especialista forense seleciona um ou mais frames, de acordo com o(s) crime(s) investigado(s) e solicitado(s) pela autoridade, e carrega o texto processado, após a limpeza e os processos de análise superficial. A análise semântica consiste na busca no texto pelas unidades lexicais (elementos evocativos dos frames selecionados). As mensagens de texto que contêm as unidades lexicais são anotadas - as expressões ou palavras que satisfazem a estrutura sintática dos elementos do frame (ou papéis semânticos) são marcadas com o papel semântico correspondente. Nesta fase, é possível identificar, por exemplo, o agente que ingeriu algo, a substância que é ingerida, a pessoa que compra algo e o que é comprado, etc. As linhas do texto identificadas como relevantes são apresentadas ao perito com a identificação do frame forense que justifica a anotação da mensagem. Como resultado, um relatório é gerado em um formato de arquivo HTML, com as mensagens e palavras de interesse destacadas, informando os possíveis crimes identificados e com um link que indica a linha do texto onde a mensagem foi encontrada, para que o perito possa identificar rapidamente o contexto no qual a mensagem foi escrita. A Figura 2 apresenta parte de um relatório após o processo de anotação semântica forense.

1 - **[Quantidade]** - (NCMS)-fabrico (VMIP3S)-separar (Z)-50 (NCMS)-grama (SPS)-pra (NCMS)-q (NCMS)-v (VMIP1S)-ir (NCMS)-ai (NCFS)-busca (NCMS)-meio (NCFS)-semana (VMIP1S)-ligar (SPS)-pra (VMN)-confirmar (NCMS)-flwmayrton (NCFS)-itapipoca
fabrico separa 50 grama pra sabado q vem v eu vou ai busca no meio da semana eu te ligo pra confirmar flwmayrton itapipoca.

29 - **[Intoxicantes]** - (VMIP3S)-ir (VMIP3S)-agilizar (NCMS)-ai (Z)-730 (NCMS)-ng (VMIP3S)-chegar (NCMS)-ai (NCFS)-letra (AQ)-fl (NCMS)-angelo (NCMS)-q (VMIS3S)-tou (NCMS)-pidino (NCFS)-presesa (NCMS)-fumo (AQ)-jk (NCMS)-sal
vai agiliza ai 730 o ng chega ai na tua letra fl o angelo q eu tou pidino uma presesa de fumo jk e sal.

31 - **[Intoxicantes]** - (RG)-eis (AQ)-pvt (VMIP3S)-pq (NCMS)-ng (VMII3S)-querer (NCMS)-conto (NCMS)-fumo
ei pvt pq o ng queria 25 e 10 conto de fumo.

41 - **[Comércio Cenário]** - (VMIP1S)-estar (NCFS)-sala (NCFS)-aula (VMIP3S)-sair (RG)-aqui (VMIP1S)-dizer (RG)-onde (VMN)-pegar (NCMS)-dinheiro
eu estou na sala de aula sai daqui ti digo onde pegar seu dinheiro.

89 - **[Comércio Cenário]** - (NCMS)-dro (NCMP)-gonalves (NCMS)-nascimento (VMIP3S)-lumiere (NCMS)-art (NCMS)-valor (NCMP)-juro (Z)-10000 (NCMP)-aps
dro gonalves nascimento me lumiere art valor sem juros 10000 aps.

Figura 2. Relatório final da análise semântica baseada na base de conhecimento FrameFOR.

3. Avalição Experimental

Nesta avaliação experimental, queremos verificar nossa hipótese de que a aplicação da base FrameFOR, na análise de evidências, aumenta o desempenho dos peritos forenses em termos de agilidade, precisão e recall. Para isso, definimos três cenários de avaliação:

- CENÁRIO 1 – Uso do software Physical Analyzer, da Cellebrite, que procura palavras-chave em textos extraídos de dispositivos móveis pela ferramenta UFED [Cellebrite]. Neste software, não há funcionalidades avançadas disponíveis como correção gramatical, extração de radical, agrupamento de palavras, entre outros. As únicas funções disponíveis são a possibilidade de diferenciar entre maiúsculas e minúsculas e a busca exata ou parcial da palavra-chave. O conjunto de palavras-chave utilizadas foi o léxico com 156 palavras-chave, usado por departamentos forenses no Brasil.

- CENÁRIO 2 – Uso de algoritmos de aprendizado de máquina para classificação supervisionada, treinados em um conjunto de exemplos cujas características são as palavras unigramas das mensagens, e a classe indica se a mensagem é ou não de interesse para a análise por um perito forense. Foram selecionados os seguintes algoritmos - Naïve Bayes, J48, Random Tree e Sequential Minimal Optimization (SMO).

- CENÁRIO 3 – Uso da base FrameFOR, descrita e proposta neste documento. Utilizamos apenas os nove frames semânticos forenses (ver Tabela 1), relacionados aos crimes mais analisados na Perícia Forense do Estado do Ceará.

Para desenvolver um padrão-ouro (*gold standard*) para comparação dos resultados obtidos nos três cenários de avaliação, foram selecionados doze (12) *smartphones* reais e as mensagens de texto extraídas deles foram analisadas e anotadas manualmente por um perito forense. O perito forense identificou as mensagens de interesse para investigação policial e os possíveis tipos de crimes cometidos. No total, o perito identificou 89 mensagens de interesse, de um total de 5491 linhas de mensagens (ou seja, apenas 1,6% das mensagens). A Tabela 2 apresenta, para cada smartphone, o número de mensagens existentes, o número de mensagens relevantes identificadas pelo perito, o crime inicialmente investigado e os possíveis crimes identificados pela leitura das mensagens.

A Tabela 3 apresenta, em termos de precisão (P), cobertura (R) e F1-score, os resultados do CENÁRIO 2 para cada algoritmo de classificação, com conjunto de dados de treinamento balanceado, e os resultados do CENÁRIO 1 e CENÁRIO 3. Comparando os três cenários, o resultado da cobertura (R) do CENÁRIO 3 (FrameFOR) foi de 87% (média) e foi maior do que dos outros cenários (56%). A cobertura do algoritmo baseado na FrameFOR (CENÁRIO 3) foi melhor na maioria dos smartphones, chegando a ser 100% em três smartphones. Em termos de precisão, o melhor resultado foi alcançado pelo CENÁRIO 2 com o algoritmo SMO – balanceado, com 91% de precisão. O CENÁRIO 3 alcançou 60% em termos de precisão. Em conclusão, avaliamos que o CENÁRIO 3, com o valor de rcobertura mais alto - 87%, foi o melhor cenário. Argumentamos que, para a análise forense, é de grande importância que uma ferramenta de análise de texto forense recupere o máximo possível de mensagens relevantes, aumentando a confiabilidade do perito forense de que poucas ou nenhuma mensagem relevante tenha sido deixada de fora. Além disso, mesmo com alto valor de recuperação, apenas 187 mensagens recuperadas foram consideradas como relevantes, ou seja, 3,40% do volume original de mensagens contidas em smartphones (5491 mensagens), reduzindo consideravelmente o trabalho de análise de mensagens pelos peritos. Comparando o CENÁRIO 3 com o CENÁRIO 1 (ferramentas tradicionais baseadas em palavras-chave), que atingiu apenas 26% em termos de F1-Score, podemos verificar nossa hipótese inicial - o uso de uma ferramenta que implementa a tarefa APS e uma base de frames semânticos forenses, aumenta a agilidade e cobertura do processo real de análise de dados móveis por especialistas em forense.

TABELA 2. DATASET EXTRAÍDO DE SMARTPHONES E ANOTADO PELO PERITO (GOLD STANDARD).

Celular	Linhas de msgs (atd)	Msgs relevantes (qtd)	Crime investigado	Crime identificado pelo perito	Celular	Linhas de msgs (atd)	Msgs relevantes (qtd)	Crime investigado	Crime identificado pelo perito
1	92	5	Tráfico	Tráfico	7	495	6	Porte de arma	Homicídio, tráfico
2	700	20	Tráfico	Tráfico, porte de arma, homicídio	8	84	0	Homicídio	Não identificado
3	42	4	Tráfico	Tráfico	9	1037	5	Tráfico	Tráfico, porte de arma, homicídio
4	1891	8	Homicídio	Homicídio	10	91	0	Tráfico	Não identificado
5	522	32	Homicídio	Homicídio, tráfico, porte de arma	11	53	0	Tráfico	Não identificado
6	97	0	Tráfico	Não identificado	12	387	9	Porte de arma	Porte de arma, tráfico
					Total	5491	89		

TABELA 3. RESULTADOS DA AVALIAÇÃO EXPERIMENTAL EM TERMOS DE PRECISAO (P), COBERTURA (R) E F1-SCORE (F1).

CENÁRIO	Mensagens identificadas (qtd)	Mensagens identificadas corretamente (qtd)	Métrica		
			P%	R%	F1%
Naïve Bayes Balanceado	77	50	65	56	60
J48 Balanceado	17	10	59	11	19
Random Tree Balanceado	83	48	58	54	56
SMO Balanceado	55	50	**91**	**56**	**69**
RESUMO DOS RESULTADOS					
CENÁRIO 1 (média)	304	34	27	56	27
CENÁRIO 2 (SMO balanceado)	55	50	**91**	56	**69**
CENÁRIO 3 (média)	187	72	60	**87**	63

4. Trabalhos Relacionados

De acordo com [Ferrara 2014], um aspecto importante da análise de dispositivos móveis é a possibilidade de encontrar grupos de indivíduos relacionados que cometem crimes. Com o uso de dados relacionados, Ferrara diz que é possível criar redes de contato que facilitam a identificação de organizações criminosas, grupos terroristas e gangues, entre outros. Em [Belbeze 2009], o autor discute como, a partir de um dispositivo celular, é possível montar essa rede de contatos e grupos estabelecidos. Para permitir exames mais rápidos, seria importante adotar metodologias confiáveis e ferramentas computacionais na análise de textos extraídos de dispositivos móveis, que é uma das tarefas mais demoradas no processo de elaboração do laudo dos peritos. Houve alguns trabalhos na área de identificação de pedofilia, nas comunicações na Internet [Pendar 2007] e na troca direta de arquivos entre usuários (P2P) [Belbeze 2009].

Em [Pendar 2007], os dados foram utilizados a partir de conversas coletadas de um site especializado em identificar e levar à justiça predadores sexuais de crianças e adolescentes. No banco de dados, houve várias conversas entre um adulto que fingia ser uma criança e predadores sexuais, que posteriormente foram condenados usando essa conversa como evidência. Para realizar a identificação, as palavras mais importantes foram extraídas e, em seguida, utilizou-se um classificador de Support Vector Machine (SVM).

Em [Belbeze 2009], os autores pretendiam identificar novas palavras-chave para a identificação da pedofilia em nomes de arquivos, já que é comum que novos termos sejam usados na identificação desses arquivos, para mascarar seus verdadeiros conteúdos. A solução adotada foi analisar a freqüência das palavras em arquivos que já tinham um termo conhecido e depois tentar identificar novos termos que estavam sendo usados para complementar o nome desse mesmo arquivo.

Há também alguns trabalhos na área de análise de conversação, mas não diretamente relacionados à área forense, como, por exemplo, em [Reynolds 2011], onde vários algoritmos de aprendizado de máquina foram usados para identificar o comportamento do cyberbullying em conversas na internet. Enquanto isso, [Hancock et al. 2009] desenvolveu um método para identificar o uso de *deception* na troca de mensagens instantâneas. No entanto, primeiro foi necessário anotar manualmente várias situações em que isso ocorreu. Este trabalho foi aplicado principalmente em mensagens que continham mentiras, não necessariamente palavras substitutivas, ou *deceptions*, que são mais importantes para a presente pesquisa. Em [Derrick et al. 2013], tem-se um método que não requeria um *corpus* anotado para detecção de *deception*. Em seu experimento, foi utilizado um robô de conversação para entrevistar voluntários que deveriam responder de forma verdadeira ou falsa de acordo com as instruções transmitidas na tela. No final, um algoritmo fez a classificação de verdadeiro ou falso com base no tempo de resposta, número de edições feitas nas respostas, quantidade de palavras usadas e diversidade lexical.

5. Conclusão

Neste artigo, apresentamos uma base de conhecimento de Frames Forenses - FrameFOR, que permite identificar expressões ou palavras, e contextualizá-las na investigação criminal. A proposta da base de conhecimento do FrameFOR é inovadora, uma vez que não existe uma base específica para o domínio de perícias de informática, que equilibra o trade-off entre precisão e cobertura na recuperação de mensagens relevantes. Em uma avaliação experimental, comparamos a análise semântica com base no conhecimento representado na FrameFOR com outros dois cenários - um que usou uma ferramenta tradicional baseada na pesquisa de palavras-chave e um segundo cenário que aplicou algoritmos de aprendizado de máquina para inferir se uma mensagem é relevante ou não. A base FrameFOR obteve os melhores resultados em termos de cobertura - 87%. Argumentamos que, para a análise pericial de informática, é de grande importância que uma ferramenta de análise de texto forense recupere o máximo possível de mensagens relevantes, aumentando a confiabilidade do perito forense de que poucas, ou nenhuma, mensagens relevantes tenham sido deixadas de fora.

Referências

CELLEBRITE. Cellebrite Predictions Survery 2015. Publicado em 2015. Availiable at: http://www.cellebrite.com/Media/Default/Files/Forensics/Cellebrite-Predictions-Survey-2015.pdf Acessado em: 20 out. 2016

CELLEBRITE UFED. http://www.cellebrite.com

MICROSYSTEMATION XRY. https://www.msab.com/

CHISHMAN, Rove et al. Corpus e Anotação Semântica: um Experimento para a Língua Portuguesa a partir da Semântica de Frames. In: Companion Proceedings of the XIV Brazilian Symposium on Multimedia and the Web. ACM, 2008. p. 321-325.

FILLMORE, Charles J. Frame semantics and the nature of language. Annals of the New York Academy of Sciences, v. 280, n. 1, p. 20-32, 1976.

BAKER, Collin F.; FILLMORE, Charles J.; LOWE, John B. The berkeley framenet project. In: Proceedings of the 36th Annual Meeting of the Association for Computational Linguistics and 17th International Conference on Computational Linguistics-Volume 1. Association for Computational Linguistics, 1998. p. 86-90.

WANG, Xiaofeng; GERBER, Matthew S.; BROWN, Donald E. Automatic crime prediction using events extracted from twitter posts. In: International Conference on Social Computing, Behavioral-Cultural Modeling, and Prediction. Springer Berlin Heidelberg, 2012. p. 231-238.

GIUGLEA, Ana-Maria; MOSCHITTI, Alessandro. Semantic role labeling via framenet, verbnet and propbank. In: Proceedings of the 21st International Conference on Computational Linguistics and the 44th annual meeting of the Association for Computational Linguistics. Association for Computational Linguistics, 2006. p. 929-936.

KIPPER, K.; DANG, H.T.; PALMER, M. Class-based construction of a verb lexicon. In: Proceedings of the Seventh National Conference on Artificial Intelligence (AAAI-2000), Austin, TX, 2000.

FERRARA, Emilio et al. Detecting criminal organizations in mobile phone networks. Expert Systems with Applications, v. 41, n. 13, p. 5733-5750, 2014.

PENDAR, Nick. Toward Spotting the Pedophile Telling victim from predator in text chats. In: ICSC. 2007. p. 235-241.

BELBEZE, Christian et al. Automatic Identification of Paedophile Keywords. Measurements and Analysis of P2P Activity Against Paedophile Content Project, 2009.

REYNOLDS, Kelly; KONTOSTATHIS, April; EDWARDS, Lynne. Using machine learning to detect cyberbullying. In: Machine Learning and Applications and Workshops (ICMLA), 2011 10th International Conference on. IEEE, 2011. p. 241-244.

HANCOCK, Jeff et al. Butler lies: awareness, deception and design. In: Proceedings of the SIGCHI Conference on Human Factors in Computing Systems. ACM, 2009. p. 517-526.

DERRICK, Douglas C. et al. Detecting deceptive chat-based communication using typing behavior and message cues. ACM Transactions on Management Information Systems (TMIS), v. 4, n. 2, p. 9, 2013.

Part II

V Jornada de Descrição do Português

Preface

Evento satélite do XI Brazilian Symposium in Information and Human Language Technology (STIL 2017), em Uberlândia.

A Jornada de Descrição do Português (JDP), mais uma vez, visa aproximar as comunidades de linguistas e de pesquisadores da área da Computação. A intenção é integrar, ainda mais efetivamente, essas duas áreas que, especialmente no âmbito brasileiro, precisam reforçar a atuação de forma interdisciplinar para promover avanços no processamento automático da língua portuguesa. A Linguística Descritiva, em especial, tem enorme potencial para aportar conhecimentos ao Processamento Automático de Língua Natural (PLN), de maneira a colocar a língua portuguesa numa posição de destaque no cenário mundial, fazendo frente à grande produção de recursos computacionais para outras línguas (como o inglês, francês ou espanhol), que vislumbraram essa interdisciplinaridade já na década de 1960.

Os trabalhos aqui apresentados vinculam-se aos grandes temas da descrição linguística do português, a saber: Estudos de Fonética e Fonologia, Estudos do Léxico (Lexicologia, Lexicografia e Terminologia), Estudos de Sintaxe, Estudos de Semântica, Estudos de Texto e Discurso, nas mais diversas correntes teóricas. Os trabalhos selecionados são apresentados em formato de comunicação oral ou de pôster, segundo a orientação do nosso Comitê Científico. Esperamos que os trabalhos aqui reunidos inspirem novas participações no nosso evento.

Nesta edição da JDP, temos os seguintes trabalhos, apresentados por colegas de diversas regiões do Brasil e de Portugal.

Organization Committee

Oto Araújo Vale (UFSCar, São Carlos, SP, Brasil)
Taísa Peres de Oliveira (UFMS, Três Lagoas, MS, Brasil)
Guilherme Fromm (UFU, Uberlândia, MG, Brasil)
Talita de Cássia Marine (UFU, Uberlândia, MG, Brasil)

Scientific Committee

Amanda Pontes Rassi (Lionbridge-Brasil)
Angélica Rodrigues (Universidade Estadual Paulista, Araraquara, SP, Brasil)
Ariani Di Felippo (Universidade Federal de São Carlos, São Carlos, SP, Brasil)
Claudia Dias de Barros (Instituto Federal de São Paulo, Sertãozinho, SP, Brasil)
Edson Rosa Francisco de Souza (Universidade Estadual Paulista, São José do Rio Preto, SP, Brasil)
Éric Laporte (Université Paris Est, Marne-La-Vallée, França)
Flavia Bezerra de Menezes Hirata-Vale (Universidade Federal de São Carlos, São Carlos, SP, Brasil)
Gladis Maria de Barcellos Almeida (Universidade Federal de São Carlos, São Carlos, SP, Brasil)
Guilherme Fromm (Universidade Federal de Uberlândia, Uberlândia, MG, Brasil)

Jorge Baptista (Universidade do Algarve, Faro, Portugal)
Juliano Desiderato Antonio (Universidade Estadual de Maringá, Maringá, PR, Brasil)
Leonel Figueiredo de Alencar (Universidade Federal do Ceará, Fortaleza, CE, Brasil)
Marcelo Módolo (Universidade de São Paulo, São Paulo, SP, Brasil)
Margarita Correia (Universidade de Lisboa, Lisboa, Portugal)
Maria José Bocorny Finatto (Universidade Federal do Rio Grande do Sul, Porto Alegre, RS, Brasil)
Marize Mattos Dall'Aglio-Hattnher (Universidade Estadual Paulista, São José do Rio Preto, SP, Brasil)
Oto Araújo Vale (Universidade Federal de São Carlos, São Carlos, SP, Brasil)
Pablo Arantes (Universidade Federal de São Carlos, São Carlos, SP, Brasil)
Renato Basso (Universidade Federal de São Carlos, São Carlos, SP, Brasil)
Taísa Peres de Oliveira (Universidade Federal de Mato Grosso do Ssul, Três Lagoas, MS, Brasil)
Talita de Cássia Marine (Universidade Federal de Uberlândia, Uberlândia, MG, Brasil)
Tiago Torrent (Universidade Federal de Juiz de Fora, Juiz de Fora, MG, Brasil)

Chapter 3

Papers

A Implementação de uma Minigramática do Português Brasileiro sob a Perspectiva da LFG

Daniel Soares[1], Francisco Nogueira[2], Leonel Figueiredo de Alencar[3]

[1]Departamento de Letras Vernáculas – Universidade Federal do Ceará (UFC)
Fortaleza, Brasil.

[2]Departamento de Letras Vernáculas – Universidade Federal do Ceará (UFC)
Fortaleza, Brasil.

[3]Departamento de Letras Estrangeiras – Universidade Federal do Ceará (UFC)
Fortaleza, Brasil.

`{danielfbrasil,herrnogueira}@gmail.com, leonel.de.alencar@ufc.br`

Abstract. *This paper describes the implementation of a grammar fragment of Brazilian Portuguese (BP) in the Lexical-Functional Grammar (LFG) formalism using the XLE system. This fragment analyses, among other phenomena, verbal and nominal agreement, adjective syntax, passive, verbal valence, complement clauses, prepositional phrases functioning as adjuncts, grade adverbs and control verbs. For the evaluation of this grammar, a parser was compiled in XLE and applied to a positive and a negative test set. The former contains 72 grammatical sentences, all of which were correctly analyzed. The latter contains 88 non-grammatical sentences, of which none were analyzed.*

Resumo. *Este artigo descreve a implementação de um fragmento de gramática do Português Brasileiro (PB) no formalismo da Gramática Léxico-Funcional (LFG), usando o sistema XLE. Essa minigramática do PB analisa, entre outros, os fenômenos de concordância verbal e nominal, a sintaxe de adjetivos, a passiva, a valência verbal, os complementos oracionais com 'que' e 'se', a função de adjunto exercida por sintagmas preposicionais, advérbios de gradação e verbos de controle. Para avaliação dessa gramática, foram testadas 72 sentenças gramaticais, das quais todas foram analisadas, e 88 sentenças agramaticais, das quais nenhuma foi analisada.*

1. Introdução

O presente trabalho descreve a construção de uma minigramática computacional para o português brasileiro (doravante PB). Esse fragmento de gramática do PB segue o formalismo da Gramática Léxico-Funcional (LFG, do inglês *Lexical Functional Grammar*) (KAPLAN e BRESNAN, 1982; BUTT, 1999; FALK, 2001; DALRYMPLE, 2005) e foi implementado no sistema XLE (*Xerox Linguistic Environment*), que constitui o estado da arte para a implementação e teste de gramáticas nesse formalismo (CROUCH *et al.*, 2011).[1]

---

1 O XLE é a base do Projeto de Gramáticas Paralelas (do inglês *Parallel Grammar Project)*, que

Para nossa implementação, nos baseamos no fragmento de gramática do francês desenvolvido no capítulo 6 de Schwarze e Alencar (2016), que segue o formalismo LFG/XLE, variante notacional da LFG implementada no ambiente XLE (ALENCAR, 2017). Esse fragmento implementa os seguintes fenômenos do francês, entre outros: (i) concordância verbal e nominal, (ii) pronomes clíticos com função de sujeito, (iii) sintaxe dos adjetivos, (iv) voz passiva, (v) passado composto, (vi) valência verbal, (vii) complementos oracionais com *que* e *si,* (viii) sintagmas preposicionais na função de adjuntos, (ix) advérbios de gradação e (x) verbos de controle.

Nosso artigo se estrutura em mais três seções, além desta introdução. Na seção 2, apresentamos os princípios da LFG. Na seção 3, descrevemos a construção de um fragmento da nossa minigramática do PB de acordo com o formalismo LFG/XLE. Na seção 4, apresentamos os resultados dessa implementação. Na seção 5, finalmente, expomos as considerações finais.

2. A Gramática Léxico-Funcional

A LFG surgiu como alternativa gerativa à Teoria Padrão Estendida de Chomsky (DAVIES, W. D. e DUBINSKY, S., 2004), refutando a existência de transformações sintáticas. Continuou sendo desenvolvida como alternativa não transformacional aos modelos chomskyanos posteriores, como o Minimalismo. Dalrymple (2005) afirma que a LFG é uma teoria da estrutura da língua e de como diferentes aspectos da estrutura linguística são relacionados.

A LFG se caracteriza, principalmente, por dois aspectos, distinguindo-se das vertentes gerativas transformacionais: (i) por estruturar ricamente o léxico, codificando as relações lexicais em vez de transformações ou operações nas árvores de estrutura sintagmática; e (ii) por assumir as funções gramaticais (sujeito, objeto, etc) como primitivos da teoria (cf. FALK, 2001).

Uma gramática léxico-funcional de uma língua particular se constrói minimamente a partir de duas especificações: regras sintagmáticas e entradas lexicais, ambas providas das chamadas *anotações funcionais* (FALK, 2001, p. 68; BUTT *et al.*, 1999, p. 23).

Na LFG, a representação das informações acerca da estrutura sintática de uma língua particular consiste, por um lado, da estrutura de constituintes (doravante estrutura-c, do inglês *c-structure*) e, por outro, da estrutura funcional (doravante estrutura-f, do inglês *f-structure*)[2].

A estrutura-c é gerada diretamente do módulo das regras sintagmáticas, tendo itens lexicais como nós terminais, e é nessa estrutura que são codificadas "as relações de precedência, dominância e constituição, as quais definem a boa-formação gramatical das sentenças" (ALENCAR, 2004, p. 3). A estrutura-f, por outro lado, é gerada a partir da estrutura-c por meio das anotações funcionais das regras sintagmáticas e dos itens lexicais, em que cada nó da árvore projeta uma estrutura funcional. Trata-se, segundo Alencar (2004, 2017), de um nível mais abstrato de análise, representando aspectos

desenvolve gramáticas para o inglês, francês, alemão, norueguês, japonês, urdo etc (SULGER *et al.*, 2013).

2 Kaplan e Bresnan (1982) afirmam que é impossível construir uma teoria da sintaxe apenas com um formalismo de regras sintagmáticas, uma vez que elas não dão conta da complexidade sintático-semântica das línguas naturais.

universais da linguagem e constituindo *input* para o processamento semântico.

A estrutura-f é representada por meio de uma matriz de atributos e valores (AVM, do inglês *atribute-value matrix*) (cf. FALK, 2001). As AVMs formalizam a noção de traço (*feature*)[3] e desempenham papel fundamental na descrição de línguas naturais, uma vez que um atributo de uma AVM pode ter como valor uma outra AVM, modelando, dessa forma, a recursividade das estruturas sintáticas das línguas naturais (ALENCAR, 2017, p. 356). Na seção seguinte, descrevemos a implementação da nossa minigramática LFG/XLE para o PB.

3. A implementação de uma gramática léxico-funcional no XLE

A construção de gramáticas computacionais tem duas vantagens na descrição de línguas naturais: (i) o uso da gramática em aplicações tecnológicas, como em tradutores automáticos, programas de extração de informações, de perguntas e respostas etc; e (ii) a possibilidade de testar automaticamente a coerência interna e a adequação empírica das análises em conjuntos de dados em grande escala (ALENCAR, 2017, p. 356).

Além disso, a implementação de uma gramática léxico-funcional no XLE se aplica também à medição da complexidade de abordagens distintas de fenômenos gramaticais (ALENCAR, 2017, p. 355), ao permitir testar automaticamente hipóteses distintas sobre o mesmo fenômeno gramatical.

Com base na implementação de Schwarze e Alencar (2016), adaptamos nossa minigramática do PB para analisar, entre outras, sentenças como: *a fada é amável, o corajoso cavaleiro chega, a fada é esperada por um cavaleiro, o cavaleiro crê ver a fada* e *a fada pergunta ao cavaleiro se a rainha quer que a dama saiba que o anão é mau.*

As sentenças supramencionadas exemplificam os seguintes fenômenos implementados: (i) concordância de gênero e número entre determinantes, adjetivos e nomes; (ii) concordância entre sujeito e verbo; (iii) relação dos verbos com seus argumentos; (iv) sintaxe de adjetivos; (v) verbos de controle; (vi) sintaxe da passiva; e (vii) complementos oracionais com *que* e *se*.

Nossa minigramática consiste de 213 entradas lexicais, 8 regras, 29 estados, 44 arcos e 49 disjuntos. Essas informações indicam a complexidade espacial da gramática. O número de regras, estados, arcos e disjuntos são fornecidos após a leitura da gramática pelo sistema XLE.

Na figura 1, exemplificamos a estrutura-c:

---

3 Na LFG, um traço consiste de um atributo e seu valor (cf. ALENCAR, 2017, p. 358). Por exemplo, o item *fadas* possui as propriedades 'feminino' e 'plural'. Nesse caso, o atributo 'gênero' tem o valor 'feminino', enquanto o atributo 'número', o valor 'plural'.

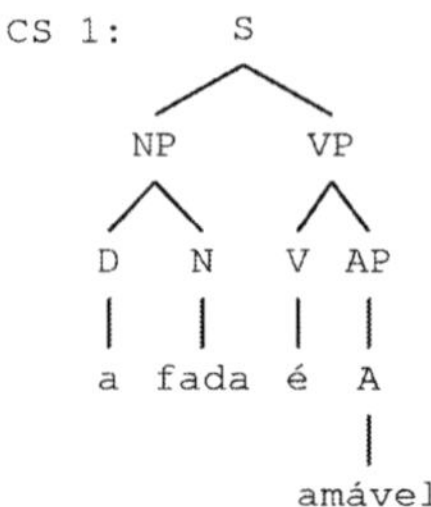

Figura 1. Exemplo de estrutura-c

Essa estrutura-c é gerada a partir de uma gramática de estrutura sintagmática (PSG, do inglês *phrase structure grammar*) com anotações funcionais. Em (1)[4], segue um fragmento das regras sintagmáticas que geram a estrutura-c da figura 1.

(1)   S --> NP: (^ SUBJ)=! ; VP.
        NP --> D N.
        VP --> V AP: (^ XCOMP)=!.
        AP --> A.

Essas regras codificam os constituintes das sentenças e as funções sintáticas exercidas pelos argumentos do verbo. O fenômeno de concordância, por outro lado, não é codificado nas regras sintagmáticas, mas no léxico. Os exemplos (2)-(5) exibem as entradas lexicais da sentença *a fada é amável*:

(2)   a   D * (^ GEN)=FEM
                  (^ NUM)=SG
                  (^ SPEC)=DEF.

(3)   fada   N * (^ PRED)='FADA'
                  (^ GEN)=FEM
                  (^ NUM)=SG.

(4)   é   V * (^ PRED)='SER<(^ SUBJ)(^ XCOMP)>'
                  (^ SUBJ)=(^ XCOMP SUBJ)
                  (^ SUBJ PERS)=3
                  (^ SUBJ NUM)=SG.

(5)   amável A * (^ PRED)='AMÁVEL<(^ SUBJ)>'
                  (^ SUBJ NUM)=SG.

Codificadas as regras sintagmáticas e o léxico de nossa minigramática,

---

4   As abreviações usadas nesse exemplo são as seguintes: AP = sintagma adjetival, NP = sintagma nominal, VP = sintagma verbal, D = determinante, S = sentença, N = nome, V = verbo, GEN = gênero, NUM = número, PERS = pessoa, PRED = predicado, 3 = terceira pessoa, DEF = definido, FEM = feminino, MAS = masculino, SG = singular, SUBJ = sujeito e XCOMP = predicativo.

apresentamos, na figura 2, um exemplo de estrutura-f, gerada automaticamente pelo XLE:

```
"a fada é amável"
    ┌PRED      'SER<[1:FADA], [7:AMÁVEL]>'                    ┐
    │          ┌PRED 'FADA'                                 ┐
    │SUBJ     1│GEN FEM, NUM SG, PERS 3, SPEC DEF           │
    │          └                                            ┘
    │          ┌PRED     'AMÁVEL<[1:FADA]>'  ┐
    │XCOMP    7│SUBJ     [1:FADA]            │
    5└          └                            ┘              ┘
```

Figura 2. Exemplo de estrutura-f

Nessa estrutura-f, a sentença consiste de um SUBJ, um PRED e um XCOMP. O SUBJ tem o significado lexical 'FADA', é definido e suas propriedades de concordância são FEM, SG e PERS 3. O verbo tem o significado lexical 'SER', sua valência exige um SUBJ e um XCOMP, realizados, respectivamente, pelas AVMs 1 e 7, cujos predicados são 'FADA' e 'AMÁVEL'. O XCOMP tem o significado lexical 'AMÁVEL' e sua valência exige um SUBJ, realizado por 'FADA'.

Para avaliar nossa minigramática, criamos um conjunto-teste positivo e um conjunto-teste negativo (cf. BUTT, 1999, p. 212). O conjunto-teste positivo consiste de um corpus com sentenças gramaticais, ou seja, sentenças que a gramática deve analisar e gerar. Conforme Alencar (2017, p. 361), "o conjunto-teste positivo define o recorte gramatical implementado". Esses conjuntos-teste foram construídos a partir de uma adaptação dos conjuntos-teste de Schwarze e Alencar (2016).

Em relação à construção do conjunto-teste positivo, as sentenças foram adaptadas de acordo com os fenômenos gramaticais em análise. Por exemplo, a sentença em (6), tradução nossa do francês *cette dame est dans la chambre,* não representa a estrutura do sintagma preposicional em análise na língua francesa. A sentença adaptada em (7), por sua vez, representa com exatidão a estrutura do sintagma preposicional *dans la chambre.*

(6) esta senhora está no quarto
(7) esta senhora está sob a ponte

O conjunto-teste negativo consiste de um corpus com sentenças agramaticais, que não devem ser analisadas e geradas pela gramática, evitando dessa forma hipergeração. Esse conjunto-teste também é uma adaptação da minigramática do francês. Vale ressaltar que em cada sentença do conjunto-teste negativo é infringida apenas uma regra por vez. Dessa forma, verifica-se com exatidão o tipo de má formação da sentença[5].

Para essa implementação, o conjunto-teste positivo consiste de 72 sentenças gramaticais, enquanto o conjunto-teste negativo de 88 sentenças agramaticais. Em

---

5 No formalismo LFG, há três condições de boa formação da sentença: (i) completude, (ii) coerência e (iii) unicidade (cf. KROEGER, 2004, p. 20). A primeira condição pressupõe que a estrutura-f de uma sentença contenha todas as relações gramaticais exigidas pelo PRED(icado). A segunda pressupõe que a estrutura-f de uma sentença não contenha nenhuma relação argumental não exigida pelo PRED. A terceira, finalmente, pressupõe que "nenhuma relação argumental deve ser atribuída mais de que uma vez em uma única estrutura-f" (KROEGER, 2004, p. 20).

seguida, apresentamos nossos resultados em relação aos testes realizados.

4. Resultados

A avaliação da gramática, realizada por meio do conjunto-teste positivo e do conjunto-teste negativo, foi satisfatória.

Nossa minigramática analisa corretamente todas as 72 sentenças gramaticais do conjunto-teste e não analisa nenhuma das 88 sentenças agramaticais do conjunto-teste negativo. Em (8)-(15), apresentamos um recorte do teste positivo:

(8) A fada é amável. (1 0.007 15)
(9) O corajoso cavaleiro chega. (1 0.004 15)
(10) A fada é esperada por um cavaleiro. (1 0.007 42)
(11) O cavaleiro crê ver a fada. (1 0.004 22)
(12) A fada pergunta ao cavaleiro se a rainha quer que a dama saiba que o anão é mau. (1 0.009 61)
(13) A fada vê o cavaleiro passar. (1 0.005 21)
(14) A fada pede ao cavaleiro para combater o gigante. (1 0.007 34)
(15) A rainha exige que a fada espere o cavaleiro. (1 0.006 31)

As informações que se seguem a cada sentença entre parênteses são geradas pelo XLE após análise do arquivo de teste. A primeira informação indica o número de análises da sentença. Espera-se que, quando há ambiguidade, a sentença tenha mais de uma análise. Nos casos supra, não identificamos ambiguidades e, por isso, o resultado é satisfatório. A segunda informação indica o tempo de processamento para análise da sentença. E, finalmente, a terceira informação especifica o número de *subtrees*[6].

Em (16)-(23), apresentamos um recorte do conjunto-teste negativo:

(16) A fada é sob a ponte. (0 0.006 24)
(17) O cavaleiro brancos chega. (0 0.004 7)
(18) A fada é esperado por um cavaleiro. (0 0.007 42)
(19) O cavaleiro crê vê a fada. (0 0.003 0)
(20) O gigante pergunta para a rainha se a fada espere. (0 0.006 31)
(21) A fada quer espera o cavaleiro. (0 0.004 0)
(22) A fada vê passa o cavaleiro. (0 0.003 0)
(23) A fada pede ao cavaleiro a combater o gigante. (0 0.005 34)

Como observado acima, nenhuma sentença é analisada pela gramática. Uma vez que essas sentenças são agramaticais em PB e nossa minigramática não as analisa, o resultado do teste negativo também é satisfatório.

Esses testes foram realizados em uma máquina com sistema operacional Linux Ubuntu 16.04, 64 bit, processador Intel® Celeron (R) CPU N2830 @ 2.16GHz × 2, com memória de quatro *gigabytes* (4GB).

---

6 O número de *subtrees* dá ao implementador uma indicação da complexidade do sistema de regras. Por exemplo, quando sentenças muito simples aparecem com um número alto de *subtrees,* isso é uma indicação de que há algo de errado com a escrita das regras (BUTT, 1999, p. 167).

5. Considerações finais

Apresentamos uma minigramática do PB no formalismo LFG/XLE, implementada a partir da adaptação para o PB da gramática do francês do capítulo 6 de Schwarze e Alencar (2016). Apesar de constituir um fragmento, nossa minigramática analisa sentenças relativamente complexas, como, por exemplo, sentenças passivas, com verbos de controle e/ou estruturas de complementação oracional. Os resultados da avaliação da gramática em um conjunto-teste positivo de 72 sentenças gramaticais e um conjunto-teste de 88 sentenças agramaticais foram satisfatórios.

Disponibilizamos nossa gramática *on-line* de forma livre, como uma alternativa à BrGram, de Alencar (2013), e à gramática de Santos (2014), as duas propostas alternativas recentes de gramáticas do PB no formalismo LFG/XLE[7]. Uma gramática mais antiga do PB nesse formalismo, e não disponível livremente, é o fragmento de Alencar (2004), que foca as estruturas oracionais de complementação verbal. Como a nossa proposta se relaciona com as duas alternativas mais recentes? Nossa gramática constitui, ao lado da de Santos (2014), a primeira gramática do PB no formalismo LFG/XLE com código aberto e livremente disponível para *download*. A vantagem de nossa gramática em relação à de Santos (2014) é que, apesar de menos abrangente, é mais adequada para utilização em cursos introdutórios sobre a LFG e o sistema XLE, por ser mais simples e seguir de perto o manual introdutório de Schwarze e Alencar (2016). A BrGram (ALENCAR, 2013) é também mais abrangente que o nosso fragmento, mas não está disponível *on-line* e apresenta um nível de complexidade sintática que a torna inadequada para iniciantes.

O nosso próximo passo é a adaptação da gramática final do francês de Schwarze e Alencar (2016), que é a gramática do capítulo 8, a qual integra um componente morfológico de estados finitos para análise de um conjunto de verbos da gramática, componente esse desenvolvido no capítulo 7 desse livro. Em seguida, adaptaremos a gramática do francês de Alencar (2017), a qual representa um avanço em relação à gramática final de Schwarze e Alencar (2016). Finalmente, expandiremos a cobertura de nossa gramática para cobrir fenômenos do PB sem correspondência nos fragmentos do francês de Schwarze e Alencar (2016) e Alencar (2017). Com isso, acreditamos contribuir, por um lado, para a difusão dos estudos e pesquisas sobre o desenvolvimento de gramáticas computacionais da língua portuguesa e, por outro, para tornar mais acessível o formalismo LFG/XLE para estudantes e pesquisadores do português.

Referências

Alencar, L. F. de. (2004), "Complementos verbais oracionais - uma análise léxico-funcional. In: Revista Lingua(gem), Santa Maria, v.1, n.1, p. 173-218.

Alencar, L. F. de. (2013), "BrGram: uma gramática computacional de um fragmento do português brasileiro no formalismo da LFG. In: Brazilian Symposium In Information And Human Language Technology – Stil, 9., 2013. Fortaleza. Proceedings. Fortaleza: Sociedade Brasileira de Computação. p. 183-188.

---

7 Essa minigramática léxico-funcional do PB implementada no sistema XLE está disponível em https://github.com/DanielFBrasil/lfg-portuguese-grammar.

Alencar, L. F. de. (2017), "Uma implementação computacional de construções verbais perifrásticas em francês", In: Alfa, São Paulo, v.61, n.2, p.351-380.

Butt, M., King, T. H., Niño, M., Segond, F. (1999), A grammar writer's cookbook, Stanford: CSLI publications.

Crouch, D. et al. (2011), XLE documentation, Palo Alto: Palo Alto Research Center. http://www2.parc.com/isl/groups/nltt/xle/doc/xle_toc.html, Setembro.

Dalrymple, M. (2005), "Lexical-functional grammar", In: Encyclopedia of Language & Linguistics, Elsevier, 2nd edition.

Davies, W. D., Dubinsky, S. (2004), "Extended standard theory: Chomsky's 'conditions on transformations", In: The grammar of raising and control – a course in syntactic argumentation, Blackwell publishing.

Falk, Y. (2001), Lexical-functional grammar: an introduction to parallel constraint-based syntax, Stanford: CSLI Publications.

Kaplan, R. M., Bresnan, J. (1982), The mental representation of grammatical relations, Edited by Joan Bresnan, Cambridge.

Kroeger, P. R. (2004), Analyzing syntax: a lexical-functional approach, Cambridge: University Press.

Santos, A. F. dos. (2014), Uma gramática LFG-XLE para a análise sintática profunda do português. 178 f. Tese (Doutorado) – Centro de Humanidades, Departamento de Letras Vernáculas, Programa de Pós-Graduação em Linguística, Universidade Federal do Ceará, Fortaleza.

Schwarze, C. und Alencar, L. F. de. (2016), Lexikalisch-funktionale Grammatik – eine Einführung am Beispiel des Französischen mit computer-linguistischer Implementierung. Stauffenburg Verlag.

Sulger, S. et al. (2013), ParGramBank: the ParGram parallel treebank. In: Association for Computational Linguistics, 51., 2013. Proceedings… Sofia: Association for Computational Linguistics. p. 550-560.

Constituição de Um Dicionário Eletrônico Trilíngue Fundado em Frames a partir da Extração Automática de Candidatos a Termos do Domínio do Turismo

Simone Rodrigues Peron-Corrêa[1], Tiago Timponi Torrent[1]

[1]FrameNet Brasil – Programa de Pós-Graduação em Linguística – Universidade Federal de Juiz de Fora (UFJF)
Rua José Lourenço Kelmer, s/n°, Campus Universitário
36036-900 – Juiz de Fora – Minas Gerais – Brasil

`speronjf@yahoo.com.br, tiago.torrent@ufjf.edu.br`

Abstract. *This paper presents the methodology used for the creation of a frame-based trilingual terminological dictionary for the Tourism domain. This dictionary is one of the functions of a virtual assistant app designed for tourists. The work involved the compilation of a trilingual comparable corpus for Brazilian Portuguese, Spanish and English, composed of 1 million words per language. The extraction of candidate terms is carried using the TERMOSTAT tool and the electronic dictionary relies on FrameNet Brasil infrastructure and methodology.*

Resumo. *Este trabalho apresenta a metodologia utilizada para a constituição de um dicionário terminológico trilíngue fundado em frames para o domínio do Turismo. Tal dicionário constitui uma das funções de um aplicativo desenvolvido para funcionar como um assistente virtual para turistas. O desenvolvimento do dicionário envolveu a constituição de um corpus especializado trilíngue comparável para o português brasileiro, o espanhol e o inglês, composto por 1 milhão de palavras por língua. A extração dos candidatos a termos é realizada através da ferramenta TERMOSTAT e a modelagem do dicionário eletrônico, através da FrameNet Brasil.*

1. Introdução

O trabalho aqui apresentado tem como escopo principal realizar a prospecção de termos para o domínio do Turismo, de modo a aperfeiçoar recurso lexical eletrônico já existente, denominado m.knob (*Multilingual Knowledge Base*), produzido para atender às demandas das Olimpíadas de 2016, sediadas no Rio de Janeiro. Tal recurso é uma aplicação computacional da Semântica de Frames [Fillmore 1982; 1985] cuja função primária é disponibilizar para o turista um guia turístico multilíngue (português, inglês e espanhol), combinado a um tradutor de sentenças e um dicionário de domínio específico, a Diciopédia.

Quando do lançamento da versão alfa para os Jogos Olímpicos, a Diciopédia do m.knob contava com 2.316 termos, sendo 1.153 em português, 777 em inglês e 386 em espanhol. Tais números apontam para a necessidade de melhoria desse recurso, de modo a equilibrar o quantitativo de termos. É visando a atender a esta necessidade e também a relatar o uso e as limitações de uma metodologia automática para a extração de termos, aquela possibilitada pelo *software* TERMOSTAT [Drouin 2003], que este trabalho se desenvolve.

2. Terminologia Baseada em Frames

O enfoque teórico-prático denominado Terminologia baseada em Frames, doravante TbF [Faber et al. 2005; 2006] apresenta como um dos principais objetos de estudo as unidades lexicais e terminológicas, que são determinadas de acordo com o contexto e estão intrinsicamente relacionadas a um domínio especializado. Tais unidades são consideradas como configurações de eventos complexos e estão interligadas através dos conceitos do domínio [L'Homme 2010]. Neste sentido, ao tratarmos de um domínio específico, considera-se primordial identificar as entidades e as ações básicas desse campo de especialidade, que se interconectam através de diversos tipos de relações conceituais. Partindo dessa premissa, podemos considerar o conhecimento especializado como uma subdivisão do conhecimento geral.

Segundo Faber e colaboradores (2005), as áreas especializadas devem ser organizadas em frames, ou seja, "qualquer sistema de conceitos relacionados de tal forma que, para entender um deles, é necessário compreender toda a estrutura na qual ele se encaixa" [Fillmore 1982:111], de modo que estes sirvam tanto de bases para a localização de conceitos hierárquicos dentro de um domínio especializado, quanto de um modelo de definição. Outro aspecto importante ressaltado por Faber e colaboradores (2005), no que diz respeito à noção de frame, é que através dele os conceitos definidos podem ser situados dentro de um contexto em que as categorias são relacionadas entre si. Dessa forma, ao vincularmos tais embasamentos teóricos na constituição de produtos lexicográficos e terminológicos, teremos, segundo Faber et al (2005:8),

> ...uma organização de áreas especializadas baseada em frames em que um frame dinâmico orientado para o processo fornece as bases conceituais para a localização das sub-hierarquias de conceitos dentro de um evento de domínio especializado, e a elaboração de um modelo de definição, abrindo assim a porta para uma representação mais adequada dos campos especializados, bem como fornecendo uma maneira melhor de ligar os termos aos conceitos[1].

Com base nesses princípios teóricos da Terminologia baseada em frames [Faber et al. 2005; 2006] e na Semântica de Frames [Fillmore 1982; 1985], alguns aspectos tornam-se relevantes na construção de um modelo de evento para um domínio de conhecimento especializado, como, por exemplo, auxiliar o usuário a processar o conteúdo conceitual com mais facilidade, já que fundamentadas na gestão da terminologia, as informações essenciais serão configuradas através de redes, que, por sua vez, são divididas em domínios e, estes, em frames, que poderão passar por vários níveis de especificidade usando herança hierárquica. Tais aspectos demonstram como os eventos podem ser considerados dinâmicos e modeláveis, uma vez que são considerados flexíveis, além de configurarem entidades do mundo real, que podem desempenhar diferentes papéis.

Segundo Krieger e Finatto (2004:17), os termos transmitem conteúdos específicos de cada área, com a finalidade de representar e transmitir o conhecimento especializado.

---

[1] (...) a frame-based organization of specialized fields in which a dynamic process-oriented frame provides the conceptual underpinnings for the location of sub-hierarchies of concepts within a specialized domain event, and the elaboration of a definition template, thus opening the door to a more adequate representation of specialized fields as well as supplying a better way of linking terms to concepts.

Sob o enfoque da Terminologia Sociocognitiva [Temmerman 1997; 2000], há um aspecto relevante, que é assim considerado também pela TbF: tomar os termos como unidades de compreensão e representação, configurando-os como modelos cognitivos e culturais, que designam categorias de uma estrutura prototípica delimitável.

Além das bases teóricas já mencionadas, a Terminologia também se ancora nos dados empíricos fornecidos pela Linguística de Corpus, uma vez que os *corpora* são considerados como fonte de seleção dos termos. De acordo com Cabré (1999:298), o *corpus* deve cumprir uma série de condições para garantir a confiabilidade dos resultados, tais como: ser pertinente, isto é, representativo do campo pesquisado; ser completo, incluindo, assim, todos os aspectos que devem estar relacionados com o tema investigado; ser atual, para que a lista de termos extraída reflita a realidade linguística do âmbito em questão, e, por último, ser original, ou seja, estar expresso na língua com que se pretende trabalhar.

Desde a década de 80, temos obtido avanços tecnológicos relacionados tanto aos trabalhos terminológicos quanto lexicográficos realizados com base em *corpora* automatizados. Podemos enumerar diversas vantagens dessa abordagem, tais como, manusear maior quantidade de textos e dados, conferindo maior flexibilidade e uma projeção múltlpla destinada a diferentes usuários, além de proporcionar o armazenamento em grandes bancos de dados.

Para a extração automática de candidatos a termos para o domínio do Turismo relatada neste trabalho, utilizou-se a ferramenta TERMOSTAT [Drouin 2003], a qual é um *software* destinado à extração de termos simples e complexos. A ferramenta compara um corpus de especialista submetido pelo usuário a um corpus de domínio genérico de referência e extrai aqueles termos e colocações cujas frequência e colocações no *corpus* de especialista destoam daquelas encontradas no *corpus* genérico. A principal finalidade do TERMOSTAT é diminuir a quantidade de "ruídos", ou seja, de termos que não são correspondentes à área especializada em análise.

3. Aplicativo *Multilingual Knowledge Base (mknob)*

A extração de candidatos a termos do Turismo está sendo realizada com a finalidade de aperfeiçoar a modelagem já existente e auxiliar na prospecção de novos termos a serem acrescentados no aplicativo mknob[2], que se caracteriza por ser uma aplicação para usuários não especialistas nos domínios do Turismo e dos Esportes, que foi produzido para atender às demandas das Olimpíadas de 2016, sediada no Rio de Janeiro. É importante ressaltar que, mesmo depois do evento, o aplicativo pode ser usado como um guia turístico multilíngue. Tal recurso é uma aplicação computacional legível tanto por máquina quanto por homens, cuja função primária é disponibilizar para o turista um guia turístico multilíngue (português, inglês e espanhol), que recomenda locais e sugere atividades com base na interpretação semântica de *inputs* do usuário, além de traduzir sentenças (En, Es, Pt) nos domínios do Turismo e dos Jogos Olímpicos. O tradutor automático está em desenvolvimento, e o seu diferencial está em propor traduções com base na Semântica de Frames [Fillmore 1982; 1985], que elege os padrões de valência das Unidades Lexicais no ranqueamento das escolhas, além da implementação de novas

---

[2] http://www.ufjf.br/framenetbr/m-knob

relações ancoradas nas estruturas *qualia* [Pustejovsky 1995], em interface com
Ontologias, Web Semântica e Dados Ligados.

De maneira mais elucidativa, explicamos a seguir as 3 funções principais do
aplicativo:

a) Sistema de Recomendação baseado em busca semântica (Guia Local): esta
função sugere atividades turísticas e de entretenimento, com base nos *inputs* que o
usuário insere, em língua natural, na interface conversacional do aplicativo. Desse
modo, a partir da definição dos interesses do turista, ele receberá informações
pertinentes a eventos e atrações turísticas correspondentes ao que foi assinalado. A
partir das recomendações, o usuário poderá acessar mais detalhes sobre os locais
sugeridos, como mapas, horários, site oficial, descrição, assim como avaliar o nível da
recomendação. Essas informações são extraídas automaticamente de bases de dados
abertos disponíveis online, como Google Places e WikiData; já o processamento
semântico, o armazenamento e o tratamento dessas informações são realizados pela
FrameNet Brasil.

b) Tradutor híbrido (Intérprete Pessoal): esta função ainda está em desenvolvimento.
A proposta inicial parte da premissa de que tanto a FrameNet quanto o Constructicon
podem contribuir significativamente para a Tradução Automática, pois, em suas bases
de dados, encontra-se um modelo do conhecimento acerca dos *frames* e da gramática de
uma língua. Portanto, nossa proposta é a de que tais bases de conhecimento (frames e
construções) possam alimentar os sistemas de tradução automática, aperfeiçoando a
construção de equivalentes de tradução, a partir da anotação de valências sintático-
semânticas, da organização ontológica do léxico e da incorporação das Estruturas
Qualia [Pustejovsky 1995].

c) Diciopédia: esta função é considerada um repositório multilíngue, uma vez que o
usuário pode acessar os dados em português, inglês ou espanhol. Nele encontrará
conceitos e palavras relacionados aos domínios específicos do Turismo e dos Esportes,
abarcados pelo m.knob. Cada entrada da diciopédia está vinculada a uma unidade
lexical que evoca um frame um frame. Nela encontramos a definição e os possíveis
equivalentes de tradução nas línguas mencionadas. Também encontraremos outras
palavras relacionadas ao frame em análise ou interligados a um outro frame próximo.
Será possível, durante a interação, sugerir novas palavras, conceitos, traduções, assim
como propor correções às traduções inadequadas. As traduções que são apresentadas na
Diciopédia são geradas automaticamente, seguindo duas metodologias distintas:

    i. para nomes de entidades, ou seja, que se referem às pessoas, objetos e lugares,
os dados são extraídos automaticamente de uma base de dados ligados,
denominada BabelNet e à posteriori são validados pelos linguistas do projeto
FrameNet Brasil. A BabelNet é um recurso computacional que liga informações
extraídas de bases de dados como a Wikipédia a bases lexicais como a WordNet.
Conforme descreve Navigli (2012:2), a BabelNet tem como resultado "um
'dicionário enciclopédico' que fornece babel synsets, ou seja, conceitos e
entidades nomeadas lexicalizados em muitas línguas e conectados através de
uma grande quantidade de relações semânticas." Esse recurso visa a fornecer
uma cobertura lexicográfica e enciclopédica completa, incluindo 14 milhões de
entradas em 271 línguas.

    ii. para os verbos e os nomes que indicam evento, os dados são calculados tomando
como base as anotações lexicográficas do projeto FrameNet Brasil, que

consideram as valências sintáticas e semânticas, de acordo com o uso destas em
textos reais [Peron-Corrêa et al. 2016].

O trabalho de prospecção de termos relatado neste artigo tem por primeira
aplicação enriquecer a Diciopédia.

4. Metodologia

O *corpus* de especialista utilizado foi constituído pela FrameNet Brasil e para o
Português contém 536.918 palavras retiradas de guias turísticos e 551.932 palavras de
blogs de viagem; para o Espanhol 605.782 palavras de guias e 500.183 palavras de
blogs e para o Inglês são 589.203 palavras de guias e 502.510 palavras de blogs.

Após a análise automática do corpus de especialista pelo TERMOSTAT, cabe
aos lexicógrafos da FrameNet Brasil validar os candidatos a termos. Tal validação
consiste em um processo de três estágios:

1. Busca-se o candidato a termo na base corrente do mknob:
    a. Caso ele já tenha sido incluído, ele é considerado válido.
    b. Caso contrário, passa-se ao estágio 2.
2. Buscam-se no corpus sentenças que contenham o candidato a termo e realiza-se
   uma pré-anotação semântica das sentenças:
    a. Caso as anotações se enquadrem em um frame já incluído na base corrente
       do mknob, o termo é considerado válido.
    b. Caso contrário, passa-se ao estágio 3.
3. Discutem-se com a equipe de lexicógrafos as anotações não-conformes:
    a. Caso elas constituam um frame relevante, o termo é considerado válido.
    b. Caso contrário, ele é descartado.

5. Resultados Preliminares da Análise do TERMOSTAT

A comparação realizada pelo TERMOSTAT gera quatro arquivos de saída: (i)
Frequency: que mostra a lista de candidatos a termos em ordem decrescente de
probabilidade; (ii) *Percentage*: que mostra os candidatos a termos agrupados
percentualmente de acordo com a suas propriedades morfossintáticas; (iii) *Collocations*:
que mostra os candidatos a termos verbais seguidos dos seus argumentos prototípicos
no corpus; (iv) *Bigrams*: que mostra os *bigrams* mais frequentes. Para este trabalho,
realizamos uma análise apenas do arquivo de frequência tanto para o Português quanto
para o Espanhol. No Português obtivemos 15217 termos selecionados, nos quais
encontramos substantivos, adjetivos, verbos, advérbios e expressões. No Espanhol,
foram 16697 termos, também distribuídos nas diversas classes mencionadas acima.

Esse primeiro resultado da tabela de frequência mostra em ordem decrescente os
termos, com suas respectivas frequências, ao lado de sua especificação, ou seja, o
resultado que contrasta essa frequência e as propriedades colocacionais encontradas
com os mesmos parâmetros nos *corpora* de referência. Quanto maior a especificação,
maior a chance de a palavra encontrada ser um termo do domínio em análise.

Tabela 1: Candidatos a termos do Domínio do Turismo extraídos pelo TERMOSTAT

Candidato	Frequência	Especificação	Frame do termo no mknob	Frame candidato no mknob
praia	5207	165.02	Locais_naturais	
rio	3728	123.33	Locais_naturais	

hotel	2924	117.59	Acomodação	
passeio	2384	113.3	Deslocar-se	
pousada	1834	105.41	Hospedagem	
cidade	4499	103.49	Locais_políticos	
ônibus	1497	97.71	Meios_de_transporte	
restaurante	1694	93.62	Alimentação	
dica	1159	85.63		nulo
viagem	1962	84.57	Viagem	
prato	1169	78.54	Alimentos_e_bebidas	
ótimo	921	76.62	Ser_desejável	
bar	1271	74.77	Alimentação	
parque	1690	71.85		Locais_naturais
café	1186	71.7	Alimentação	
ficar	3949	71.15	Hospedar-se	
pegar	1000	68.76		Usar_veículo
trilha	700	66.6		Vias
opção	1340	65.94	Possibilidades	
endereço	721	64.92		nulo
atração	649	64.3	Turismo_de_atração	
restaurante	789	62.36	Alimentação	
aeroporto	1035	61.77	Transporte	
lindo	691	61.71		Estética
mapa	836	61.68		Texto
café da manhã	585	60.97	Serviço_turístico	
oferecer	1281	60.51	Atrair_turista	
localizar	822	60.37	Ser_localizado	
mar	1350	59.54		Locais_naturais
bom	2548	59.23		Ser_desejável
gratuito	706	58.35		Custo
quarto	1052	57.3		Subpartes_de_prédios_e_locais
lagoa	650	57.17		Locais_naturais
cachoeira	507	56.82	Locais_naturais	
centro	2198	56.69		Locais_por_uso
morro	530	56.4	Locais_naturais	
táxi	588	54.1	Meio_de_transporte	
praça	1046	54.02	Locais_por_uso	

A título de ilustração, fizemos um recorte dos primeiros quarenta termos
extraídos do TERMOSTAT para a Língua Portuguesa, conforme constam na Tabela 1.

Na primeira coluna, temos os candidatos a termos; na segunda, temos a numeração que
indica a frequência deles; na quarta temos os números que indicam a especificidade.[3]
Acrescentamos duas colunas que apresentam os resultados encontrados na validação dos
candidatos a termos. Para os termos que já se encontram no aplicativo mknob,
indicamos o nome do frame evocado; caso o termo não esteja no aplicativo, realizamos
o processo descrito nos passos 2 e 3 da metodologia.[4]

Conforme se observa na Tabela 1, dos 40 termos extraídos pelo TERMOSTAT,
apenas dois (5%) não devem ser incluídos na base do mknob, sendo que 11 novos
termos (27.5%) foram descobertos e adicionados à base. Os resultados obtidos têm nos
auxiliado no aperfeiçoamento da modelagem computacional já realizada, na
implementação de novos dados que se fizerem necessários, na proposição de um padrão
para construção de dicionários eletrônicos fundados em frames, assim como na projeção
de novos projetos lexicográficos que atendam outros domínios especializados.

6. Considerações Finais

Neste artigo, apresentamos as principais bases teóricas que foram fundamentais para o
desenvolvimento do aplicativo mknob, que visa atender a usuários não especialistas, nos
domínios do Turismo e do Esporte. Realizamos um recorte curto dos dados fornecidos
pela ferramenta TERMOSTAT para a língua portuguesa, com o objetivo de apresentar
seu potencial para a extração de termos em língua portuguesa. O mesmo procedimento
realizado para a língua portuguesa está sendo realizado para as línguas espanhola e
inglesa. Com a análise desses termos, nossa proposta é equiparar os dados nas três
línguas do aplicativo de modo a torná-lo ainda mais eficiente para que foi desenhado,
mostrando assim uma maior cobertura de pesquisa e dados sobre os domínios
especializados tanto do Turismo quanto do Esporte. Além disso, a prospecção de termos
para um determinado domínio colabora no sentido de compreendermos e identificarmos
a diferença do uso de tais palavras em domínio mais genérico ou específico, uma vez
que o processo e a constituição dos termos de domínio específico requerem maior
cuidado, pois não se trata apenas de listar, e sim de compreender os empréstimos
linguísticos dentro de um contexto.

Referências Bibliográficas

Cabré, M. T. (1999). Una nueva teoría de la terminología: de la denominación a la
comunicación. In: CABRÉ, M. T. La terminología: representación y comunicación.
Barcelona: Universitat Pompeu Fabra.

Drouin, P. (2003). Term extraction using non-technical corpora as a point of leverage.
In *Terminology*, 9(1), pages 99—115. John Benjamins.

Faber, P., Márquez-Linares, C. and Vega-Expósito, M. (2005). Framing Terminology:
A process-oriented approach. In *META*, 50(4),
http://www.erudit.org/livre/meta/2005/000255co.pdf, January.

---

[3] Para análise neste artigo excluímos os dados referentes às variantes ortográficas e classe gramatical das
palavras, que também são dados fornecidos pelo TERMOSTAT.

[4] Os frames podem ser consultados em http://www.ufjf.br/framenetbr/dados.

Faber, P., Martínez, S. M., Prieto, M. R. C., Ruiz, J. S., Velasco, J. A. P., Arauz, P. L.,
... and Expósito, M. V. (2006). Process-oriented terminology management in the
domain of Coastal Engineering. In *Terminology*, 12(2), pages 189—213.

Faber, P., Araúz, P. L., Prieto Velasco, J. A., and Reimerink, A. (2006). Linking images
and words: the description of specialized concepts. In *International Journal of
Lexicography*, 20(1), pages 39—65.

Fillmore, C. J. (1982). Frame semantics. In *Linguistics in the Morning Calm*, pages
111—137. Hanshin Publishing.

Fillmore, C. J. (1985). Frames and the semantics of understanding. In *Quaderni di
Semantica,* 6(2), pages 222–254.

Krieger, M. G.; Finatto, M. J. B.(2004). Introdução à terminologia: teoria e prática. São
Paulo: Contexto.

L'Homme, M. C. (2010). Designing terminological dictionaries for learners based on
lexical semantics: The representation of actants. *Specialised Dictionaries for
Learners, Berlin/New York: De Gruyter*, 141—153.

Peron-Corrêa, S., Diniz, A., Lara, M., Matos, E., & Torrent, T. (2016). FrameNet-Based
Automatic Suggestion of Translation Equivalents. In *International Conference on
Computational Processing of the Portuguese Language* (pp. 347-352). Springer
International Publishing.

Pustejovsky, J. (1995). *The Generative Lexicon*. Cambridge, USA: MIT Press.

A Modelagem Computacional do Domínio dos Esportes na FrameNet Brasil

Alexandre Diniz da Costa[1], Tiago Timponi Torrent[1]

[1] FrameNet Brasil – Programa de Pós-Graduação em Linguística
Universidade Federal de Juiz de Fora (UFJF)
Rua José Lourenço Kelmer, s/nº, Campus Universitário
36036-900 – Juiz de Fora – Minas Gerais – Brasil

`{alexandre.costa,tiago.torrent}@ufjf.edu.br`

Abstract. *This paper aims to describe the linguistic-computational modeling of Frames [Fillmore 1982] and Qualia [Pustejovsky 1995] for the Sports domain, carried out in the FrameNet Brasil database. The modeling relied on a domain-specific corpus. By adding Qualia roles to the database, this work promoted the densification of FrameNet Brasil, focusing on its use in tools that deal with Natural Language Processing, such as parsers and machine translators.*

Resumo. *Este trabalho busca descrever a modelagem linguístico-computacional de frames [Fillmore 1982] e relações Qualia [Pustejovsky, 1995], realizada na base de dados da FrameNet Brasil para o domínio dos Esportes. A modelagem se sucedeu a partir de uma pesquisa em corpus. Ao adicionar papéis Qualia à base de dados, este trabalho promoveu o adensamento da FrameNet Brasil, visando a sua utilização em ferramentas que lidam com o Processamento de Língua Natural, tais como parsers e tradutores por máquina.*

1. Introdução

A interação entre os seres humanos e máquinas têm se tornado cada vez mais frequente ao longo dos anos. Para que tal interação apresente êxito, se fazem necessárias melhorias nas ferramentas computacionais que envolvem a linguagem. Tarefas comuns no Processamento de Língua Natural incluem a Tradução por Máquina, o Reconhecimento e o Processamento de Fala, Sistemas de Pergunta e Resposta, Parsing, entre outras. No intuito de contribuir para essa melhoria das tarefas de Compreensão de Língua Natual, este trabalho busca descrever a modelagem linguístico-computacional de frames [Fillmore 1982] e relações Qualia [Pustejovsky, 1995], realizada na base de dados da FrameNet Brasil para o domínio dos Esportes. A modelagem se sucedeu a partir de uma pesquisa em corpus constituído no âmbito deste trabalho através da compilação de notícias esportivas, manuais de esportes, além de sites de associações brasileiras de esportes e sites oficiais dos Jogos Olímpicos Rio 2016. Ao adicionar papéis Qualia à base de dados, este trabalho promoveu o adensamento da FrameNet Brasil, visando a sua utilização em ferramentas que lidem com a Compreensão de Língua Natural.

2. A FrameNet Brasil

A FrameNet Brasil é uma base de descrição lexicográfica sustentada por dados em corpora para o Português do Brasil fundada a partir dos desenvolvimentos da FrameNet de Berkeley para a língua inglesa. O conceito de frame é essencial para esse projeto, sendo definido como "qualquer sistema de conceitos relacionados de tal modo que, para entender qualquer um deles, é preciso entender toda a estrutura na qual se enquadram" [Fillmore 1982: 111].

Como um exemplo de frame modelado na FrameNet Brasil referente ao domínio dos esportes, podemos citar o frame Infrações_diretas. Ilustrado na Figura 1, constatamos o nome do frame, seguido de sua definição por extenso, seus Elementos de Frame (EFs) Nucleares e Não-nucleares, as relações que o frame possui com outros frames e as Unidades Lexicais (ULs) que o evocam. O frame em questão, Infrações_diretas, designa "uma infração contra um adversário, considerada imprudente, temerária ou com uso de força excessiva. Essas infrações podem gerar como penalidade o tiro livre direto no futebol, conforme o lugar onde ocorreram". Os Elementos de Frame (EFs) são papéis semânticos definidos especificamente no frame, sendo seus constituintes básicos. Eles oferecem informações semânticas à estrutura da sentença. Os EFs nucleares são definidores e essenciais ao sentido do frame, enquanto que os EFs não-nucleares caracterizam mais de um frame e normalmente apresentam condições comuns a vários frames com ideias que expressam tempo, lugar e maneira, entre outras. Os EFs nucleares do frame de Infrações_diretas são o Adversário e o Infrator e os não-nucleares são Lugar, Tempo e Tipo. As Unidades Lexicais (ULs), que são pareamentos entre lemas e frames, possuem cada uma um significado específico e evocam o frame em que estão modeladas. Algumas ULs que evocam Infrações_diretas são *carrinho.n* e *derrubar.v*. As definições dessas ULs no domínio específico dos esportes são "no futebol, é a infração em que um jogador, com a finalidade de retirar a bola do adversário, atira-se ao chão e desliza com as pernas para frente" e "no futebol, é a infração em que um jogador derruba algum de seus adversários", respectivamente.

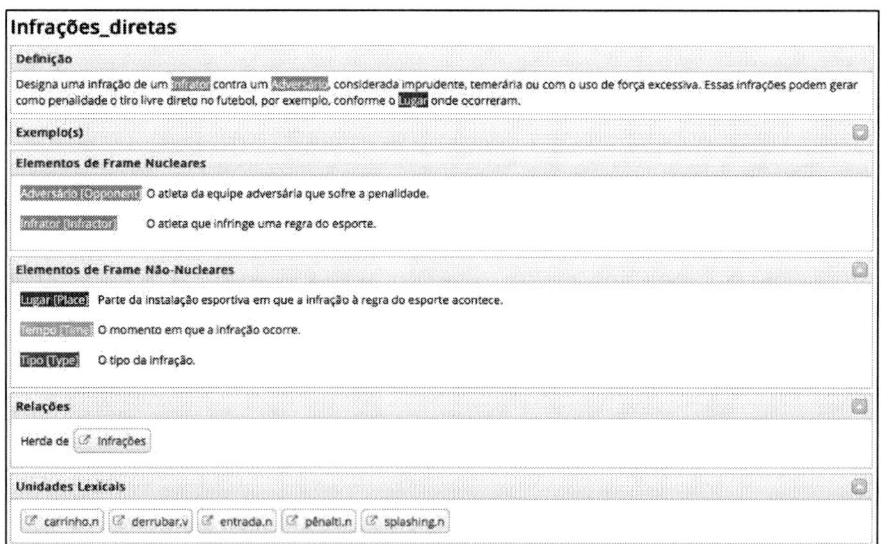

Figura 1. Frame Infrações_diretas na FrameNet Brasil.

Essa representação da língua em termos de frames se faz útil na estruturação linguística para fins computacionais e de tarefas de Processamento de Língua Natural (PLN). A proposta de adensamento da base de dados da FrameNet Brasil surge com o propósito de viabilizar e otimizar certos tipos de tarefas que envolvem a língua e a máquina. Entretanto, para certas tarefas de processamento como a Tradução por Máquina, Compreensão de Língua Natural e Desambiguação, se faz necessária a existência de relações mais locais e específicas entre as ULs, visto que os frames são mais gerais. Passemos então às relações criadas e modeladas entre ULs na FrameNet Brasil através dos papéis Qualia.

3. Papéis Qualia

A Teoria do Léxico Gerativo (TLG), proposta por Pustejovsky (1995), surge como uma abordagem que lida com a semântica das palavras, como elas se combinam, o que denotam, além de mecanismos peculiares como a polissemia e a coerção de tipos. O avanço da teoria se deve a uma insatisfação de muitos linguistas teóricos e computacionais com a caracterização do léxico como um conjunto fechado e estático de traços sintáticos, morfológicos e semânticos. Os papéis ou relações Qualia são aspectos essenciais do significado das palavras. O autor busca lidar com o aspecto criativo de combinações lexicais e a representação semântica a partir da descrição de uma série de componentes primitivos do significado. Essa abordagem sofre fortes influências de fatores situacionais e contextuais.

O quale constitutivo propõe a relação entre um objeto e suas partes ou materiais constituintes. O quale formal é o que distingue um objeto dentro de um domínio maior. Ele inclui características como a orientação, forma, dimensões, cor, posição, tamanho etc. Cada atributo pode ser preenchido por um valor. O quale télico se relaciona à função ou propósito da entidade, sendo ela um objeto, uma pessoa ou um lugar. E por fim, o quale agentivo se coloca nos fatores envolvidos na origem ou no vir a existir do objeto. Características inclusas nessa relação são o criador, o artefato, o tipo natural e uma corrente causal.

Inicialmente, no domínio dos esportes dentro da FrameNet Brasil, foram modeladas as relações Télico_de e Constitutivo_de, dado que essas relações contribuíam para tarefas de desambiguação e extração de representações semânticas. Em um momento posterior, prevê-se a modelagem das outras duas relações qualia, quais sejam Agentivo_de e Formal_de. Vejamos um exemplo da modelagem da relação Qualia Télico_de na Figura 2.

Figura 2. Frame Atletas_por_esporte e a modelagem da relação Télico_de (tlc_).

Na Figura 2, temos ilustrado o frame de Atletas_por_esporte com sua definição, seus EFs nucleares e as ULs que evocam este frame. Ao lado esquerdo da imagem, temos a representação do frame em uma barra vertical com as ULs contidas nesse frame tais como *jogador de futebol.n*. Na UL *jogador de futebol.n* temos modelada a relação Télico_de (tlc_) apontando para algumas ULs dos frames de Jogadas e de Infrações, visto que essa relação é estabelecida para mostrar o propósito ou a função de uma entidade, sendo ela o jogador de futebol nesse exemplo. Portanto, o ato de cometer *falha.n*, *falta.n*, *infração.n*, *carrinho.n*, *derrubar.v* e *entrada.n* seriam télicos de jogador, ou seja, sua função ou propósito em uma partida de futebol. A ideia original criada por Pustejovsky (1995) atribui o papel télico às funções ou propósitos da entidade. No âmbito desta pesquisa, pretende-se ampliar o conceito desse papel, levando-o a cobrir todos os movimentos e ações realizadas especificamente pela entidade, sendo ela um objeto, uma pessoa ou um lugar. Partindo desse princípio, a relação télico_de estabelecida para a UL *jogador de futebol.n* conecta essa UL não apenas às jogadas pertinentes a ela, mas também às infrações que são ações cometidas por esse atleta em especial.

Como se pode ainda observar na coluna vertical lateral à esquerda, na modelagem das ULs que evocam o frame de Atletas_por_posição, optou-se pela criação de ULs polilexêmicas tais como *jogador de futebol.n*, *jogador de badminton.n*, *jogador de basquete.n*, entre outras, na tentativa de cobrir mais dados peculiares a cada esporte em si, facilitando o reconhecimento por máquina das diferenças entre cada especificação dos tipos de jogador. A UL *jogador.n*, mais genérica, foi modelada no frame mais genérico de Atletas, a partir do qual foi herdado Atletas_por_esporte. Essa UL *jogador.n* apresenta a relação télico_de mapeada a todos os diversos tipos de ações, movimentos ou jogadas realizadas por todas especificações de cada esporte que utiliza a UL. Na seção 4, detalharemos como essa relação Qualia local entre ULs pode contribuir para o adensamento da base da FrameNet Brasil e para tarefas de PLN.

4. A Modelagem Computacional do Domínio dos Esportes na FrameNet Brasil

Os Jogos Olímpicos são eventos em que pessoas de países e culturas distintos se encontram em um mesmo local. Essa situação viabiliza o contato e a troca em um ambiente multilíngue que não envolve apenas esportes, mas também comidas, bebidas, acomodação, línguas e culturas em contato. A modelagem computacional do domínio dos Esportes na FrameNet Brasil surge como uma extensão ao domínio do Turismo, visto que o evento base que incitou essa pesquisa, os Jogos Olímpicos Rio 2016, lidavam com turistas em busca de informações relacionadas ao Turismo em geral e aos Esportes Olímpicos. Consequentemente, essa área fornece um domínio linguístico específico parcialmente controlado em que tecnologias de comunicação vem sendo desenvolvidas com o intuito de minimizar as diversas diferenças linguísticas existentes.

Em 2014, a FrameNet Brasil (http://www.framenetbr.ufjf.br) desenvolveu um dicionário trilíngue baseado em frames para a Copa do Mundo realizada no Brasil. Já em 2016, começou a desenvolver o m.knob (Multilingual Knowledge Base), sendo uma aplicação computacional que funciona como guia turístico multilíngue e intérprete pessoal, com um algoritmo de tradução enriquecido semanticamente com frames e papéis qualia. Uma das funções básicas da aplicação é um sistema de recomendação baseado em técnicas de geolocalização que pode ser utilizado por turistas para se localizarem e sugere a eles locais específicos conforme suas necessidades e sua interação com o aplicativo.

Uma outra função do aplicativo ainda em desenvolvimento relaciona-se a um tradutor semanticamente melhorado baseado em frames, papéis qualia e ontologias, abarcando os idiomas português, inglês e espanhol. Pretende-se, com esse tradutor que fará uso de redes neurais, gerar melhores equivalentes de tradução a partir de uma base de dados semanticamente enriquecida, tornando-se diferente de algoritmos de tradução que utilizam apenas estatística e sintaxe.

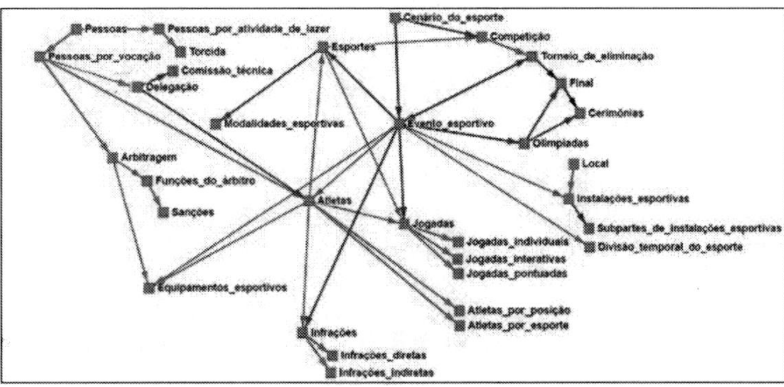

Figura 3. Rede de Frames que compõem o Cenário_do_Esporte.

Para a modelagem do domínio, inicialmente constituiu-se um corpus de domínio específico dos esportes, contendo textos de manuais esportivos, websites de associações brasileiras de esportes, notícias esportivas, além de websites oficiais dos Jogos Olímpicos Rio 2016. A partir do corpus e de um agrupamento prévio das diversas modalidades esportivas, suas peculiaridades e características em comum, realizado pelos linguistas da

FrameNet Brasil, foi proposta a modelagem de uma rede de frames para o Cenário_do_Esporte, observada na Figura 3.

A base de dados, no domínio do Turismo, incluindo frames genéricos com relações aos frames do mesmo domínio, conta com aproximadamente 52 frames e 425 unidades lexicais previamente modeladas conforme se pode conferir em Torrent et. al. (2014b), Gamonal (2013), Gomes (2014) e Souza (2014). No âmbito dessa pesquisa, o domínio específico dos Esportes foi modelado até o momento através de 32 frames e 640 ULs. Com exceção dos frames de Pessoas, Pessoas_por_vocação, Local e Competição, todos os demais frames foram criados no âmbito deste trabalho, a partir da observação do comportamento linguístico dos itens vocabulares do domínio dos Esportes nos corpora.

O processo de criação dos frames, EFs e ULs no domínio dos Esportes partiu de uma pesquisa em corpora através da ferramenta SketchEngine. Após a compilação dos dados, analisaram-se as ocorrências de possíveis candidatas a ULs. Através dos padrões de valência apresentados pelas ULs e a frequência de ocorrência em corpus específico, criaram-se os frames e estabeleceram-se frames filhos com certas especificidades. Como exemplo desse processo de criação, podemos mencionar os frames de Jogadas, Jogadas_individuais, Jogadas_interativas e Jogadas_pontuadas. Ao observar o comportamento sintático-semântico das jogadas e movimentos relacionados aos atletas, o frame Jogadas ficou sendo mais genérico e possuindo os três frames filhos ligados a ele por relação de herança. No frame de Jogadas_individuais, o perfilamento se deu na movimentação individual do atleta. Já no frame Jogadas_interativas, a perspectiva se coloca na interação de um atleta com outro na realização do movimento. Já o último, Jogadas_pontuadas, a pontuação gerada pelo movimento incitou a criação desse frame específico. O mesmo processo se deu ao longo da criação dos demais frames dos Esportes, seus EFs e as ULs que os evocam. Passemos agora à seção 5, na qual discutiremos as implicações de uma modelagem computacional enriquecida semanticamente para a realização de tarefas de Compreensão de Língua Natural.

5. Implicações de uma modelagem computacional enriquecida no uso de ferramentas que lidam com a linguagem

No PLN, a tradução por máquina apresenta-se como uma tarefa que busca cada vez mais melhorias na geração de melhores equivalentes de tradução. Dentro das tarefas de Processamento e Compreensão de Língua Natural, a tradução por máquina é uma das áreas que se constitui como uma das mais desenvolvidas no momento.

Os estudos tradutórios que envolvem algoritmos de tradução passaram por diversas etapas. Inicialmente, analisava-se palavra por palavra, passou-se aos agrupamentos de sintagmas, considerando posteriormente a colocação sintática dos elementos e a transposição entre eles nas línguas traduzidas. Ainda mais à frente, começa-se a trabalhar com ocorrências em corpora e a tratar de n-grams. Nessa abordagem, grandes quantidades de textos traduzidos são analisados observando estatisticamente os padrões de ocorrência de palavras e suas fronteiras, que elementos as acompanham. Individualmente, tais palavras foram tratadas como unigrams. A colocação estatística de duas palavras que ocorrem com frequência juntas são chamadas bigrams, e assim por diante [Koehn 2010].

Atualmente, os sistemas e algoritmos de tradução têm sido melhorados substancialmente com a utilização de redes neurais. As redes neurais tentam emular o funcionamento do cérebro humano e levam em consideração sua característica de processamento em que as informações são tomadas de forma descentralizada. As redes neurais trabalham com a capacidade de compreensão de padrões e contexto. Uma grande quantidade de textos é submetida à inteligência que os processa, e se retroalimenta dos mesmos, gerando melhores equivalentes de tradução [Bahdanau et al. 2014]. Isso tem ocorrido de forma satisfatória. Entretanto, para certas instâncias de domínios específicos como o Turismo e os Esportes, ainda existem algumas inconsistências que buscamos solucionar através de um algoritmo que apresente relações semânticas adensadas entre frames, EFs e ULs, a fim de que uma rede densa com relações qualia c ligada a dados abertos de ontologias possa melhorar ainda mais a tarefa de geração de equivalentes de tradução.

Demonstrada a modelagem dos frames para o domínio específico dos Esportes e os papéis qualia que adensam e estreitam a relação entre as ULs, analisemos a Figura 4 que propõe uma tradução de uma sentença do português para o inglês no domínio dos esportes em um algoritmo conhecido de tradução.

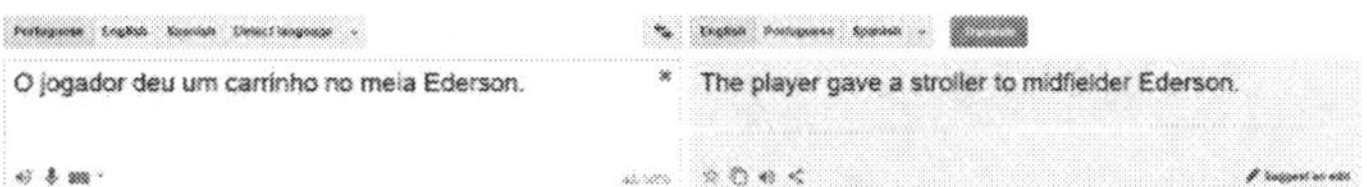

Figura 4. Tradução de uma sentença do domínio dos esportes do Português para o Inglês em uma ferramenta online.

Na Figura 4, em "O jogador deu um carrinho no meia Ederson", temos uma UL que apresenta ambiguidade, a palavra *carrinho.n*. A mesma forma lexical carrinho.n poderia remeter a ULs diferentes, como, por exemplo, "um carrinho de bebê", "um brinquedo em forma miniatura de um carro", ou ainda "um objeto utilizado no transporte de mercadorias em um supermercado". Para cada sentido diverso da UL *carrinho.n*, um frame diferente seria evocado. Percebemos que, no domínio específico dos esportes, o frame Infrações é evocado pela UL *carrinho.n*, sendo atribuído ao jogador o EF Infrator e ao meia o EF Adversário.

É proposta uma sentença traduzida em inglês: "The player gave a stroller to midfielder Ederson". Temos como sugestão de tradução para *carrinho.n* a UL *stroller.n* em inglês. A palavra *stroller* designa um carrinho de bebê e não uma infração cometida no futebol. A expressão que seria o equivalente mais adequado dentro do domínio dos esportes seria *slide tackle*. Uma tradução da sentença apropriada seria, portanto, "the player made a sliding tackle to midfielder Ederson".

Considerando-se a rede proposta de modelagem dos Esportes, através da modelagem da relação local Télico_de entre a UL *jogador.n* do frame Atletas ou da UL *jogador de futebol.n* do frame Atletas_por_Esporte e da UL *carrinho.n* do frame Infrações_diretas, é estabelecida uma relação in loco entre as ULs contribuindo para uma melhor representação semântica de nomes comuns de entidade como *carrinho.n*. A partir dessa análise baseada em uma rede de frames, os frames que evocariam os outros sentidos possíveis de carrinho estariam mais distantes na rede do que a relação estabelecida entre as ULs dos frames de Atletas, Atletas_por_Esporte e Atletas_por_posição com os frames relacionados a Jogadas e Infrações. Essa relação local modelada com os papéis qualia traria ao algoritmo de tradução informações semânticas que outros sistemas baseados apenas em estatística ou sintaxe não conseguiram ainda fornecer. Portanto, com este trabalho, oferecemos uma alternativa linguístico-computacional para a geração de melhores equivalentes de tradução conforme o frame, as relações semânticas e o contexto de domínio específico em que estão inseridos.

6. Considerações Finais

Este trabalho apresentou uma proposta de enriquecimento da base de dados lexicais da FrameNet Brasil com a modelagem de relações Qualia entre ULs. Como aplicação sugerida, discute-se de que maneira a tradução por máquina poderia se beneficiar da referida base de dados, em especial para melhorar escolhas lexicais em léxicos de domínio específico, tais como o Turismo e os Esportes.

Referências

Bahdanau, D., Cho, K., & Bengio, Y. (2014). "Neural machine translation by jointly learning to align and translate". *arXiv preprint arXiv:1409.0473*.

Fillmore, C. J. (1982). "Frame semantics" In: Linguistics in the Morning Calm. Seoul, South Korea, Hanshin Publishing Co., p. 111-137.

Gamonal, M. A. (2013). "COPA 2014 FrameNet Brasil: Diretrizes para a Constituição de um Dicionário Eletrônico Trilíngue a partir da Análise de Frames da Experiência Turística." Dissertação de Mestrado em Linguística. Universidade Federal de Juiz de Fora. Juiz de Fora.

Gomes, D. S. (2014). "Frames do Turismo Esportivo no Dicionário Copa 2014_FrameNet Brasil." Dissertação de Mestrado em Linguística. Universidade Federal de Juiz de Fora. Juiz de Fora.

Koehn, P. (2010). "Statistical Machine Translation", Cambridge, Cambridge University Press.

Pustejovsky, J. (1995). "The Generative Lexicon", Cambridge, USA, MIT Press.

Souza, B. C. P. (2014). "Frames de turismo como negócio no Dicionário Copa 2014_FrameNet Brasil." Dissertação de Mestrado em Linguística. Universidade Federal de Juiz de Fora. Juiz de Fora.

Torrent, T.T; Salomão, M. M.; Campos, F. A.; Braga, R. M; Matos, E. E.; Gamonal, M. A.; Gonçalves, J.; Souza, B. C.; Gomes, D. S. & Peron-Correa, S. R. (2014b). "Copa 2014 FrameNet Brasil". Proceedings of COLING 2014, p. 10 -14.

Descrição e modelagem de construções interrogativas QU- em Português Brasileiro para o desenvolvimento de um *chatbot*

Natália Duarte Marção[1], Tiago Timponi Torrent[1], Ely Edison da Silva Matos[1]

[1]FrameNet Brasil – Programa de Pós-Graduação em Linguística
Universidade Federal de Juiz de Fora (UFJF)
Rua José Lourenço Kelmer, s/nº, Campus Universitário
36036-900 – Juiz de Fora – Minas Gerais – Brasil

duarte.natalia@letras.ufjf.br, {tiago.torrent,ely.matos}@ufjf.edu.br

Abstract. This paper aims to present the description and the linguistic-computational modeling of Wh-interrogative constructions in Brazilian Portuguese with the aim to support the development of a chatbot for the m.knob app.

Resumo. Este trabalho tem por objetivo apresentar a descrição e a modelagem linguístico-computacional das construções interrogativas QU- do Português brasileiro com vias a sustentar o desenvolvimento de um chatbot para o aplicativo web m.knob.

1. Introdução

O trabalho que aqui será apresentado insere-se no projeto Multilingual Knowledge Base ou simplesmente m.knob (www.mknob.com), o qual tem por objetivo criar um aplicativo web e vem sendo desenvolvido no Laboratório FrameNet Brasil de Linguística Computacional – FN-Br – [Salomão 2009].

A FN-Br visa explorar a semântica do Português do Brasil (PB), baseada em pressupostos teóricos relacionados à Linguística Cognitiva, tais como a Semântica de Frames [Fillmore 1982] e a Gramática das Construções de Berkeley [Kay & Fillmore 1999)] e seguindo a metodologia de análise da Berkeley FrameNet [Fillmore et al. 2003]. De forma mais geral, a FN-Br vem explorando a implementação dessas teorias através da criação de recursos linguísticos computacionais, como o Lexicon e o Constructicon.

Nesse contexto, o objetivo do presente artigo é apresentar a descrição e a modelagem linguístico-computacional [cf. Dias-da-Silva 1996] das construções interrogativas QU- em PB de modo a viabilizar e sustentar o desenvolvimento de um *chatbot* para o aplicativo web m.knob. Para tanto, apresentamos, na seção 2, os pressupostos teóricos que dão sustentação ao modelo; completar.

2. Frames e Construções

Nosso aporte teórico fundamenta-se na Semântica de Frames associada à Gramática das Construções de Berkeley. Abordaremos essas teorias nesta seção.

2.1. Semântica de Frames

A Semântica de Frames é uma abordagem para a semântica lexical que toma como pressuposto a máxima de que os significados são relativizados a cenas [Fillmore 1977], isto é, a frames.

Fillmore (1985) estabelece uma semântica fundamentada na compreensão da língua, conhecida como Semântica do Entendimento, em oposição à Semântica Vericondicional. Ele argumenta que, enquanto a Semântica Vericondicional se interessa pelas condições de verdade a que uma dada sentença se submete, a Semântica do Entendimento se preocupa em analisar as escolhas linguísticas que fazemos para formar o enunciado de forma que seja possível, através dele, transmitir nossas crenças sobre o mundo, nossas experiências e a maneira como vemos as coisas.

Sendo assim, Fillmore (1985) considera que os significados são associados as nossas experiências particulares com o mundo e podem ser explicados a partir de estruturas complexas de conhecimento baseadas em cenas partilhadas socialmente, chamadas de frames, as quais, podem, portanto, variar em diferentes culturas.

Os frames são definidos como um sistema de conceitos relacionados de tal maneira que "para entender um deles, é necessário entender toda a estrutura na qual ele se encaixa" [Fillmore 1982:111]. Nesse contexto, a Semântica de Frames abre espaço para um projeto em lexicografia que busca alinhar a Linguística Cognitiva à descrição da língua sob uma perspectiva computacional, como vem sendo feito na FN-Br.

2.2. Gramática das Construções de Berkeley

A Gramática das Construções de Berkeley (BCG) proposta por Kay e Fillmore (1999) analisa fenômenos da língua considerados como periféricos, idiomáticos, já que as gramáticas baseadas em regras não conseguem dar conta das muitas irregularidades existentes nas línguas, uma vez que o significado de uma construção é visto como independente, em parte, das palavras que a constituem. Entretanto, propõem que o mesmo aparato teórico-metodológico necessário para dar conta das construções periféricas de uma língua deve servir àquelas construções mais nucleares. Com base nesse pensamento, os autores defendem que

> a função de um gramático das construções seria desenvolver um sistema de representações capaz de uma codificação econômica e sem perda em generalização de todas as construções (ou padrões) da língua, do mais idiomático ao mais geral [Kay & Fillmore 1999:2].[1]

Essa abordagem construcional assume que construções são unidades básicas da língua que se constituem em correspondências entre forma e significado [Goldberg 1995; Kay & Fillmore 1999]. Nas palavras de Fillmore (2013:112):

> Complementarmente, a Gramática das Construções postula que a gramática de uma língua é o conjunto de suas construções gramaticais, as regras que unificam informações formais e semânticas em vários tipos de objetos linguísticos, juntamente com os princípios que os restringem e conectam.

A BCG apresenta um modelo baseado em unificação pelo fato de as construções, seus constituintes e as especificações destes estarem coindexados de modo a constituir Matrizes de Atributo e Valor (AVMs), o que proporciona um maior grau de formalidade ao modelo. É através da unificação que as AVMs – construções e seus signos filhos – combinam-se, projetando uma nova AVM, a qual contém exatamente os valores e atributos das AVMs que se uniram [Goldberg 2006]. Essas AVMs correspondem a conjuntos de traços que especificam as características de cada elemento, bem como as

---

[1] Todas as citações neste artigo foram traduzidas do original em inglês para o português pelos autores.

restrições de combinações de dois ou mais elementos em uma construção. Desse modo,
a tarefa principal da unificação é assegurar que os atributos com valores contraditórios
falhem ao se combinar, não chegando a licenciar uma construção.

A aplicabilidade da teoria se mostra na constituição do Constructicon. De uma
forma mais geral, o Constructicon é o repertório de construções do PB, desenvolvido em
concomitância com o Lexicon da FrameNet Brasil e fundado da Gramática de
Construções de Berkeley [Kay & Fillmore 1999] e na Semântica de Frames [Fillmore
1982], conforme se mostrará na seção que se segue.

3. A FrameNet Brasil

A FrameNet Brasil (doravante FN-Br) é a contraparte brasileira da Berkeley FrameNet e
compreende dois recursos principais: o Lexicon e o Constructicon.

O Lexicon é um recurso *online* que objetiva criar uma representação
computacional de frames, definidos por seus participantes e instrumentos, conectados
entre si via relações entre frames; definir Unidades Lexicais (ULs), pareamentos entre um
lema e um significado definido em termos de um frame; e, por fim, anotar sentenças que
exemplifiquem os padrões de valência sintáticos e semânticos em que as ULs ocorrem. A
título de exemplo, considere-se o frame de Colocação_espacial, na Figura 1.

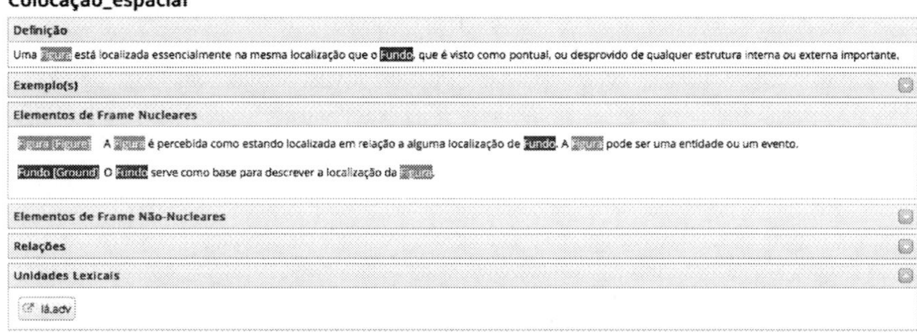

Figura 1. Frame de Colocação_espacial

Cada frame é definido através de uma descrição em prosa e dos elementos que o
compõem: os Elementos de Frame ou EFs. Na Figura 1, veem-se os EFs nucleares do
frame em questão, quais sejam a Figura e Fundo, também definidos em prosa. É possível
ainda definir EFs não-nucleares, ou seja, que não sejam absolutamente necessários para
a instanciação do frame. Na última aba, vemos que a UL adverbial *lá* evoca o frame de
Colocação_espacial.

O Constructicon, por sua vez, tem por objetivo a criação de um recurso *online*
para a descrição das características semânticas e gramaticais de construções do PB,
incorporando descrições interpretáveis computacionalmente para cada construção,
oferecendo informações semânticas e especificando as relações entre as construções.
Ambos os recursos encontram-se interligados, na medida em que tanto o Lexicon como
o Constructicon foram desenhados para lidar com todos os traços linguísticos relevantes
para a identificação de um frame e de uma construção. A FN-Br assume, portanto, que o
léxico e a gramática não são módulos estritamente separados, mas que, na verdade, são

parte de um contínuo de construções que variam de elementos mais específicos a padrões
mais abstratos [Fillmore 2008]. Na seção 5, apresentamos exemplos de modelos de
construções propostos no Constructicon. Antes, entretanto, apresentaremos
resumidamente o projeto m.knob e a proposta de interface conversacional em
implementação.

4. O Aplicativo m.knob

O aplicativo m.knob é um assistente pessoal de viagem desenvolvido em plataforma
mobile e tem por objetivo auxiliar turistas que viajam pelo Brasil. Assim, além de servir
como um guia turístico de bolso multilíngue, oferece aos usuários mais autonomia na
hora de viajar. Apesar de focalizar o domínio do Turismo, inclui também esportes e
gastronomia (Torrent no prelo).

O m.knob fornece conteúdo turístico para o usuário através de um sistema de
recomendação baseado em filtros personalizados derivados automaticamente da interação
usuário-aplicação e de um mecanismo de busca semântica fundado na base de dados da
FrameNet Brasil. Nesse contexto, o desenvolvimento de uma Interface Conversacional
de Usuário – CUI – para o aplicativo culminará na produção de um *chatbot* com o qual o
usuário poderá interagir através de perguntas.

Atualmente, o avanço tecnológico voltado à linguística e o avanço nos estudos
voltados à Inteligência Artificial (AI), favoreceram o desenvolvimento de muitos recursos
computacionais que têm por finalidade facilitar a interação entre humanos e máquinas.
Assim, é possível identificar um vasto número de aplicativos, de redes sociais e de *sites*
de busca que procuram estabelecer uma maior interação com os usuários com base em
sistemas de Interface Conversacional de Usuário – CUI. Uma CUI é uma interface que
tem por finalidade facilitar a interação entre humanos e máquinas imitando uma conversa
com um ser humano real.

Assistentes pessoais virtuais (APVs), tais como a *Siri* da Apple, o *Google Now* e
o *M* do Facebook, são exemplos de interfaces conversacionais. Aqui, seguindo McTear
et al. (2016), "usamos o termo interface conversacional para nos referirmos à tecnologia
que dá suporte à interação conversacional com APVs através da fala ou outras
modalidades".

No momento, existem basicamente dois tipos de interfaces conversacionais. Há
assistentes de voz, com as quais a interação se dá na forma de uma conversa na forma
oral, e há *chatbots*, sistemas com os quais a interação se dá na forma escrita, digitando as
informações. McTear et al. (2016) consideram que sistemas que operam por meio de CUIs
se mostram muito interessantes, visto que permitem que as pessoas conversem com seus
dispositivos (como os *smartphones,* por exemplo) de forma intuitiva e natural.

Os *chatbots* são um tipo de CUI e, nesse caso, a interação se dá na forma escrita,
digitando as informações. De modo geral, *chatbots* "são programas que simulam uma
conversa, como as estabelecidas entre seres humanos" [Comorella & Café 2008:55],
assim, essa interface lida com dados e interage em linguagem natural.

No contexto deste trabalho, *chatbots* são considerados como aplicações de
métodos em Compreensão de Língua Natural [Allen 1985], ou seja, para além de sistemas
baseados em regras semanticamente vazias, como o ELIZA, são desenvolvidos para lidar
com dados e interagirem em língua natural, dessa forma, essas interfaces são capazes de

analisar e interpretar a língua humana, de modo que esse processo gere uma resposta
semanticamente bem-sucedida. Com vias a auxiliar nesse processo, este trabalho se
debruça sobre a modelagem de construções interrogativas QU-, de modo que elas possam
ser reconhecidas pelo *chatbot* e gerar especificações semânticas úteis para esta aplicação.

5. Descrição e Modelagem de Construções Interrogativas QU-

No primeiro estágio da pesquisa realizou-se o levantamento bibliográfico acerca das
construções QU- em PB. Para esse levantamento, estabelecemos quais pronomes QU-
eram mais recorrentes e atestamos essas ocorrências buscando-as no *corpus* m.knob. O
corpus m.knob possui aproximadamente 1.000.000 de palavras e foi constituído por
textos que abrangem o domínio do Turismo, extraídos de guias turísticos, de sites
governamentais de fomento à atividade turística e de blogs de viagem.

O levantamento das ocorrências das construções QU- no *corpus* informou a
modelagem inicial proposta para as construções, juntamente com o levantamento
bibliográfico. Para a extração das construções QU- utilizou-se a ferramenta Word Sketch
do Sketch Engine.

Após essa etapa, passou-se a uma proposta de descrição das construções QU-
baseada na Gramática das Construções de Berkeley, através da elaboração de Matrizes de
Atributo e Valor. Posteriormente, as análises feitas no estágio anterior foram convertidas
em modelos linguístico-computacionais. Subsequentemente, utilizou-se a ferramenta
FrameNet Brasil WebTool 3.0 para armazenar esses modelos na base de dados da
FrameNet Brasil, na forma de construções.

A modelagem de construções no Constructicon é feita de modo que cada
construção seja definida em termos de suas partes constituintes, as quais são chamadas
de Elementos da Construção (EC). Assim, o processo de modelagem das construções
interrogativas QU- deu-se, primeiramente, pela definição das propriedades sintáticas
externas destas construções, as quais, no caso, são compostas por dois ECs, sendo um a
Estrutura Argumental Base e o outro o pronome QU-. Como exemplo considere-se a
construção Interrogativa_onde na Figura 2.

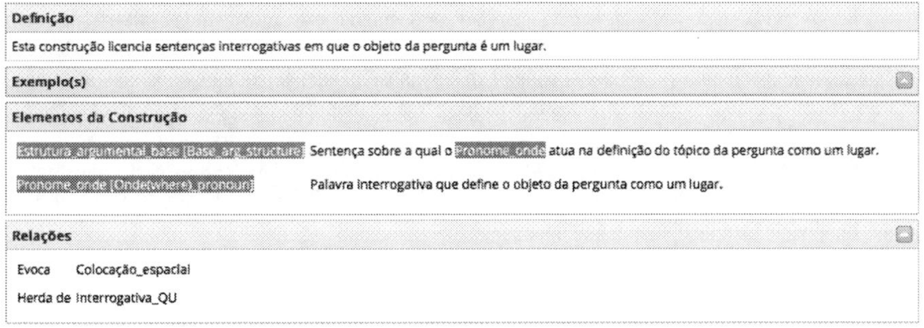

Figura 2. Construção Interrogativa_onde

Na Figura 2 é possível ver a definição da construção, os ECs e suas respectivas
definições, além disso, conforme mostrado na aba Relações, a construção

Interrogativa_onde é um subtipo da construção mais geral Interrogativa_QU e evoca o
frame de Colocação_espacial, mostrado na Figura 1.

A partir da definição dos ECs, é possível estabelecer restrições de constituência
para a construção. A constituência tipifica os signos filhos – os CEs – da construção em
termos de outras construções. Dessa forma, os signos filhos da construção são criados
considerando seus aspectos formais, enquanto a informação semântica é atribuída através
da unificação da construção com um frame. A Figura 3 mostra a aplicação das restrições
à construção em questão.

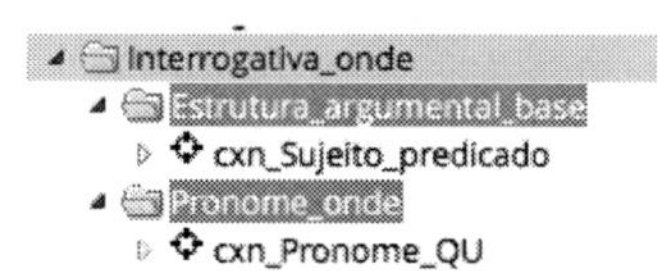

Figura 3. Restrições aplicadas à construção Interrogativa_onde

Na Figura 3 podemos ver que o EC Estrutura_Argumental_Base é licenciado pela
construção Sujeito_predicado, isto é, é uma instância de um dos subtipos da construção
Sujeito_predicado. Já o EC Pronome_onde é licenciado pela construção mais genérica
Pronome_QU.

Para tornar as descrições apresentadas legíveis por máquina, a FN-Br incluiu um
editor de restrições na ferramenta WebTool 3.0 que gerencia o banco de dados. Desse
modo, através desse editor, é possível modelar que um EC de uma dada construção seja
licenciado por uma outra construção.

Outro aspecto importante da modelagem de construções, diz respeito à unificação.
A unificação mapeia as correspondências semânticas da construção e de seus signos-
filhos. Conforme observado na Figura 2, a construção Interrogativa_onde evoca o frame
de Colocação_espacial. Aqui a relação de *Evocação* cumpre a função de mapear
computacionalmente o CE Pronome_onde ao EF Fundo e o CE
Estrutura_argumental_base ao EF Figura, já que, em interrogativas iniciadas por *onde* o
que se deseja saber é o Fundo em relação ao qual a Figura se coloca.

Além da relação de *Evocação* que se estabelece entre uma construção e um frame,
outra relação relevante para a representação dos casos em que uma construção se
relaciona com outras construções da rede é a relação de *Herança*. Para que essa relação
se estabeleça é preciso que as construções em todos os níveis herdem características do
item hierarquicamente superior. Assim sendo, "todas as informações específicas para
cada nó que domina direta ou indiretamente um determinado nó são herdadas" [Goldberg
1995:74]. É possível modelar, portanto, a relação entre os ECs da construção
Interrogativa_QU e aqueles da sua herdeira locativa. Tal modelo pode ser representado
através de um grafo, conforme ilustra a Figura 4.

Note-se que a os círculos preenchidos representam construções diferentes, ao
passo que os círculos vazados representam os ECs. As setas conectando os círculos,
representam a relação de *Herança* estruturada em termos dos constituintes das
construções. Complementarmente, o quadrado representa o frame evocado pela
construção e a seta que o conecta a ela, representa a relação de *Evocação*.

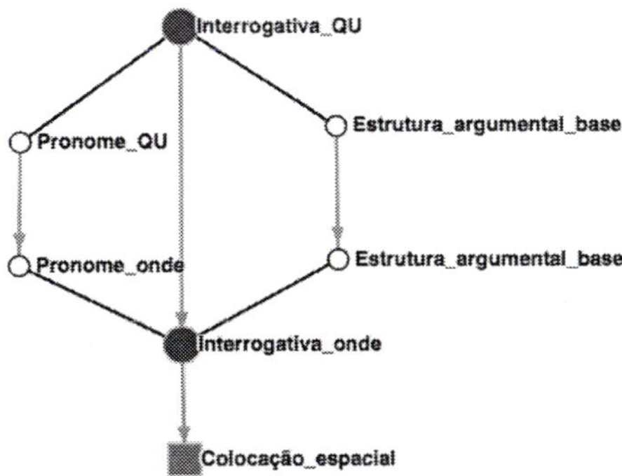

Figura 4. Representação gráfica da construção Interrogativa_onde

No estágio atual da pesquisa, já contamos com oito construções interrogativas QU- modeladas no banco de dados, sendo a Construção Interrogativa_QU- mais abstrata, a qual é herdada pelas demais construções: Interrogativa_Que; Interrogativa_Qual; Interrogativa_Quem; Interrogativa_Quando, Interrogativa_Quanto; Interrogativa_Onde e Interrogativa_Como.

6. Considerações Finais

Ao longo deste artigo buscou-se apontar uma proposta para a descrição e modelagem das Construções Interrogativas QU- em PB com vias a sustentar o desenvolvimento de uma CUI para o aplicativo m.knob, uma vez que essas construções fornecem informações relevantes tanto em relação à sintaxe quanto à semântica empregada na composição de perguntas. Ademais, procuramos apresentar como a modelagem de construções se dá no Constructicon da FN-Br, demonstrando como a integração de aspectos da BCG e da Semântica de Frames enriquecem a representação formal e semântica das sentenças.

Referências

Allen, J. (1985) *Natural Language Understanding*. Menlo Park: Benjamins / Cummings Publishing Company.

Comarella, R. L., & Café, L. M. A. (2008). CHATTERBOT: conceito, características, tipologia e construção. In *Informação & Sociedade*, *18*(2), p. 55-67.

Dias-da-Silva, B. C. (1996). A face tecnológica dos estudos da linguagem: o processamento automático das línguas naturais. *A Face Tecnológica dos Estudos da Linguagem: o processamento automático das línguas naturais*.

Fillmore, C. J. (1977). Scenes and frames semantics. In: ZAMPOLLI, A. (Ed.). *Linguistic Structures Processing:* Fundamental Studies in Computer Science, nº 59. Amsterdam: North Holland Publishing.

Fillmore, C. J. (1982). Frame semantics. In *Linguistics in the morning calm*, p. 111-137.

Fillmore, C. J. (1985) Frames and the semantics of understanding. In: *Quaderni di Semantica*. v.6, n.2, p. 222-254.

Fillmore, C. J. (2008). Border conflicts: FrameNet meets construction grammar. In

Proceedings of the XIII EURALEX international congress. Barcelona, Spain: IULA.,
p. 49-68.

Fillmore, C. J. (2013) Berkeley Construction Grammar. In: Hoffmann, T.; Trousdale, G.
The Oxford Handbook of Construction Grammar (Eds.). Oxford University Press.

Fillmore, C. J., Petruck, M. R., Ruppenhofer, J., & Wright, A. (2003). FrameNet in action:
The case of attaching. *International journal of lexicography*, *16*(3), 297-332.

Goldberg, A. (1995). *Constructions:* A Construction Grammar Approach to Argument
Structure. Chicago: The University of Chicago Press.

Goldberg, A. (2006) *Constructions at Work:* The nature of generalization in language.
Oxford: Oxford University Press.

Kay, P., and Fillmore, C. J. (1999). Grammatical constructions and linguistic
generalizations: the What's X doing Y? construction. *Language*, p. 1-33.

McTear, M., Callejas, Z., & Griol, D. (2016). The Dawn of the Conversational Interface.
In *The Conversational Interface*. Springer International Publishing, p. 11-24.

Salomão, M. M. M. (2009). FrameNet Brasil: um trabalho em progresso. In *Calidoscópio*,
7(3), p. 171-182.

Torrent, T. T.; Matos E. E.; Sigiliano, N. S.; Costa, A. D.; Almeida, V. G. (no prelo) *A
flexible tool for an enriched FrameNet: the FrameNet Brasil Webtool.*

Construções de Estrutura Argumental no âmbito do Constructicon da FrameNet Brasil: proposta de uma modelagem linguístico-computacional

Vânia Gomes de Almeida[1], Tiago Timponi Torrent[1]

[1]FrameNet Brasil – Programa de Pós-Graduação em Linguística
Universidade Federal de Juiz de Fora (UFJF)
Rua José Lourenço Kelmer s/nº - Campus Universitário
36036-900 – Juiz de Fora – Minas Gerais – Brasil

`vania.almeida2017@letras.ufjf.br, tiago.torrent@ufjf.edu.br`

Abstract. *This paper aims to present the modeling of argument structure constructions in the FrameNet Brasil Constructicon. We assume that constructions are basic units of language that constitute correspondences between form and meaning [Goldberg, 1995; Kay & Fillmore 1999]. Therefore, we model the Active Direct Transitive Construction, the Ergative Construction and the Split Argument Construction according to their syntactic-semantic characteristics. The results indicate how constructional modeling can contribute to Natural Language Processing tasks.*

Resumo. *O presente trabalho visa apresentar a modelagem de construções de estrutura argumental no Constructicon da FrameNet Brasil. Assumimos que construções são unidades básicas da língua que se constituem em correspondências entre forma e significado [Goldberg 1995; Kay & Fillmore 1999]. Diante disso, buscou-se modelar as Construções Transitiva Direta Ativa, Ergativa e Argumento Cindido de acordo com suas características sintático-semânticas. Os resultados indicam como a modelagem construcional pode contribuir para tarefas de Processamento de Língua Natural.*

1. Introdução

A FN-Br ocupa-se do desenvolvimento de dois grandes recursos computacionais: um Lexicon e um Constructicon. O Lexicon tem por objetivos: criar uma representação computacional de frames, definidos por seus participantes e instrumentos e conectados entre si via relações entre frames; definir Unidades Lexicais (ULs), pareamentos entre um lema e um significado definido em termos de um frame, e anotar sentenças que exemplifiquem os padrões de valência sintáticos e semânticos em que as ULs ocorrem.

Já o Constructicon visa à criação de um recurso para a descrição das características gramaticais de construções do PB, incorporando descrições interpretáveis computacionalmente para cada construção, oferecendo informações semânticas e especificando as relações entre as construções.

Por essa razão, o Constructicon abarca o conhecimento linguístico que excede a valência simples de palavras simples [Fillmore 2008]. No contexto desses recursos, apresentaremos a modelagem linguístico-computacional de três construções de estrutura

argumental do PB, a saber, Construção Transitiva Direta Ativa, Construção Ergativa e
Construção de Argumento Cindido.

2. Lexicon e Constructicon na FrameNet Brasil

Uma vez que partimos do princípio de que construções são unidades básicas da língua
constituídas pela correspondência entre forma e significado [Goldberg 1995; Kay &
Fillmore 1999], assumimos também a existência de um continuum entre léxico e sintaxe
[Fillmore 2008]. Assim, não se trata de haver módulos rigidamente separados, mas, sim,
um continuum de construções que partem de elementos mais lexicalmente específicos
para padrões mais abstratos. Isso significa dizer que Lexicon e Constructicon não são dois
recursos totalmente separados, ambos se conectam na medida em que: (a) itens lexicais
são construções e são, portanto, licenciados por construções lexicais; (b) tanto itens
lexicais quanto construções não lexicais evocam frames, os quais constituem a categoria
analítica primeira da FrameNet. Dessa forma, as duas frentes estão interligadas a fim de
proporcionar, tanto no ambiente lexical como no construcional, uma descrição adequada
dos fenômenos linguísticos.

Assim, a FN-Br realiza tanto anotações lexicográficas, quanto construcionais.
Tais anotações são realizadas em camadas que contribuem com informações sobre as
propriedades semânticas e sintáticas dos elementos em análise. A Figura 1 apresenta um
exemplo de anotação.

Figura 1. Anotações lexicográfica e construcional na FrameNet Brasil

A Figura 1 apresenta a sentença *O cabo da panela quebrou* anotada tanto
construcionalmente, para a construção Ergativa, quanto lexicograficamente, para a UL
verbal *quebrar*. Nesse exemplo, observamos, na primeira camada, os Elementos da
Construção (CEs), o *cabo da panela* e *quebrou* anotados respectivamente como Sujeito e
Predicado. Na segunda camada, encontramos a relação entre a construção e o *frame* que
ela evoca, Ser_afetado, através da unificação entre os CEs e o FEs (Elementos de Frame)
do mesmo frame, e a última camada anotada corresponde ao Tipo Sintagmático do
construto.

Já para a anotação lexicográfica, apresenta-se a UL que evoca o frame Quebrar,
cujos FEs Parte e Todo são ambos instanciados no SN *O cabo (Parte) da panela (Todo)*.

A anotação registra, ainda a Função Gramatical (GF) e o Tipo Sintagmático (PT) do material linguístico que instancia os FEs anotados.

Enquanto a anotação lexicográfica produz, no conjunto das sentenças, os padrões de valência de cada UL, o método construcional mapeia uma construção formalmente, unificando-a a um *frame* específico que resulta no licenciamento de um construto. Nesse exemplo, o construto *O cabo da panela quebrou* é licenciado pela construção Ergativa, unificada ao *frame* Ser_afetado. Através dessa tarefa, pode-se modelar adequadamente a continuidade entre o léxico e a gramática para que as informações sintático-semânticas das estruturas linguísticas sejam analisadas a partir das contribuições de cada elemento descrito.

3. A Modelagem de Construções

A fim de realizar um experimento específico de descoberta construcional por máquina, descrito em Almeida (2016), apresentamos a modelagem de três construções de estrutura argumental. A construção Transitiva Direta Ativa, a construção Ergativa e a construção de Argumento Cindido.

As construções analisadas nesse trabalho são herdeiras da construção X_Núcleo, composta por um núcleo que é especificado por um elemento à esquerda, o que significa, de acordo com Kay e Fillmore (1999), que a construção herdeira contém toda a informação da construção herdada e outras informações acrescidas, referentes aos elementos que preenchem a construção.

A partir das descrições realizadas por Ferreira (2009), Castilho (2010), Perini (2010), que apresentaram estudos sobre as Construções Transitiva Direta Ativa e Ergativa, e de Sampaio (2010) para as Construções de Argumento Cindido, nossa proposta é modelar essas construções linguístico-computacionalmente com o intuito de mostrar como essa modelagem pode contribuir para trabalhos na área de Linguística Computacional.

Perini (2010) define construção como uma estrutura gramatical composta por seus constituintes sintáticos e pela relação semântica que cada um deles tem com verbo da oração. Nesse sentido, a construção Transitiva Direta Ativa é definida pela sequência [SN [V SN]] em que o primeiro sintagma nominal designa quem praticou uma ação e o segundo sintagma nominal designa quem sofreu a ação, como em (1). Já a construção Ergativa tem como característica o fato de o sujeito ser paciente, ou seja, não pratica nenhuma ação e sim sofre o efeito do evento expresso pelo verbo. Pode ser definida como a sequência [SN [V]], como em (2). Por fim, conforme Sampaio (2010), as construções de Argumento Cindido (CACs) são construções que apresentam dois argumentos sintáticos e apenas um argumento semântico, com função paciente, juntamente com uma relação Parte_Todo entre eles. Assim, temos um desencontro (*mismatch*) entre estruturas sintáticas e estruturas semânticas como em (3).

(1)   [[A criança$_{SN/Agente}$] [furou$_V$ [os balões$_{SN/Paciente}$]]]
(2)   [[O pneu$_{SN/Paciente}$] [furou$_V$]]
(3)   [[O pedreiro$_{SN/Paciente-Todo}$] [furou$_V$ [o dedo$_{SN/Paciente-Parte}$]]]

A partir de suas características sintático-semânticas, as relações fundamentais entre três as construções foram modeladas em uma rede integrada. Assim sendo, serão

explicitadas, de um lado, as relações fundamentais para a constituição de um
Constructicon como uma rede integrada de construções e frames, quais sejam, a relação
de Herança – entre construções – e a de Evocação – entre construções e *frames*. De outro,
apresentam-se as restrições, as quais remetem às características sintáticas e semânticas
que são específicas de cada construção. Isso implica que um Elemento da Construção
pode ser de um determinado tipo semântico, ou seja, deve ser um Elemento de Frame do
frame evocado pela construção que desempenhe funções sintáticas específicas, e também
de um determinado tipo sintático, isto é, tem sua definição ancorada em construções
sintagmáticas ou lexicais mais genéricas, também estas definidas no Constructicon.

Como afirma Goldberg (1995), as construções estão normalmente relacionadas
entre si, integrando redes construcionais que podem apresentar diferentes tipos de
relações. A ideia é que cada construção tem um significado próprio e uma forma
esquemática e convencional que é capaz de fornecer as mais abstratas generalizações para
o licenciamento de outras construções. Por exemplo, uma Construção Transitiva, que
licencia sentenças como *A professora rasgou o papel*, definida formalmente por [SN [V
SN]], fornece um padrão formal para uma Construção de Argumento Cindido, que
licencia construtos como *A calça rasgou o bolso*, ao mesmo tempo em que compartilha a
informação semântica de uma Construção Ergativa, que, por sua vez, licencia *O lençol
rasgou*. A Figura 2 mostra as relações entre as três construções, todas herdeiras da
Construção Sujeito_Predicado, que, por sua vez, é herdeira da Construção X_Núcleo.

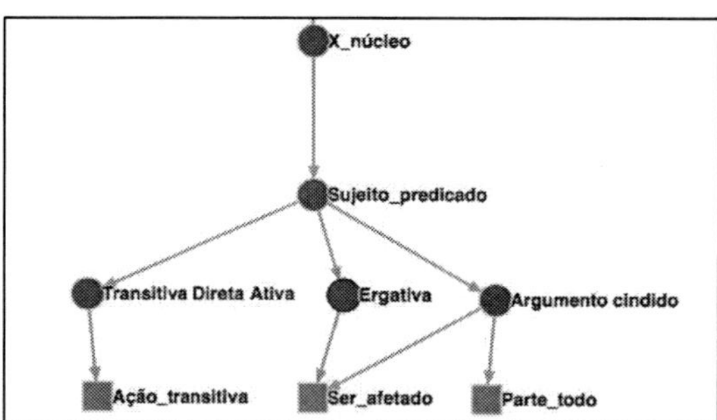

Figura 2. Relações entre frames e construções

As relações de herança são representadas por linhas conectadas aos círculos, que
representam as construções. O compartilhamento de estrutura semântica entre a CAC e a
Ergativa é representado pela relação de Evocação entre essas construções e o frame
Ser_afetado, representado por um quadrado.

O princípio que estrutura a relação entre construções é o Princípio da Não
Sinonímia, que afirma que, se duas construções são sintaticamente distintas, tais
construções devem ser também distintas semântica ou pragmaticamente [Goldberg 1995].
A situação da CAC em relação à Ergativa é exatamente aquela prevista neste princípio.
CAC e Ergativa são sintaticamente diferentes, mas semanticamente sinônimas, assim
sendo, devem ser pragmaticamente distintas. Os exemplos (1), (2) e (3) mostram que,
apesar de a CAC e a Ergativa serem semanticamente sinônimas, há uma diferença entre
elas, uma vez que, enquanto na Ergativa encontramos uma estrutura monoargumental, em

que uma entidade é afetada por um evento, a CAC apresenta uma estrutura em que seus
dois argumentos possuem uma relação Parte-Todo.

Por outro lado, a CAC é semelhante à Transitiva Direta Ativa sintaticamente,
portanto, mesmo sendo semanticamente distintas, deve haver algum grau de motivação
entre elas, o que é capturado através do fato de que ambas herdam da construção de
Sujeito_predicado.

A Figura 3 apresenta as relações da CAC com as outras construções, como
também sua configuração sintático-semântica. Na Construção de Argumento Cindido os
CEs, Sujeito e Predicado, que se constituem das construções Sintagma Nominal e
Sintagma Verbal com Complemento, correspondem as restrições sintáticas. Os *frames*
Ser_afetado e Parte_Todo, que estão representados pelos quadrados, estão relacionados à
construção pela relação de Evocação, seus FEs, que estão unificados aos CEs, constituem
a Entidade e o Evento no *frame* Ser_afetado, enquanto no *frame* Parte_Todo constituem
o Todo e a Parte. A unificação entre os CEs e os FEs representa as restrições semânticas.

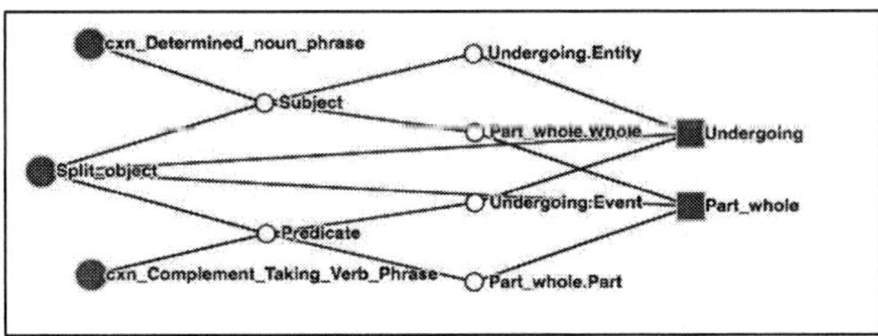

Figura 3. Modelagem da Construção de Argumento Cindido

Na Figura 4, encontramos a modelagem da Construção Transitiva Direta Ativa,
que também é herdeira da Construção Sujeito_Predicado e possui como CEs as mesmas
construções da Construção de Argumento Cindido. Apesar de a contraparte sintática da
CAC ser idêntica à da Transitiva Direta Ativa, notamos, pela relação de Evocação, que a
distinção entre elas se encontra na contraparte semântica, já que o frame aqui evocado é
de Ação_Transitiva, em que um Agente ou uma Causa afeta um Paciente. Esses FEs,
estão unificados aos CEs, que se licenciam pelas construções de Sintagma Nominal e
Sintagma Verbal com Complemento.

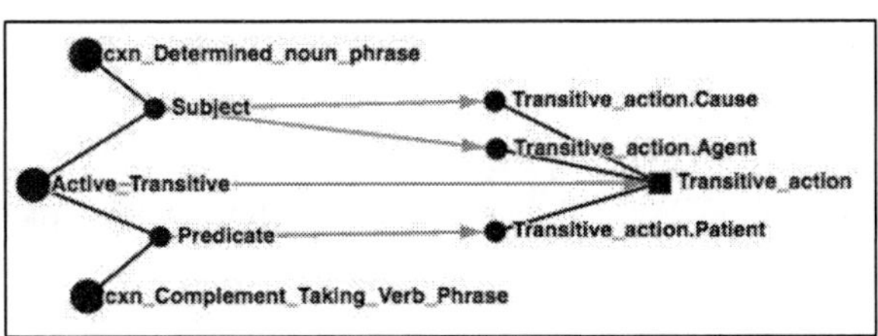

Figura 4. Modelagem da Construção Transitiva Ativa

Por fim, a Construção Ergativa, representada pela Figura 5, também é herdeira da
construção Sujeito_Predicado, porém a Construção Ergativa é constituída pelas
construções de Sintagma Nominal e Sintagma Verbal sem Complemento, já que a possui
uma estrutura monoargumental. Na contraparte semântica, evoca, assim como a CAC, o
frame Ser_afetado, cujo FE Entidade está unificado ao Sujeito da construção. O Predicado

está unificado ao FE Evento porque, apesar de a construção apresentar dois CEs, a Construção de Sintagma Verbal sem Complemento indica que esse CE é apenas um núcleo verbal, que não é manifesto sintaticamente na forma de um novo argumento.

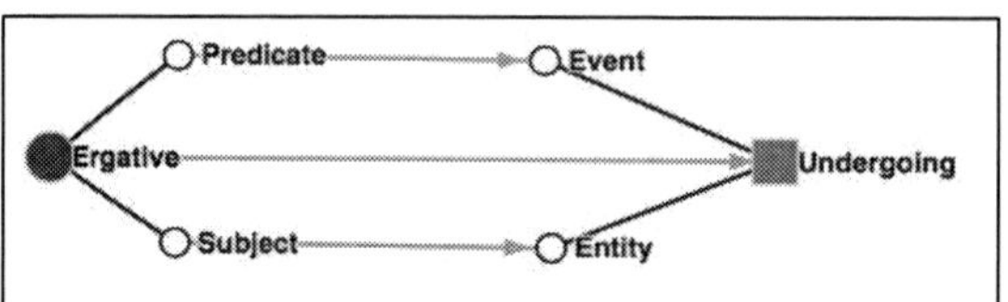

Figura 5: Modelagem da Construção Ergativa

4. Considerações finais

Com a elaboração de uma rede, foi possível demonstrar a unificação entre a contraparte semântica e sintática dessas construções, que foi representada através do mapeamento dos CEs para os FEs dos frames evocados por elas. A modelagem das construções conseguiu mapear que, de um lado, a CAC e a Ergativa são semanticamente sinônimas, mas com uma diferença entre elas, pois, enquanto a Ergativa apresenta uma estrutura monoargumental, em que uma entidade é afetada por um evento, a CAC apresenta uma estrutura de dois argumentos com a mesma informação semântica da ergativa, acrescida por uma relação parte-todo entre eles. Por outro lado, foi possível demonstrar como a CAC é semelhante à Transitiva Direta Ativa sintaticamente, devido a uma motivação que se manifesta pelo fato de ambas as construções herdarem de um tipo específico da construção Sujeito-Predicado, que especifica a transitividade do núcleo do Predicado como direta.

Os resultados obtidos apontam para a importância da interação entre os recursos disponíveis na FN-Br. Conforme apresentado, o Lexicon e o Constructicon precisam funcionar juntos para que a continuidade entre o léxico e gramática seja modelada de forma satisfatória. A perspectiva de tratar os fenômenos semânticos via frames e formalizar o significado das sentenças juntamente com seus aspectos sintáticos fornece à modelagem de construções apresentada nesse trabalho um alinhamento entre um modelo de descrição linguística e a implementação computacional da FN-Br ambos com potencial de contribuir para tarefas de Processamento de Língua Natural.

Referências

Almeida, V. G. (2016) *Identificação Automática de Construções de Estrutura Argumental*. Dissertação de Mestrado em Linguística, Universidade Federal de Juiz de Fora, Juiz de Fora, Brasil.

Castilho, A. T. de. (2010) *Nova Gramática do Português Brasileiro*. São Paulo: Contexto.

Ferreira, M. A. (2009) Construção de Ação Rotineira no Português do Brasil. In Miranda, N. S.; Salomão, M. M. M. *Construções do Português do Brasil: da gramática ao discurso*. Belo Horizonte: UFMG.

Fillmore, C. J. (2008) Border Conflicts: FrameNet Meets Construction Grammar. In: *EURALEX, 13, Barcelona. Anais.* Barcelona: Universitat Barcelona Fabra.

Goldberg, A. (1995) *Constructions: A Construction Grammar Approach to Argument Structure*. Chicago: The University of Chicago Press.

Kay, P. & Fillmore, C. J. (1999) Grammatical Constructions and Linguistic Generalizations: the What's X Doing Y Construction. *Language*, vol. 75, nº 1.

Perini, M. A. (2009) *Gramática Descritiva do Português*. São Paulo: Editora Ática.

Sampaio, T. F. (2010) *A Família de Construções de Argumento Cindido no Português do Brasil*. Tese de Doutorado em Linguística. Universidade Federal de Juiz de Fora, Juiz de Fora, Brasil.

Investigação Preliminar Sobre a Prosódia Semântica de Verbos de Elocução: o Caso do Verbo "Confessar"

Barbara C. Ramos[1]

[1]Secretaria de Educação - Prefeitura do Rio de Janeiro (SMERJ) / Universidade Do Estado do Rio de Janeiro (UERJ) – Rio de Janeiro – RJ – Brasil

`barbaracmpramos@gmail.com`

Abstract. The following article presents a preliminary study based on corpora about the semantic prosody of discendi verbs in Brazilian Portuguese. Thos study was based on a glossary of discendi verbs in Portuguese built by Freitas (2016) and on Ebeling's research (2014) about the semantic prosody of verb phrases. At first, the verb "confessar" was selected from the glossary in order to test a possible methodology. Based on the results generated by this methodology, we were able to identify the semantic prosody of "confessor" and identify gaps and obstacles for possible unfoldings for this study.

Resumo. Neste artigo, apresentamos primeiros olhares para a investigação da prosódia semântica de verbos de elocução em língua portuguesa, com base em corpora. O trabalho foi inspirado na dissertação de Mestrado de Freitas (2016) que elaborou um glossário de verbos de elocução em português, e na pesquisa de Ebeling (2014), que investiga a prosódia semântica de sintagmas verbais. A princípio, selecionamos o verbo "confessar" no glossário de Freitas (2016) para testarmos uma possível metodologia. Em conclusão, julgamos que a metodologia desenvolvida gerou resultados e, a partir dela, pudemos identificar a prosódia semântica do verbo "confessar" e apontar lacunas e dificuldades para o desdobramento da pesquisa.

Introdução

Muito já foi dito sobre prosódia semântica, principalmente por pesquisadores nas áreas de estudos com corpus, ensino-aprendizagem de língua estrangeira e estudos da tradução (HUNSTON, 2007; SINCLAIR, 1996). Em síntese, prosódia semântica é o termo que descreve a tendência semântica positiva ou negativa que unidades de sentido expressam quando ocorrem combinadas com outras unidades de sentido.

O estudo mais conhecido sobre prosódia semântica feito no Brasil é o de Berber Sardinha (2004). Essa pesquisa foi de cunho contrastivo e estudou as combinações do verbo "causar" em inglês (cause) determinando que ele carrega uma prosódia semântica negativa. Berber Sardinha (2004) concluiu, em seu trabalho, que a prosódia semântica de causar também é negativa em português.

No entanto, em reflexões mais recentes sobre usos informais do verbo causar, é possível observar a fluidez da língua em relação ao uso de verbos e como os sentidos podem variar de acordo com sua transitividade. O verbo "causar" tem prosódia semântica negativa quando usado como verbo transitivo direto, pois geralmente é combinado com um complemento de polaridade negativa. Atualmente, o mesmo verbo vem sendo encontrado na língua como verbo intransitivo, principalmente em contextos informais e em publicações de redes sociais; mas com um novo sentido, dessa vez, positivo. A intenção seria dizer que a pessoa "causou uma presença positiva", ou "chamou atenção de um jeito bom", indo na contramão da preferência semântica dos contextos nos quais o verbo "causar" normalmente está inserido.

O que aconteceu com o verbo "causar" nos mostra que a prosódia semântica é fluida e instável. Ela está ligada ao sentido do verbo que, por si só, não existe dissociado do contexto, que o determina positivo ou negativo. A partir do momento que "causar" passou a ser usado como verbo intransitivo, seu sentido mudou, tornando-se quase um novo verbo.

O presente trabalho tem por objetivo iniciar uma investigação sobre a prosódia semântica de verbos de elocução de acordo com as combinações encontradas nos corpora escolhidos para análise. Para isso, o ponto de partida foi tomar como referência o glossário de verbos de elocução em português construído por Bianca Freitas (2016) que, além de ser resultado de uma pesquisa com amplo levantamento, foi dividido em seções de acordo com o sentido e propósito comunicativo de cada verbo de elocução.

Além disso, o trabalho de cunho contrastivo de Signe O. Ebeling (2014) inspirou o desenho da metodologia para este artigo, descrita mais adiante. Ebeling (2014) desenvolve um estudo de caso com três unidades de sentido que possuem uma prosódia semântica negativa na língua inglesa, sendo elas "commit", "signs off" e "utterly". A partir da análise de correspondentes no ENPC (English-Norwegian Parallel Corpus), a autora se propõe a preencher uma tabela com informações referentes às unidades de sentido, cuja reprodução está abaixo, na figura 1:

	(Core: *commit*)
Collocation	*commit (the/a/an/Ø) murder/suicide*, etc.
Colligation	*commit* NP
Semantic preference	word or phrase to do with an unpleasant event
Semantic prosody	bad/negative

Figura 1. Ebeling (p. 164, 2014).

Na figura 1, há quatro categorias para descrever informações encontradas sobre as unidades de sentido que estão sendo investigadas: colocação ("collocation"), coligação ("colligation"), preferência semântica ("semantic preference") e, por fim, prosódia semântica ("semantic prosody"). É importante explicar de forma mais detalhada a intenção das nomenclaturas "collocation" e "colligation" utilizadas pela autora.

"Colocação" não é levado em conta como seu uso padrão, mas sim como sendo exemplos de texto que co-ocorrem com mais frequência e aparecem imediatamente após a unidade de sentido que está sendo estudada. As colocações se tornam parte de expressões multipalavras, pois não precisam ter opacidade semântica a elas associadas. Por exemplo, na colocação "dizer respeito", "respeito" é uma colocação de "dizer". Já "dizer a verdade" não é uma colocação, apesar de "verdade" ser um colocado muito comum para o verbo "dizer". Em Ebeling (2014), apesar de "verdade" não ser opaco, seria considerado uma colocação de "dizer" pois, em geral, co-ocorre com muita frequência no corpus. Como as colocações dizem respeito ao ambiente lexical, vale

ressaltar que trabalhos com corpus tratam de frequência de uso, convenção e surgimento
de fenômenos na língua, como operadores conceituais e novas categorias de análise. O
pesquisador tem acesso a grandes quantidades de dados, que fornecem inúmeros
exemplos de utilização real na língua.

"Coligação" é a classe de forma das palavras que vêm após a unidade de sentido
que, em Ebeling (2014), são "commit", "signs off" ou "utterly". "Coligação" diz
respeito, portanto, ao ambiente gramatical e sintático; à natureza gramatical e
morfossintática do complemento. Para este artigo, tomamos como referência a tabela de
Ebeling (2014), mesmo não se tratando de um estudo contrastivo, na tentativa de
preenchermos uma tabela do mesmo feitio em relação a verbos de elocução.

Sendo assim, para analisar a prosódia semântica dos verbos do dizer, fez-se
necessária a escolha do corpus de análise. Optamos por trabalhar com o projeto ACDC
por três motivos. O primeiro motivo dá-se pelo fato de os corpora que constituem o
ACDC estarem totalmente disponíveis online e de forma gratuita. O segundo motivo é
que o ACDC conta com anotação sintática, facilitando a pesquisa, que pode contar com
os filtros de busca. E o terceiro motivo, por ter como base o glossário dos verbos de
elocução, que está descrito na Gramateca, mantendo um mesmo ambiente de pesquisa,
pois acreditamos que pode trazer consistência ao trabalho.

Como corpus de análise foi o escolhido o CHAVE, que é constituído por textos
de jornais. Além disso, é importante destacar que estamos trabalhando apenas com a
variante do português brasileiro, apesar de o CHAVE contar, também, com textos
escritos em português de Portugal. Essa seleção se faz possível através das fórmulas de
busca disponibilizadas pelo ACDC. Para iniciarmos a investigação dentro do CHAVE,
escolhemos um verbo da seção CONCORDÂNCIA/DISCORDÂNCIA: "confessar".
Essa seção foi escolhida pelo fato de os verbos contidos nela expressarem algum grau
de opinião dentro do contexto do discurso relatado.

O Verbo "Confessar"

Na tentativa de traçarmos uma metodologia, iniciamos a análise com o verbo confessar,
por acreditarmos que tradicionalmente, até por seu uso em contexto religioso, é
acompanhado por um argumento negativo, como "crimes" ou "pecados". Para acharmos
os complementos dos verbos, montamos a seguinte fórmula de busca:

[lema="confessar" & variante="BR"] [pos!="V"]* @[pos="N" & func="<ACC"] within s

Ao separarmos os elementos da fórmula de busca, significa que estamos
procurando por ocorrências com o verbo confessar ([lema="confessar") na variante do
português do Brasil (& variante="BR"]). Após o verbo, pode ou não haver palavras,
desde que não sejam iguais a verbo ([pos!="V"]*). Quanto ao complemento do verbo,
procuramos por substantivos que funcionem como objeto direto do verbo (@[pos="N"
& func="<ACC"]), que é o foco da busca quando acessamos a lista de distribuição
(representado pelo @). Todos os elementos são parte da mesma frase (within s).

Já nos momentos iniciais da pesquisa, deparamo-nos com alguns obstáculos:
alguns verbos de elocução são polissêmicos, isto é, possuem sentidos diferentes. Logo, a
menos que o corpus esteja anotado para as diferenças de sentido dos verbos, como é
possível separarmos apenas os significados referentes ao discurso relatado? Outro
obstáculo encontrado inicialmente foi que, apesar de a fórmula excluir da busca os

complementos que contenham verbos, incluindo apenas objetos diretos, a lista de distribuição fornece núcleos que, na realidade, fazem parte de orações subordinadas substantivas objetivas diretas. Trata-se de uma conclusão à qual só podemos chegar após um olhar mais profundo, que parta da lista de distribuição para as linhas de concordância, observando o contexto em que cada resultado está inserido, em vez de confiarmos totalmente nos resultados obtidos pela ferramenta.

A lista de distribuição dos complementos acusativos do verbo confessar é constituída por 156 lemas diferentes. Inicialmente, 59 deles pareciam carregar uma polaridade explicitamente negativa. Desses 156 lemas, apenas oito eram palavras com sentido positivo. Independente de as palavras terem um sentido mais ou menos negociável, de acordo com o senso comum ("doença" é negativa, "alegria" é positiva), as linhas de concordância de todas as entradas foram acessadas, de modo que aquela polaridade pudesse ser confirmada ou alterada. Para as palavras que têm o sentido mais negociável, ou cuja polaridade será determinada pelo contexto, só é possível acharmos a polaridade quando acessamos as linhas de concordância. De forma descontextualizada, elas aparentam ter uma polaridade neutra, como os casos dos lemas "autoria" e "participação".

Ao analisarmos os exemplos nas linhas de concordância, vemos que esses lemas são combinados com palavras como "crime". Há 15 entradas nas quais a palavra "autoria" funciona como objeto direto. Elas aparecem abaixo na tabela 1, com seus complementos.

Tabela 1. Entradas do lema "autoria"

Entradas do lema "autoria"	Quantidade
autoria dos disparos	01
autoria do crime	09
autoria do homicídio	01
autoria do livro-bomba	01
autoria dos furtos	01
autoria de mais de 25 mortes	01
a autoria	01

Na última linha da tabela 1, o lema "autoria" aparece sem complemento. A linha de concordância da qual ele faz parte aparece abaixo, no exemplo 01:

[Exemplo 01] *F951115-043-502*: Yigal Amir, 25, **confessou a autoria**.

O exemplo 01 que corresponde à linha de concordância não foi suficiente para determinarmos a polaridade da frase. Portanto, ao acessarmos o contexto, que nesse caso é a notícia de jornal de onde a frase foi tirada, é possível vermos que se trata de autoria do crime: "Sete judeus já foram presos por ligação com o crime. Yigal Amir, 25, confessou a autoria".

O mesmo acontece com o lema "participação", que aparece catorze vezes, como mostra a tabela 2:

Tabela 2. Entradas do lema "participação"

Entradas do lema "participação"	Quantidade
participação em atividades terroristas	01
participação no crime	07
participação em orgias homossexuais	01
participação no atentado	03
participação no assassinato	01
participação na chacina	01

O mesmo procedimento de análise no caso de "autoria" foi adotado. Nas ocorrências em que não foi possível identificar uma polaridade para a frase apenas pela linha de concordância, recorremos ao contexto da notícia.

[Exemplo 02] *F940317-096-817*: Em fita, **confessou a participação** em apenas um.

Contexto do exemplo 02: "O ex-tenente é acusado de participar em três homicídios. Em fita, confessou a participação em apenas um. Luciano seria cúmplice nos crimes". Logo, pelo contexto, o lema "participação" está ligado a homicídio.

O lema "coisa" possui quatro entradas, sendo os exemplos 04 e 05 considerados negativos e os exemplos 03 e 06 com polaridade neutra; tratando-se o exemplo 06 de um complemento oracional.

[Exemplo 03] *F940610-082-939*: «Bem, preciso lhe **confessar uma coisa**», respondeu Maria.

Contexto do exemplo 03: "No primeiro encontro com Nossa Senhora, cumprimentou-a efusivamente pela carreira do seu filho Jesus. "Bem, preciso lhe confessar uma coisa", respondeu Maria. "Na verdade, eu fiz tudo para que ele estudasse Direito". (Crônica de Paulo Coelho para a Folha)"

[Exemplo 04] *F950507-015-209*: Não é provável que Jorge Bandeira **confesse alguma coisa** útil, mas o aprofundamento das investigações, em Nova York, encontrará até os nomes de mais brasileiros.

[Exemplo 05] *F950725-111-1310*: Nenhuma **confessou coisas** inconfessáveis.

[Exemplo 06] *F951009-009-64*: **Confesso que escrevi uma coisa** com esse título.

Após a análise das linhas de concordância, algumas palavras da lista de distribuição foram excluídas da contagem final. As entradas "alma" e "sangue", como mostram os exemplos 07 e 08, abaixo, vêm das expressões "lavar a alma" e "sangue de barata", que contariam cada uma como um único item lexical. Esses exemplos nos mostram que a lista de distribuição não pode ser considerada uma ferramenta sem falhas, pois os números obtidos por ela estão fora de contexto. Trata-se, portanto, de um atalho eventualmente falível, pois é resultado de uma série de processos em que pode ter havido erros no processamento automático.

[Exemplo 07] *F940408-067-742*: **Confesso que lavei a alma** justamente com as cenas mais didáticas.

[Exemplo 08] *F951001-196-2556*: **Confesso que tenho sangue** de barata, mas até barata se enche.

No exemplo 09, o lema que aparece na lista de distribuição é "ideia", cujo complemento é oracional. Podemos considerar que a frase tem uma polaridade muito positiva, por causa da palavra "excelente" colocada com o lema "ideia". Ou seja, o que está depois do verbo "confessar" é positivo. Mas, pelo fato de o verbo ter uma prosódia semântica negativa, o esperado pelo leitor era que o falante tivesse achado a ideia ruim, não excelente, a julgar pela escolha do verbo "confessar". Como o verbo já tem uma prosódia semântica negativa, aquilo que está relatado na frase, mesmo que tenha uma polaridade positiva, é relatado como algo não preferido do ponto de vista de quem relata a situação, pois o esperado seria o oposto. O uso do verbo "confessar" é a escolha do narrador, e a polaridade está vinculada ao seu ponto de vista. A lista de entradas com complemento oracional corrobora a ideia da prosódia semântica negativa, mesmo não tendo sido estudada de forma mais aprofundada para este artigo.

[Exemplo 09] *F951007-114-1372*: «**Confesso que achei excelente a idéia** de celebrar a 7ª Bienal do Livro com uma impressão fac-similar da primeira edição dos Lusíadas, a de 1572, e, sobretudo, a de me mandarem este pequeno volume.»

O mesmo pensamento ocorre no exemplo 10. O lema que aparece na lista de distribuição, com apenas uma ocorrência, é "camisinha", mas na análise da linha de concordância, vemos que se trata de um complemento oracional. Em termos de contexto, "usar camisinha" é socialmente relevante, carregando uma polaridade positiva. No entanto, há um operador de negação na frase, o "raramente", que inverte a polaridade da frase para negativa.

[Exemplo 10] *F950924-085-1174*: Com algum constrangimento, a voz do Bráulio **confessa que raramente usa camisinha** em suas relações sexuais.

Como critério para exclusão na contagem de lemas, optamos por desconsiderar aqueles cujas entradas continham apenas exemplos de colocações com complementos oracionais e nenhum sintagma nominal além de itens anotados com erro. No total, foram excluídos 76 lemas diferentes, tendo apenas cinco sido excluídos por erros de digitação. Os outros 71 estão contidos em exemplos como os complementos oracionais e/ou itens lexicais, como os exemplos 07 e 08. Passamos de 156 para oitenta lemas válidos, dos quais apenas dois carregam polaridade positiva. A tabela 3, inspirada na tabela criada por Ebeling (2014), mostra as informações obtidas nessa análise.

Tabela 3. Prosódia semântica de "confessar"

	Confessar
Colocação	Crime, assassinato, pecado, etc.
Coligação	Sintagma nominal
Preferência semântica	Palavra ou locução relacionada a um acontecimento ruim
Prosódia semântica	Negativa

Algumas polaridades foram definidas como negativas pelo contexto semântico, após a análise das linhas de concordância. No entanto, há uma dificuldade para determinarmos como encontrar a prosódia semântica dos verbos que introduzem um complemento oracional como colocação. Qual elemento da oração indicaria a prosódia semântica do verbo? O sujeito? Seria uma possível solução achar uma fórmula que excluísse complementos oracionais da busca do corpus?

Considerações Finais

Na tentativa de traçar uma metodologia para conduzirmos este trabalho, confirmamos a suspeita de que o verbo "confessar" tem prosódia semântica negativa. Portanto, demonstramos a engenharia reversa da metodologia, que foi testar uma hipótese, da qual já esperávamos obter certo resultado, com um procedimento empírico. A partir dos resultados, confirmamos se essa metodologia é, de fato, funcional para a realização da pesquisa. Conseguimos, assim, completar informações em uma tabela inspirada na de Ebeling (2014).

Ao definirmos uma prosódia semântica negativa para um determinado verbo, percebemos que ele carrega a negatividade para contextos que não seriam necessariamente negativos. Ou seja, não há polaridade negativa em algumas frases, mas o verbo "confessar", por exemplo, carrega o sentido negativo para seu complemento, por possuir uma prosódia semântica negativa. Isso faz com que o leitor seja direcionando para um tipo de interpretação, sugerindo uma manipulação dessa interpretação por parte do narrador.

Alguns questionamentos e inseguranças surgiram no desenrolar da pesquisa, principalmente em relação aos complementos oracionais dos verbos selecionados. Sabemos que uma forte característica do discurso relatado é o complemento ser uma oração, na qual está justamente o conteúdo relatado. Até o presente momento, não tomamos conhecimento de nenhuma pesquisa sobre prosódia semântica e complementos oracionais, que possivelmente poderiam trazer novos caminhos para a continuidade deste trabalho.

Os casos em que aparecem complementos oracionais nos mostram que a lista de distribuição é um gatilho para iniciar a análise, porém insuficiente. Por isso, é fundamental ter acesso às linhas de concordância. A fórmula de busca desse trabalho pede para encontrar objetos diretos dos verbos na lista de distribuição, mas a lista também inclui itens que são parte de orações subordinadas substantivas objetivas diretas. Ou seja, faz-se necessária a confirmação dos números obtidos fora de contexto pelas ferramentas, desconfiando de resultados alcançados por listas automáticas.

Como alguns complementos não têm polaridade explícita em seu núcleo, a lista de distribuição se torna insuficiente para determinarmos a polaridade de cada caso, no uso como complemento de cada verbo, como o exemplo dos lemas "autoria" e "participação", que co-ocorrem com o verbo "confessar". É preciso, então, explorar a polaridade indo além da lista de distribuição do complemento. Olhar para o contexto inteiro torna-se indispensável. Qual seria a polaridade dessas palavras que dão "suporte" ou "ligação" para o núcleo da informação? A partir dos exemplos citados, percebemos que muitas vezes a prosódia semântica é fruto de uma composição, na qual a polaridade de uma palavra contagia as outras, de acordo com as combinações feitas pelo narrador.

Cada língua, em particular, tem uma série de palavras cujas condições para que elas sejam positivas ou negativas condizem com valores sociais e que podem mudar com o tempo. O fato de estarmos pesquisando com corpus evidencia nossa vontade de trabalharmos com exemplos reais da língua. Os dados fornecidos pelo corpus mostram-se fundamentais para a elaboração de teorias, pois podemos entender melhor a dúvida se tivermos acesso a exemplos. Restam alguns questionamentos: quais os critérios para a polaridade "pré-definida" das palavras? Seria "convencionalidade" um critério suficientemente forte? E ainda: o que causa o efeito negativo na leitura e interpretação do discurso relatado, de acordo com o verbo escolhido?

Percebemos, também, que ainda é preciso encontrar uma estratégia para filtrar os sentidos dos verbos que não são de elocução, no caso dos verbos polissêmicos. E mais, para onde olhar e como pensar em polaridade quando a colocação do verbo é um complemento oracional? Em exemplos como "ele confessou que não gostou do prêmio" ou "confessou ainda que ali não havia milagres", os lemas "prêmio" e "milagres" têm polaridades positivas. No entanto, a presença da negação, em "não gostou" e "não havia", faz com que a frase tenha um efeito ruim, na medida em que não ter ou não gostar de uma coisa considerada boa é negativo. Ao mesmo tempo, o verbo "confessar" é usado, pois o esperado era que, em seus respectivos contextos, o falante gostasse do prêmio ou que ali houvesse milagres. Ou seja, a prosódia semântica é negativa, pelo uso do verbo "confessar". Ainda assim, o que faz um item positivo ou negativo? Onde saber como localizar a polaridade da frase? Quais elementos nos dão a pista da prosódia semântica? Apenas definir a prosódia semântica do verbo é suficiente para determinar a polaridade da frase?

Quanto à experiência de trabalhar com o ACDC, há vantagens e desvantagens. Notavelmente, o projeto facilita o trabalho com corpus. A plataforma é de fácil manuseio e o design é amigável. As etiquetas de anotação para verbos do dizer e discurso relatado direto e indireto já foram criadas. No entanto, algumas anotações não dão conta dos outros sentidos dos verbos, ou apresentam erro, o que é passível de acontecer na anotação automática, principalmente em um corpus desse porte. Resta saber se há estratégias para conseguir filtrar no corpus somente o que interessa, como as ocorrências dos verbos apenas com sentido de verbos de elocução. Um possível caminho talvez seja pensar em fórmulas que restrinjam pessoas ou tempos verbais.

Referências

Berber Sardinha, T. (2004) Linguística de Corpus. São Paulo: Barueri. Editora Manole.

Ebeling, S. (2014) "Cross-linguistic semantic prosody: the case of 'commit', 'signs of' and 'utterly' and their Norwegian correspondences". *Corpus-based Studies in Contrastive Linguistics, Oslo Studies in Language*, Oslo, v.6, n.1, p. 161-179.

Freitas, B. Freitas, C. (2016) O *dizer* em português: diálogos entre tradução, descrição e linguística computacional. Dissertação de Mestrado – Departamento de Letras, Pontifícia Universidade Católica do Rio de Janeiro. Rio de Janeiro.

Hunston, S. (2007) "Semantic prosody revisited". *International Journal of Corpus Linguistics,* v.12, n.2, p. 249–268.

Sinclair, J. (1996) The search for units of meaning. Textus IX, p.75–106.

Uma Proposta Metodológica para a Categorização Automatizada de Atrações Turísticas a partir de Comentários de Usuários em Plataformas Online

Vanessa Maria Ramos Lopes Paiva[1], Tiago Timponi Torrent[1]

[1]FrameNet Brasil – Programa de Pós-Graduação em Linguística
Universidade Federal de Juiz de Fora (UFJF)
Rua José Lourenço Kelmer s/nº - Campus Universitário
36036-900 – Juiz de Fora – Minas Gerais – Brasil

`vanessaletrasufjf@gmail.com, tiago.torrent@ufjf.edu.br`

Abstract. Some useful information for planning a trip should go beyond what is available in some travel guides, that is, they should bring specific information to the tourist. Considering this need, the present work aims to present a recommendation system for tourist attractions based on semantic information extracted from tourist comments on online platforms, which will go beyond the basic information (museum, restaurant), presenting specific information (if it is a suitable place for children, for example). The system performs a semantic analysis of tourists' comments on the Internet, using a knowledge base from relevant semantic frames and associated lexical items.

Resumo. Algumas informações úteis para planejar uma viagem devem ir além do que está disponível em alguns guias de viagem, ou seja, devem trazer informações específicas para o turista. Considerando essa necessidade, o presente trabalho tem como objetivo apresentar um sistema de recomendação para atrações turísticas, o qual irá além das informações básicas (museu, restaurante), apresentando informações específicas (se é um local adequado para crianças, é acessível). O sistema executa uma análise semântica dos comentários de turistas na Internet, usando uma base de conhecimentos a partir de frames semânticos relevantes e itens lexicais associados.

1. Introdução

Planejar uma viagem ou atividade de lazer requer diferentes tipos de informações sobre uma atração turística. Muitos guias de viagem podem auxiliar trazendo informações sobre os locais, como chegar, o que fazer ou até mesmo a temperatura em determinada época do ano. Do mesmo modo, essas ferramentas costumam focar em atrações de destaque ou informações mais gerais que auxiliam um planejamento básico de uma viagem. Entretanto, os guias de viagem não trazem informações específicas que muitos turistas podem precisar ao planejar uma viagem, tais como qual atração é melhor para um dia chuvoso ou que museu é interessante para crianças. Essas informações são subjetivas e são sujeitas a alterações.

Embora muitas informações estejam disponíveis em plataformas online na forma de comentários e avaliações postadas por usuários, ler todos eles é tarefa incompatível com o dinamismo de uma viagem. Considerando esse contexto, uma análise automática desses comentários poderia gerar informações mais úteis ao turista, em especial, se disponibilizadas em uma plataforma interativa e dinâmica. Não se trata apenas de extrair se a impressão geral sobre uma determinada atração é positiva ou negativa, tarcfa já clássica em Processamento de Língua Natural (PLN), mas de ir além delas, trazendo informações mais específicas que auxiliem o usuário a tomar decisões.

O trabalho se desenvolve no âmbito do projeto m.knob do Laboratório FrameNet Brasil de Linguística Computacional da Universidade Federal de Juiz de Fora. Tal projeto está desenvolvendo um assistente pessoal de viagem na forma de um *chatbot* com o qual os turistas podem interagir usando língua natural com vias a obter recomendações de atrações e atividades.

Nesse contexto, este trabalho tem como objetivo propor uma metodologia de categorização automatizada para atrações turísticas baseada na informação semântica extraída de comentários de turistas em plataformas online. Tal metodologia prevê a existência de um analisador que extrairá a informação semântica dos comentários e a traduzirá em um *cluster* de frames. O sistema também irá gerar *clusters* a partir dos inputs do usuário e, posteriormente, mapeará as semelhanças entre os *clusters*, sugerindo atrações e atividades turísticas que possam aderir aos interesses do usuário.

Na próxima seção, apresentamos os conceitos fundamentais da Semântica de Frames, teoria que dá sustentação ao desenvolvimento da FrameNet Brasil e da base m.knob, enquanto as seções seguintes estão assim distribuídas: a seção 3 traz a proposta metodológica, a seção 4 apresenta uma análise de exemplo em Português e a seção 5 apresenta as considerações finais.

2. Semântica de Frames

Para a Linguística Cognitiva, o significado das palavras associa-se às experiências sociais e culturais, uma vez que essa perspectiva teórica considera a linguagem como parte da cognição. Desse modo, em suas interações, o falante/ouvinte constrói o significado através de conceptualizações, com base em suas experiências. Nesse contexto, Fillmore (1982) propõe um modelo segundo o qual o significado das expressões é perspectivizado, ou seja, o significado é construído através de pontos de vistas diferentes e não de uma única maneira objetiva. Partindo desse princípio, ao se propor uma pesquisa a partir da Semântica de Frames, compreende-se que a dimensão do significado é expressa a partir de estruturas cognitivas – frames – os quais os falantes utilizam para expressar o entendimento de sua língua[Fillmore & Baker 2010].

A Semântica de Frames é o estudo de como as formas linguísticas evocam ou ativam frames e de como os frames ativados podem ser integrados no entendimento de sentenças [Fillmore & Baker 2010]. Desse modo, a Semântica de Frames oferece um entendimento de como o significado emerge a partir de cenas. Um exemplo são os verbos *comprar* e *vender* que evocam cenas com perspectivas diferentes, isto é, em *comprar*, a cena é perspectivizada pelo comprador, enquanto que em *vender*, o é pelo vendedor. Percebe-se que, a partir dessas diferentes perspectivas, um frame é construído cognitivamente na interação, contribuindo para a compreensão de uma expressão.

A partir da Semântica de Frames, surgiu a FrameNet, um projeto lexicográfico computacional, que extrai informações sobre propriedades semânticas e sintáticas de palavras do inglês, através de um grande corpus eletrônico [Fillmore 2003a].A FrameNet identifica e analisa os frames evocados nas sentenças anotadas para o sistema, buscando estudar que propriedades – sintáticas e semânticas – se instanciam nelas.

2.1.FrameNet Brasil

A partir da FrameNet de Berkeley, outras FrameNets surgiram ao redor do mundo e uma delas é a FrameNet Brasil. Ela vem se desenvolvendo desde 2007 e se baseia na Semântica de Frames para a análise de sentenças no Português [Torrent & Ellsworth 2013]. Considerando a Semântica de Frames como a base teórica da FrameNet Brasil, os principais pilares analíticos dessa iniciativa são frames, elementos de frame (EFs), unidades lexicais (ULs) e anotação lexicográfica.

Assim como em outras FrameNets, a FrameNet Brasil considera em sua análise: (a) um conjunto de frames, compostos por elementos de frame (EFs) e (b) as unidades lexicais (ULs), palavras que evocam frames. Essas categorias são consideradas na anotação lexicográfica de sentenças do Português. Esse tipo de anotação considera a unidade lexical (UL) como ponto central no processo de anotação, porém, outros constituintes da sentença também são considerados nessa tarefa [Fillmore, et al. 2003]. Esses constituintes, tais como nomes, verbos e advérbios são anotados em camadas separadas, as quais identificam os EFs, que podem ser nucleares e não-nucleares, a Função Gramatical (FG) e o Tipo Sintagmátco (TS). A título de exemplo, considere-se o frame Chegar, reproduzido na Figura 1.

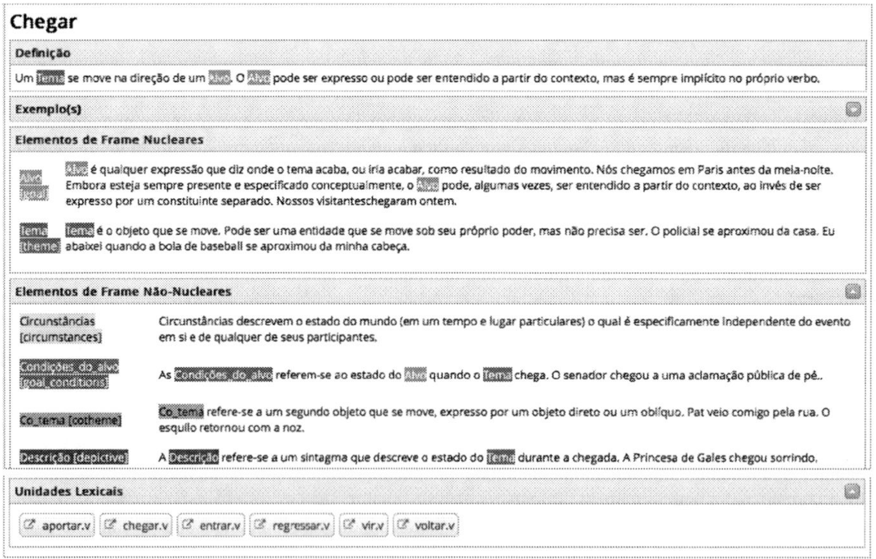

Figura 1. Exemplo de frame na FrameNet Brasil

A partir da definição do frame, sentenças contendo as ULs que o evocam, nesse caso, *aportar.v, chegar.v* entre outras, podem ser anotadas e o produto dessa anotação gera padrões de valência nos quais cada UL pode se instanciar. Para a composição de tais padrões, são atribuídas, para cada EF, etiquetas relativas à FG – tais como "Ext" (Externo), "Obj" (Objeto), "Dep" (Dependente) e "Quant" (Quantificador) – e ao TS –

NP (Sintagma Nominal), PP (Sintagma Preposicionado), VInf (Verbo Infinitivo), entre outros.

2.2. Multilingual Knowledge Base (m.knob)

A FrameNet Brasil vem desenvolvendo um repositório de frames multilínguesde domínio específico chamado Multilingual Knowledge Base (m.knob). A primeira versão do banco de dados do m.knob, desenvolvida para os Jogos Olímpicos do Rio 2016,apresentava 52 frames e mais de 2000 unidades lexicais, modelando os domínios do turismo [Gamonal & Torrent 2015] e dos esportes [Costa 2017] em três línguas: Português, Espanhol e Inglês. Passados os jogos, a base de dados está sendo expandida para modelar de maneira mais detalhada os vários aspectos da experiência turística, incluindo-se aqueles que não se distinguem, ao menos do ponto de vista terminológico, de modelos lexicais genéricos.

Esses frames podem ser entendidos como modelos de sistemas conceituais que representam tanto eventos – tais como fazer uma reserva – como entidades – tais como atrações urbanas e naturais. Cada frame é composto por uma definição e um conjunto de elementos que definem a cena que funciona de pano de fundo para o significado da unidade lexical que evoca o frame [Fillmore 1982]. A Figura 2 apresenta o frame de Serviço_turístico_reservar, evocado pelas unidades lexicais *reserva.n* e *reservar.v*, conforme consta na base de dados da FrameNet Brasil.

Serviço_turístico_reservar

Definição
O **turista** realiza as reservas necessárias para o planejamento das atividades turísticas.

Exemplo(s)

Elementos de Frame Nucleares

Serviço_turístico [Tourist_service] Serviços ou produtos reservados pelo **turista** quando do planejamento de sua viagem ou durante a atividade turística.

Turista [Tourist] Indivíduo ou grupo que efetua reservas de **Serviço_turístico**.

Elementos de Frame Não-Nucleares

Relações

Unidades Lexicais

reserva.n   reservar.v

Figura 2: Frame Serviço_turístico_reservar

No m.knob, assim como nas demais FrameNets, os frames se relacionam entre si em uma rede, conforme Figura 3. As relações podem indicar se um frame é um sub-evento dentro de um evento complexo (setas azuis), se ele apresenta uma perspectiva específica sobre uma cena neutra (setas rosas indicando as perspectivas do turista e do prestador do serviço turístico), se ele ocorre necessariamente antes de outro frame (seta preta) ou se ele pressupõe algum outro frame (setas verdes).

Os frames do m.knob incluem tanto eventos e entidades específicos do turismo, quanto outros de domínio geral, uma vez que ambos são necessários para o entendimento dos comentários dos turistas sobre as atrações. Itens lexicais tais como *museu.n, visitar.v, restaurante.n* representam interesses primários do turistas. Além desses interesses, o turista pode necessitar de informações secundárias como se o lugar é acessível, se é bom para dias chuvosos, entre outros. Dessa forma, o banco de dados do m.knob inclui frames relevantes para descrever tanto interesses primários, ou seja, os tipos de eventos e entidades tipicamente turísticos,quanto secundários, ou seja, características e propriedades que, em princípio, se aplicam a quaisquer eventos ou entidades.

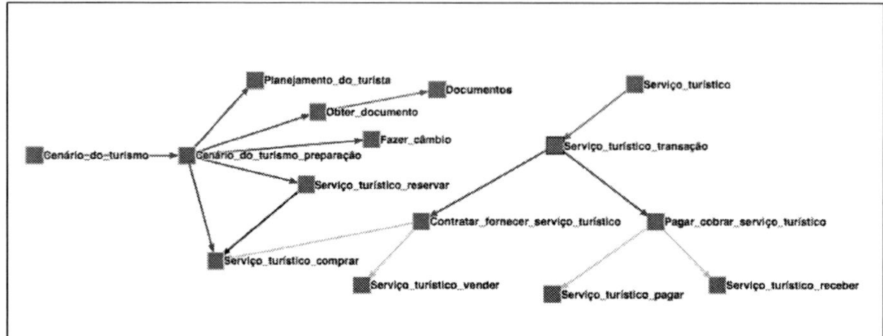

Figura 3: Extrato da Rede de frames do m.knob

Nesse sentido, a base atual expandida do m.knob conta com 331 frames, que incluem tanto frames modelados pela FrameNet Brasil, quanto frames que já constavam da base de dados de vocabulário genérico da Berkeley FrameNet [Fillmore et al. 2003].

3. Proposta Metodológica

Embora a cultura colaborativa da internet tenha trazido avaliações subjetivas sobre atrações turísticas através de ferramentas diversas, isso ainda não é suficiente para que o usuário possa aproveitar essas informações, dada a impossibilidade de ler todas as avaliações postadas. Dessa forma, o projeto proposto nesse trabalho supera essas limitações através de uma base de conhecimento multilíngue que modela o domínio do turismo e de um categorizador algorítmico que usa essa base de conhecimento para gerar representações semânticas detalhadas de atrações turísticas.

Com base no categorizador algorítmico, o sistema irá verificar os comentários postados e extrairá o significado das palavras candidatas. Em um primeiro estágio, é reunido o conjunto de frames evocados nos comentários. Em seguida, os frames evocados serão pesados quanto à sua frequência nos dados. Em uma terceira etapa, os agrupamentos de frames que representam cada lugar serão derivados e armazenados no banco de dados do m.knob. Como objetivo final dessa pesquisa, uma interface de usuário será desenvolvida, onde o turista informará, através de uma interface conversacional, o que ele gostaria de fazer, usando língua natural. No estágio final, o sistema fornecerá ao turista recomendações de lugares classificados de acordo com os resultados de um processo de correspondência entre a representação semântica gerada para a sentença do usuário e aquelas geradas para as atrações a partir da análise dos comentários. Uma visão geral do sistema de categorização é apresentada na Figura 4.

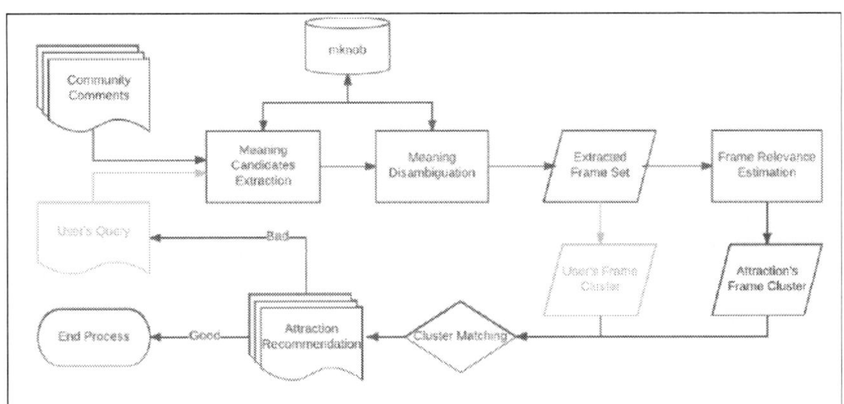

Figura 4. Visão geral do sistema de categorização. Os elementos em azul representam os processos atuantes sobre comentários disponíveis em plataformas online; aqueles em amarelo, os atuantes sobre a entrada do usuário, e aqueles em verde as partes do sistema que trabalham sobre ambos.

4. Análise de Exemplos

Para o estudo piloto, um corpus que conta com 3495 comentários sobre 939 locais em São Francisco (EUA), foi extraído do Google Places API. Uma versão alfa do analisador semântico identificou os frames potencialmente evocados por cada comentário. Dentre os 50 frames mais evocados, 24 se referiam a interesses secundários, 20 se referiam a um vocabulário mais geral, não sendo necessariamente interesses turísticos e 6 eram menos importantes.

Em relação à natureza e aos exemplos dos frames evocados a partir dos comentários dos usuários, entre os frames que se referiam a interesses primários, destacam-se Locais_por_uso (com ULs como *museu.n, igreja.n* e *praça.n*) e Locais_naturais (*praia.n* e *vale.n*). Já entre os secundários, destacam-se Parentesco (*filho.n, avô.n, irmão.n*), Pessoas_por_idade (*criança.n, idoso.a*), Custo (*caro.a, barato.a*), Foco_no_estímulo (*lindo.a, majestoso.a*), entre outros. Esses dados sugerem como os frames evocados nos comentários dos turistas, podem auxiliar na representação semântica detalhada de atrações turísticas, contribuindo para o fornecimento de dados para o aplicativo.

A partir dessa proposta metodológica, nesta seção, será apresentada uma análise exemplar para o Português. Usaremos como exemplo a sentença em (1), um comentário sobre a Universidade Federal de Juiz de Fora, extraído da plataforma Google Local Guides:

(1)   A UFJF é uma boa instituição de ensino e um ótimo lugar para passar as tardes de sábado e domingo, praticando esportes e atividades ao ar livre, como vôlei e peteca. Além disso, é frequente a ocorrência de eventos noturnos, como shows.

Aplicando-se a esta sentença o procedimento de indicação dos frames evocados por cada UL constante da base da FrameNet Brasil, temos a anotação proposta em (2).

(2) A UFJF é uma [boa^{Avaliar}] [instituição de ensino^{Locais_por_uso}] e um [ótimo^{Ser_desejável}] [lugar^{Local}] [para^{Finalidade}] [passar^{Estada_temporária}] as [tardes^{Unidades_calêndricas}] de [sábado^{Unidades_calêndricas}] e [domingo^{Unidades_calêndricas}], [praticando esportes^{Atividades_de_lazer}] e [atividades ao ar livre^{Atividades_de_lazer}], como [vôlei^{Esporte}] e [peteca^{Esporte}]. Além disso, é [frequente^{Frequência}] a [ocorrência^{Evento}] de [eventos noturnos^{Evento}], como [shows^{Artes_performáticas}].

Como se pode notar, a grande maioria das palavras e expressões que constituem o comentário encontram correspondência em algum frame. Considere-se ainda que, apenas para a Universidade Federal de Juiz de Fora, a plataforma do Google Local Guides conta com 224 comentários de usuários. Isso posto, fica demonstrada a riqueza dos dados que podem ser extraídos e compilados na plataforma m.knob a partir da web.

5. Considerações Finais

O presente artigo teve como objetivo apresentar uma metodologia de categorização automatizada para atrações turísticas baseada na informação semântica extraída de comentários de turistas em plataformas online. Além disso, buscou-se demonstrar como a Semântica de Frames pode auxiliar na interpretação semântica de dados, através dos frames evocados em cada sentença. Outro ponto de destaque foi a apresentação do repositório de frames multilíngues de domínio específico chamado Multilingual Knowledge Base (m.knob) que a FrameNet Brasil vem desenvolvendo. A partir da apresentação do m.knob, buscou-se apontar como essa ferramenta pode auxiliar na extração de informações semânticas de comentários de usuários, através de uma proposta metodológica de categorização automatizada.

Esse estudo inicial sugere que o banco de dados do m.knob tenha cobertura suficiente de interesses turísticos primários e secundários para apoiar a extração das informações semânticas necessárias para o sistema de categorização proposto.

Referências

Costa, A. D. (2017). *A Tradução por Máquina Enriquecida Semanticamente com Frames e Estruturas Qualia*. Qualificação. (Progressão ao Doutorado) – Universidade Federal de Juiz de Fora. Juiz de Fora, p.139.

Fillmore, C. J. (1982). Frame Semantics. In: Linguistic Society of Korea (Eds.), *Linguistics in the morning calm* (pp. 111 – 137). Seoul: Hanshin.

Fillmore, C. J. Johnson, R. C., Petruck, M. R. L. (2003a) Background to FrameNet. *International Journal of Lexicography,* 16 (3), p. 235-250.

Fillmore, C. J., Petruck, M. R., Ruppenhofer, J., & Wright, A. (2003). FrameNet in action: The case of attaching. *International Journal of Lexicography, 16*(3), 297-332.

Fillmore. C. J.; Baker, C. (2010) A frames approach to semantic analysis. In: HEINE, B. & HEIKO, N. (Eds.). *The Oxford Handbook of Linguistic Analysis*. New York: The Oxford University Press, p. 313-339.

Gamonal, M.; Torrent, T. T. (2015). Diretrizes para a criação de um recurso lexical multilíngue a partir da semântica de frames: a experiência turística em foco. Domínios de Lingu@gem 9, p. 56-75.

Torrent, T. T. & Ellsworth, M. (2013) Behind the Labels: Criteria for Defining Analytical Categories in FrameNet Brasil. In: *Veredas*: Framc Scmantics and its technological applications. Juiz de Fora: UFJF, v. 17, p.44-65.

Proceedings of Symposium in Information and Human Language Technology. Uberlândia, MG, Brazil, October 2–5, 2017. ©2017 Sociedade Brasileira de Computação.

Sofrer uma ofensa, Receber uma advertência: Verbos-suporte Conversos de 'Fazer' no Português do Brasil

Cláudia D. Barros[1], Nathalia P. Calcia[2], Oto A. Vale[2]

[1]Instituto Federal de Educação, Ciência e Tecnologia de São Paulo (IFSP)
Câmpus Sertãozinho - SP - Brasil

[2]Programa de Pós-Graduação em Linguística (PPGL)
Universidade Federal de São Carlos (UFSCar) - São Carlos - SP - Brasil

`claudiabarros@ifsp.edu.br, nathalia.perussi@gmail.com,`
`otoval@gmail.com`

Abstract. *This paper aims to present the syntactic operation called conversion, which occurs in nominal predicates with the support-verb 'fazer' (do/make). We have noted in the examples that the most frequent converse support-verb is 'receber' (receive). There is another converse verb as well, as 'sofrer' (suffer), but it is present in sentences with a negative sense. The analysis was done based on the Lexical Grammar theory.*

Resumo. *Este trabalho tem como objetivo apresentar a descrição da operação sintática chamada conversão nos predicados nominais que apresentam o verbo-suporte 'fazer'. Constatou-se, nos exemplos analisados, que o verbo-suporte converso que apresenta o maior número de ocorrências neste caso é o verbo 'receber'. Outro verbo converso de 'fazer' é sofrer, que ocorre predominante em construções que apresentam uma carga semântica negativa. As análises foram realizadas tendo como arcabouço teórico a Léxico-Gramática.*

1. Introdução

Neste trabalho será apresentada a descrição de uma operação sintática particular que afeta um certo número de substantivos predicativos (*Npred*) e as construções com seus respectivos Verbo-Suporte (*Vsup*) e construções correspondentes com o mesmo *Npred*. Trata-se das construções conversas

Segundo Ranchhod (1990, p. 52), os *Vsup* são aqueles que apoiam flexionalmente o elemento núcleo da predicação, o substantivo predicativo, fornecendo-lhe as marcas de tempo-aspecto-pessoa-número, pois o substantivo, pela sua morfologia, não as apresenta, e formando com ele o predicado da frase. Alguns dos *Vsup* mais comuns são *fazer, ter, ser* e *dar*.

Os *Npred* são substantivos que possuem argumentos, ou seja, é em relação a eles que os outros elementos da frase são estabelecidos. Esses substantivos selecionam o tipo e o número de seus argumentos, fazendo também uma restrição lexical a essa posição.

O verbo 'fazer' pode estar presente em uma construção como verbo-suporte, por exemplo em: *Ana fez um convite a Maria,* em que há uma construção verbal relacionada (*Ana convidou Maria).* Esse tipo de construção foi analisada no trabalho de Barros (2014), por meio do estudo de 1815 predicados nominais formados pelo *Vsup fazer* em um *Npred* do PB.

Entretanto, para esse mesmo *Npred 'convite'* é possível observar uma construção que foi chamada de *construção conversa* por Gross(1989): *Maria recebeu um convite de Ana,* na qual estão presentes os mesmo argumentos da construção inicial mas de forma invertida. Essa propriedade foi mais profundamente estudada por Calcia (2016), cuja análise englobou construções com outros verbos-suportes, além do verbo *fazer,* objeto do presente estudo.

O trabalho está divido da seguinte maneira. Inicialmente serão apresentados os princípios gerais da Teoria do Léxico Gramática. Em seguida, serão examinadas as construções conversas, com foco especial naquelas cuja construção standard é feita com Vsup fazer. Finalmente, serão apresentados os resultados com a toda a gama de verbos suporte que aparecem nessa construção conversa.

2. Léxico-Gramática

O Léxico-Gramática [Gross, 1975] propõe que seja feita uma investigação e descrição linguística formalizada em matrizes binárias, nas quais as frases simples se encontram nas linhas e as propriedades sintático-semânticas, nas colunas. Cada matriz corresponde a uma classe léxico-sintática. Quando uma entrada possui determinada propriedade, é assinalado na coluna '+', e quando há a ausência dessa propriedade, utiliza-se o símbolo '-', como se nota na Figura 1, que mostra uma parte da matriz feita para formalizar as construções conversas do *Vsup* 'fazer':

Nome pred.	Classe PE (1997)	Classe PB	Vsup=dar	Vsup=fazer	Vsup=ter	Argumentos	N1=Nhum	N1=N-hum	DET=E	DET=Def.	DET=Indef.	Prep. conversa	N0=Nhum	N0=N-hum	Vsup=receber	Vsup=ter	Vpleno corresp.	Vsup=contar com	Vsup=obter	Vsup=ganhar	Vsup=tomar	Vsup=possuir	Vsup=sofrer	Exemplo
boicote	-	FR	-	+	-	3	+	-	+	+	+	de, por parte de	+	-	+	+	boicotar	-	-	-	-	-	+	O Brasil recebeu o boicote dos EUA.
calúnia	-	FR	-	+	-	2	+	-	-	-	+	de, por parte de	+	-	+	-	caluniar	-	-	-	-	-	+	Maria recebeu uma calúnia da Ana.
caridade	-	FR	-	+	-	2	+	-	-	+	+	de, por parte de	+	-	+	-		+	-	-	-	-	-	Maria recebeu uma caridade da Ana.
carta	-	FR	-	+	-	2	+	-	-	+	+	de	+	-	+	-		-	-	+	-	-	-	Maria recebeu uma carta da Ana.
cassação	-	FR	-	+	-	2	+	-	+	-	-	de	+	-	+	+	cassar	-	-	-	-	-	+	O presidente recebeu cassação do governo.
catequização	-	FR	-	+	-	2	+	-	+	-	-	de, por parte de	+	-	+	+	categorizar	-	-	-	-	-	-	Maria recebeu a catequização do padre.
censura	-	FR	-	+	-	3	+	+	+	+	-	de	+	-	+	+	censurar	-	-	-	-	-	-	A novela recebeu a censura da mídia.
citação	-	FR	-	+	-	2	-	+	-	+	+	de	+	-	+	+	citar	+	-	-	-	+	-	O texto recebeu uma citação da Ana.
classificação	-	FR	-	+	-	2	-	+	+	+	+	de	+	-	+	+	classificar	-	+	-	-	+	-	O verbo "dar" recebeu a classificação da Ana.
companhia	-	FR	-	+	-	2	+	+	-	+	-	de	+	-	+	+		+	-	-	-	-	-	Maria teve a companhia de Ana.
contraproposta	-	FR	-	+	-	2	+	-	-	+	+	de, por parte de	+	-	+	+		-	+	-	-	-	-	Maria recebeu a contraproposta da Ana.
convocação	-	FR	-	+	-	3	+	-	-	+	-	de, por parte de	+	-	+	+	convocar	-	-	-	-	-	-	Maria recebeu a convocação do time.
cristianização	-	FR	-	+	-	2	+	-	-	+	-	de	+	-	+	+	cristianizar	-	-	+	-	-	-	O índio recebeu a cristianização do padre.
crítica	-	FR	-	+	-	2	+	-	-	+	+	de	+	-	+	+	criticar	-	-	-	-	-	+	Maria recebeu uma crítica da Ana.
curativo	-	FR	-	+	-	3	+	-	-	+	+	de	+	-	+	-		-	-	-	-	-	-	Maria recebeu um curativo da Ana.
dádiva	-	FR	-	+	-	2	+	-	-	+	+	de, por parte de	+	-	+	-		-	-	+	-	-	-	Maria recebeu uma dádiva da Ana.
dedicatória	-	FR	-	+	-	2	+	+	-	+	+	de	+	-	+	+	dedicar	-	-	-	-	-	-	Maria recebeu uma dedicatória de Ana.
desabafo	-	FR	-	+	-	2	+	-	-	+	+	de	+	-	+	+	desabafar	-	-	-	-	-	-	Maria recebeu o desabafo da Ana.
desagravo	-	FR	-	+	-	2	+	-	-	+	+	de	+	-	+	+		-	-	-	-	-	+	Maria recebeu um desagravo da Ana.
desfeita	-	FR	-	+	-	2	+	-	+	-	+	de, por parte de	+	-	+	+		-	-	-	-	-	+	Maria recebeu uma desfeita da Ana.

Figura 1. Exemplo de matriz-binária

Essa metodologia possui como base a Teoria Transformacional [Harris, 1964, 1965], a qual propõe que existem frases *standard,* sobre as quais podem se realizar

algumas alterações na estrutura sintática, sem que haja alteração de sentido, como a
passiva, a simetria e a conversão.

O princípio básico do Léxico-Gramática é o de que as entradas da léxico são
frases elementares e a metodologia consiste em estabelecer classes com os elementos
que apresentam características sintáticas semelhantes, como pontuou Vale (2001).

3. Conversão

A conversão é uma operação sintática em que há a permuta do argumento com função
de sujeito pelo argumento que é o complemento preposicional em torno do núcleo
predicativo da frase, sem que o sentido global seja alterado. De acordo com Gross
(1989), o complemento da frase *standard* ocupa a posição de sujeito da frase conversa e
o sujeito da frase *standard* se torna o complemento preposicional introduzido por *de* ou
da parte de, seguido de um nome humano (*Nhum*), na frase conversa.

Essa operação é equivalente à passiva nas construções verbais, sendo, assim,
considerada como um tipo de passiva nominal, segundo Gross (1989, 1993). A
transformação de conversão foi estudada, entre outros, por Ranchhod (1990) e Baptista
(1997), Baptista (2005b). Os seguintes exemplos apresentam uma frase *standard* e sua
construção conversa equivalente:

(1) Maria fez um convite a Ana (para ir à festa)
[Conv.] = Ana recebeu um convite (de + da parte de) Maria (para ir à festa)

No primeiro exemplo, *Maria* é, simultaneamente, o sujeito e agente da frase,
enquanto *Ana* é o complemento do nome predicativo, com papel semântico de paciente.
Já na segunda frase observa-se a troca dos argumentos em torno do núcleo predicativo,
sem haver a alteração dos papéis semânticos e a substituição do *Vsup* elementar 'fazer'
na frase *standard* pelo verbo 'receber', de orientação inversa (passiva), chamado de
Vsup converso, por Gross (1989).

Como forma de mostrar as semelhanças existentes entre as construções
conversas e as passivas verbais, Gross (1993) apresenta algumas propriedades comuns
às duas construções, como:

i) Inversão dos argumentos:

(2) Ana criticou Maria
Maria foi criticada por Ana
Ana fez uma crítica a Maria
Maria recebeu uma crítica de Ana

ii) Apagamento do agente:

(3) Ana aconselhou eficazmente Maria
Ana deu conselhos eficazes a Maria
Maria recebeu conselhos eficazes (E + de Ana + da parte de Ana)

iii) Bloqueio da passiva quando há alguns complementos correferentes ao sujeito:

(4) Ana deu uma ajuda a Maria, relendo seu trabalho
**Maria recebeu uma ajuda de Ana, relendo seu trabalho*

Como cita Gross (1989, p. 09), a frase conversa deve possuir a mesma distribuição dos determinantes e o mesmo tipo e número de argumentos da frase *standard*. Outra característica das frases conversas é o fato de aceitarem a relativização, porém, sem a redução do *Vsup* converso e, por consequência, sem a formação de grupo nominal (GN), como se nota em:

(5) Zé fez um elogio a Ana
[Conv] = Ana recebeu um elogio de Zé
[Rel] = O elogio que Ana recebeu de Zé <foi encorajador>
*[Red que Vsup] = *O elogio de Ana de Zé <foi encorajador>*
*[Red que Vsup] = *O elogio a Ana de Zé <foi encorajador>*

O que causa a inaceitabilidade do *GN* é o fato de haver dois elementos introduzidos pela preposição *de*, fato que gera um problema de interpretabilidade, pois não se sabe qual deles é o sujeito. Nota-se, porém, que a frase com *por parte de* torna-se aceitável:

[Red que Vsup] = O elogio a Ana por parte de Zé <foi encorajador>

4. Resultados

Segundo Barros (2014) e Calcia (2016), em seu estudo sobre o alcance da operação de conversão sobre as construções com o *Vsup* 'fazer', foram identificados como verbos conversos os *Vsup* 'receber', 'sofrer' e 'ter', nas construções que aceitam esse tipo de operação.

Seguem a seguir alguns exemplos de construções com o *Vsup* 'fazer' e suas respectivas construções conversas. Ressalta-se, ainda, que os exemplos utilizados neste resumo foram construídos com base em frases mais complexas encontradas na Web, por meio da ferramenta WebCorp [Morley, 2006].

(6) O professor fez uma advertência aos alunos
[Conv] = Os alunos receberam uma advertência do professor

(7) Maria fez uma injustiça com Ana
[Conv] = Ana sofreu uma injustiça da parte de Maria

(8) Maria fez companhia à Ana
[Conv] = Ana teve a companhia de Maria

Constatou-se nos dados que a maior parte dos predicados nominais em que ocorre a conversão apresenta como *Vsup* converso o verbo 'receber'. Notou-se também que as construções que apresentam uma carga semântica negativa, como *'fazer uma ofensa', 'fazer uma traição', 'fazer suborno'*, tem como *Vsup* converso o verbo 'sofrer'.

Calcia (2016), em sua análise da conversão com o *Vsup fazer*, aloca os predicados nominais em uma classe intitulada 'FR' (fazer-receber) e identifica algumas características, como:

- Esses predicados nominais também podem ser construídos com o *Vsup* 'dar' *(fazer/dar um advertência, fazer/dar um agradecimento, fazer/dar um elogio)*;

- Na construção conversa, além do *Vsup* elementar **'receber'**, também pode ocorrer os *Vsup* **'ter'** *(Ana teve a companhia de Maria),* **'sofrer'** *(O ministro sofre a cassação),* **'contar com'** *(Ana contou com a caridade de Maria),* **'possuir'** *(O texto possui uma citação de Ana),* **'ganhar'** *(Ana ganhou um elogio de Maria),* **'obter'** *(O projeto obteve o fomento da instituição).*

- As construções conversas da classe FR aceitam determinantes variados e as preposições *de* ou *por parte de*. Em alguns casos, o agente da construção pode ser apagado e isso ocasiona a exclusão da preposição do complemento da construção conversa *(Maria fez uma injustiça com Ana/Ana sofreu uma injustiça).*

O verbo *aceitar* poderia ser admitido como variante conversa de 'receber' em casos muito particulares, com os *Npred* 'devolução' *(Ana aceitou a devolução [de dinheiro] da Maria),* 'proposta' *(Ana aceitou a proposta da Maria)* e 'sugestão' *(Ana aceitou a sugestão da Maria)*, onde, geralmente, a construção apresenta um sujeito e um complemento do tipo humano. Nesse caso, é necessário que o sujeito da frase conversa realize um ato volitivo, dessa maneira, o nome predicativo também tem que possuir essa característica, ou seja, tem que passar uma informação que pode ser negada ou não pelo sujeito (N1 da construção conversa). Porém, uma nova informação é inserida na construção, além do sujeito receber a proposta, ele também a aceita *(Ana recebeu e aceitou a proposta da Maria),* impedindo a classificação desse verbo como um verbo-suporte.

O Quadro 1 mostra alguns exemplos de nomes predicativos que correspondem às variantes do *Vsup* converso 'receber', que pertencem à classe FR do estudo de Calcia (2016):

Quadro 1. Variantes e *Npred* da classe FR (*fazer-receber*)

Variante	Nome predicativo
ter	*autenticação, catequização, censura, dedicatória, desabafo, doutrinação, entrevista, exigência, petição, promessa, visita*
sofrer	*acusação, agressão, ameaça, calunia, cassação, crítica, descriminação, injuria, injustiça, ofensa, provocação, traição*
contar com	*caridade, citação, companhia, escolta, gentileza*
possuir	*acordo, anotação, averiguação, classificação*
ganhar	*agrado, carta, festa, jura de amor, lisonja, promoção, ressarcimento, reverência, serenata, surpresa*
obter	*adendo, averiguação, autenticação, contraproposta, fomentação, recusa, restituição, ressarcimento*

Cerca de 110 nomes predicativos construídos com o verbo-suporte 'fazer' aceitam a operação de conversão com uma ou mais de uma das variantes destacadas na tabela acima, além de aceitarem o verbo converso principal 'receber'.

5. Conclusão

Por meio do estudo apresentado aqui, foi possível identificar quais são os verbos-suporte conversos de 'fazer', e com quais nomes predicativos eles se constroem. Identificou-se, também, uma regularidade semântica, pois os nomes que apresentam uma carga semântica negativa apresentam, além do *Vsup* 'receber', o *Vsup* 'sofrer'.

Toda a análise pode ser considerada de grande valia para a descrição das construções com *Vsup* no português do Brasil, já que apresentou quais são as propriedades sintático-semânticas dessas construções e suas regularidades.

Referências Bibliográficas

Baptista, J. (1997). Sermão, tareia e facada: uma classificação das expressões conversas dar-levar. In: *Seminários de Linguística 1*, Faro. Universidade do Algarve, Unidade de Ciências Exactas e Humanas, pp. 5-38.

Baptista, J. (2005). *Sintaxe dos predicados nominais com ser de*. Tese de Doutoramento. Faculdade de Ciências Sociais e Humanas, Universidade do Algarve.

Barros, C. D. (2014). Descrição e classificação de predicados nominais com o verbo-suporte 'fazer' no Português do Brasil. Tese de Doutorado. São Carlos: Universidade Federal de São Carlos, Programa de Pós-Graduação em Linguística.

Calcia, N. P. (2016). Descrição e classificação das construções conversas do Português do Brasil. Dissertação de Mestrado. São Carlos: Universidade Federal de São Carlos, Programa de Pós-Graduação em Linguística.

Gross, M. (1975). Méthodes en syntaxe. Paris: Hermann.

Gross, G. (1989). Les constructions converses du français. *Langue et cultures*, 22. Travaux du Laboratoire de Linguistique Informatique. Librairie Droz: Genève-Paris.

Gross, G. (1993). Les passifs nominaux. *Langages*. 109, pg. 103-125, Paris : Larousse.

Gross, M. (1981). Les bases empiriques de la notion de prédicat sémantique. *Langages*, páginas 7-52.

Harris, Z. S. (1964). Papers on syntax. In: . Papers on Syntax. Dordrecht, Holland: D. Reidel Publishing Company. v. 14, cap. The Elementary Transformations, p. 211–235.

Harris, Z. S. (1965). Papers on syntax. In: . Papers on Syntax. Dordrecht, Holland: D. Reidel Publishing Company, cap. Transformational Theory, p. 236–280.

Morley, B. (2006). WebCorp: A Tool for Online Linguistic Information Retrieval and Analysis in A. Renouf & A. Kehoe (eds.) The Changing Face of Corpus Linguistics, Amsterdam: Rodopi.

Ranchhod, E. M. (1990). Sintaxe dos predicados nominais com Estar. Lisboa, INIC – Instituto Nacional de Investigação Científica de Lisboa.

Vale, O. A. (2001). Expressões Cristalizadas do Português do Brasil: uma proposta de tipologia. Tese (Doutorado) — Universidade Estadual Paulista, Araraquara.

Os Provérbios em manuais de ensino
de Português Língua Não Materna

Sónia Reis[1], Jorge Baptista[1,2]

[1]Faculdade de Ciências Humanas e Sociais – Universidade do Algarve (UAlg)
Campus de Gambelas – 8005-138 – Faro – Portugal

[2]INESC-ID – Lisboa – Laboratório de Processamento da Língua Falada
Lisboa – Portugal

reis.soniamm@gmail.com, jbaptis@ualg.pt

Abstract. Proverbs present a wide variety of structures and may serve many communicative purposes. Due to their cultural and linguistic richness, they can be used to attain different didactic objectives, specifically in foreign language teaching. In this paper, we investigate how proverbs are in fact used in a corpus of Portuguese as Foreign Language (PFL) textbooks, using natural language processing (NLP) tools and resources. Results will be compared with previous findings on a corpus of Portuguese textbooks for native speakers.

Resumo. Os provérbios apresentam uma grande variedade de estruturas e podem servir diversos propósitos comunicativos. Devido à sua riqueza cultural e linguística, prestam-se ainda a múltiplos objetivos didáticos, nomeadamente no ensino de Português como Língua não Materna (PLNM). Neste trabalho, investigamos como são de facto utilizados os provérbios em manuais de PLNM, usando ferramentas e recursos de processamento computacional de linguagem natural (PLN). Os resultados são comparados com observações já feitas sobre um corpus de manuais de Português para falantes nativos.

1. Introdução

Os provérbios apresentam uma grande diversidade de estruturas formais e servem uma multiplicidade de propósitos comunicativos (Charteris-Black, 1995; Hrisztova Gotthardt & Varga, 2015). A sua riqueza linguística e cultural faz deles um recurso bastante usado em ensino das línguas, uma vez que são frases concisas e linguisticamente muito diversificadas, de fácil acesso, podendo servir diferentes objetivos didáticos. Simultaneamente, são uma manifestação particularmente expressiva da cultura da comunidade linguística que os veicula e emprega numa grande variedade de situações comunicativas (Mieder, 2004; Arif & Abdullah, 2016; Salbego & Osborne, 2016). Relativamente ao ensino de português, os provérbios surgem quer nos manuais de Português Língua Materna (PLM), quer nos manuais de Português Língua não Materna (PLNM). Neste trabalho, pretendemos caracterizar como são empregues os provérbios num *corpus* de manuais atuais de PLNM, recorrendo a técnicas e recursos de processamento de linguagem natural (PLN).

2. Os Provérbios no Ensino de Línguas – Trabalhos Relacionados

O uso de provérbios pode contribuir para o ensino das línguas, tal como o preconizam, entre outros documentos ordenadores, no panorama europeu, o *Quadro Europeu Comum de Referência para as Línguas* (QERL) (Conselho da Europa, 2001) e o *Portfolio Europeu das Línguas* (PEL) (Schneider *et al.* 1999). Especificamente para a língua portuguesa, refira-se o documento orientador *Português Língua Não Materna no Currículo Nacional* (Leiria *et al.* 2008), onde são estabelecidos os princípios e as linhas orientadoras para a integração dos alunos dos diferentes níveis de ensino; bem como o *Referencial Camões – Português Língua Estrangeira* (Direção de Serviços de Língua e Cultura, 2017), um recurso disponibilizado de forma aberta ao diferente público que trabalha em ensino, aprendizagem, criação e avaliação de materiais de PLE. Especificamente sobre o uso de provérbios em ensino de língua, refira-se ainda algumas propostas de atividades dirigidas não só a alunos de PLM como também a alunos de PLNM (Martins, 2010; Pereira, 2015). Todavia, nestes trabalhos nem sempre são explícitos os critérios de seleção dos provérbios empregues ou são apresentadas as suas variantes mais usuais, aspetos que consideramos cruciais para uma boa aprendizagem, um conhecimento adequado e uso proficiente deste tipo de expressões.

3. Metodologia

Utilizámos um *corpus* constituído por 9 manuais de PLNM (v. lista apresentada depois das referências), com aproximadamente 250 mil palavras, abrangendo diferentes níveis de proficiência linguística (A1-B2)[1] do QERL e incluindo tanto manuais escolares como cadernos de exercícios, todos editados pela LIDEL[2]. Os textos dos manuais foram digitalizados e convertidos em formato de texto simples para processamento automático.

A fim de determinar a distribuição de provérbios nos textos, desenvolveu-se um conjunto de recursos (biblioteca de grafos) (Reis & Baptista 2016a), baseados em técnicas de máquinas de estados finitos (Paumier, 2016), construídos a partir de uma base de dados com mais de 114 mil provérbios, digitalizados a partir de 4 coletâneas (ver lista depois das referências). Depois de removidas as palavras gramaticais (*stopwords*) consideradas não essenciais para a identificação dos provérbios, cada entrada da base de dados foi associada a uma chave, formada pelos elementos lexicais (*palavras-chave*) que constituem o provérbio, tipicamente nomes, verbos e adjetivos. Assim, por exemplo, para o provérbio *Olho por olho, dente por dente* [ID=PP_AM08501] obtemos a chave `{olho-olho-dente-dente}`. Ao todo, cerca de 52 mil chaves diferentes permitiram desde logo agrupar sob uma mesma *unidade paremiológica* (isto

---

[1] Não foi encontrada nenhuma coleção de manuais que apresentasse todos os níveis do QECR (A1-C2). Relativamente aos manuais *Português sem fronteiras* (PSF), usou-se as edições de 1997 (PSF1 e PSF2) e de 1999 (PSF3), por conveniência. As edições mais recentes (2009 e 2007, respetivamente para PSF1 e PSF2), já aparecem associadas a níveis do QECR, informação que usámos para este estudo. Ainda se encontra em preparação a nova edição do PSF 3.

[2] Esta opção deveu-se ao facto de esta editora ser uma das mais implementadas no sistema de ensino português.

é, um provérbio com as respetivas variantes) provérbios e variantes que ocorriam em mais do que uma coletânea. De seguida, representou-se sob a forma de transdutores de estados finitos (ing. *finite-state transducers*, FST) cada unidade paremiológica, começando pelas chaves que apareciam mais vezes repetidas, e prosseguindo por ordem decrescente de número de ocorrências da chave. Quando aplicados a um texto, estes transdutores permitem a identificação com um alto grau de precisão dos provérbios e respetivas variantes, admitindo variação morfossintática dos seus elementos, variação quanto aos sinais de pontuação e até um conjunto controlado de permutas, inserções e truncagens. Até ao momento, foram representadas sob a forma de grafo 133 unidades paremiológicas diferentes, que ao serem aplicados à base de dados de provérbios nos permitiram recuperar 2196 entradas (provérbios).

Dada a extensão da base de dados, este processo (manual) de formalização ainda está em curso, pelo que foi complementado, no imediato, com outros métodos, descritos em §3.2 e §3.3.

3.1. Pesquisa com transdutores representando unidades paremiológicas

Este método consistiu, como se disse atrás, na construção de FST, representando cada unidade paremiológica e associando as suas respetivas variantes. Na Figura 1 representa-se a variação formal encontrada no provérbio *Cão que ladra não morde*.

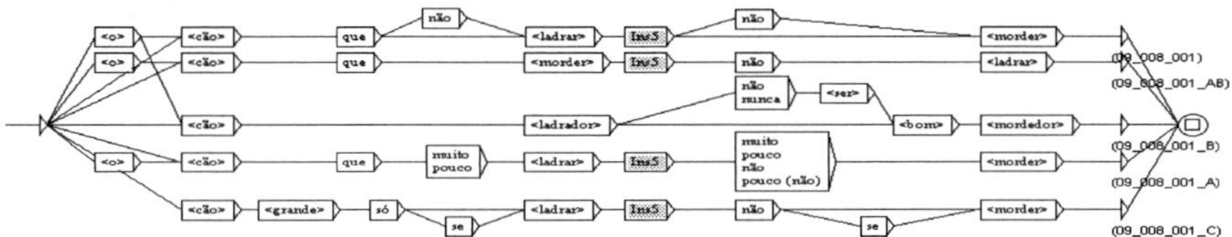

Figura 1. Transdutor de estados finitos representando a variação formal do provérbio
Cão que ladra não morde.

Este grafo permite agrupar um grande número de variantes a uma mesma unidade paremiológica e captura os provérbios reconhecidos em toda a sua extensão nos textos em que se encontram. Um código alfanumérico convencional no nó de saída do grafo (à direita) identifica de forma unívoca o provérbio e o tipo de variante descrito. A aplicação deste tipo de transdutores ao *corpus* permitiu identificar corretamente 25 ocorrências (Figura 2), que representam 14 unidades paremiológicas diferentes, sem quaisquer resultados espúrios, isto é, todas as ocorrências encontradas eram efetivamente provérbios.

```
4. Bem diz o povo: «Abril, águas mil(07 002 001}». 5. O Steve matou saudades da língua dele. 168 Esc
u. Bem diz o povo: «Abril, águas mil(07 002 001}». No entanto nem tudo foram desgraças. O tempo melh
não vê corações. b) As aparências iludem(03 566 001), d) Quem avisa, amigo é. 132 (cento e trinta e
tores públicos e... casa onde não há pão, todos ralham e ninguém tem razão(06 103 001}. \ Tó: Por ou
cutir os assuntos: "da discussão nasce a luz(03 3223 001}". Com os teus colegas, escolhe um tema que
do deste provérbio "da discussão nasce a luz(03 3223 001}". Conheces algum outro provérbio português
ouviram dizer que «gordura é formosura(05 488 001 A)»? Bom e estes jantares em que nos reunimos men
```

Figura 2. Excerto da concordância resultante da pesquisa com FST representando
unidades paremiológicas

Nas secções seguintes, descreveremos técnicas complementares, usando outro tipo de transdutores, para a identificação automática de provérbios em textos.

3.2. Pesquisa por sequências de palavras-chave

A partir das chaves associadas aos provérbios da base de dados foram então construídos automaticamente um conjunto de transdutores, constituídos pelas palavras-chave de cada provérbio, admitindo um conjunto de inserções de 0 a 3 palavras e alguns sinais de pontuação entre cada palavra-chave. Foram construídos três tipos de transdutores diferentes: com 2, 3 e 4 palavras-chave. Não foram tidos em conta os 124 provérbios da base de dados com menos de 2 palavras-chave. Para os provérbios que contêm mais de 4 palavras-chave, usaram-se apenas as primeiras 4 palavras.

Este método não é tão preciso como o anterior. Por exemplo, não são consideradas as variações morfossintáticas das palavras-chave. Pela sua natureza, este método recupera muitas ocorrências espúrias, isto é, que não são efetivamente provérbios, mas permite capturar um grande número de expressões. Nomeadamente, permite capturar variações criativas destes provérbios como, por exemplo, certas inserções: *Quem te avisa (nem sempre!) teu amigo é*, embora não permita encontrar variantes que apresentem variação morfossintática, como sucede em *Quem te avisou, teu amigo foi*, ambos exemplos encontrados na internet. A Tabela 1 apresenta os resultados deste método.

Tabela 1. Resultados da pesquisa com os diferentes tipos de grafos

FST	Pal-chave	Tot. chaves	Chaves dif.	Concordâncias	Provérbios	UP. dif.
KW2	2	4.175	1.741	291	4	4
KW3	3	13.372	5.577	41	14	14
KW4	4	33.864	13.837	9	5	5
	+4	62.879	30.576	15	15	6
total	—	114.290	51.731	356	—	—

A coluna mais à esquerda indica o tipo de grafo. Os grafos são construídos tendo em conta o número de palavras-chave que formam a chave de cada provérbio. O grafo de tipo KW4 foi também usado para os provérbios com mais de 4 palavras-chave, utilizando apenas as 4 primeiras de cada chave. Segue-se o número total de chaves de cada tipo bem como o número de chaves diferentes usadas para construir os FST desse tipo. Após a verificação manual das concordâncias extraídas do *corpus*, identificaram-se os provérbios encontrados, para os quais se indica o número de unidades paremiológicas (UP) diferentes. Não obstante as limitações deste método, acima mencionadas, ele permitiu encontrar provérbios que não tinham sido captados pelo método anterior. Trata-se, concretamente, de um exercício em que se pedia para completar um provérbio truncado, e.g. *Mais (valer) prevenir do que remediar* e de um problema de digitalização num manual (*Casa onde não há pão, [...] todos ralham e ninguém tem razão*). Como algumas ocorrências dos provérbios encontrados emparelhavam com grafos diferentes. Assim, ao todo foram encontradas 27 ocorrências de provérbios, correspondentes a 14 unidades paremiológicas distintas.

3.3. Pesquisa por expressões introdutórias e lista de termos associados a provérbios

Repetindo a metodologia de Reis & Baptista (2016c), utilizada para a identificação automática de provérbios nos manuais de língua materna, procedeu-se ainda à pesquisa das expressões introdutórias associadas aos provérbios e com base dos termos a estes associados, que descrevemos agora. Este método consistiu na construção de transdutores que descrevem expressões usadas para introduzir provérbios no discurso, tais como, *como diz o povo*, *lá dizia a minha avó*, *como se costuma dizer*, *nunca/já ouviram dizer que*. Ao todo, cerca de 15 expressões deste tipo foram representadas por transdutores de estados finitos. Acessoriamente, utilizou-se uma lista de 8 termos, usados por vezes como sinónimos de *provérbio*: *adágio*, *aforismo*, *anexim*, *axioma*, *ditado* (nome), *parémia*, *prolóquio*, *rifão*. Estes transdutores admitem variação morfossintática dos elementos das expressões introdutórias e dos termos pesquisados. Como resultado desta pesquisa obtivemos 18 ocorrências, das quais 15 continham provérbios, correspondendo a 14 UP diferentes, pois nem todas estão associadas a provérbios, uma vez que algumas destas são apenas menções destes termos. Na Figura 3, podemos observar os resultados desta concordância.

```
astronauta lápis rato erva faca {ditado} (term) homem inferno obra queijo urso bolo ovo jota s
ma enorme carga de água. 4. Bem {diz o povo } (introd): «Abril, águas mil». 5. O Steve matou se
todo o dia seguinte choveu. Bem {diz o povo } (introd): «Abril, águas mil». No entanto nem tudo
o mesmo. Estou muito bem assim. {Nunca ouviram dizer que } (introd) «gordura é formosura»? Bom
ásé incapaz de matar uma mosca. {Provérbio} (term): 6. Situação: Não gosto muito da cor do meu
```

**Figura 3. Excerto da concordância da pesquisa
de expressões introdutórias e lista de termos**

Entre chavetas encontramos o termo ou expressão introdutória capturados e entre parênteses o tipo respetivo (*term*=termo, *introd*=expressão introdutória). Este método apresenta a desvantagem resultante de nem sempre os termos ou expressões introdutoras estarem efetivamente associados a provérbios. A pesquisa permitiu encontrar 8 provérbios diretamente associados a estes termos/expressões e 7 provérbios no contexto circundante. Destas 15 ocorrências, 7 correspondem a provérbios (6 unidades paremiológicas diferentes) que não tinham sido capturados pelos métodos anteriores.

4. Resultados

Os diferentes métodos de pesquisa permitiram encontrar 34 provérbios no *corpus* de manuais escolares selecionados, correspondendo a 20 unidades paremiológicas distintas. Na Tabela 2 apresentamos o número de provérbios encontrado por manual, bem como o género textual em que ocorrem.

Tabela 2. Distribuição dos provérbios pelos manuais escolares

Manuais	Nível QCERL	Exercícios	Títulos	Corpo texto	Total prov
NOP 1	A1/A2	0	1	0	1
NOP 2	B1	1	0	1	2
NOP 3	B2	7	2	5	14
NOP1 - CE	A1/A2	0	1	2	3
NOP2 - CE	B1	0	0	0	0
NOP3 - CE	B2	0	0	1	1
PSF 1	[A1/A2]	1	0	1	2
PSF 2	[B1]	0	0	0	0
PSF 3	[B2]	7	0	4	11
	Total	16	4	14	34

Legenda: NOP – *Na Onda do Português*; CE – *Caderno de Exercícios*;
PSF – *Português sem Fronteiras* (v. referências no final do artigo).

Praticamente em todos os manuais se encontraram provérbios, excepto em dois, ambos correspondendo ao nível intermédio B1. Note-se que a ocorrência de provérbios em manuais deste nível também é escassa (2). Como se pode verificar, o número de provérbios encontrado nos manuais pertencentes ao nível B2 (26) é muito superior ao número de provérbios nos manuais de níveis A1/A2 (6) e corresponde a ¾ do número total de provérbios identificados. Este era um resultado esperado, uma vez que o *Quadro Europeu Comum de Referência para as Línguas (QERL)* determina que:

> A partir do nível B2, considera-se que os utilizadores são capazes de se exprimir adequadamente numa linguagem que é sociolinguisticamente apropriada às situações e aos interlocutores e que começam a adquirir a capacidade de enfrentar a variação do discurso, além de possuírem, em elevado grau, domínio do registo e das *expressões*.

(Conselho da Europa, 2001: 172, itálico nosso)

Realce-se que é apenas nos níveis C1 e C2 que o mesmo *Quadro* prevê que os utilizadores "sejam capazes de reconhecer um vasto leque de expressões idiomáticas e de coloquialismos" (*idem*: 173, nível C1) e de possuir "um bom domínio de expressões idiomáticas e de coloquialismos com consciência dos níveis conotativos do significado" (*idem*: *ibidem*, nível C2).

Para além da distribuição dos provérbios nestes manuais, quisemos determinar o género textual em que ocorriam, distinguindo exercícios, corpo do texto (para leitura) e títulos. Verificámos que 16 (47%) dos provérbios encontrados se encontram em exercícios, 14 (41%) no corpo do texto e 4 (12%) em títulos. O tipo de exercícios encontrado consiste essencialmente em: (i) escolher o provérbio que melhor se adequa a uma determinada situação, (ii) explicar o sentido do provérbio, (iii) justificar se está de acordo com a afirmação do provérbio, (iv) completar as palavras em falta no provérbio e (v) dizer se conhece algum outro provérbio para além do apresentado. Verificámos que num dos exercícios, cujo objetivo era completar as palavras em falta do provérbio, qualquer frase serviria o mesmo propósito, apesar de a escolha dos autores ter recaído sobre este tipo de expressões. Observámos ainda que apenas 7 provérbios se repetiram nos manuais analisados e 13 provérbios surgiram 1 só vez. Desta forma, não foi possível determinar se alguns provérbios seriam mais usuais nestes manuais, até porque alguns dos provérbios que se repetiram surgem no mesmo manual, embora por vezes em diferentes situações de uso.

Em Reis & Baptista (2017), procurou-se determinar a disponibilidade lexical dos provérbios, isto é, quais são os mais usuais em português europeu. Para tal, usou-se uma amostragem estratificada dos provérbios da base de dados e posterior aplicação de questionário a falantes nativos (mais de 700 respostas). Estes dados foram também confrontados com a frequência desses mesmos provérbios na internet, usando dois motores de busca distintos e ainda comparados com a sua frequência num *corpus* de texto jornalístico. Constituiu-se, assim, uma lista de 276 provérbios bastante usuais (nível 2) e outros 566 menos usuais mas ainda bem conhecidos da generalidade dos falantes (nível 1). Esta lista servirá de referência para diversas observações sobre o uso de provérbios em textos. Assim, usando como referência estes dados de disponibilidade lexical, verifica-se que, das 20 unidade paremiológicas encontradas, 14 são considerados bastante usuais (nível 2) e 6 são apenas usuais (nível 1). Relativamente aos provérbios que surgiram mais vezes, observa-se a seguinte distribuição por níveis de disponibilidade: *Querer é poder* (nível 2) e *Recordar é viver* (nível 1) com 4 ocorrências cada um; *O fruto proibido é sempre o mais apetecido* (nível 2), *Mais vale prevenir do que remediar* (nível 2) e *Casa onde não há pão, todos ralham e ninguém tem razão* (nível 1), com 3 ocorrências, e ainda *Abril, águas mil* (nível 2) e *Da discussão nasce a luz* (nível 1), com 2 ocorrências. Apenas um provérbio (*Quem conta um conto um conto acrescenta um ponto*) aparece tanto nos manuais de PLNM (1 ocorrência) como de PLM (7 vezes, sendo até o mais frequente). Verificámos também que os tipos de exercícios usados nos manuais de PLNM são os mesmos que se encontram nos manuais de PLM.

5. Conclusões

Após a análise das expressões recuperadas por cada um dos três métodos acima descritos, é possível afirmar que estes se complementam entre si, permitindo a identificação de expressões proverbiais em textos. Naturalmente, o método dos transdutores das unidades paremiológicas é muito mais preciso, mas requer a prévia formalização das variantes e sua reunião num mesmo grafo, o que é um trabalho moroso de demorado. Poderá ser, no entanto, um método adequado para os 842 provérbios de uso frequente, tal como identificados por Reis e Baptista (2017), reservando os outros dois métodos, de caráter mais exploratório, para os restantes casos. É, no entanto, possível ainda aperfeiçoar o método das palavras-chave, tornando-o mais preciso, nomeadamente, recorrendo à pesquisa dessas palavras pelo respetivo lema, limitando as inscrções no caso de palavras chave adjacentes.

Com base no *corpus* em análise, este estudo permitiu verificar que os provérbios são efetivamente usados nos manuais de PLNM e estão maioritariamente associados aos níveis de proficiência mais elevados (B2). Note-se que nenhum dos manuais em análise pertencia aos níveis C1 e C2, nível para o qual se preconiza, nos documentos ordenadores de ensino de PLE, a aquisição competências relativamente a este tipo de expressões. À semelhança dos manuais de PLM, os provérbios surgem com mais frequência em exercícios do que no corpo dos textos. Os tipos de exercícios encontrados nos manuais de PLNM são idênticos aos dos manuais de PLM, mas nestes surgem sobretudo nos 5º e 6º anos (2º ciclo) do Ensino Básico. Alguns dos exercícios que apresentam provérbios poderiam perfeitamente apresentar qualquer outro tipo de frase considerando o objetivo pedagógico a atingir, pelo que a escolha de expressões proverbiais para estes exercícios parece pouco fundamentada. Todos os provérbios que constam destes manuais podem ser considerados usuais, com base em dados de disponibilidade lexical (Reis e Baptista 2017).

Referências

Arif, M. and Abdullah, I. (2016). The impact of output communication on EFL learners' metaphor second language acquisition. *Social Sciences* (Pakistan) 11:9, p. 1940-1947.

Charteris-Black, J. (1995). Proverbs in communication. *Journal of Multilingual and Multicultural Development*, 16:4, p. 259-268.

Conselho da Europa. (2001). *Quadro Europeu Comum de Referência para as Línguas: Aprendizagem, ensino, avaliação*. Edições ASA, Porto.

Direção de Serviços de Língua e Cultura (2017) *Referencial Camões PLE – Português Língua Estrangeira*, Camões, Instituto da Cooperação e da Língua I.P., Lisboa.

Hrisztova-Gotthardt, H. and Varga, M. (eds.). (2015). *Introduction to Paremiology: A Comprehensive Guide to Proverb Studies*. De Gruyter, Berlin.

Leiria, I. (coord.); Martins, A.; Cordas, J.; Mouta, M. and Henriques, R. (2008). *Orientações Programáticas de Português Língua Não Materna (PLNM) Ensino Secundário*. Ministério da Educação.

Martins, P. (2010). Do provérbio em contexto didáctico: proposta de trabalho. *Paremia*, 19: 2010, p. 93-102.

Mieder, W. (2004). *Proverbs: A Handbook*. Greenwood Press, London.

Paumier, S. (2016). *Unitex 3.1 – User Manual*. Université de Paris-Est/Marne-la-Vallée - Institut Gaspard Monge, Noisy-Champs.

Pereira, A. (2015). *Competência Linguística em Português Europeu Língua Materna e Língua Não Materna: Aquisição, Ensino e Aprendizagem de Expressões Idiomáticas*. Tese de Doutoramento. Instituto de Letras e Ciências Humanas: Universidade do Minho.

Reis, S. and Baptista, J. (2016a). "Portuguese Proverbs: Types and Variants". in Gloria Corpas Pastor (ed). *Computerised and Corpus-based Approaches to Phraseology: Monolingual and Multilingual Perspectives*. Geneva: Editions Tradulex, p. 208-217.

Reis, S. and Baptista, J. (2016b). LET'S PLAY WITH PROVERBS? - NLP tools and resources for iCALL applications around proverbs for PFL. in *Proceedings of the International Congress on Interdisciplinarity in Social and Human Sciences*, 5th-6th May, University of Algarve, Faro, Portugal, p. 427-446.

Reis, S. and Baptista, J. (2016c). O uso de provérbios no ensino de português. In Soares, & Lauhakangas, Outi (eds.) *10th Interdisciplinary Colloquium on Proverbs, Actas ICP16 Proceedings*. Tavira: AIP-IAP, 2017. [no prelo]

Reis, S. and Baptista, J. (2017). O provérbio como estímulo num terapeuta virtual. *VI Simpósio Mundial de Estudos sobre o Português (SIMELP)*, Simpósio 77, A Importância da Aprendizagem Lexical, Santarém, Escola Superior de Educação, Instituto Politécnico de Santarém (2017, aceite para publicação).

Salbego, N. and Osborne, D. (2016). Schema activation through pre-reading activities: teaching proverbs in *L2. BELT – Brazilian English Language Teaching Journal 7.2*, p. 175-188.

Schneider, G., North, B., Flügel, Ch. and Koch, L. (1999). *European Language Portfolio*. Berna: EDK. (http://www.unifr.ch/ids/portfolio)

Coletâneas de provérbios incluídas no *corpus*

Costa, J. (1999). *O Livro dos Provérbios Portugueses*. Lisboa, Ed. Presença.

Machado, J.P. (1996). *O Grande Livro dos Provérbios*. 1ª edição, Lisboa, Ed. Notícias.

Moreira, A. (1996). *Provérbios Portugueses*. Lisboa, Ed. Notícias.

Parente, S. (2005). O *Livro dos Provérbios*. 1ª edição. Lisboa, Ed. Âncora.

Lista de manuais do *corpus* de PLNM

Coimbra, I. and Coimbra O. (1997). *Português sem Fronteiras 1* (nova versão revista e actualizada) e *Português sem Fronteiras 2*. Lidel, Lisboa.

Leite, I. and Coimbra O. (1999). *Português sem Fronteiras 3*. Lidel, Lisboa.

Ferreira, A. and Bayan H. (2011). *Na Onda do Português 1* e *Na Onda do Português 2* (Manual e Caderno de Exercícios), 2ª edição. Lidel, Lisboa.

Ferreira, A. and Bayan H. (2012). *Na Onda do Português 3* (Manual e Caderno de Exercícios). Lidel, Lisboa.

Agradecimentos

Parte desta investigação foi suportada por fundos públicos, através da Fundação para a Ciência e a Tecnologia, Portugal (ref. UID/CEC/50021/2013).

Prosody, syntax, and pragmatics: insubordination in spoken Brazilian Portuguese

Giulia Bossaglia[1], Heliana Mello[1], Tommaso Raso[1]

[1]Faculdade de Letras – Universidade Federal de Minas Gerais – Belo Horizonte, MG – Brazil

giulia.bossaglia@gmail.com, heliana.mello@gmail.com, tommaso.raso@gmail.com

Abstract. *In this paper, we approach the phenomenon of insubordination in spoken Brazilian Portuguese through data on adverbial clauses extracted from the C-ORAL-BRASIL corpus [Raso and Mello 2012]. Differently from the traditional conception of insubordination [Evans 2007], we propose a synchronic view, strongly based on the analysis of the prosody/pragmatics interface in spoken language. We show that in spoken Brazilian Portuguese formally dependent syntactic structures can acquire pragmatic autonomy by virtue of specific prosodic patterns conveying certain informational values.*

1. Introduction: insubordination

The term 'insubordination' refers to the independent, main-clause use of form-wise dependent structures [Evans 2007: 367, 2009], such as free conditionals used as invitations or requests, infinitives used as commands, and alike [see also Decat 2001, 2004]. According to this view, insubordination is conceived as the final step of a process of constructionalization of the dependent clause after the ellipsis of its matrix clause, resulting in a new, conventionalized use of the former, which may not retain any of its original syntactic and semantic values.

Based on the corpus-based analysis of adverbial clauses in spoken Brazilian Portuguese (BP), in this paper we claim for a different conception of insubordination, synchronic and pragmatics-based, as it is shown in the following sections.

2. The prosody/pragmatics interface for the analysis of spoken language

For an adequate analysis of spoken language, it is of paramount importance to take into account its prosodic dimension, since prosody fulfills primary functions in speech.

Firstly, the speech continuum is segmented into utterances by prosodic breaks perceived as conclusive (terminal breaks, '//'), while non-terminal, i.e. non-conclusive ('/'), prosodic breaks segment tone units internal to utterances. Speech segmentation is fundamental to the understanding of what kind of linguistic relation exists between sequences of lexical items, as it is shown by example (1) extracted from the C-ORAL-BRASIL corpus:[1]

---

[1] It is highly recommended to listen to the audio files provided for each example. All the audio files can be downloaded at: http://www.c-oral-brasil.org > Multimídia > Bossaglia, Mello & Raso_Prosody, syntax, and pragmatics: insubordination in spoken Brazilian Portuguese.

(1) *não tá dando a altura daquele que a Isa marcou lá né*

    PAU: não // tá dando a altura daquele que a <Isa> marcou <lá> / né // (bpubdl01, 14-15)[2]

       'No // it is reaching the height of that one that Isa marked there / isn't it //'

Without the prosodic information, one could interpret the initial negation in (1) as compositional to the following predicate, which is not the case, since it constitutes, actually, an utterance of its own, as it is signaled by the double bars in the transcription.

Following the Language into Act Theory (L-AcT) [Cresti 2000, Moneglia and Raso 2014], we assume that the reference unit for spontaneous speech is the utterance, i.e. the smallest stretch of speech provided with pragmatic autonomy (illocutionary force), and hence interpretable as a speech act [Austin 1962]. Such pragmatic autonomy is conveyed by a prosodic nucleus, without which it would not be possible to recognize the illocution. Compare (2), an illocutionary prepositional phrase, and (3), a non-illocutionary clause:

(2) *TER: com a Dona Deise //* (bfamcv02, 367)

    'with Miss Deise'

(3) *JOR: e é um caso interessante nesse mercado /*

    'and it's an interesting case in that business /'

Example (3) does not carry an illocutionary prosodic nucleus, and it is not interpretable as an autonomous speech act. Actually, it represents a Topic information unit, which is part of a bigger utterance, whose illocution is conveyed by the second information unit, the Comment:

(4) *JOR: e é um caso interessante nesse mercado /=TOP= que muito deles me convidavam pra
    ser sócio deles //=COM= (bfammn06, 60)

      'and it's an interesting case in that business / that many of them invited me to be their partner'

Prosody is also responsible for conveying the functional values of the several information units which may form the utterance, conveying specific pragmatic and communicative functions combined into specific patterns. In (4), in fact, the Topic unit as well carries a functional prosodic nucleus conveying its informational function, i.e. that of defining a domain for the application of the illocutionary force of the Comment. A detailed description of the prosodic (following the IPO approach, see t'Hart et al. 1990) and functional characteristics of information units (IUs) within the L-AcT's framework can be found in Moneglia and Raso (2014). For the purposes of this paper,

---

[2] The actual source of each example is given according to the C-ORAL conventions: starred abbreviations stand for the speakers' identification; *b* stands for Brazilian Portuguese; *fam* for private/familiar context, *pub* for public context; *dl* for dialogue, *cv* for conversation, *mn* for monologue; the first number specifies the transcribed recording session, while the second one stands for the utterance number within that transcribed text.

we recall that they are divided into *textual* units, which form the actual text of the utterance (they are Topic, Comment, Appendixes of Topic/Comment, Parenthesis, Locutive Introducer; their locutive content is the target of syntactic/semantic analysis), and *dialogic* units, which fulfill different functions related to the interaction (they are not part of the semantics nor syntactic text of the utterance, and correspond to what is known as "discourse markers" within other approaches, see Raso and Vieira 2016). [3]

The analysis of spoken syntax must, therefore, take into account its interface with the pragmatic/informational organization of speech.

3. The analysis of spoken syntax

As mentioned, the unit of reference for spontaneous speech is found on pragmatic grounds, rather than syntactic ones. Actually, traditional syntactic units such as the sentence and even the clause are not so easily found in spoken language, since a considerable amount of it is made up by verbless utterances, and, in general, it is quite common that spoken syntax is fragmented and unintegrated [Blanche-Benveniste et al. 1990, Miller and Weinert 1998, Cresti 2014]. According to L-AcT, the final output of spoken syntax results from the *combination* (vs. *composition*) of the locutive content of different IUs, which are understood as semantic and syntactic islands: true syntactic dependency relationships would be restricted only to the domain of a single information unit, while the relationship between different information units is pragmatic in the first place, i.e. related to their communicative functions, which are prosodically conveyed [Cresti 2014]. In examples (5) and (6) below, the same syntactic construction is performed within a single IU and across an informational pattern, respectively:

(5) *PAU: *tô achando que vou fazer ela com um metro* //=COM= (bpubdl01, 259)

      'I'm thinking about making it one meter (long) //'

(6) *PAU: *acho que com um metro e vinte* /=TOP= *ela fica boa* /=COM= *né* //=PHA=
      (bpubdl01, 260)

      'I think that with a meter and twenty / it will be fine / you know //'

In the utterance in (5) a true dependency relationship exists between matrix and complement clauses. The same would not hold for the complement clause in (6), depending from the same epistemic verb *achar*, but performed through a Topic-Comment pattern. In this latter case, the first level of the utterance's organization is the pragmatic one, a "Theme in Topic" construction in this case [Cresti 2014]: main clause and a focalised part of the complement (complementizer plus PP) clause the Topic serves as background information for the illocution performed by the rest of the complement. The traditional syntactic dependency hierarchy between main and

---

[3] Tags for IUs within the C-ORAL-BRASIL are: TOP Topic, COM Comment, APT Appendix of Topic, APC Appendix of Comment, PAR Parenthesis, INT Locutive Introducer, COB Bound Comment, CMM Multiple Comment (textual units); PHA Phatic, CNT Conative, EXP Expressive, INP Incipit, ALL Allocutive, DCT Discourse Connector (dialogic units). Units without informational value have the following tags: TMT Time Taking, UNC Unclassifiable, SCA Scanning unit (tonal part of another IU), EMP Empty unit.

complement clause is reverted from a pragmatic standpoint, since it is the illocutionary IU (Comment) the one necessary for the utterance to be pragmatically autonomous, while the Topic unit is pragmatically 'subordinated' to it.

According to this conception of spoken syntax, no true syntactic dependency would hold across different IUs or utterances. This stems from the fact that in order to be interpretable, the utterance does not *require* the presence of a predicate nor of well-formed syntactic structures, since prosody is the first means to convey the illocution in addition to the informational relation that holds between its tonal units, like the relation of *pragmatic aboutness* between Topic and Comment in (7):

(7) *TER: *do lado da mãe* /=SCA= *da Fafica* /=TOP= *tudo pobrezim* //=COM= (bfamcv03, 186)

    'from the mother's side / Fafica's (mother) / all poor //'

Nonetheless, various syntactic structures are found within spoken data, and their analysis must consider the way they are performed within or across IUs and utterances. In the following sections, we present data on insubordination based on the analysis of adverbial clauses in spoken Brazilian Portuguese.

4. Insubordination and adverbial clauses in spoken Brazilian Portuguese

4.1. Methodology: the DB-IPIC BP minicorpus

For this study, we retrieved our data from the informationally annotated DB-IPIC (*Database for Information Patterning Interlinguistic Comparison*, Panunzi and Mittmann 2014) minicorpus of spoken BP (20 recording sessions, 5483 utterances), extracted from and representative of the C-ORAL-BRASIL corpus, provided with the audio files and the text-to-speech alignment, for an adequate analysis of spoken data.

We retrieved the adverbial clauses by searching for adverbial subordinators, and then checked their configuration within or across information units and utterances.

5. Adverbial clauses in spoken BP

5.1. Adverbial clauses in a dedicated Information Unit

In our data, Cause/Reason, Time and Conditional are the most represented adverbial values found for the adverbial subordinators, being *porque* 'because', *quando* 'when', and *se* 'if' the most frequent ones for each value, respectively. Adverbial clauses are very rarely (nearly 6%) performed together with their main clause within the same information unit, and appear mostly in a dedicated information unit fulfilling specific informational, rather than merely syntactic, values (see Bossaglia 2015 for a detailed description and for more examples).

Specifically, Time and Conditional clauses are performed mostly (89%) in Topic units, with their main clause in Comment, while Cause clauses appear mostly in Comment units or in patterns of illocutionary units, as it is shown in (8) – (10) below:

(8) *LUZ: *porque **quando** cê chega num lugar que cê se sente em casa* /=TOP= *cê sabe imediatamente* //=COM= (bfamdl03, 11)

> 'because when you arrive in a place in which you feel at home / you know it immediately //'

(9) *PAU: *se ficar alto demais* /=TOP= *ele fica feio* //=COM= (bpubdl01, 74)

> 'if it's too high / it's ugly //'

(10) *DFL: *e eu ficava até com uma certa inveja* /=COB= ***porque** papai era muito sisudo* //=COM= (bfammn02, 176)

> 'and I used to get even a little envious / because dad was very sullen //'

It is possible to observe that the strong preference for Time and Condition clauses to appear in Topic units fits with their semantic values, since Topic units serve to delimit a specific pragmatic domain of application of the illocution in Comment in the same way they do from a semantic perspective.

Within the data, *porque*-clauses in a dedicated IU often express a causal relation with a main clause, but not necessarily at the propositional level (*direct* cause): in some cases, these clauses describe a relation of epistemic cause, i.e. the speakers use them in order to justify why they know/infer what they said through the main clause (shift of the causal relation to the epistemic domain, or *indirect* cause: Couper-Kuhlen 1996, Sweetser 1990, Dancygier and Sweetser 2005), as it is the case in (11):

(11) *DFL: *que o meu avô* /=TOP= *era de uma família abastada* /=COB= ***porque** o professor ia em casa* /=CMM= *nũ ia po grupo não* //=CMM= (bfammn02, 53)

> 'that my grandpa / (he) had a rich family / because the professor went to his place / he didn't go to the regular school //'

It is clear, then, that in spoken language certain informational patterns through which the adverbial clauses are performed make them assume new, discourse-oriented functions [see, among others: Blanche-Benveniste et al. 1990, Ford 1993, Moeschler 1996, Thompson and Couper-Kuhlen 2005, Hopper and Thompson 2008, Debaisieux 2013, Sansinenã et al. 2015]. A further analysis of the pragmatic functions that *porque*-clauses acquire when performed in a dedicated utterance is provided in the next section, in which we illustrate insubordinated uses of adverbial clauses.

5.2. Adverbial clauses in a dedicated utterance: insubordination

In the data, nearly 30% of adverbial clauses are performed as insubordinated, i.e. forming an autonomous utterance by themselves. Differently from Evans (2007), we believe insubordinated constructions to be analyzable synchronically as formally dependent structures (subordinate clauses) provided with pragmatic autonomy by virtue of their illocutionary force. With respect to Time and Cause clauses, it is possible to find main clause-like material within the adjacent linguistic context, while protases are often found without any retrievable apodosis. A few examples are illustrated below.

(12) [friends doing grocery shopping together]

> *FLA: *vê o* [/1]=SCA= *a* /=SCA= *&valid* [/1]=EMP= *&he* /=TMT= *fabricação dele* //=COM= ***porque arroz novo é ruim*** //=COM= (bfamdl01, 545-546)

> 'look at the [/1] the / expiring [/1] ehm / manifacturing date of it // because young rice is bad //

In (12), the *porque*-clause performed through the second utterance clearly does not express a causal relation at the propositional level in reference to the clause in the previous utterance: rather, *FLA uses it in order to provide a justification for her previous speech act (which we could label as 'order'). In cases like this, the causal relation is found not between the two clauses, nor is it shifted to the epistemic domain (cf. section 5.1), but it relates two different *speech acts* (shift of causal relation to the speech act domain: Couper-Kuhlen 1996, Dancygier and Sweetser 2005).

A similar shift is particularly straightforward in example (13), one of the few occurrences of concessive insubordinated clauses within our data:

(13) [customer talking to a retailer in a shoe store while trying a pair of shoes]

> *JAN: *essa aqui não fecha no meu pé* //=COM= **apesar que meu pé tá meio sujo** /=COM= *né* //=PHA= *então não fecha* //=COM= (bpubdl01, 161-163)

> 'this one doesn't fit my foot // although my foot is kinda dirty / you know // so it doesn't fit //'

Between the insubordinate concessive clause (introduced by *apesar que*) and the clause performed in the first utterance there is not any concessive relation at the propositional level (rather, in the real world such relationship would be one of direct cause). Through the concessive clause, *JAN is rectifying her previous speech act, that she seems to recognize as unnecessary (it is obvious that the shoe would not fit, considering that her foot is dirty). This use of concessive clauses in spoken language as a means of correcting the 'validity' of a speech act is well-attested cross-linguistically [Günthner 2000, Couper-Kuhlen and Thompson 2000].

(14) [retailer of a shoe store talking to a customer]

> *EUG: *se cê quiser comprar as duas* //=COM= *eu fico mais feliz* /=COM= *viu* //=PHA= (bpubdl01, 223-224)

> 'if you want to buy both // I'll be happier / you know //'

In (14) a conditional sentence is performed through two separate utterances, the protasis through the first one and the apodosis through the second. From the textual, semantic, and even morpho-syntactic standpoints, it would be possible to recognize a dependency relation between the two clauses. Nonetheless, the protasis is fulfilling an autonomous illocution of 'suggestion', which is prosodically conveyed and interpretable as such independently of the presence of the apodosis, which in turn fulfils an assertive speech act. This could be better appreciated listening to the protasis only. What we are therefore saying is not that a relationship does not exist between these two utterances/illocutions; there is a relationship but it is not defined on the basis of the morpho-syntactic appearance of their locutive contents.

We label insubordinated adverbial clauses with retrievable main clause-like material in the adjacent linguistic context as "semi'-insubordinated clauses, because they maintain a strong textual or pragmatic link with another utterance (see, in a diachronic perspective, the concept of 'dyadic dependence' as possible source for insubordinated constructions in Sansineña et al. 2015, which still does not correspond, though, to our conception of insubordination). The adverbial subordinators, in these cases, explicitly signal the type of semantic relation existing between two speech acts, although not at the propositional level anymore.

Then, fully insubordinated clauses are those ones for which no main clause-like material is retrievable in the linguistic adjacent context. So far, only protases were found in this configuration in the data, as it is shown in (15):

(15) [man and woman in a car, looking for a specific street and driving through a very steep one]

> *ANE: *então é paralela a essa* //=COM=
>
> *CES: <*é*> //=COM=
>
> *ANE: <*então vamo*> <*subir* /=CMM= *e*> *olhar quais são* //=CMM=
>
> *CES: <*então*> +
>
> *ANE: *qual é* /=SCA= *a paralela* //=COM=
>
> *CES: *muito obrigado* /=COM= *dona* //=ALL= *brigado* //=COM=
>
> *ANE: *eh* /=PHA= **se cê nũ tiver um carrinho que** [/1]=SCA= **que sobe aqui** //=COM=
>
> *CES: *ahn* //=COM= *é* //=COM= *isso não é muito bom* //=COM= (bfamdl05, 31-41)

'A: so it's the (street) parallel to this one // C: yeah // A: so let's go up / and see which are // C: then + A: which one is / the parallel one // C: thank you / madam // thank you // A: well / **if you don't have a good car that [/1] that climbs here** // C: uhm // yeah // this one is not so good //'

In the above example, no apodosis for the conditional clause in bold is found within the adjacent linguistic context. The insubordinated, 'loose' protasis is nonetheless completely autonomous thanks to its prosodic profile, conveying the nucleus of an illocution that we could label as 'expression of obviousness'.

Although differing in their degree of textual 'detachment', we consider both typologies of insubordinated clauses (semi- and fully) as completely independent from a pragmatic standpoint. Listening to the insubordinated adverbial clauses in the examples above, one can perceive that they are prosodically and pragmatically autonomous, and perfectly interpretable as independent units within the speech flow (for a much more detailed analysis, see Bossaglia et al. *forthcoming* on insubordinated adverbial clauses in spoken BP and Italian).

6. Conclusions

In this paper we proposed a synchronic, pragmatics-based conception of the phenomenon of insubordination, based on the analysis of adverbial clauses' uses in BP spontaneous speech.

In our view, for a proper study of spontaneous speech it is necessary to take its prosodic component into account,; prosody is responsible for carrying the illocutionary force of the utterances, and required for the segmentation of the speech continuum into utterances and smaller functional units. The study of spoken syntax cannot, therefore, disregard the interface with the information patterns through which the locutive content of the utterance is packaged. In fact, we showed that adverbial clauses in spoken BP are frequently used in dedicated IUs, fulfilling specific communicative functions, and that the primary level of the organization of the utterance is a pragmatic one, even when syntactic dependency between different information units seems to be detectable.

In our view, it is not necessary (nor possible, perhaps) to trace a grammaticalization and constructionalization path in order to explain insubordinate clauses, since within our pragmatic conception of spoken language dependent structures are constantly allowed to acquire pragmatic autonomy as speech acts. In this process, prosody has a primary role in conveying the linguistic means to signal the independent status of the insubordinated clauses.

Although it has already been explored in several languages [Lombardi Vallauri 2004, 2010; Mithun 2008; Sansineña et al. 2015, among others], further research on the possible correlations between specific insubordinated clauses and illocutions based on the analysis of actual spontaneous interactions in spoken BP is needed.

Acknowledgments

Heliana Mello and Tommaso Raso gratefully acknowledge research grants provided by CNPq and FAPEMIG.

References

Austin, J. L. (1962), How to do things with words, Oxford: Clarendon Press.

Blanche-Benveniste, C., Bilger, M., Rouget, Ch., Eynde K. van den, Mertens, P. (1990). Le français parlé: études grammaticales. *Sciences du langage.*

Bossaglia, G. (2015). Pragmatic orientation of syntax in spontaneous speech: A corpus-based comparison between Brazilian Portuguese and Italian adverbial clauses. In *CHIMERA: Romance Corpora and Linguistic Studies*, 2. 1–34.

Bossaglia, G., Mello, H., Raso, T. Insubordination and the syntax/prosody interface in spoken Brazilian Portuguese and Italian: data on adverbial clauses. *Forthcoming.*

Couper-Kuhlen, E. (1996). Intonation and clause combining in discourse: the case of because. *Pragmatics*, 6 (3). 389–426.

Couper-Kuhlen, E. & Thompson, S. (2000). Concessive patterns in conversation. In Elizabeth Couper-Kuhlen & Bernd Kortmann (eds.), *Cause, condition, concession, contrast: cognitive and discourse perspectives*, 381–410. Berlin/New York: Mouton de Gruyter.

Cresti, E. (2000), Corpus di italiano parlato, Firenze: Accademia della Crusca.

Cresti, E. (2014). Syntactic properties of spontaneous speech in the Language into Act Theory: Data on Italian complements and relative clauses. In Tommaso Raso & Heliana Mello (eds.), *Spoken corpora and linguistic studies*, 365–410. Amsterdam/Philadelphia: John Benjamins Publishing Company.

Dancygier, B. & Sweetser, E. (2005). *Mental Spaces in Grammar: Conditional constructions* (Vol. 108). Cambridge: Cambridge University Press.

Debaisieux, J.-M. (2013). *Autour de* parce que *et de* puisque. In Jeanne-Marie Debaisieux (ed.), *Analyses linguistiques sur corpus: subordination et insubordination en français*, 185–248. Hermès science publications: Lavoisier, 2013.

Decat, M. B. N. (2001). Orações adjetivas explicativas no português brasileiro e no português europeu: aposição rumo ao 'desgarramento'. In *Scripta (Lingüística e Filologia)*, 5 (9). 104–118.

Decat, M. B. N. (2004). Orações relativas apositivas: SNs 'soltos' como estratégia de focalização e argumentação. In *Veredas*, 8 (1–2). 79–101.

Evans, N. (2007). Insubordination and its uses. In *Finiteness. Theoretical and Empirical Foundations*, 366-431. Oxford: Oxford University Press.

Evans, N. (2009). Insubordination and the grammaticalisation of interactive presuppositions. Paper presented at Methodologies in Determining Morphosyntactic Change Conference, Museum of Ethnography, Osaka, March 2009.

Ford, C. E. (1993). *Grammar in interaction: Adverbial clauses in American English conversation*. Cambridge: Cambridge University Press.

Günthner, S. (2000). From concessive connector to discourse marker: The use of *obwohl* in everyday German interaction. In Elizabeth Couper-Kuhlen & Bernd Kortmann (eds.), *Cause, condition, concession, contrast: cognitive and discourse perspectives,* 439–468. Berlin/New York: Mouton de Gruyter.

Hart, J. 't, Collier, R., Cohen, A. (1990). *A perceptual study on intonation: an experimental approach to speech melody*. Cambridge: Cambridge University Press.

Hopper, P. J. & Thompson, S. (2008). Projectability and Clause Combining in Interaction. In Ritva Laury (ed.), *Crosslinguistic Studies of Clause Combining: the Multifunctionality of Conjunctions*, 99–124. Amsterdam/Philadelphia: John Benjamins Publishing Company.

Lombardi Vallauri, E. (2004). Grammaticalization of syntactic incompleteness: Free conditionals in Italian and other languages. *SKY Journal of Linguistics*, 17. 189–215.

Lombardi Vallauri, E. (2010). Free conditionals in discourse: the forming of a construction. *Lingvisticae Investigationes*, 33 (1). 50–85.

Miller, J. E., & Weinert, R. (1998). *Spontaneous spoken language: Syntax and discourse*. Oxford University Press on Demand.

Mithun, M. (2008). The extension of dependency beyond the sentence. *Language*, 84 (1). 264–280.

Moeschler, J. (1996). Parce que et l'enchaînement conversationnel. In Claude Muller (ed.), *Dépendance et intégration syntaxique: subordination, coordination, connexion*, 285–292. Tübingen: Max Niemeyer Verlag.

Moneglia, M., Raso, T. (2014). Notes on Language into Act Theory. In Tommaso Raso & Heliana Mello (eds.), *Spoken corpora and linguistic studies*, 468–495. Amsterdam/Philadelphia: John Benjamins.

Panunzi, A., & Mittmann, M. M. (2014). The IPIC resource and a crosslinguistic analysis of information structure in Italian and Brazilian Portuguese. In Tommaso

Raso & Heliana Mello (eds.), *Spoken Corpora and Linguistic Studies*, 129-151. Amsterdam/Philadelphia: John Benjamins.

Raso, T. and Mello, H. (2012), C-ORAL-BRASIL I. Corpus de referência do português brasileiro falado informal, Belo Horizonte: UFMG.

Raso, T. and Vieira, M. A. (2016). A description of Dialogic Units/Discourse Markers in spontaneous speech corpora based on phonetic parameters. *Chimera: Romance Corpora and Linguistic Studies*, 3 (2). 221-249.

Sansiñena, M. S., De Smet, H., Cornillie, B. (2015). Between subordinate and insubordinated. Paths toward complementizer-initial main clauses. *Journal of Pragmatics*, 77. 3–19.

Sweetser, E. (1990). *From etymology to pragmatics: metaphorical and cultural aspects of semantic structure*. Cambridge: Cambridge University Press.

Thompson, S., Couper-Kuhlen, E. (2005). The clause as a locus of grammar and interaction. *Discourse studies*, 7 (4–5). 481-505.

As bases de dados verbais ADESSE e ViPEr: uma análise constrastiva das construções locativas em espanhol e em português

Roana Rodrigues[1], Oto Vale[1], Laura Alonso Alemany[2]

[1] Programa de Pós-Graduação em Linguística – Univ. Federal de São Carlos (UFSCar)
Caixa Postal 676 – 13.565.905 - São Carlos - SP – Brasil

[3] Facultad de Matemática, Astronomía y Física – Universidad Nacional de Córdoba, Córdoba, Argentina

`{rroanarodrigues,otovale,lauraalonsoalemany}@gmail.com`

Abstract. *In this work, we contrasted Spanish locative verbs with Portuguese locative verbs from ADESSE and ViPEr databases. Having the meanings in Spanish from the ADESSE database, we searched for their equivalents in Portuguese in the ViPEr database, using our introspective knowledge as researchers and other resources, such as monolingual and bilingual dictionaries. From the 693 ADESSE's space verbs, 352 are locative constructions in the ViPEr, presenting different pairs of correspondence. We connected this resource to EuroWordNet. As a result, we obtained a bilingual resource with a relatively big granularity and a wealth of syntactic-semantic description.*

Resumo. *Neste trabalho, contrastamos os verbos locativos do espanhol e do português das bases de dados ADESSE e ViPEr. Partindo dos sentidos em espanhol da base de dados ADESSE, procurou-se seus equivalentes em língua portuguesa na base de dados ViPEr, a partir dos conhecimentos introspectivos dos pesquisadores e de outros recursos, como dicionários monolíngues e bilíngues. Dos 693 verbos de espaço presentes no ADESSE, 352 são construções locativas no ViPEr, apresentando diferentes pares de correspondência. Conectamos esses recursos à EuroWordNet. Como resultado, obtivemos um recurso bilíngue com uma granularidade relativamente grande e uma riqueza de descrição sintático-semântica.*

1. Introdução

Este trabalho é um estudo inicial de análise contrastiva das construções verbais locativas do espanhol e do português, com o intuito de estabelecer os aspectos comuns e divergentes entre as duas línguas. Para tanto, partimos dos verbos *espaciais* da base de dados verbais do espanhol ADESSE (García-Miguel, 2003, 2006) e os contrastamos aos verbos *locativos* do português da base de dados verbais ViPEr (Baptista, 2012). Desse modo, enriquecemos as duas bases de dados em questão e contribuimos na construção de recursos linguísticos que podem ser utilizados em diferentes aplicações didáticas e no Processamento de Língua Natural (PLN).

Para o desenvolvimento de uma concepção de construções locativas, nos pautamos, sobretudo, nos trabalhos de Guillet e Leclère (1992) para o francês, Baptista (2012) para o português e nas descrições sintático-semânticas do espanhol de García-Miguel *et al.* (2003). As construções verbais locativas aqui analisadas são as que estabelecem uma relação de localização entre os elementos constituintes da frase e, de um ponto de vista sintático, respondem adequadamente às perguntas com o advérbio interrogativo (*Prep*) *onde*, cujos complementos são selecionados pelo próprio verbo – e não meros complementos circunstanciais selecionados pela frase. Os exemplos de (1) a (5) ilustram algumas dessas construções que apresentam estruturas similares em língua portuguesa e em língua espanhola.

(1) *O Pedro mora em Buenos Aires.* (*Pedro vive en Buenos Aires*)
(2) *O Pedro entrou na sala.* (*Pedro entró en la sala*)
(3) *O Pedro descolou o papel da parede.* (*Pedro despegó el papel de la pared*)
(4) *O Pedro atravessou a rua.* (*Pedro cruzó la calle*)
(5) *O Pedro engavetou os documentos.* (*Pedro encajonó los documentos*)

Em (1), o verbo *morar* seleciona um complemento locativo *estativo* de lugar (*Buenos Aires*). Já nas frases de (2) a (5), têm-se uma construção verbal locativa *dinâmica*. Em (2), o nome que ocupa a posição de sujeito da frase é o mesmo que se desloca para o complemento locativo de destino (*na sala*). Em (3), o verbo *descolar* seleciona o complemento direto (*papel*) e um complemento locativo de origem (*da parede*). Em (4) e (5) têm-se uma construção transitiva direta. Na frase (4), o complemento direto (*rua*) é interpretado como um lugar de destino. Em (5), por sua vez, o verbo *engavetar/encajonar* se constitui pelo nome cognato de lugar *gaveta/cajón* e o complemento direto (*documentos*) é o objeto que ocupa esse lugar.

Sabe-se que um grande número de construções verbais em língua portuguesa e em língua espanhola exprimem o conceito de *localização*. Trata-se de um fenômeno já descrito ou mencionado em trabalhos anteriores, como as propostas de classificações sintático-semânticas de Macedo (1987), Cançado *et al.* (2013) e Baptista, (2012), para o português; e Rojas Nieto (1988), Crego García (1995) e García-Miguel (2003, 2006), para o espanhol. No entanto, não se tem notícia de estudos contrastivos dessas construções que considerem o português e o espanhol. Desse modo, comparamos as construções verbais *espaciais* do espanhol, disponível na base de dados sintático-semânticos ADESSE (García-Miguel, 2006) às construções verbais *locativas* do português, descritas na base de dados de construções léxico-sintáticas de verbos do português ViPEr (Baptista, 2012). Embora as duas bases de dados em questão partam de aspectos teórico-metodológicos diferenciados, as selecionamos pelo fácil acesso aos dados e, principalmente, pela quantidade relevante de verbos e pela qualidade de sua descrição e classificação. A classe *espaço* do ADESSE apresenta a classificação de 674 construções verbais. O ViPEr, uma base de dados mais granular, contém a classificação de 1.142 empregos locativos.

Ressalta-se que, em um primeiro momento, os verbos do ADESSE foram relacionados à WordNET, afim de identificar com maior profundidade os sentidos veiculados pelas construções espaciais ali descritas, além de estabelecer uma conexão entre as bases de dados, enriquecendo-as.

2. Classificações sintático-semânticas dos verbos locativos

O ADESSE (*Base de datos de verbos, alternancias de diátesis y esquemas sintáctico-semánticos del español*) é uma base de dados de construções verbais do espanhol, em que é possível encontrar a classificação dessas construções de acordo com as suas propriedades sintático-semânticas. O projeto ADESSE, da Universidad de Vigo (Galícia, Espanha), se construiu sob a base de dados sintáticos do espanhol atual (BDS), que contém a análise sintática de um corpus do espanhol contemporâneo com cerca de 1,5 milhão de palavras. Na BDS está anotada a função sintática (sujeito, objeto direto, objeto indireto, etc.), categoria sintática (tipo da frase: verbal, nominal), preposição, animacidade e número. Partindo desses dados da BDS, acrescentou-se, ao ADESSE, informações semânticas pertinentes: sentidos verbais, classes semânticas de processos e papéis semânticos. A construção das classes verbais tem inspiração nas classificações sintático-semânticas de Levin e dialoga, em alguma medida, com a WordNet e a FrameNet, embora apresente níveis mais generalizados. De acordo com García-Miguel *et al.* (2003, p.14), são agrupados nas mesmas classes verbos que estabelecem uma relação de *parassinonímia* (lexemas com mesmo significado, mas diferente distribuição) e *co-hiponímia* (lexemas que possuem um hiperônimo comum). A classificação hierárquica de base conceitual dessa base de dados apresenta 6 macro-classes, 20 classes e 38 subclasses. É na macro-classe *material* que se encontra nosso objeto de estudo, os *verbos de espaço*, subdividido em: *espaço, deslocamento, localização, postura-posição, orientação, maneira movimento* e *união*, como se verifica na Tabela 1.

Tabela 1. Classificação dos *verbos de espaço* do ADESSE

Subclasses	Definição[1]	Verbo	Exemplo	#
Espaço	Uma entidade possui uma determinada localização, configuração ou orientação espacial. Ou ainda realiza algum tipo de mudança em sua localização, configuração ou orientação espacial. Engloba construções não classificadas nas demais classes de espaço.	*mover*	*Pedro se movió para la izquierda.*	5
Deslocamento	Uma entidade se desloca de uma localização inicial a uma localização final, percorrendo um trajeto.	*ir*	*Pedro fue a la escuela.*	230
Localização	Uma entidade apresenta uma determinada localização no espaço (ou, por extensão, no tempo).	*entrar*	*Pedro entró en la iglesia.*	219
Postura-Posição	Uma entidade apresenta uma determinada configuração espacial ou sofre um processo de modificação da mesma.	*sentar*	*Pedro sentó a su hijo en la silla*	42
Orientação	Uma entidade se situa de tal modo que indica uma determinada direção.	*volver*	*Pedro volvió a su casa.*	10
Maneira-Movimento	Uma entidade realiza um movimento que não supõe uma mudança de localização nem de configuração espacial.	*agitar*	*Pedro agitó la botella.*	43
União	Uma entidade se encontra em um estado ou realiza um processo de união, reunião, integração ou separação com outra entidade.	*añadir*	*Juan añadió sal a la comida.*	125
			Total	674

---

[1] As definições foram retiradas do ADESSE: <http://adesse.uvigo.es/index.php>, acesso em agosto de 2017 (tradução nossa).

O ViPEr (Baptista, 2012) é uma base de dados dos verbos do português europeu[2], que tem como arcabouço teórico-metodológico o Léxico-Gramática (Gross, 1975, 1981) e se assenta na proposta de classificação sintático-semântica dos verbos locativos do francês de Guillet e Leclère (1992). Até o momento, o ViPEr contém a análise de 130 propriedades sintáticas, semânticas, estruturais, transformacionais e distribucionais de aproximadamente 7.000 construções verbais, categorizadas em 71 classes. As construções verbais locativas compreendem 1.142 verbos e estão distribuídas por 12 classes distintas, como se observa na Tabela 2.

Tabela 2. Classificação dos *verbos locativos* do ViPEr (Baptista, 2012)

Classe	Estrutura[3]	Verbo	Exemplo	#
35LD	N_0 *V-din* Loc_1 $Nloc_1$	*entrar*	*O Pedro entrou na sala*	193
35LS	N_0 *V-stat* Loc_1 $Nloc_1$	*viver*	*O Pedro vive em Lisboa*	32
37LD	N_0 *Vdin* $Loc\text{-}s_1$ $Nloc_1$ $Loc\text{-}d_2$ $Nloc_2$	*viajar*	*O Pedro viajou daqui para ali*	117
38L1	N_0 *V* $Nloc_1$	*invadir*	*O Pedro invadiu a sala*	205
38L2	N_0 *Nloc-v* $Nobj_1$ *[V=pôr em Nloc]*	*enjaular*	*O Pedro enjaulou o leão*	39
38L3	$Nloc_0$ *V* $Nobj_1$	*encerrar*	*A jaula encerrava a fera*	12
38L4	N_0 *Nobj-v* $Nloc\text{-}d_1$ *[V=pôr Nobj]*	*apimentar*	*O Pedro apimentou a comida*	122
38L5	N_0 *Nobj-v* $Nloc\text{-}s_1$ *[V=tirar Nobj]*	*desengordurar*	*O Pedro desengordurou o prato*	11
38LD	N_0 *Vdin* N_1 $Loc\text{-}d_2$ $Nloc_2$	*pousar*	*O Pedro pousou o livro na mesa*	281
38LS	N_0 *Vdin* N_1 $Loc\text{-}s_2$ $Nloc_2$	*retirar*	*O Pedro retirou o livro da mesa*	77
38LT	N_0 *Vdin* N_1 $Loc\text{-}s_2$ $Nloc_2$ $Loc\text{-}d_3$ $Nloc_3$	*transferir*	*O Pedro transferiu o livro daqui para ali*	50
38R	N_0 *Vstat* N_1 Loc_2 N_2	*situar*	*O Pedro situou o Butão no mapa.*	3
			Total	1.142

Respeitando as abordagens teórico-metodológicas das bases de dados ADESSE e ViPEr, assim como suas motivações e objetivos, realizamos a análise comparativa dos verbos de espaço do espanhol com os verbos locativos do português.

3. Análise dos dados

Inicialmente, foram conectadas as 674 construções verbais de espaço do ADESSE a seus sentidos correspondentes na WordNet, uma base de dados lexicais, que, a partir de uma abordagem relacional, é organizada de acordo com o significado e conceito, e não com a forma. Trata-se de uma ontologia linguística, amplamente utilizada na área de PLN, na qual estão armazenados conceitos lexicalizados (nomes, verbos, adjetivos e advérbios) que, como apresentado por Di Felippo (2008, p. 47), "se organizam sob a

---

[2] Embora o trabalho de Baptista (2012) se refira às construções verbais do português europeu, segundo Rodrigues (2016), o comportamento sintático-semântico dos verbos locativos do português europeu assemelha-se muito às mesmas construções do português brasileiro.

[3] Notações: *N0, N1, N2, N3*: sujeito e complementos; *Prep*: preposição; *N*: nome ou grupo nominal; *Nloc*: nome locativo (papel semântico); *Nobj*: "objeto" (papel semântico); *Loc*: preposição locativa, *-d* de destino, *-s* de origem ; *V*: verbo; *Vdin*: verbo locativo dinâmico; *Vstat*: verbo locativo estativo.

forma de *synsets* (abreviação do termo em inglês *synonym set*, isto é, conjunto de unidades sinônimas)".

O estabelecimento da relação ADESSE/WordNET ocorreu através do *Multilingual Central Repository*[4], ferramenta multilíngue (inglês, basco, espanhol, galego, catalão e português), baseada na WordNet de Princeton, associada ao projeto EuroWordNet. Ressalta-se que usamos a WordNet apenas como referência e não como fonte de informação, ou seja, não consideramos todas as entradas léxicas e distinções de sentidos da WordNet, já que são muito granulares. Dessa intersecção, 99 sentidos verbais não constam na WordNet. Essas lacunas decorrem principalmente por serem lexemas: (i) pouco usuais em língua espanhola (*callejear, eslabonar*); (ii) com prefixação (*desorbitar, reintroducir*); (iii) relacionados a partes do corpo ou postura corporal (*gallear, manotear, acodarse*); e (iv) relacionados a verbos que apresentam uma rigorosa restrição do nome que ocupa a posição de complemento (*levar, adosar*). Além disso, é importante ressaltar que as redes wordnets – como o Projeto EuroWordNet – se baseiam na WordNet de Princeton, que considera o inglês americano. Desse modo, acredita-se que muitos desses casos não descritos na WordNet para o espanhol se referem a verbos não lexicalizados ou não usuais em língua inglesa, daí a sua omissão.

Após familiarizar-se com os sentidos estabelecidos nas classes de *espaço* do ADESSE, iniciou-se a segunda etapa do trabalho: as associações entre as 674 construções verbais do ADESSE às construções do ViPEr, de maneira manual, com o auxílio de pesquisadores lusofalantes e hispanofalantes, além do uso da WordNet, de dicionários monolíngues e bilíngues e de corpora. Neste trabalho, a definição de *locativo* relaciona-se diretamente às noções de *locativo* da base de dados ViPEr (BAPTISTA, 2012). Por este motivo, consideramos construções locativas do ADESSE apenas as que apresentam correspondência com as construções locativas do ViPEr. Como mencionado, o ViPEr é uma base de dados mais granular, por isso um mesmo verbo, como por exemplo *subir*, é apresentado em diferentes entradas, devido às suas construções sintático-semânticas particulares:

(6) *O Pedro subiu as malas do quinto ao oitavo andar.*
    (*Pedro subió las valijas del quinto piso al octavo.*)
(6a) *O Pedro subiu do quinto ao oitavo andar.*
    (*Pedro subió del quinto piso al octavo.*)
(6b) *O Pedro subiu as escadas.*
    (*Pedro subió las escaleras.*)

No ADESSE, o verbo *subir* apresenta a definição *mover de abajo arriba* e está classificado como uma construção espacial da classe Deslocamento. No ViPEr, no entanto, as construções são multiplicadas devido às diferentes construções sintáticas: em (6), tem-se uma construção com o verbo *subir* em que é selecionado um objeto na posição de complemento direto (*malas*) que se desloca de um ponto de origem (*do quinto*) a um ponto de destino (*ao oitavo andar*), classe 38LT do ViPEr; em (6a) é o nome que ocupa a posição de sujeito (*Pedro*) que se desloca, classe 37LD do ViPEr; já

---

em (6b), verifica-se uma construção transitiva direta, na qual o objeto na posição de
complemento direto (*escadas*) é interpretado como um lugar, classe 38L1 do ViPEr.

Sendo assim, da comparação ADESSE/ViPEr, foram acrescentados 19 lexemas
verbais locativos por terem suas construções sintáticas descritas no ViPEr, a saber:
*mover, desplazar, llevar, navegar, saltar, subir[1], subir[2], venir, desperdigar, albergar,
apoyar, cobijar, evacuar, guardar, habitar, ingresar, acomodar, tender e orientar.*
Desse modo, ao invés da análise de 674 construções verbais do espanhol da base de
dados ADESSE, passou-se a analisar 693 lexemas verbais. Deste valor, 352 lexemas se
relacionam a construções verbais locativas do ViPEr e o restante (341 lexemas verbais)
refere-se a: (i) 251 construções descritas em classes não locativas do ViPEr; (ii) 75
construções não descritas no ViPEr por serem, de maneira geral, pouco usuais em língua
portuguesa; e (iii) 15 lexemas verbais que se referem a verbos não lexicalizados em
língua portuguesa (*gallear, corretear, arracimar, brujulear, regazar, desaparroquiar,*
etc.). Sobre as relações locativas, 352 ao todo, observam-se diferentes pares de
correspondência – do espanhol para o português - como se verifica na Tabela 3.

Tabela 3. Correspondências entre as construções locativas ADESSE/ ViPEr

Correspondências	Verbos	Classes (ADESSE – ViPEr)	Exemplos	Total
Uma única entrada locativa no ADESSE - Uma única entrada locativa no ViPEr	emigrar	Deslocamento – 37LD	*Pedro **emigró** de Portugal hacia Francia.*	326
	cruzar	Deslocamento – 38L1	*Pedro **cruzó** la calle.*	
Duplicação no ADESSE - Uma única entrada no ViPEr	localizar	Localização/Percepção – 38R	*Pedro **localizó** el origen del problema.*	1
		Localização – 38R	*Buenos Aires se **localiza** en Argentina.*	
Uma única entrada no ADESSE - Duplicação no ViPEr	albergar	Localização – 38LD	*Pedro **albergó** a Ana en su casa.*	19
		Localização - 38L3	*Esta casa **alberga** el museo de un gran poeta.*	
	habitar	Localização – 38L1	*Pedro **habita** una aldea.*	
		Localização – 35LS	*Pedro **habita** en una aldea.*	
Duplicação no ADESSE - Duplicação no ViPEr	dejar/deixar	Localização – 38LD	*Pedro **dejó** el libro en la mesa.*	6
		Deslocamento – 38L1	*Pedro **dejó** Buenos Aires.*	
	despegar/descolar, descolar	União – 38LS	*Pedro **despegó** el papel de la pared.*	
		Deslocamento – 37LD	*El avión **despegó** de la pista del aeropuerto.*	

Dos 352 lexemas verbais locativos da correspondência ADESSE/ViPEr: (i) 326
possuem apenas uma construção verbal locativa em cada base de dados; (ii) apenas o
verbo *localizar* é duplicado no ADESSE e apresenta uma única entrada no ViPEr; (iii)
19 verbos são duplicados no ViPEr e apresentam apenas uma entrada no ADESSE, cuja
grande maioria dos casos refere-se a mudanças sintáticas dessas construções; e (iv) 6
verbos apresentam mais de uma construção verbal nas duas bases de dados, a saber:
apuntar/apontar; *dejar/deixar*; *despegar/descolar, decolar; enmarcar/emoldurar,
enquadrar; tirar/lançar, andar;* e *volver/voltar.*

Ainda sobre as 352 correspondências locativas ADESSE/ViPEr, pode-se afirmar
que 258 (73.3%) são consideradas cognatas, ou seja, compartilham o mesmo sentido e a
mesma forma (*navegar/navegar*) — ou formas muito similares (*dejar/deixar,*

apoyar/apoiar) – nas duas línguas; e 103 verbos (29%) não são cognatos nas duas línguas, a saber: 82 verbos (23.3%) não possuem semelhanças de forma com seus correspondentes em língua portuguesa (*Pedro **buceó** en el mar / Pedro **mergulhou** no mar*); e 12 verbos (3.4%) são considerados falsos cognatos, pois possuem forma idêntica ou semelhante nas duas línguas, mas sentidos diferentes (*Pedro **brincó** hasta el balcón/ O Pedro **pulou** até a sacada*). Apesar de se tratar de uma lista delimitada de verbos analisados, foi possível observar o alto grau de similaridade dos lexemas, totalizando 73,3% de cognatos das duas línguas, o que corrobora, de certa maneira, com a citação de Almeida Filho (2001, p. 14), que afirma que mais de 85% dos vocábulos em português e em espanhol têm uma origem comum.

4. Considerações Finais

No presente trabalho, descrevemos e associamos as construções verbais locativas das bases de dados verbais em língua espanhola (ADESSE) e em língua portuguesa (ViPEr), além de as conectarmos à WordNet. Como se verifica nos dados apresentados, nem todas as construções espaciais do ADESSE são consideradas locativas no ViPEr, o que reitera as diferenças teórico-metodológicas entre as duas bases de dados contrastadas.

Dos 693 verbos da análise contrastiva ADESSE/ViPEr, 258 são cognatos, apresentando forma e sentido idênticos ou muito similares nas duas línguas. Ressalte-se no entanto que nem sempre esses verbos apresentam os mesmos padrões sintáticos, nem a mesma seleção de preposição e de argumentos para a constituição da frase de base. Deste modo, espera-se dar continuidade à esta pesquisa, analisando, manualmente, o comportamento sintático-semântico de cada um dos 352 lexemas verbais locativos ADESSE/ViPEr. Pretende-se incorporar informações de corpus para validar algumas propriedades dos verbos, como a co-ocorrência do lema com preposições, com padrões sintáticos e com seleções restritivas dos argumentos. Além disso, serão avaliados os pontos comuns e divergentes entre as duas línguas. Assim, poderemos utilizar os dados gerados tanto em aplicações na área da tradução automática, quanto no ensino de português e espanhol como segundas línguas.

Da relação ADESSE/ViPEr, obtivemos um recurso bilíngue com uma granularidade e riqueza de descrição sintático-semântica muito maior que a de um dicionário bilíngue, com a descrição dos diferentes pares de correspondências dos verbos locativos em espanhol e em português e sua conexão às informações semânticas da WordNet.

Agradecimentos. Este trabalho foi financiado pelo Programa de Doutorado Sanduíche da Capes, processo nº 99999.000238/2016-03 e pela Fundação de Amparo à Pesquisa do Estado de São Paulo (FAPESP), processo nº 2016/20545-0.

5. Referências

Almeida Filho, J. C. P. (2001). Uma metodologia específica para ensino de línguas próximas? In: *Português para estrangeiros - interface com o espanhol*. Campinas: Pontes.

Baptista, J. (2012). ViPEr: A Lexicon-Grammar of European Portuguese Verbs. In: *31e Colloque International sur le Lexique et la Grammaire*. České Budějovice: Université de Bohéme du Sud, pp. 10 – 16.

Cançado, M.; Godoy, L.; Amaral, L. (2013). *Catálogo de verbos do português brasileiro. Classificação verbal segundo a decomposição de predicados: Verbos de Mudança.* Belo Horizonte: Editora UFMG.

Crego García, M. V. (1995). El complemento locativo en español. In: *Moenia, Revista lucense de lingüística e literatura.* Lugo: Universidad de Santiago de Compostela. pp. 331-344.

Di Felippo, A. (2008). Ontologias linguísticas aplicadas ao processamento automático das línguas naturais: o caso das redes wordnets. In: *Múltiplas perspectivas em Linguística.* Uberlândia: Edufu. pp. 469-479.

García-Miguel, J. M.; Costas, L.; Martínez, S. (2003). Diátesis verbales y esquemas construccionales: Verbos, clases semánticas y esquemas sintáctico-semánticos en el proyecto ADESSE. In: VI Congreso Internacional de Lingüística Hispánica. Leipzig.

García-Miguel, J. M. (2006) *Los complementos locativos. In: Sintaxis histórica de la lengua española.* Disponível em <http://weba575.webs.uvigo.es/jmgm/public/locativos.pdf>, acesso em agosto de 2017.

Gross, M. (1975). *Méthodes en syntaxe.* Paris: Hermann.

Gross, M. (1981). Les bases empiriques de la notion de prédicat sémantique. *Langages,* v. 63, p. 7-52.

Guillet, A.; Leclère, C. (1992). *La structure des phrases simples en français: constructions transitives locatives.* Genebra: Librairie Droz S.A.

Macedo, M. E. (1987). *Construções Transitivas Locativas.* Centro de Linguística da Universidade de Lisboa, Lisboa.

Rodrigues, R. (2016). *Análise contrastiva dos verbos locativos do português do Brasil e do português europeu.* Dissertação de Mestrado. Universidade Federal de São Carlos. São Carlos: UFSCar.

Rojas Nieto, C. (1988). *Verbos Locativos en español: aproximación sintáctico-semántica. Instituto de investigaciones filológicas.* México: Universidad Nacional de México.

Association for Computational Linguistics
209 N. Eighth Street
Stroudsburg, Pennsylvania 18360

ISBN 978-1-5108-5290-7